Libro del Cauallero Çifar

Edited by

Marilyn A. Olsen

Madison, 1984

Spanish Series, No. 16
Copyright © 1984 by
The Hispanic Seminary of
Medieval Studies, Ltd.

ISBN 0-942260-42-2

To the Memory

of

Charles Philip Wagner

Introduction

For twentieth-century readers whose minds are saturated with reports of race riots, world-wide famine and the devastation of nuclear war, the fantasy of medieval romance, depicting knights in armor, ladies in love, and enchanted ships, offers a fascinating escape. One example of this exotic, adventure-laden realm is the fourteenth-century prose romance *Libro del cauallero Çifar*, a family biography depicting the lives of the knight Çifar, his wife Grima and their two young sons Roboan and Garfin.[1] As they all travel westward from their native land in India, disastrous events gradually separate the family, and the author portrays the individual experiences of each member. Everyone is miraculously reunited when circumstances place both children and parents in the land of Menton, where Çifar reigns as king and where his adventures terminate. After a discourse in which the knight Çifar instructs his sons in the art of ruling wisely, Roboan embarks on his own series of experiences.

The *Çifar* is preserved in three versions: MS *M*, Madrid, Biblioteca Nacional, 11,309; MS *P*, Paris, Bibliothèque Nationale, Esp.36; *S*, Seville, a 1512 edition published by Jacob Cromberger, Ibid. Res. Y259[2]. None of these was edited until 1872 when Heinrich Michelant published the first modern text, but because he mixed *P* and *S* without explanations, most scholars have been relying on the 1929 version prepared by Charles Philip Wagner, who primarily follows *M* and lists *P* and *S* as variants.[3]

For many years Wagner's edition has been considered reliable, but in 1970 when I began to study the *Çifar*, I discovered that his edition had never been properly evaluated; reviewers were reserving final judgment until publication of his promised second volume, a work in which he intended to explain the principles underlying his use of the extant material.[4] This analysis, so vital to our understanding of Wagner's methodology, was never published and all his notes dealing with the text were discarded after his death on May 28, 1964. Without these explanations a complete evaluation of his edition was not possible. Nevertheless, it was absolutely essential that some attempt be made to determine the reliability of both his transcription and methodology, for a literary study would be of limited value if the text on which it was based was inaccurate.

A comparison of Wagner's edition with microfilm copies of *M* and *P* revealed that in many sections the transcription was indeed incorrect. I also discovered that many portions of the text are composed of a mixture of *M*, *P* and *S*, a practice at variance with a statement in the preface that *M* is the base. Although some of the incorporated sections of *P* and *S* fill obvious gaps in *M*, other passages transform *M*, thereby producing a text unlike any of the individual versions.

Wagner's procedures of combining versions were based on a technique devised by nineteenth-century researchers who prepared editions on the basis of their concept of the medieval reproduction system and the changes which they believed took place as a medieval work was transmitted to future generations. At the risk of appearing simplistic, I shall very briefly outline the most essential elements of this well-known traditional methodology.

The system, named after the 19th-century German philologist and critic Karl Lachmann, was built on the belief that all extant versions of a medieval work ultimately derive from one original, either the author's copy or an archetype. In order to publish a text that reflects this lost original, a number of standard procedures were normally followed. The first step consisted of comparing portions of each manuscript with the purpose of determining which one contained the oldest language and was the most complete. A stemma was formed demonstrating the relationship of each text to all others, and the edition was then published by transcribing the best manuscript, that is, the one believed to be closest to the original. Variant readings were placed in notes and revealed deviations from the main branch of the stemma.

The fundamental concept of this method is that all versions are basically a reflection of one original, both in language and in content. The preparation of a text following the Lachmann method is acceptable so long as we may be certain that most versions are in fact based on one original. If, however, the extant versions do not all derive from that first copy but instead are based on later changed versions, all of which are different from one other and from the original, alternate approaches for publishing a work should be devised. How is it possible that more than one original may serve as base of the extant versions? What occurs during the process of transmission which may cause a proliferation of the "original" text? The answer, or at least a partial explanation, may be found by analyzing the pecia system, an example of one method of reproducing medieval texts.[5]

The word "pecia" refers to separate quires of codex gatherings, and the pecia system was an arrangement employed between the thirteenth and fifteenth centuries by which stationers at western European universities (Oxford, Bologna, Padua, Vercelli, Florence, Naples, Paris, Toulouse, Salamanca) were able quickly to increase the supply of texts in urgent demand. Details of the process varied with each locale, but the general procedures were similar everywhere and are outlined in an article published posthumously by Graham Pollard. The forms which a given work could assume in the process of reproducing it were:

1. The Author's Autograph.
2. The Apograph, a copy containing: a) the author's own corrections, b) corrections made by the author's personal secretary, c) corrections made from the author's dictation, d) copies distributed or given away by the author.
3. Stationer's exemplar, the book from which the stationer copied works in separate gatherings or peciae.
4. Peciae, the separate quires distributed by the stationers for the scholars to reproduce.
5. Pecia Copies, books that scholars copied from separate quires obtained through the stationers.[6]

The peciae were lent to scholars who made further copies, either by themselves or through scribes employed by them. When a scholar lost a pecia, the stationer was responsible for replacing the missing text, a situation he resolved by preserving an extra copy.

If the process described were properly executed, one would presume that the scholar's pecia essentially duplicated the author's authorized version, but Pollard's comparison of the manuscripts of St. Thomas Aquinas reveals that the stationer's exemplar is not always an exact replica of the apograph:

When a text has been traced with much labour through from *pecia* copies to the *peciae* themselves and thence back to a reconstruction of the stationer's exemplar, what is found is a text already much debased, which cannot derive at all clearly from the author's autograph or an apograph if such exists. There is normally a large and serious gap between the autograph and the apograph on one hand and reconstruction of the stationer's exemplar on the other....
The tacit assumption in the creation of a stemma is that each codex therein is a coherent whole

copied from another codex also homogeneous. What must now be faced is that stemmata must be set up for each *pecia* in each series in every university where the text was multiplied by stationers. For the great majority of the works of the schoolmen and the canonists we have no autographs and no apographs. We can hope for nothing more authentic than the debased text of the stationer's exemplar.[7]

Elizabeth Eisenstein also notes discrepancies among copies and the existence of more than one base text:

> Doubtless medieval university facilities 'attempted to achieve what the presses succeeded later in doing,' but the production of identical copies remained an unobtainable goal even when academic regulations pertaining to the 'pecia' were actually enforced. Indeed the division of exemplars into separate segments probably hastened corruption while speeding up the multiplication of copies of much desired academic texts. Moreover not one master copy but many exemplars (no two of which were quite the same) were distributed to the many stationers who served a given university.[8]

This analysis is extremely important, for there exist concrete examples of manuscripts in which the language and content were altered after the copying of the original. As a result, a second series of originals was formed, all different, which in turn served as the basis for future copies to be distributed to the public. The examples from the pecia system prove that although all manuscripts may ultimately derive from one original, they do not necessarily reflect that first copy in all respects. The main question which now needs to be investigated is the extent to which the defects in the pecia system characterize other copying systems. Although no conclusions may be reached until complete data is collected, it should be pointed out that the possibility exists for major changes to occur in manuscripts, for fourteenth-century civilization, of course, did not possess the mechanical means for producing large numbers of identical copies.

The shortcomings of the pecia or of any other medieval copying method reveal the potential for serious defects in the Lachmann system of editing texts, because this system does not take into account the complexity of medieval reproduction systems. One stemma illustrating the relationship of all versions to only one original may not explain the transmission of some works in the course of which manuscripts might well have been copied in different centers and reflect the alterations of a second series of changed base texts.

The *Çifar* was almost certainly not copied by means of the pecia system, but the weaknesses of any copying method and its possible impact on editing according to the Lachmann procedures should be taken into consideration when deciding how to prepare a new *Çifar* edition. If we have evidence that *M*, *P* and *S* may not derive from one original, we should question whether or not an attempt should even be made to reproduce the hypothetical original.

Wagner's comparisons of portions of *M*, *P* and *S* were not sufficient to define their differences, but according to his results, as very briefly explained in his edition, *P* and *S* are so unlike that they "represent a much modernized and otherwise changed second redaction" which is "a very different thing from the second redaction which Juan Ruiz made of his *Libro de Buen Amor*."[9] If we accept these conclusions, as broad as they are, we should question whether or not *M*, *P* and *S* are ultimately based on one identical original. If the copying process was disrupted at one or several points, and if *M*, *P* and *S* belong to widely differing manuscript traditions, each should be published separately. The only means of determining which method to follow is to transcribe *M*, *P* and *S* separately, with a minimal attempt to correct unintelligible words and passages. By establishing these intermediate goals may we decide on a course of action for establishing one, two, or perhaps even three, final *Çifar* editions.

Since it makes no difference which version is published first, mechanical rather than ideological circumstances were the primary factors affecting my decision to start with MS *P*. Publishing either *M* or *S* involved major difficulties: initially transcribing *S* seemed unwise since the Prologue was totally changed and Wagner believed the language to be substantially modernized; the microfilm of *M*, which would serve as the basis for an initial transcription, was so poor that progress would have been exceedingly slow and of questionable accuracy. Working directly with the manuscript in Madrid was in my case impossible. It was with great satisfaction that I learned of Professor González-Muela's intentions of preparing an edition based on MS *M*, which left me free to produce a parallel edition based exclusively on the Paris manuscript.

Place of Composition, Date, Author

The place, date, and author of the *Çifar* are unknown, but these closely interrelated issues have spurred so much debate recently that the controversies surrounding the major questions should be outlined here. Since the basis for most discussion centers on the Prologue, a résumé of it is in order.[10]

The opening scene of the prologue informs the reader that in the year 1300 Pope Boniface VIII initiated the first jubilee, an occasion attracting many people to Rome, among them Ferrand Martines, archdeacon of Madrid in the church of Toledo. While in Rome, the archdeacon met an aging friend, Cardinal Gonçalo Gudiel, who requested that upon his death his body be returned to his native city of Toledo. After an unstated period of time, the Cardinal did indeed die and was buried in the church of "Santa Marja la Mayor" in Rome. Archdeacon Ferrand Martines then undertook the responsibility of obtaining permission to remove the body; consent from Boniface VIII was finally granted and the Archdeacon transferred the cardinal's remains to Toledo.

At this point references to historical events end, and the author turns his attention to a number of other topics. First, the reader is reminded that the accounts of the Jubilee, the trip to Toledo, and the life of Çifar were written to record the facts of history; second, the author states that the work is translated from *caldeo* to *latin* and from *latin* to *romance*; third, the reason for narrating the proceedings of 1300 is two-fold: to communicate to future generations when the Jubilee will occur, and to remind them that Gonçalo Gudiel was the first cardinal to be buried in Spain; fourth, anyone wishing and able to alter the text may do so; fifth, the purpose of the work is to illustrate how to avoid error. Finally, after stressing that one should always finish a project once it has begun, the author elaborates in detail the attributes of Çifar.

Place of Composition

The prologue's historical documentation has led researchers to speculate about the romance's place of composition. Charles Philip Wagner was the first to suggest the commonly held notion that it was written in Toledo, an idea he supported because of the emphasis placed on Toledo in the prologue:

> About the author of the *Cifar* we know nothing definite. His familiarity with the literature of his time, shows him to have had such an education as, in his days, fell to the lot of few beside the clergy. From this fact, and from the detailed description of the procession at Toledo, it is perhaps not too much to assume with Michelant, that he was a clerk connected with the church in that city.[11]

The "detailed description of the procession" alluded to by Wagner consists of four references to the ecclesiastical city:

> ...don Gonçalo...fizole [referring to Ferrand Martines] prometer en las sus manos que si el, seyendo cardenal en la yglesia de Rroma, si finase, que este arcedjano que fuese alla a demandar el cuerpo e que feziese y todo su poder para traerle a la yglesia de Toledo do auja escogido su sepultura. (Fol. 1v)

> E fasta que llego a Toledo fue resçibjdo mucho onrradamente e de toda la clerizia e las ordenes e de todos los ombres buenos de la villa. (Fol. 2r)

> E la onrra que resçibio este cuerpo del cardenal quando llegaron con el a la noble çibdad de Toledo fue muy grand maraujlla, en manera que se no acordaba njnguno, por ançiano que fuese, que oyese dezir que njn a rey nin a enperador njn a otro njnguno fuese fecho atan grande onrra commo a este cuerpo deste cardenal. Ca todos los clerigos del arçobispado fueron con capas de seda, e las ordenas de la çibdat, tan bien de religiosos, non finco xristiano njn moro njn judio que todos non lo salieron a resçibjr, con sus cirios muy grandes et con rramos en las manos. E fue y don Gonçalo, arçobispo de Toledo, su sobrino, e don Juan, fijo del jnfante don Manuel, con el, ca el arçobispo lo saljo a resçibjr a Peñafiel e non se partio del fasta en Toledo donde le fizieron tanta onrra commo oystes.
> Pero quel arçidiano se paro a toda la costa de yda e de venjda, e costole muy grand algo, lo vno porque era muy luengo el camino commo de Toledo a Roma, lo al porque auja de traer mayor conpaña a su costa por onrra del cuerpo del cardenal,... (Fol. 2r-2v)

The primary purpose of this passage is to identify and describe the men participating in the procession: among those attending were Don Gonçalo, Archbishop of Toledo, his nephew, and don Juan, son of don Manuel, all wearing "capas de seda" and carrying candles and "ramos." The name of Toledo is mentioned, but little is stated about the city. This information allows us to reach two conclusions: first, anyone could have portrayed the event regardless of whether or not he personally had witnessed the procession, for no one individual is distinguished from any other; and second, the reason for Toledo's prestige is not found in details describing the city, but in Gonçalo Gudiel's insistence on being buried there rather than in Rome. This is a major point, for it affects our concept of where the work was composed.

Since the description of Toledo is so brief and since it might have been based on secondary sources, we should not automatically assume that the author was a native of that city. This does not mean that the work may not have been written there, but the text does not permit us to eliminate the possibility that it may have been composed elsewhere.

Author

The *Çifar* is anonymous but passing reference is made to the translator:

E porque la memoria del ombre ha luengo tienpo e non se pueden acordar los ombres de las cosas mucho antiguas sy non las fallo por escripto, e por ende el tresladador [sic] de la estoria que adelante oyredes, que fue trasladada de caldeo en latjn e de latjn en romance, puso e ordeno estas dos cosas sobredichas porque las que benjan despues de los deste tienpo sera quando el año jubile[o] ha de ser, por que puedan yr a ganar los bien auenturados perdones que en aquel tienpo son otorgados a todos los que alla fueren, e que sepan que este fue el primer cardenal que fue enterrado en España. (Fol. 2v)

Although the *tresladador* is not identified and his role in writing the work is not explained, critics have suggested that Ferrand Martines is the author, an idea first mentioned by Menéndez y Pelayo:

Con esto tenemos la fecha aproximada del fúnebre viaje, y también la de *El Caballero Cifar*, cuyo autor, que bien pudiera ser el mismo Ferrand Martínez, arcediano de Madrid en la iglesia de Toledo, tuvo el raro capricho de anteponer esta relación a la historia de aquel caballero, la cual suponía trasladada de caldeo en latín y de latín en romance.[12]

Martín de Riquer and González-Muela mention the same possibility.[13] But the strongest declaration in favor of the archdeacon's authorship has been made by Francisco J. Hernández:

En este trabajo me propongo mostrar que el autor del *Libro del Cavallero Zifar (LCZ)* es, como ya había sospechado Menéndez y Pelayo, Ferrán Martínez, personaje que protagoniza la narración histórica del Prólogo, y en donde aparece con el título de arcediano de Madrid, en el Cabildo de Toledo....

Un análisis literario de *LCZ* deja traslucir una formación en su autor en la que sobresale la lectura de obras hagiográficas y de tratados del género didáctico, incluyendo colecciones de *exempla*, romances (*romans*) del ciclo bretón, y obras de carácter más especulativo, desde tratados de fisiognomía hasta la *Física* de Aristóteles.Hay también otros aspectos del libro en los que quisiera fijarme ahora. Tanto el contenido como el estilo de ciertos pasajes reflejan una formación legal que habría encontrado amplio cauce en la profesión notarial o en una escribanía. Por otra parte, y sin que haga falta considerar la clara descripción cronística del Prólogo, existen algunas narraciones en el libro que parecen referirse a acontecimientos históricos recientes para su autor. Las influencias literarias mencionadas antes ciertamente circunscriben al autor dentro del selecto mundo de la "clerecía" educada de finales del siglo XIII y principios del XIV. Las de carácter notarial e historicista cierran mucho más estrechamente el círculo de personas donde buscarle. Guiándonos por estos criterios y por la aludida sospecha de don Marcelino como hipótesis de trabajo, he tratado de comprobar si Ferrán Martínez, canónigo de Toledo, podría reunir todos los requisitos exigidos por el *LCZ*.[14]

When reduced to its essence, the Ferrand Martines' argument for possible authorship is based on the following concepts: he appears in the prologue and is the protagonist in it; the author is well acquainted with hagiographic and didactic works, including *exempla*; he read romances; he was familiar with Aristotle; he had legal background acquired from employment as a notary or scribe; some sections of the book seem to refer to historical accounts; he was a member of the clergy; Menéndez y Pelayo suspected that Ferrand Martines was the author.

With two exceptions, these points may be applied to other educated people living in the fourteenth century; Menéndez y Pelayo's suggestion was based totally on intuition. The belief that Ferrand Martines is the protagonist in the prologue is perhaps the strongest argument in favor of his authorship, but this point should also be questioned, for the archdeacon's role as presented is in fact a very limited one.

If we organize the prologue into sections according to the various events described, the material may be divided into four parts: the first describes the Jubilee and focuses on Pope Boniface VIII; the second begins with Ferrand Martines' journey to Rome where he meets Cardinal Gonçalo Gudiel, promises to return Gudiel's body to Toledo, and actually transports it to its final resting place there; the third lists diverse thematic issues; and the fourth portrays the attributes of the knight Çifar. When observed from this point of view, it is clear that Ferrand Martines does not participate in the entire prologue; he emerges and departs from the scenario in the middle of the second section.

A discussion of Çifar authorship would be incomplete without taking into consideration one more issue: the date of death of Cardinal Gonçalo Gudiel. The text states:

> E en este año sobredicho, Ferrand Martines, arçediano de Madrid en la yglesia de Toledo, fue a Rroma a ganar estos perdones e despues que cunplio su rromeria e gano los perdones, asi commo Dios touo por bien porque don Gonçalo, obispo de Aluaña et cardenal en la yglesia de Rroma, que fue natural de Toledo, estando en Rroma con el este arçedjano sobredicho a qujen criara e feziera merced, queriendose partir del e se yr a Toledo donde era natural, fizole prometer en las sus manos que si el, seyendo cardenal en la yglesia de Rroma, si finase, que este arçedjano fuese alla a demandar el cuerpo e que feziese y todo su poder para traerle a la yglesia de Toledo do auja escogido su sepultura. El arçediano, conosçiendo la criança quel feziera e el bien e la merçed que del rresçibiera, quisole ser obediente e conplir la promesa que fizo en esta rrazon e trabajose quanto el pudo a demandar el su cuerpo. (Fol. 1r-1v)

According to the author, Ferrand Martines went to Rome in 1300 and visited his friend either that year or shortly afterwards, implying that the Cardinal's death must have occurred either in or after 1300. However, historical evidence places the Cardinal's death in 1299; Ferrand Martines could not have visited the Cardinal in 1300 because Gonçalo Gudiel had already died.[15]

The discrepancy between historical documentation and its misrepresentation in the *Çifar* may be explained by such a number of causes that any observations are purely speculative. The incongruity may, of course, be attributed to scribal error, but if this possibility is discounted, the consequences could be very significant, and one point should be made. Because of his position in the church, Ferrand Martines would certainly have been well informed about the historico-political situation of the early years of the fourteenth century. Unless he deliberately distorted the facts, we should question how he could be author of a prologue containing such a major mistake.

Date

Almost all attempts to date the *Çifar* have been based on the prologue because its documentation of events occurring in 1300 provide a convenient point for the earliest possible date of composition. But establishing the latest time in which the work may have been composed is more difficult and the various possibilites should be discussed and evaluated separately.

Starting with the most recent possible year, the first point of discussion is the word *era*, meaning the date from which one begins to count the years. *Era* is written twice, once referring to time beginning with the birth of Christ, and once in its traditional meaning of time beginning with 38 B.C., the date Octavian took over the Peninsula:

En el tienpo del honrrado padre Bonjfaçio, vjno en la era de mjll e trezientos años el dia de la naçençia de Nuestro Señor Ihesu Xpisto, començo en el año jubileo el qual dizen çentenario porque non vjene sy non de çiento a çiento años e cunplese por la fiesta de Ihesu Xpisto de la era de mjll e quatro çientos años… E porque luego non se podia tornar lo que cada vno deuja segund dicho es e lo podiesen pagar, oujesen los perdones mas conplidos, dioles plazo a que lo pagasen fasta la fiesta de resurreçion que fue fecha en la era de mjll e trezientos e treynta e nueue años. (fol. 1r)

In Castile, the shift from the old to the modern usage occurred officially in December 1383 when Juan I of Castile declared that all documents were to be dated according to the modern practice.[16]

Although the law is clear, conclusions based on this evidence are tentative, for we do not know the extent to which royal decree reflects general practice. In addition, the change in custom did not occur simultaneously in all regions of the Peninsula, an important point since we still do not know where the *Çifar* was written.[17] But despite these qualifications, the two different uses of *era* might suggest that the prologue of the Paris manuscript was copied once before and once after 1383.

As for the text itself, historical documents enable us to confirm an even earlier date of composition. In a letter written on October 27, 1361, Pere III of Aragon requests a copy of the "Siffar."[18] This provides definitive proof that the romance was completed before 1361, but precisely how much earlier is subject to debate, and researchers have expressed varied opinions depending upon the evidence analyzed.

It was the belief of Gerhard Moldenhauer that the *Çifar* could not have been composed before 1319, an opinion based on the author's reference to "responsos" and "antifonas" which were not performed in Spain until 1319 at the very earliest:

> … se da noticia de procesiones (pag. 5) en las cuales se cantaban responsorios y antífonas, *"asy como a fiesta de cuerpo santo."* Según las fuentes de que puedo disponer, esta fiesta con procesiones no fué introducida en España hasta después de su organización definitiva por el Papa Juan XXII (1316); las noticias más antiguas que tengo de ella, se refieren a Barcelona en 1319 y 1322, y a Vich en 1330. Finalmente, de la contraposición entre (pag. 6, lins. 16-18): "despues de los deste tienpo [la generación del radactor (sic)]" y "perdones que en *aquel tienpo* [1300] son otorgados," resulta, a mi parecer, sin violencia, que el autor de aquellas líneas escribía mucho más de dos o cuatro años después del año de jubileo (1300), pero que no sabía aún nada del segundo jubileo (1350), que fue anunciado por el Papa en 1343. Por consiguiente, tengo como lo más probable, que el prólogo del *Çifar* fue redactado después del 1321, y me alegraría de que algún hispanista, con su crítica y la aportación de nuevos datos, comprobase o refutase mi demostración y resolviese definitivamente el problema de cuál sea la más antigua de las composiciones en prosa, con carácter de novela, escritas en castellano, que ha llegado hasta nosotros, excluídas, naturalmente, las traducciones y versiones que sigan muy de cerca a *un solo* modelo.[19]

On the other hand, Francisco Hernández agrees with Wagner that an earlier date is justified, but whereas Wagner attempted to apply 1300 and the Jubilee as a point of departure, Hernández, using other documentation, believes that the romance "es posterior a agosto de 1303:"

> En agosto de 1303 el referendario papal Petrus Hispanus, a quien el *LCZ* se menciona como el que ayudó a Ferrán Martínez a obtener el permiso para el traslado, dejó de ser obispo de Burgos, acontecimiento de que tiene noticia ya Ferrán al escribir "don Pedro, que era obispo de Burgos *a esa sazon.*[20]

Hernández is equally convinced, however, that the romance was circulating before 1320, a decision based on a reference to the *Çifar* in a Castilian translation and *glosa* of *De Regimine Principum*.[21] This political treatise, allegedly written at the end of the thirteenth century by the Roman author Egidio Romano, was translated and expanded in Spain by Fray Juan García de Castrogeriz.[22] The Spanish version, *Regimiento de príncipes*, is preserved in several manuscripts and in a 1494 Seville edition. The *Regimiento* may well provide the most significant clue to the *Çifar* dating, but the issue is a very complex one which requires further documentation, and we need to establish the date of the *Regimiento* version in which the *Çifar* was first mentioned.[23]

Description of the Paris Manuscript

The manuscript, located in the Bibliothèque Nationale of Paris (Esp. 36), is described by Wagner:

> It is a large folio (415 × 272 mm.) in a mottled brown calf binding of the first Empire. The back is of red leather, with the title *Roman de Cifar*.
>
> The ms. consists of 192 fols., the first of parchment, the rest of a good quality of laid paper with various watermarks. On some sheets the watermark is the same as in the Madrid ms. of the Cifar (below). The writing is in two columns of from 30 to 45 lines each, and occupies a space 295 × 195 mm. Folios are numbered in pencil in upper right corner of recto, and incorrectly in ink, in the hand of the copyist, in lower corner. There are a few slight worm holes in the last leaves. In addition to having many large initial letters of two colors, the ms. is luxuriously illuminated with 242 extremely interesting miniatures of varying degrees of excellence. At the top of the first folio is a miniature which is more finished than the rest, of the Pope and two Cardinals, and kneeling clerk. Under this is the shield of Castile and Leon. On folios 99v. to 141v., there are 48 miniatures of the King of Menton and his two sons, all different. The text is divided into 220 chapters, all of which have rubricated headings, with the exception of the first long chapter (corresponding to the prologue and first five chapters of Michelant's edition). Chapter headings are unnumbered. There is no regular punctuation. The writing is of the end of the fourteenth and the beginning of the fifteenth centuries. The supposition that the chapter headings and the first folio were added by a later and a different hand, is borne out by the difference between the orthography of these portions and that of the text proper. We notice,

Z	for	S
cavallero	"	cauallero,
y	"	E
exiemplo	"	exienplo,
predicador	"	pedricador etc.[24]

Wagner's observations are essentially accurate, but a few statements should be qualified. With reference to the manuscript date, no agreement has been reached. Without providing any reasons, Morel-Fatio and Michelant both placed it in the fourteenth century. At first, Wagner agreed, but by 1929 he had changed his opinion and concluded that MS *P* was written in the fifteenth century.[25]

I am convinced that determining the precise age of this manuscript will require the expertise of one who not only is expert in medieval Spanish paleography, but who is also prepared to analyze the illuminations and to scrutinize the watermarks. Only by taking into consideration all these factors will it be possible to reach any definitive conclusions, but three comments should be made. First, Spanish handwriting in the medieval period varied according to the year and location. That is, during the same period of time different writing conventions were in vogue in different scriptoria; styles typical of one monastery in one year became the characteristic of another monastery during another year. As a result, reaching accurate conclusions about the date of the handwriting of MS *P* requires great care, particularly since we do not know where it was copied.[26] Second, on the assumption that paper of Spanish manufacture could have been used, dating the watermarks may not be accomplished until a complete analysis of medieval Spanish watermarks is available to scholars.[27] Third, we may not be certain that the scribe or scribes (the exact number is uncertain) and the illuminator were all native to the Peninsula.[28]

Regarding the punctuation, my analysis reveals that the few marks which might be interpreted as punctuation are primarily line fillers. They consist of a slash with a dot underneath (/.), and they are essentially limited to the last ten folios.

Since Wagner does not describe the calligraphy, a few remarks should be made about this aspect of the manuscript. The handwriting is basically a clear, partially cursive gothic style, with abundant omission marks, even over words where no letters have been omitted. Catch words are found at the bottom of most verso folios. Both small and capital ampersands are employed, but not to the total exclusion of *E* and *Et*. The scribe uses three forms of *s*: the tall *s* is frequently found in initial position; a sigma representing either *s* or *z* is commonly placed in word final position, and the short *s* is also encountered. The sigma representing *z* is common, but it is not used to the complete exclusion of the written *z*. The long and short *r* are both employed as are the long and short *i*. The *b*, *v*, and *u* are interchanged. Capital letters are placed sporadically throughout the text but they do not correspond to modern usage.

Finally, it should be noted that the manuscript is essentially unfinished. For example, folios 183r, 183v, 184v, 185r, 185v, 186v, 191v, have blank spaces where illuminations, initials and rubrics are missing.

The Present Edition

The purpose of this edition is to provide an accurate transcription of MS *P*. I have punctuated the text according to modern standards; capitalization has been regularized, but editorial intervention is minimal. I have defined as errors only those words which were repeated one immediately after the other and in situations where the author is not attempting to stress a concept. Inconsistencies in usage have been preserved with a [sic] placed afterwards. For passages where material is obviously missing, I have placed three periods enclosed in brackets. In the few examples where the author wrote the wrong word, I have supplied the correct reading in a note. When letters are missing within a word, and when it has been correctly written elsewhere in the text, I have supplied the missing consonants or vowels in brackets.

Since MS *P* has never before been transcribed and edited, and since the work may be a translation, I have preserved forms which may possibly reflect dialectal influences, particularly some curious usage of the tilde and nasal consonants, such as *ome* and *omen*. When the scribe has omitted a tilde over, for example, *enganar*, I have left the word untouched because of the possibility of western influence. I have, however, supplied a tilde for occasional occurences of *senor*, *senora* and *estranar*, since etymological development makes the possibility of dialectal variation highly unlikely. A cedilla has been placed on all *c*'s where the mark was inadvertently omitted.

Scribal abbreviations have been expanded to their complete form according to the spelling provided by internal evidence, and I have separated and joined words whenever possible, according to modern practice. Object pronouns have been left in their original inconsistent state with one exception: two pronouns linked and unattached to any other word have been separated, except for combinations beginning with *ge* or *se*. The long "i" has been transcribed as "j." Modern diacritics have been omitted according to the practices of the Seminary of Medieval Spanish Studies. Finally, it should be noted that the text is not divided, but it is so long that I have arbitrarily labeled sections to facilitate the ease with which certain parts of the work may be located.

This project is the result of research begun in 1970. During these years I have received valuable assistance from many people. First, I wish to express my appreciation to Professor Lloyd Kasten who was responsible for my training in paleography and in the study of Old Spanish. His help has been valuable in resolving the wide variety of issues involved in editing this text.

Professor John Nitti gave encouragement and made assistance from the Seminary staff available to me. Alecia Chenoa helped particularly the proofreading and entering corrections into the computer. Ruth M. Richards lent her considerable expertise in seeing the book through the typesetting phase. Patricia Shireman was responsible for placing all final corrections; her help in catching errors is gratefully acknowledged. Professor Christopher Kleinhenz generously gave of his time to discuss procedures for manuscript evaluation and editing.

After moving to Lincoln, Nebraska in 1978, it was necessary for me to commute to Madison, and I am deeply indebted to Dr. and Mrs. Roy Nichols, whose home in Madison gave me a place to stay while I was working in the Seminary. I also wish to thank my parents for their constant support.

I am grateful to Professors Bruce Erlich, Manfred Jacobson and Valdis Leinieks at the University of Nebraska, for their suggestions on early versions of the introduction; for the final version the suggestions of Ruth H. Webber were invaluable. I also wish to thank Marge Christiansen, former Reference Librarian at the University of Wisconsin, and Professors Steven Kirby and John Miletich for help given in the compilation of the bibliography. I am also indebted to Professor Harvey Sharrer for comments on the introduction.

The Curator and librarians of the Manuscript Room of the Bibliothèque Nationale in Paris assisted me by making available the facilities of the library during the summer of 1979, for which I am greatly appreciative.

A summer stipend from the National Endowment for the Humanities provided support for summer research, and grants from the Research Council of the University of Nebraska-Lincoln helped defray expenses.

Finally, I wish to express my sincere gratitude to Professor Alan Deyermond of Westfield College of the University of London, for his meticulous editing of the bibliography, and for his continued direction and support for this project.

Notes to the Introduction

[1]Çifar is spelled *Zifar* in *M* and *Çifar* in *P* and in *S*. I am following the orthography of the Paris manuscript.

[2]Another copy of the Seville edition is located in the Biblioteca de Palacio in Madrid, but according to librarian Sra. Consolación Morales, it is incomplete. At one time a copy of this edition was also contained in the Biblioteca Colombina: see Francisco Escudero y Perosso, *Tipografía Hispalense: Anales bibliográficos de la ciudad de Sevilla* (M., 1894), 136. The late Edward M. Wilson kindly sent me information on the Colombina library; I also wish to thank F. J. Norton from the Cambridge University Library, who sent me material from his then unpublished book *A Descriptive Catalogue of Printing in Spain and Portugal 1501-1520* (Cambridge: Cambridge UP, 1977).

[3]Heinrich Michelant, ed., *Historia del cavallero Cifar*, Bibliothek des literarischen Vereins in Stuttgart. 112 (Tübingen: University of Tübingen, 1872). Hereafter cited as "Michelant edition." Charles Philip Wagner, ed., *El libro del cauallero Zifar* (*El libro del cauallero de Dios*), University of Michigan Publication, Language and Literature, 5 (Ann Arbor, 1929; rpt. New York: Kraus, 1971). Hereafter cited as Wagner edition. Two other editions reproduce Wagner's text: F. Buendía, ed., *Libros de caballerías españoles* (Madrid: Aguilar, 1954); Martín de Riquer, ed., *El cavallero Zifar*, Selecciones Bibliófilas, 9-10, N.S., 2 vols. (Barcelona: Selecciones Bibliófilas, 1951). Hereafter cited as "Riquer edition." The third has just been published by Joaquín González Muela who primarily follows Wagner, but with some alterations. For details see my discussion of his edition to be published in *Modern Language Review*.

[4]P[edro] B[ohigas], *RFE*, XVII (1930), 425f.; G. Cirot, *PhQ*, IX (1930), 58f.; G. Le Gentil, *RCHL*, XCVII (1930), 65f.; Eduardo Juliá Martínez, *Erudición Ibero-Ultramarina*, I (1930), 163-165; Gerhard Moldenhauer, *LGRPH*, LII (1931), 298-302; Edwin B. Place, *BH*, XXXIII (1931), 412 f.

[5]Graham Pollard, "The *pecia* system in the Medieval Universities," *Medieval Scribes, Manuscripts and Libraries: Essays Presented to N. R. Ker*, ed. M. B. Parkes and Andrew G. Watson (London: Scolar Press, 1978), 145-161. Hereafter cited as "Pecia System." See also Elizabeth L. Eisenstein, *The Printing Press as an Agent of Change*, 2 vols. (Cambridge: Cambridge University Press, 1979; first combined paperback edition, 1980). Hereafter cited as *The Printing Press*; and Jean Destrez, *La Pecia dans les Manuscrits Universitaires du XIIIe et du XIVe Siècle* (Paris: Éditions Jacques Vautrain, 1935).

[6]"Pecia System," 151-152.

[7]Ibid., 159-161.

[8]The Printing Press, 80.

[9] Wagner edition, viii. For a more complete examination of his treatment of the extant material see Marilyn A. Olsen, "A Reappraisal of Methodology in Medieval Editions: The Extant Material of the *Libro del cauallero Zifar*," *Romance Philology*, XXXV (1982), 508-515.

[10]The precise limits of the Prologue are debatable, but for the purposes of this analysis I consider it to include material from folio 1r to the end of folio 3r. These are the same boundaries established by Wagner in his 1929 edition.

[11]Charles Philip Wagner, "The Sources of *El Cavallero Cifar*," *Revue Hispanique*, X (1903), 11. Hereafter cited as "Sources."

[12]Marcelino Menéndez y Pelayo, *Orígenes de la novela* (Madrid: Bailly-Baillière, 1905), I, clxxxvii.

[13]Riquer edition, II, 334-335; Joaquín González-Muela, "¿Ferrand Martinez, Mallorquín autor del Zifar?" *RFE*, LIX (1977), 285-88.

[14]Francisco J. Hernández, "Ferrán Martínez, 'Escrivano del rey,' Canónigo de Toledo, y Autor del 'Libro del Cavallero Zifar,'" *Revista de Archivos, Bibliotecas y Museos*, 81 (1978), 289-291. See also the Hernández article "Noticias sobre Jofré de Loaisa y Ferrán Martínez," *Revista Canadiense de Estudios Hispánicos*, IV (1980), 281-309. Hereafter cited as "Jofré."

[15]This date is confirmed by Francisco Hernández on the basis of his own observations made in Toledo: "...en la colección de retratos de los arzobispos de Toledo, en la sala capitular de la Catedral, el retrato (ficticio) de don Gonzalo lleva la inscripción: 'GV*N*DISALV*US* GARCIA GVDIEL CAR*DINA*LIS. O*BIIT*. 2. MA*DII*.[sic] 1299.' "Jofré," 307, note 55.

[16]*Crónicas de los reyes de Castilla*, ed. Cayetano Rosell y López, Biblioteca de Autores Españoles, 68 (Madrid: Rivadeneyra, 1877; rpt. Madrid: Ediciones Atlas, 1953), 149. The text states: "... aprobamos e ordenamos por esta nuestra Ley, que desde el dia de Navidad primero que viene, que comenzará a veinte e cinco dias del mes de Diciembre del Nascimiento de nuestro señor Jesu-Christo de 1384 años, e de alli adelante para siempre jamás, todas las cartas, e recabdos, e testamentos, e juicios, e testimonios, e qualesquier otras Escrituras de qualquier manera e condicion que sean, que en nuestros Regnos se ovieren de facer, asi entre nuestros naturales, como entre otras personas qualesquier que las fagan, que sea alli puesto el Año e la data de ellas deste dicho tiempo del Nascimiento de nuestro señor Jesu-Christo de 1384 años, e las Escrituras que fagan la data en esta manera: Fecha, o dada en el año del Nascimiento de nuestro señor Jesu-Christo de 1384 años. E despues que este Año sea cumplido, que se fagan las dichas Escrituras desde alli adelante para siempre desde el dicho Nascimiento del Señor, cresciendo en cada Año segund la Santa Iglesia lo trae:..."

[17]Aragon, for example, adopted the modern usage in 1350.

[18]I first discovered this reference in the Preface to Wagner's edition; p. xiv. Antoni Rubio y Lluch, *Documents per l'historia de la cultura catalana mig-eval* (Barcelona: Institut d'Estudis Catalans, 1908), I, 196.

[19]Gerhard Moldenhauer, "La fecha del origen de la 'Historia del Caballero Zifar' y su importancia para la historia de la literatura española," *Investigación y Progreso*, V (1931), 176.

[20]"Jofré," 292 and 307-308, note 60.

[21]Hernández states: "El *LCZ* es citado por Juan de Castrogeriz antes de 1320 ..." "Jofré," 308, note 61.

[22]Juan Beneyto Pérez, ed., *Glosa Castellana al "Regimiento de Príncipes," de Egidio Romano* (Madrid: Instituto de Estudios Políticos, 1947).

[23]The *Regimiento* is significant not only for its reference to the *Çifar* but also because it contains material that is very similar to some chapters in the *Çifar*. See Charles Philip Wagner, "The *Caballero Zifar* and the *Moralium Dogma Philosophorum*," *Romance Philology*, VI (1952), 309-312.

24"Sources," 7-8, note 2. Michelant also describes the manuscript. See his edition, 362-363.

25M. Alfred Morel-Fatio, *Catalogues des manuscrits espagnols et des manuscrits portugais* (Paris: Imprimerie Nationale, 1892), 236, no. 615. Michelant edition, 363.

26The two traditional Spanish paleography manuals (Agustín Millares Carlo and Zacarias García Villada) do not resolve the complex question of the date of the *Çifar* handwriting.

27The one classical text dealing with watermarks in European paper, does not include Spain: C.M. Briquet, *Les Filigranes: dictionnaire historique des marques du papier dès leurs apparition vers 1282 jusqu'en 1600*, 2nd ed., 4 vols. (Leipzig: Verlag von Karl W. Hiersemann, 1923).

28It should also be noted that an art historian working in the Bibliothèque Nationale in 1979 (when I was correcting my transcription with the original) indicated that MS *P* revealed a strong French influence both in the illuminations and in the calligraphy.

da ꞇ ſyn Razon yr yo cauallero ꞇ vos de pie · La ſegud natura ꞇ tã mejor puede el vaſo ſuffrir el afan del camyno q̃ no la mugẽr · onde tengo por bien q̃ ſubades en vꝛo palaffre ꞇ q̃ tomẽ deſ vꝛos fijos el vno en pos del oꝛo ꞇ oꝛo dia en la manana fueron fazer ſu oꝛaⁿon ꞇ oyeron miſſa ca aſy lo fazie cada dia antes q̃ caualgaſen · ꝫ deſpues q̃ ovieſen oydo la miſa tomaſen vn camyno q̃ yva a vna villa q̃ le deziẽ galapia

gꝛadis ꞇ muy bjẽ guaꝛdadas pꝛ temoꝛ de ſus enemygos ꞇ demandaſon entꝛada ꞇ el poꝛteꝛo les pꝛeguntꝛ q̃en eꝛã · ꝫ el cauallo le dixo q̃ eꝛã de nꝛã eſpaña ꞇ q̃ ſe acaeſaeꝛã allj ado los guyara la ſu ventura ꞇ el poꝛteꝛo les dixo q̃ ante lo yꝛia a pꝛeguntar ala ſeñoꝛa ꞇ q̃ lo atendieſen ꞇa luego ſepa con ellos cõ la tꝛeſpueſta ꞇ fueſe pa la ſeñoꝛa de la villa · ꝫ el cauallo ꞇ la duena eſ tando eſpeꝛando ala puerta al poꝛteꝛo

voꝛde eſtaua vna dueña bjuda q̃ avia ẽ nõbꝛe gꝛima cuya eꝛa aq̃lla villa · ꝫ eſta dueña avia guerra con vn gꝛand ome ꝙ̃ veзino de mayoꝛ podeꝛ q̃ ella · ca eꝛa ſeñoꝛ de las ꞇas de feſan ꝙ̃s muy ſpind nꝛa ꞇ muy Ꞃeal ꞇ el avie nonbꝛe toboa · ꝫ quãdo llegaꝛõ a q̃lla villa fallaꝛon las puertas ꞇe

ꝙ̃ do veyne entꝛd aq̃ do vjno vn caua lleꝛo aꝛmado contꝛa la villa coꝛꝛiendo en ſu cauallo ꞇ llegoſe a ellos ꞇ dixoles aſſ · duena q̃ fazedes ꝯy vos ꞇ eſſe ome q̃ eſta aunbuſco · paꝛtid vos dende ꞇ yd vꝛo camyno ꞇ nõ entꝛedes ala villa ca nõ q̃re ſino ſeñoꝛ q̃ ha guerꝛa con eſta duena ſeñoꝛa deſta villa q̃ entꝛe

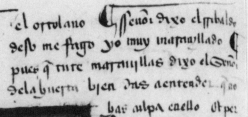

por las pañedes asiñtñar los nabos
ay señor dixo el mbaldo fu dios vos
de buena ventura q lo no fagedes en
forñada mente caçteaq ¶ et como fuy

el ortolano ¶ ssñeñor dixo el mbaldo
desto me fago yo muy marauillado
pues q tuñe marauillas dixo el señor
dela huerta bien mas aentendeñ q ue

bas culpa caello et peñ
ñotelo esta begñña
¶ ay señor dixo el mñ
baldo z q perdon ha
menester el q esta su
culpa ¶ mesor fuñredes
de me dexar leuar estos
nabos por el laseño q
lleue en los açañicañ ¶
po q lo fise contra mi
voluntad porende me
el grañad vieñto ¶ plas-
me dixo el señor dela
huerta por q tan biente
desfiendes a mençañas
tan fermosñs z toma los
nabos z vete tucañreña

cñdi mente dixo el señor dela huerta eñ no beo entñcasa por q mñguno te
demñese fageñ fuerça fulñn maldad no
vos la fisiese faser ¶ señor dixo
el mbaldo yo pasando por aql cñmino
fiso vn vieñto toñuellino aran fuerte
q me fiso leuantar pol fuerça deñssa
rlanço me en esta huerta ¶ et pues
qen açunçro estos nabos dixo el señor
dela huerta ¶ ssñeñor dixo el mbaldo
el vieñto eñra tan rresio z aran fueñ-
te q me leuantaua deñssñ et con miedo
del vieñto q me no leñase en algund
mal logar tñne me dllas fojas delos
nabos ¶ ñ assñ aññtñuañe ¶ pues qen
meñtio estos nabos en este señor dixo

et guardate de aq adelante q no te
contescñu oçña begñda ¶ sino tilo pa
gañas ¶ et fuese el tñbaldo conslos
nabos muy alegñre por q tnbie esca
paña z adobolos muy bie con buena cñ
raña q fallo allonpañ ¶ dio a comer
al cauallero z como el ¶ et deq ou
eron comjdo contole el mbaldo todo
loq le aneñ aeña qndo fue acogeñ los na
bos ¶ e ansñ dixo el cauallero tufñesñe
de buena ventuña en escañpañ assñ deste
fecho en esta qra es de grand justiça z
agoñña veo q es veñsad lo q dixo el sabio
q alas vegñadas enpeçe la mentiña e
alas vegñadñs apñouecha ¶ po con feñmo

Plate 2
fol. 51v

de como el cauallo dedios z los otros
dela villa de bapapayo al q cudeste?
q los tenjan ez cados z lolraçon q

E q oçro dia en la mañana
salieron alli todos aqllos q
mjentros cauallos aznados ca
maña q pareçio al rey q
era muy buena gente z bien guisada q
fues z todo bien e acabar grand fecho
sy bue cabdillo oujessen Et vn ca
uallero dellos dixo señor q sea nos da
des por cabdillo al mjo mayordomo
dixo el rey q es omne fijo dalgo z muy
buen cauallero de sus aznas asy como to
dos lo sabedes mucho nos plase di
xeron los caualleros z por dios señor
q lo q auemos de faser q lo fagamos ay
na antes q sepan de nos los del teal
z se aperaban yo pidesco vos lo yo
mucho dixo el rey por q tan bien lo de
sades z ssed de muy grand madru

gada q(ue)s antes del alua todos muyb
guisados ala puerta dela villa z fi
sed como vos lo mandaze el mjo mayor
domo muy de grado lo faremos
rieron todos Et oçro dia en la grd
mañana antes del alua fuero a las p
ertas dela villa tres mill omes de pie
muy bien guisados q los auje guisad
el mayordomo Et guisose el cauall
dedios z tomo su cauallo z sus aznas
muy buenas p q lenaua las sobre seña
les del mayordomo z fuese con el ma
yordomo ala puerta dela villa
el mayordomo dixo a los caualleros q
mi sobrino q va alla delante q lleua
las mjs sobre señales q eso q vaya
en la delantera z todos vos otros se
guid lo z guardad lo e por do el e
trase entrad todos vos otros
yo yre en la çaga z Et andre a...

Plate 3
fol. 60v

caualleros Los de treçientos q̃ eran
puefto fizieron los quinientos τ çinquta
Et por este bien q̃ garfin τ τroboa
fizieron aestos escuderos fijos dal
go todalaτ̃ se venje pa ellos Et

enel camjno encontraron Et conlos
çiento τ çinquta cauallefos delosdl
conde q̃ eran ydos acoτer laτ̃a del
rey Oτrayan muy grand prefa de
beftias τ de ganados enτaña q̃losdef

en faço Et ca tenjen q̃ como aq̃
los fizieron merçed por el Sujaço
dellos aujen τefabido q̃ aSy lo fa
τaellos por Sujaços q̃ les fiziefe
Et eta mente muchō Se deuen
esforçar los senores en dar buē gua
lardon aq̃llos q̃ lo merefçen Et Sa
e ta esperança todos los otros se
esfuerçan Siempre de seruir τ de
faser lo mejor Et ellos yendo

baτataron τ mataron τ prendieron
dellos τ τomaron les la prefa Et
τornaron la ala τ̃a del rey Et en
biaron pregonaτ por todala τ̃a q̃ vinje
se cadabno aconosçer lo Suyo τ q̃ gelo
daτien Et San̄o q̃ fieron τenez njngua
cosa pa Sy como aq̃llos q̃ no aujen sabor
de τomaτ njnguna cosadelo ageno aSy
como algunos faτen Et adisen q̃ Sy
los enemjgos lleuā alguna coṣabo de

Plate 4
fol. 77r

bos fijo de alli ⁊ de como Alexandre na...
...fue qmado ⁊ fecho poluos ⁊ lan...
...con los poluos en vn lago fondo ⁊

fuego tomaron al conde ⁊
...fizieron del Justiçia segu...
...q el Rey lo mado ⁊ Ot...
...y uertio los poluos ⁊
...los echar en aql lago q era a...
...der mejor de aql Real ⁊ mucha fue...
...Alexandre q alla fue a uer de como lan...

...tauā ay daron peligrar oq los deste...
...bate dengo ⁊ fuyeron todos ⁊ ot...
...vinieronse pa el Real ⁊ contaro lo al...
Rey ⁊ a todos los otros ⁊ marauilla...
...ron se mucho dello ⁊ Ot si grā...
...des marauillas parecero alli aql ora...
...muchas mas parescen y agora se...
...gund cuenta aqllos q las vieron ⁊...
...dizen q oy dia uan muchos auer aq...
...llas marauillas ca veen alli cauallos...
...armados lidiar deredor del lago ⁊...

...en aqllos poluos en aql lago ⁊ Ot...
...ado alli los lançaron todos los q...
...en alli oyero las mayores bozes dt...
...de q daua so el agua mas no podie...
...ender lo q se dezie ⁊ Ot assy...
...nos omenço abullir el agua leua...
...se della vn vieto muy grande a ma...
...uilla de guisa q todos quatos alli es...

veen abdades ⁊ castillos muy fuertes...
...conbatiedo los vnos alos otros ⁊...
...dando fuego alos castillos ⁊ alas ab...
...dades ⁊ Ot quato se fazen aqllas...
...visiones ⁊ uan al lago fallan q esta...
...el agua bullyendo tan fuerte q la no o...
...sancatar ⁊ al deredor del lago bie...
...dos mjseros es todo como ⁊ Ot alas...
...uegadas passa alli vna duena muy

Plate 5
fol. 86r

E asy desy fuese el ynfante z todos los
otros a sus posadas asse desarmar z afol
gar ca mucho lo auie mẽester E la
ynfanta fiso penssar muy bien del ynfante
Roboan E mandaijo le faser vaños
Ca estaua muy qbrãtado delos golpes
q recabio sobre las armas z del cãssaço
z el fiso lo assi po con bue cõraço mostra
ua q no daua nada por ello nj por lafã q
auie passado E acabo delos qⁿ dias fue
aver ala ynfanta z leuo cõssigo al fijo del
Rey de grimalet z dixole señora esta jo
ua los mayo Ca por este tẽgo q deuedes

to z seguro q vos dara por el todo lo
vro z muy buena partida delo suyo
E aqllos otros cuualleros q tiene
presos q so mjll z dosietos mandad
los tomar z guardar Ca cada vno
vos dara por sy muy grand auer pr
q los saqdes dela prision Ca asime
lo enbiaijo dezir con sus mãdaderos

E estonce dixo la ynfanta yo
no se como vos gradesca quãto bie d
uedes fecho z fasedes amj z a todo
el my Reyno por q vos ruego q fesa
des en este my Reyno villas z castill

cobrar todo lo q vos tomo el Rey de gri
malet su padre z vos deue dar grand
partida dela su mja z mandad lo muy
bien guardar z no gelo dedes fasta q los
cũpla todo esto q vos yo digo E bien
creo q lo fara Ca el no ha otro fijo sy
no este E sel murese syn este fijo fin
caria el Reyno en cõtieda por q so aq

z aldeas qles vos qsierdes Ca no se
pª tan cara la cosa en todo el my Rei
no q vos gdades q vos no sea otorga
da E señora dixo el ynfante mu
chas grãs Ca no me cumplen agora
villas nj castillos syno tã sola mete la
vrã mja q me dedes heredad pª q me
vaya E respõdio el cõde ytoluã manjfe
ca sa mjero ala ynfante se partia con ytosã
ytoluan

Plate 6
fol. 153v

rasinate mj señor la
segud yo entendi
en la corte del Rey de
bres no esta en pocos
aqllos q̃ mal vos qui
sian fazer en ya a
qui partido todo el
vr̃o Reyno enq̃ ss

[¶] Et qler eran esos
dixo la ynfante [¶] el
cuallero amigo le dixo
el Rey de gmalet y
el Rey de bres y el Rey
delibia [¶] pero pues
vedes al Rey de bres
no puedes porq̃ vos se
ga del Rey delibia en
el Rey de bres lo enpo
a aello [¶] et como lu
go dixo ella el Rey de

bres el fuego q̃ le enbio a togar el ynfa
te tobia [¶] por las cãs q̃ vos aq̃ g̃aygo
layedes dixo el cuallero amigo [¶] et
la ynfata tomo las cãs y mãdolas leer
et fallaron q̃ la segupia y la yegua
del Rey de bres q̃ era muy bie fecha
rq̃ mejor no se pudiera fazer en ny
guna manesa nj mas apto nj mas a
boñta de la ynfanta [¶] et como la
bañea sermeta ffogo el ynfar
te la q̃ estubie es tall fasta
... algunas cosas ...
... ...

[ornate initial]
...yendo gr̃nd sabor el
ynfante toboa de se yr
dixo ala ynfinta señora
si la vr̃a merced fuese tu
s esa yade me yr pues en bue sosiego te
ades la vr̃a jfã styã no puedes por q̃ me

de tener aq̃ [¶] Amigo señor dixo la
ynfinte sy bue sosiego ay por vos y
por vr̃o bue esfuerço es en sabelo dios q̃
sy vos yo pudiese detener abr̃n bonfã
a les fazie muy de grade yo ante fabla
te con vos algunas cosas delas q̃ tengo de
fablar [¶] señora dixo roboa y q̃ redes q̃
sea luego la fabla [¶] nos dixo la ynfanta
fasta q̃s en la mañana q̃ piense bie en
lo q̃ vos ha adesir en mañã sy no diga
palabra errada [¶] señora dixo el mu a
percebida y tan guardada soder vos en
todas las cosas q̃ no podpedes errar en nigun
magua nunca en lo q̃ quiesedes de dexir y de
fazer [¶] et otro dia en la mañana q̃ado vjno
el ynfãte toboa a se despedir della [¶] dixo
le la ynfinta pasad vos ayora aq̃ y ey
pense todos los ojos fuera y yo fablase
en buscu lo q̃ vos dixe q̃ tenja de fablar
[¶] et todos los ojos se salyron de fuera

Plate 7
fol. 160r

vemda ↄ pues la mi
buena ventuta fue
de vos fallar aq̃ a
partido sy por mi
gſteedes faſer fa
ɾe yo poɾ vos ɾt
pues de caça vos pa
gades moſtaɾ vos
be vn alano q̃ pode
des auer de ligeɾo
q̃ no ay venado enel
mũdo q̃ vea q lo no
atcançe ↄ lo no to
me ¶ot el poɾ aũ
dia del alano aꝩũ
toſt ꝯnella ↄ deſt
pɾeguntole comoɾ
podɾie auer aql
alano ¶ot ellale
dixo q̃ pidieſe ala
enpeɾaɾꝯ el alano
q̃ tenje guardado en vna cn maꝛ ta dẽ
ɾo enla camaꝛa do ella durmje ↄ moſ
ɾole poɾ ſenales cꝛꝓns en ql camaꝛa
lo teuje ¶ot el enpeɾadoɾ ↄt roꝭno
ꝑa la cabbat ɾt enla noche eſtãdo
conla enpeɾaɾꝯ dixole ſnoɾa vos
ſabedes bɾ q̃ yo vɾo ſy ↄ poɾla
vɩa meſuꝛa ſy eneſta ꜩ̃a ¶o ſa
ſiendo me vos ranta mcꝛced cõmo
faſedes no me aꝛeuo abos deman
dar algunas coſas q̃ amj ꝯuuple ↄ
abos no fagan mengua nịnguã ¶
Otꝛoujo dixo la enpeɾaɾꝯ ↄ dubda
des en mj q̃ vos no dapa lo q̃ me de
mãſedes tuetto gɾande me faꝛie

des ¶ſadeuedes entendeꝛ q̃ gen
vos da lo mas q̃ no dubdapa de
vos dar lo menos ¶Ot pues amplo
do no deuedes dubdaꝛ q̃ vos no de
ſt ql geꝛ coſa q̃ yo toujeſe poꝛ pꝛo
aada q̃ fueſe ¶Ot el dia q̃ vos yo
ꝛſabi abos poꝛ ſeuoꝛ me deſapode
ɾe demj ↄ de quto auja ↄ fiſtabo
ſeuoɾ dello ¶ ſeuoꝛa dixo el cup
ɾadoɾ pues q̃ aſy es mandad me d
el alano q̃ teuedes en aqlla camaꝛ
ta ¶poɾ dios ſenoɾ dixo ella muɗ
me plaſe ↄ romad eſta llauecilla
ↄ enla manaña abꝛid la ¶Ot cõm̃
q̃ lo no veades nị ꜩcaida llamad l

por no bſe

Plate 8
fol. 173v

llos, yendose por su cami
no encontrose con la fija
del conde fijd qesta penna
z consu muger, z qro oue
de cuallo co ellos. Estado el cuallero
amigo los vido conosçio los, z plogo le
mucho. Et dixo al mercador. Señor
yatengo peños buenos q vos de por
mj, z por mjs conpañeros. Et tomaron
A la condesa z asu fija. Et prendiero
las et a los q no oujes q juan conellas

d mjnguno omē q vos ffaga eno so
toda honrra z todo plazer. mas esto
es sabido vos por la sobervja de vro
marido el conde. Et por tanto vos qer
ffazer la vra fija leuase muy guarda
da de toda desonrra, z de mal z yd
vos al vro marido el conde q yaze fe
rido en el canpo de rebes, do el moſtro
la su sobervja qnto el pudo, syn dios z
syn rason. z vos gujsad le mejor de
comer, ca qnto nos y vale gujsamos.

Et la condesa cuydo q auja caydo en ma
las manos, pero el cuallero amigo era
cortes z muy mesurado en todas cosas
z mayor mente con sus dueñas. Et
dixole condesa no temades en nā erya

pensad de qnt vrā fija en grando d
ella qnjeredes a mj z a estos mjs conpañe
ros q fuemos vendidos dela vrā gen
te a este omē bueno q nos conpro. Et
sabed q el paſto por nos otros q jen

fuza por ellas cuaql ynpepo mil
thou miraglos et nuca labraua co
sa por sus manos enq dios nõ pusiese
senalada mente su virtud · et qndo
amanesçio saco el pendon el enperador
consuasta muy grande z mucho buena

et dixo alos caualleros amygos a
yer fuemos enel començo z enel me
dio dela batalla muy bien andantes
mas la fin nõ nos fue buena como
vistes et esto tengo q fue por mys pe
cados pero nro señor dios auyendo
de nos piedad como señor poderoso
nõ tenja por bien q fincasemos asi
desconoscados et mando q vayamos a

llegos mucho nos plaze ca mejor nos
es la muerte q asi estar en paz vos z nos cõ
esta deson̄a tan grande z con tan grand
perdida como aq feramos de amygos
z parientes · et mouieron todos de bu
ena voluntad pa morir o pa vencer
z fuero los f̃ et asi como bi
eron los del rey de sansin el pendon
asi mouieron z boluiero las espaldas
z comencaro a fuyr · et enperador
z los suyos yuan enpos ellos mata
do z firiendo de gusa q nõ finco ni
guno dellos q nõ fuese muerto o pre
so et el rey de sansin fue preso z
el conde q mas boluyo aqlla discordia

ellos cano nos espepam q todos los
prendefemos en azero so q hades asi da
todo entodo · señor dixiero los caua

q fue catre el enperador z aqllos dos
reys etdel enperador z los suyos
gradesçeron mucho a dios qñta merçed

Prólogo

[fol. 1r] En el tienpo del honrrado padre Bonjfaçio, vjno en la era de mjll e trezientos años el dia de la naçençia de nuestro Señor Ihesu Xpisto, començo en el año jubileo el qual dizen çentenario porque non vjene sy non de çiento a çiento años e cunplese por la fiesta de Ihesu Xpisto de la era de mjll e quatro çientos años. En el qual año fueron otorgados muy grandes perdones e tan conplidamente quanto se pudo estender el poder del papa, a todos aquellos quantos pudieron yr a la çibdat de Rroma a buscar las iglesias de Sant Pedro e de San Pablo quinze dias en este año, assy commo se contyene en el preujllejo de nuestro señor el papa. Onde este nuestro señor el papa, parando mientes a la gran fe e a la gran deuoçion que el pueblo xristiano auja en las yndulgençias deste año al jubileo e a los enojos e peligros e a los grandes trabajos e a los enojos de los grandes camjnos e a las grandes espensas de los peligrinos, por que se podiesen tornar con plazer a sus conpañeros, qujso e touo por bien que todos los peligrinos de fuera de la çibdat de Roma que fueron a esta rromeria, maguer non conpliesen los qujnze dias en que avjan de vesitar las iglesias de Sant Pedro e de Sant Pablo, que oviessen los perdones conplidamente, assy como aquellos que los vesitaran aquellos quinze djas. E fueron assy otorgados a todos aquellos que saljeron de sus casas para yr en esta romeria e murieron en el camjno ante que llegasen a Rroma e despues que allegaron e vesitaron las iglesias de Sant Pedro e de Sant Pablo, e otrosi a los que començaron el camjno para yr en esta rromeria con voluntad de la conplir e fueron enbargados por enfermedades e por otros enbargos algunos porque non pudieron y llegar, toujeron por bjen que oviesen estos perdones conplidamente assi como aquellos que y llegaron e conplieron su rromeria. E çiertas bien fue ombre aventurado el que esta rromeria fue ganar atantos grandes perdones commo en este año, sabiendolo o podiendo yr alla sin enbargo, ca en esta rromeria fueron todos asueltos a culpa e a pena seyendo en verdadera penjtençia tan bien de los confesados commo de lo olujdado. E fue y despendido el poder del padre santo ca todos aquellos clerigos que cayeron en yerro […] yrregularidat, non vsando de sus ofiçios, e fue despendido contra todos aquellos clerigos e legos e sobre los adulterios e sobre las oras non rrezadas a que eran thenudos de rrezar e sobre aquestas muchas cosas saluo ende sobre debdas que cada vno de los peligrinos deujan, tan bjen lo que tomaron prestado o prendado o furtado, en qualqujer manera que lo toujesen contra volu[n]tad de cuyo era, toujeron por bien que lo tornasen. E porque luego non se podia tornar lo que cada vno deuja segu[n]d dicho es e lo podiesen pagar, oujesen los perdones mas conplidos, dioles plazo a que lo pagasen fasta la fiesta de rresurreçion, que fue fecha en la era de mjll e trezientos e treynta e nueue años.

E en este año sobredicho, Ferrand Martines, [fol. 1v] arçediano de Madrid en la yglesia de Toledo, fue a Rroma a ganar estos perdones e despues que cunplio su rromeria e gano los perdones, asi commo Dios touo por bien, porque don Gonçalo, obispo de Aluaña e cardenal en la yglesia de Rroma, que fue natural de Toledo, estando en Rroma con el este arçediano sobredicho a qujen criara e feziera merçed, queriendose partir del e se yr a Toledo donde era natural, fizole prometer en las sus manos que si el, seyendo cardenal en la yglesia de Rroma, si finase, que este arçedjano que fuese alla a demandar el cuerpo e que feziese y todo su poder para traerle a la yglesia de Toledo, do auja escogido su sepultura. El arçediano, conosçiendo la criança quel feziera e el bien e la merçed que del rresçibiera, qujsole ser obediente e conplir la promesa que fizo en esta rrazon, e trabajose quanto el pudo a demandar el su cuerpo. E commoqujer que el padre santo ganase muchos amjgos en la corte de Rroma, tan bien cardenales commo otros onbres buenos de la çibdat, non fallo el arçediano a quien se atreujese a lo demandar el su cuerpo saluo al padre santo. E non era maravilla, ca nunca fue ende enterrado en la çibdat de Rroma para que fuese dende sacado para lo leuar a otra parte. E asi es establesçido e otorgado por los padres santos que njngund cuerpo que fuese y enterrado que non fuese dende sacado. E ya lo auja demandado muy afincadamente don Gonçalo, arçobispo sobrino deste cardenal sobredicho, que fue a la corte a demandar al papa. E non lo pudo acabar; ante le fue denegado que gelo non darian en ninguna manera.

E quando el arçediano que queria yr a la corte para le demandar, fue a Alcala al arçobispo para despedirse del e dixole de commo queria yr a demandar el cuerpo del cardenal, que gelo auja prometido en las sus manos ante que sse partiese del en Rroma. E el arçobispo le dixo que se non trabajasse ende njn tomase y afan ca non gelo darian ca non gelo qujsieran dar a el. E quando lo demando al papa aujendo muchos cardenales por si que gelo ayudauan a demandar, e el arçediano con todo esso aventurose e fuelo a demandar con cartas del rrey don Ferrnando e de la reyna doña Maria, su madre, que le enbiaua a pedjr por merçed al papa ssobre esta rrazon. Mas don Pedro, que era obispo de Burgos a esa ssazon e rreferendario del papa, natural de Asturias, de Oujedo, avjendo verdadero amor del gran conosçymjento que con el cardenal auja, con este arçediano de Madrid se moujo; e queriendole mostrar la buena voluntad que auja a todos los españoles, a los quales el fazia en este tienpo muchas ayudas e muchas honrras del Papa quando acaesçian, e veyendo que el arçediano auja mucho a coraçon este fecho, non quedando de dia njn de noche, e que andaua mucho afincadamente en esta demanda, doliendose del su trabajo e queriendo leuar adelante el amor verdadero que sienpre mostrara.

E otrosi por rruego de doña Maria, rreyna de Castilla e de Leon, que era a esa sazon que le enbjo rrogar, la qual fue muy buena dueña e de muy buena vida, e de buen consejo, e de muy gran rreposso e de gran seso natural, e muy conplida en todas buenas costunbres e amadora de justiçia con grandisyma piadat, non argulleçiendo con buena andança *[fol. 2r]* njn desesperando con mal andança quando le acaesçie, mas muy firme e estable en todos los sus fechos que entendie que con Dios e con razon e con derecho era, asy commo se cuenta en el libro de la estoria. E otrosy queriendo el obispo onrrar a toda España, [...] non auja otro cardenal enterrado. Njnguno de los otros non lo osauan al papa demandar, e el, por la su mesura, esforçose a lo demandar. E commoquier que luego non gelo quiso otorgar el papa, a la çena ma[n]do gelo dar. E estonçe el arçidiano sacolo de la sepoltura do yazia enterrado en la çibdad de Roma en la iglesia de Santa Marja la Mayor çerca de la capilla del *presere domjnj* do yaze enterrado Sant Geronjmo e ay estaua fecha la sepoltura del cardenal muy noblemente obrada en memoria del, e esta alta en la pared.

E el arçidiano traxo el cuerpo muy encubiertamente por el camjno temjendo que gelo enbargarian algunos que non estauan bjen con la jglesia de Roma e otros por aventura por lo enterrar en sus logares asy commo le contesçio en Florençia vna vegada que gelo quisieron tomar por lo enterrar y, sy non porque les dixo el arçidiano que era vn cauallero su pariente que muriera en esta romeria que lo leuaua a su tierra. E despues que llego a Logroño descubriolo, e fue ende rescibido muy onrradamente de don Ferrnando, obispo de Calahorra, quel salio a resçibjr reuestido con sus vestiduras pontificales e con toda la clerezia del obispo de vestiduras de caras de seda e todos los onbres buenos de la villa con candelas en las manos e con rramos. E fasta que llego a Toledo fue resçibjdo mucho onrradamente e de toda la clerizia e las ordenes e de todos los ombres buenos de la villa. E ante que llegasen con el cuerpo a la çibdad de Burgos, el rey don Ferrnando, fijo del muy noble rey don Sancho e de la reyna doña Maria, con el ynfante don Enrrique, su tyo, e don Diego, señor de Viscaya, e don Lope, su fijo, e otros muchos ricos ombres e ynfançones e caualleros le saljeron a resçibjr fuera de la çibdad, e le fizieron mucha onrra. E por do yua saljan a resçibjr todos los de las villas commo a cuerpo santo con candelas. E en las proçesyones que fazian las clerezias e las ordenes, quando llegauan a las villas, non cantauan versos njn responsos de defuntos sy non *ecçe saçerdos magnus* e otros responsos e antifanas semejantes asy commo a fiesta de cuerpo santo. E la onrra que resçibio este cuerpo del cardenal quando llegaron con el a la noble çibdad de Toledo fue muy grand maraujlla, en manera que se non acordaua njnguno, por ançiano que fuese, que oyese dezir que njn a rey nin a enperador njn a otro njnguno fuese fecho atan grande onrra commo a este cuerpo deste cardenal; ca todos los clerigos del arçobispado fueron con capas de seda, e las ordenes de la çibdat, tan bjen de religiosos. Non finco xristiano njn moro njn judio que todos non lo salieron a resçibjr con sus çirios muy grandes e con rramos en las manos. E fue y don Gonçalo, arçobispo de Toledo, su sobrino, e don Juan, fijo del jnfante don Manuel, con el, ca el arçobispo lo saljo a resçibjr a Peñafiel e non se partio del fasta en Toledo, donde le fizieron tanta onrra commo *[fol. 2v]* oystes.

Pero quel arçidiano se paro a toda la costa de yda e de venjda, e costole muy grand algo: lo vno, por que era muy luengo el camjno commo de Toledo a Roma; lo al, porque auja de traer mayor conpaña a su costa por onrra del cuerpo del cardenal; lo al, porque por todo el camjno eran las vjandas muy caras por razon de la muy grand gente syn cuento que yuan a Roma en esta romeria de todas las partes del mundo, en manera que la çeua de la bestia costaua cada noche en muchos logares quatro torneses gruesos. E fue grand mjraglo de Dios que en todos los camjnos por donde yuan los pelegrinos, tan abondados eran de todas las viandas que nunca fallesçio a los pelegrinos cosa de lo que aujan menester, ca nuestro Señor Dios por la su merçed quiso que non menguase njnguna cosa a aquellos que en su serujçio yuan. E çiertamente sy costa grande fizo el arçidiano en este camjno, mucho le es de gradesçer porque lo enpleo muy bjen, reconosçiendo la merçed del cardenal que rescibiera e la criança que en el fiziera, asy commo lo deuen fazer todos los ombres de buen entendjmjento e de buen conosçer e que bien e merçed rescibe de otro. Onde bjen auenturado fue el señor que se trabajo de fazer buenos criados e leales, ca estos atales njn les falleçeran en la vjda njn despues, ca lealtad les faze acordarse del bien fecho que resçibieron en vjda e en muerte.

E porque la memoria del ombre ha luengo tienpo e non se pueden acordar los ombres de las cosas mucho antiguas sy non las fallo por escripto, e por ende el tresladador de la estoria que adelante oyredes, que fue trasladada de caldeo en latjn e de latjn en romançe, e puso e ordeno estas dos cosas sobredichas porque las que benjan despues de las deste tienpo sera quando el año jubile[o] ha de ser; por que puedan yr a ganar los bien auenturados perdones que en aquel tienpo son otorgados a todos los que alla fueren, e que sepan que este fue el primer cardenal que fue enterrado en España. Pero esta obra es fecha so hemjenda de aquellos que la quisieren hemendar, e çiertamente deuen lo fazer aquellos que quisieren o lo sopieren hemendar sy quiera, porque dize la escriptura que sotilmente la cosa fecha emjenda, mas de loar es el que primeramente la fallo.

Otrosy mucho deue de plazer a quien la cosa comjença a fazer, que la hemjenden todos quantos la quisieren hemendar o sopieren, ca quanto mas es la cosa hemendada, tanto mas es loada. E non se deue njnguno esforçar en su solo entendimjento njn creer que de todo se pueda acordar, ca auer todas las cosas en memoria e non pecar njn errar en njnguna cosa, mas es esto de Dios que non de ombre. E por ende deuemos creer que todo ombre ha cunpljdo saber de Dios solo e non de otro njnguno, ca por razon de la mengua de la memoria del ombre fueron puestas estas cosas a esta obra, en la qual ay muy buenos enxienplos para se saber guardar ombre de yerro sy bjen quisieren beujr e vsar dellas. E ay otras razones mucho de solaz en que puede ombre tomar plazer, ca todo ombre que trabajo quiere *[fol. 3r]* tomar para fazer alguna buena obra deue en ella entreponer a las vegadas algunas cosas de plazer e de solas. E palabra es del sabio que dize asy: "Entre los cuydados a las vegadas tome algunos plazeres, ca muy fuerte cosa es de sofrir el cuydado contjnuado sy a las vezes non se diese el ombre a plazer o algund solaz."

E con grand enojo del trabajo e del cuydado, suele ombre a las vegadas desanparar la buena obra que va ombre començando, onde todos los ombres del mundo se deuen trabajar de fazer syenpre bjen e esforçarse a ello e non se enojar. E asy lo pueden bjen acabar con el ayuda de Dios, ca asy commo la cosa que non ha buen comjenço bien asy de razon e de derecho de la cosa que ha buen çimjento, esperança deue ombre auer que avra buena çima, mayormente començando cosa onesta e buena a serujçio de Dios, en cuyo nonbre se deuen començar todas las cosas que buen fin deuen auer. Ca Dios es comjenço e acabamjento de todas las cosas e syn El njnguna cosa non puede ser fecha. E por ende todo ombre que alguna cosa o obra buena quiere començar deue anteponer en ella a Dios. E El es fazedor e mantenedor de las cosas; asy puede bien acabar lo que començare, mayormente sy buen sseso natural toujere, ca entre todos los bjenes que Dios quiso dar al ombre e entre todas las otras çiençias queençienden, la candela que a todas estas alunbra, sseso natural es, ca njnguna çiençia que ombre aprenda non puede ser alunbrada njn enderesçado *[sic]* syn buen seso natural.

E commoquier que la çiençia sepa ombre de coraçon e la reze, syn buen seso non la puede ombre bjen aprender; avnque la entienda, menguando el buen seso natural, non puede obrar della nin vsar, asy commo conujene a la çiençia de qual parte quier que sea. Onde a quien Dios quiso buen seso dar, pueda començar e acabar buenas obras e onestas a serujçio de Dios e aprouechamjento de aquellos que las oyeren, e buen prez de sy mesmo.

E para que la obra sea muy luenga e de trabajo e non desesperar de lo non poder acabar por njngunos enbargos que le acaescan, ca aquel Dios verdadero e mantenedor de todas las cosas, el qual ombre de buen seso natural antepuso en la su obra a le dar çima aquella que conujene, asy commo contesçio a vn cauallero de las Yndias do andido pedricando Sant Bartolome apostol despues de la muerte de nuestro Saluador Jhesu Xpisto, el qual cauallero ouo nonbre Çifar del bautismo, e despues ouo nonbre el Cauallero de Dios porque se touo el syenpre con Dios e Dios con el en todos los fechos, asy commo adelante oyredes, podredes ver e entendredes por las sus obras. E por ende es dicho este libro del Cauallero de Dios, el qual cauallero [...] conplido de buen seso natural e de esforçar, de justiçia e de buen consejo e de buena verdat, commoquier que la fortuna era contra el en le traer a pobredat, pero que nunca desespero de la merçed de Dios, tenjendo que el le podria mudar aquella fortuna fuerte en mejor, asy commo lo fizo, segund agora oyredes.

Primeras Aventuras de Çifar

Cuenta la estoria que este cauallero auja *[fol. 3v]* vna dueña por muger que auja nonbre Grima, e fue muy buena dueña e de buena vida, e muy mandada a su marido e mantenedora e guardadora de la su casa, pero atan fuerte fue la ventura e la fortuna del marido que non podia mucho adelantar en su casa asy commo ella auja menester. E oujeron dos fijuelos que se vieron en muy grandes peljgros, asy commo oyredes adelante, tan bien commo el padre e la madre. E el mayor auja nonbre Garfin e el menor Roboan. Pero Dios, por su piedad, que es endereçador de todas las cosas, veyendo el buen proposito del cauallero e la esperança que en el auja, nunca desespero de la su merçed. E veyendo la mantenençia de la buena dueña e quand obediente era a su marido e quand buena criança fazia en sus fijuelos e quand buenos castigos les daua onde […] les la fortuna que auja en el mayor e menor estado que vn cauallero e vna dueña podian aver, pasando primeramente por muy grandes trabajos e peligros.

E porque este libro nunca apareçio escripto en este lenguaje fasta agora njn lo vieron los omes njn lo oyeron, cuydaron algunos que non fueron verdaderas las cosas que se y contienen njn ay prouecho, ca ellos non parando mjentes al entendjmjento de las palabras njn queriendo mjrar en ellas, pero commoquier que verdaderas non fuesen, non las deuen tener en poco njn dubdar en ellas fasta que las oyan todas conpljdamente e vean el entendimjento dellas e saquen ende aquello que entendieren de que se pueden aprouechar. Ca de otra cosa que es ya dicha pueden tomar buen enxjenplo e buen consejo para saber traer su vjda mas çierta e mas segura sy bjen quisiere vsar dellas, ca atal es este libro para quien bien quisiere catar por el commo la nuez que ha de parte de fuera sufre seco e tiene el fruto ascondido dentro.

E los sabios antiguos, que fizieron muchos libros de grand prouecho, pusieron en ellos muchos enxienplos en figura de bestias mudas e aues e de peçes e avn de las piedras e de las yeruas en que non ay entendjmjento njn razon njn sentido njnguno. En manera de fablillas dieron entendimjento de buenos enxienplos e de buenos castigos e fizieron nos entender e creer […] que non aujamos visto njn creyemos que podia ser esto verdad assy commo los padres santos fizieron a cada vno de los sieruos de Ihesu Xpisto ver commo por espejo e sentir verdaderamente e creer de todo en todo que son verdaderas las palabras de Ihesu Xpisto, e maguer el fecho non vieron porque njnguno non deue dubdar en las cosas njn las menospreçiar fasta que vean lo que quieren dezir e commo se deuen entender. E por ende el que bien se quisiere loar e catar e entender lo que se contiene en este

libro sacara ende buenos castigos e buenos enxienplos, e por los buenos fechos deste cauallero asy se pueden ver e entender por esta estoria.

[fol. 4r] Dize el cuento que este Cauallero Çifar fue buen cauallero de armas e de muy sano consejo a quien gelo demandaua, e de grand justiçia quando le demandauan alguna cosa do la oujese de fazer, e de grand esfuerço, non se mudando njn orgulleçiendo por las buenas andanças de armas quando le acaesçian njn desesperando por las desauenturas fuertes quando le sobrevenjan. E synpre dezia verdad e non mentira quando alguna demanda le fazian. E esto fazia con buen sseso natural que Dios pusiera en el. E por todas estas buenas condiçiones que en el auje, amauale el rey de aquella tierra cuyo vasallo era e de quien tenja grand soldada e bjen fecho de cada dia, mas atan grande desauentura era la suya que nunca le duraua cauallo njn otra bestia njnguna de diez dias arriba que se le non muriese e avnque la dexase o la diese ante de los diez dias. E por esta razon esta desauentura era por el synpre e su buena dueña e sus fijos en grand pobreza, pero quel rey, quando guerras auja en su tierra, gujssaualo muy bien de cauallos e de armas e de todas las cosas que auja menester; enbiaualo en aquellos logares do entendia que menester era mas fecho de caualleria. E asi se tenja Dios con este cauallero en fecho de armas que con su buen seso natural e con su buen esfuerço synpre vençia e ganaua onrra e vitoria para su señor el rey e buen pres para sy mesmo. Mas de tan grand costa era este cauallero que el rey, aujendole de tener los cauallos aparejados e las otras bestias que le eran menester a cabo de los diez dias mjentra duraua la guerra, que semejaua al rey que lo non podia sofrir njn conplir. E de la otra […] con grand enbidia que aujan aquellos a quien Dios non quisiera dar fecho de armas acabadamente asy commo al Cauallero Çifar, dezian al rey que era muy costoso e que por quanto daua a este cauallero al año e con las costas que en el fazia al tienpo de las guerras, que abria quinjentos cauallos cada año para su serujçio non parando mjentes los mesquinos. Commo Dios quisiera dotar al Cauallero Çifar de sus grandes dones e nobles señaladamente de buen sseso natural, e de verdad, e de lealtad, e de armas, e de justiçia, e de buen consejo en manera quando el seençerraua con çient caualleros conplja mas e fazia mas en onrra del rey e buen prez dellos que mill caualleros otros quando los enbjaua el rey a su serujçio a otras partes, non aujendo njnguno estos bienes que Dios en el Cauallero Çifar pusiera.

E por ende todo grand señor deue onrrar, e mantener, e guardar el cauallero que tales dones puso commo en este, e sy alguna batalla oujere a entrar, deue enbjar por el e atenderlo, ca por vn cauallero bueno se fazen grandes batallas, mayormente en quien Dios quiso mostrar muy grandes dones de caualleria e non deuen creer [...] que aquellos en quien non paresçe buen ssesso natural njn verdat njn buen consejo. E señaladamente non deue creer en aquellos que con maestrias e con sotilezas de engaño fablan, ca muchas vezes algunos que son ssotiles e agudos trabajanse de mudar los defechos e los buenos *[fol. 4v]* consejos en mal, e dandoles entendjmjento de leys, colorando lo que dizen con palabras engañosas e cuydando que non ay otro njnguno tan sotil commo ellos que le entiendan.

E por ende non se deue asegurar en tales ombres commo estos, ca peligrosa cosa es que a ombre aquellos en quien todas estas cosas e menguas e maestrias son, por que non abra de dubdar dellos e non estara seguro. Pero el señor de buen seso syn dudar de aquellos que le han de segujr para ser çierto, llamolos a su consejo e a lo quel consejaron, e cate e piense bien en los dichos de cada vno, e pare mjentes a los fechos que ante pasaron con el. E sy con grand hemençia los quiere catar, bjen puede ver quien le consejo bjen o quien mal, ca la mentira asy trasluze todas las palabras del mjntroso commo la candela tras el vjdrio en la lanterna. Mas ¡mal pecado! Algunos de los señores grandes mas ayna se yncljnan a creer las palabras falagueras de los ombres mjntrosos e las ljsonjas so color de algun prouecho que non el su pro njn la su honrra, maguer se quieran e lo vean por la obra, en manera que maguer se quieran repentjr e tornarse a lo mejor, non pueden, con verguença que los non retrayan que ellos mismos con verguença de buen seso se engañaron, dexando la verdad por la mentira e la ljsonja; asy commo contesçio a este rey, que veyendo la su honrra e el su pro ante los sus ojos, por pena de la bondad deste Cauallero Çifar, menospreçiando lo todo por mjedo de la costa, queriendo creer a los enbjdiosos ljsonjeros, perjura en su coraçon e prometioles que destos dos años non enbiase por este cauallero maguer guerras oujese en la su tierra. E queria prouar quanto escusaria en la costa que este cauallero fazia, e fizo lo asy, donde se fallo que mas desonrras e daños grandes resçibjo en la su tierra, ca en aquellos dos años ouo grandes guerras con sus vezinos e con algunos de los naturales que se alçaron. E quando enbjaua dos mill o tres mill caualleros a la frontera, lo que les era ljgero de ganar de sus enemjgos, dezian que non podian conquerir por njnguna manera. E a los logares del rey dexauan los perder, asy que fincaua el rey desonrrado e perdidoso e con grand verguença, non se atreujendo enbjar por el Cauallero Çifar por quel non dixiesen que non guardaua lo que prometiera.

Çertas, verguença e mayor mal es en querer guardar el prometimjento con daño e con desonrra que en lo reuocar, e asy razon es e derecho que aquello que fue establesçido antiguamente syn razon, que sea emendado, catando primeramente la razon onde naçio. E faze ley derecha para las otras cosas que han de venjr. E razon es que el yerro que nueuamente es fecho que sea luego emendado por aquel que la fizo, ca palabra es de los sabios que non deue auer verguença, ca njnguna cosa non faze medroso njn vergoñoso el coraçon del ombre sy non la conçiençia de la su vjda sy es mala, non faziendo lo que deue. "[...] e pues la mj conçiençia non me acusa, la verdat me deue saluar *[fol. 5r]* e con grand fiuza que en ella he, non abre mjedo e yre con lo que començe cabo adelante e non dexare mj proposito començado."

E estas palabras que dezia el cauallero oyolas Grima, la su buena muger, e entro a la camara do el estaua en este pensamjento e dixole: "¡Ay amjgo señor! ¿Que es este pensamjento e este grand cuydado en que estades? Por amor de Dios, dezid me lo; e pues parte oue conbusco en los pesares e en los cuydados. Çiertas nunca vos vj flaco de coraçon por njnguna cosa que vos oujesedes sy non agora."

El cauallero quando vjo a su muger que amaua mas que a sy e entendio que auja oydo lo quel dixiera, pesole de coraçon e dixole: "¡Por Dios, señora! Mejor es que el vno sufra el pessar que muchos, ca por tomar vos al tanto de pesar commo yo, por eso menguaria a mj njnguna cosa del pesar que yo oujese. E non seria aljujanado de pesar mas caresçimjento, e resçibiria mayor pesar por el pesar que vos oujesedes." "Amjgo Señor," dixo ella, "sy pesar es que remedio njnguno non puede ombre auer [...] es daxarlo olujdar e non pensar en ello, e dexandolo pasar por su ventura. Mas sy cosa es en que algund buen pensamjento puede aprouechar, deue ombre partir el cuydado con sus amjgos, ca puedan pensar e cuydar muchos que vno mas ayna puede açertar en lo mejor. E non se deue ombre enfiuzar en su buen entendimjento solo commoquier que Dios le de buen seso natural, ca do ay buen seso ay otro mejor. E por ende todo ombre que alguna grand cosa quiere començar, deue la començar e fazer con consejo de aquellos de quien es seguro quel consejaran bjen. E amjgo," dixo ella, "esto vos oy dezir quexando vos que queriades yr con vuestro fecho adelante e non dexar vuestro proposito començado. E porque se que vos sodes ombre de grand coraçon e de grand fecho, tengo que este vuestro proposito es sobre alta cosa e grande e que, segund mjo cuydar, deuedes auer buen consejo." "Çertas," dixo el cauallero, su marido, "guarido me auedes e dado me auedes conorte al mj grand cuydado que tengo en el mj coraçon guardado muy grand tienpo e nunca quise descobrirle a ombre del mundo. E bjen creo que asy commo el fuego encubierto dura mas que el descubierto e es mas bjuo, bien asy la poridat que vno sabe dura mas e es mejor guardada que sy muchos la saben. Pero que todo el cuydado es de aquel que lo guarda, ca toma grand trabajo entre sy e grandes pesares para lo guardar. Onde bjen auenturado es aquel que puede auer amjgo entero a quien enteramente pueda mostrar su coraçon, e enteramente quiso guardar a su amjgo en las poridades e en las otras cosas que ouo de fazer, ca partese el cuydado entre amos e fallan mas ayna lo que deuen fazer; pero que muchas vegadas son engañados los

ombres en algunos que cuydan que son sus amjgos, e non lo
son sy non de jnfinta. E çertas los ombres non los pueden
conosçer bjen fasta que los prueuan, ca bjen asy commo por
el fuego se prueua el otro, asy por la prueua se conosçe el
amjgo. Asy contesçio en esta proeua de los amjgos a vn fijo
de vn ombre bueno en tierras de Sarapia commo agora
oyredes.

"E dize el cuento que este ombre bueno era muy rico e
auja vn fijo *[fol. 5v]* que queria muy bjen, e dauale de lo
suyo que despendiese quanto el queria; e castigolo que sobre
todas las cosas e costunbres, que corriese e punase en ganar
amjgos, ca esta era la mejor ganançia que podia fazer. Pero
que atales amjgos ganase que fuesen enteros; a lo menos que
fuesen medios. En tres maneras son de amjgos: e los vnos
de enfruenta, e estos son los que non guardan a su amigo sy
non demjentra pueden fazer su pro con el; los otros son
medios, e estos son los que se paran por el amjgo a peljgro
que non paresçe, mas en dubda sy era ombre; e los otros son
enteros los que veen al ojo la muerte o el grand peligro de su
amjgo e ponese delante para tomar muerte por el, que el su
amjgo non muera njn resçiba daño. E el fijo le dixo que lo
faria asi que trabajaria de ganar amjgos quanto el podiese.

"Con el algo quel daua el padre conbidaua e despendia
e daua de lo suyo granadamente de gujsa que non auja
njnguno en la çibdad onde era el mas acompañado que el. E
a cabo de diez años pregunto le el padre quantos amjgos auja
ganado e el le dixo que mas de çiento. 'Çertas,' dixo el
padre, 'bjen despendiste lo que te dj sy asy es, ca en todos
los dias de la mj vjda non pude ganar mas de medjo amjgo.
Sy tu as çient amjgos ganado, bjen auenturado eres." 'Bien
creed, padre señor,' dixo el fijo, 'que non ay njnguno dellos
que non se pusiese por mj a todos los peligros que me
acaesçiesen.' E el padre lo oyo, e callo, e no le dixo mas.

"E despues desto contesçio al fijo que ouo de pelear e
de auer sus palabras muy feas con vn mançebo de la çibdad
de mayor logar que el, e fue buscar al fijo del ombre bueno
por le fazer mal. El padre, quando lo sopo, peso le de
coraçon e mando a su fijo que se fuese para vna casa fuerte
que era fuera de la çibdad e que se estuujese ende quedo
fasta que apagasen esta pelea. E el fijo fizo lo asy, e de sy el
padre saco luego segurança de la otra parte e apaziguolo muy
bjen.

"E otro dia fizo matar vn puerco, e mesolo, e cortole la
cabeça e los pies e guardolos, e metio el puerco en vn saco,
e atolo muy bjen, e pusolo so el lecho e enbio por su fijo que
se vjnjese en la tarde. E quando fue la tarde, vjno el fijo e
acogiolo el padre muy bjen e dixo le de commo el otro le
auja asegurado, e çenaron. E desque el padre vio que la
gente de la çibdat era quedada, dixo asy: 'Fijo, commoquier
que yo te dixe luego que venjste que te auja asegurado el tu
enemjgo, digo te que non es asy. E en la mañana quando
venja de mjsa, lo falle aqui en casa tras la puerta, su espada
en la mano, cuydando que eras en la çibdat, e quando
quisyeses entrar a casa que te matase. E por la su ventura

matelo yo, e cortele la cabeça, e los pies e los braços e las
piernas, e echelo en aquel pozo. E el cuerpo echelo en vn
saco e tengo lo so el mj lecho; e non lo oso aqui soterrar por
mjedo que nos lo sepan. E porque me semeja que seria bien
que lo leuases a casa de algund tu amjgo, sy lo as, e que lo
soterrases en algund logar encubierto.' 'Çertas, padre señor,'
dixo el fijo, 'mucho me plaze. E agora veredes que amjgos
he ganado.'

"E tomo el saco a cuestas e fuese para casa de vn su
amjgo en quien el mas fiaua. E quando fue a el, maraujllose
el otro porque tan grand noche venja e preguntole *[fol. 6r]*
que era aquello que traya en el saco. E el gelo conto todo, e
rrogole que quisiese que lo soterrase en vn trascorral que
auja. E su amjgo le respondio que commo fizieran el e su
padre la locura, que se parasen a ella, e que saljese fuera de
casa que non queria verse en peljgro por ellos. E eso mesmo
le respondieron todos los otros sus amjgos, e torno para casa
de su padre con su saco e dixole commo njnguno de sus
amjgos non se quisieron auenturar por el a este peligro.
'Fijo,' dixo el ombre bueno, 'mucho me maraujlle quando te
oy dezir que çient amjgos aujas ganado, e semejame que
entre todos los çiento non fallase vn medio, mas vete para el
mj medio amjgo, e dile de mj parte esto que nos contesçio e
quel ruego que nos lo encubra.' E el fijo se fue e leuo el
saco, e firio a la puerta del medio amjgo de su padre. E
fueron gelo dezir e mando que entrase. E quando lo vjo venjr
e lo fallo con su saco a cuestas, mando a los otros que
saljesen de la camara e fjncaron solos. E el ombre bueno le
pregunto que era lo que queria e que traya en el saco. E el le
conto lo que conteçiera a su padre e a el, e que le rogaua de
parte de su padre que gelo encubriese. E el ombre bueno
respondio que aquello e mucho mas farie el por amor de su
padre; e tomaron vna açada e fizieron amos ados vn foyo so
el su lecho e metieron allj el saco con el puerco, e cobrieron
lo muy bjen de tierra. E tornose luego el moço para casa de
su padre e dixo le en commo el su medio amjgo lo resçibiera
muy bjen, e que luego que le conto todo el fecho, le
respondio que aquello e mucho mas farie por el, e que
fizieran amos vn foyo so el su lecho e que lo soterraran allj.
'E pues fijo,' dixo el padre, '¿que te semeja de aquel mj
medio amjgo?' 'Çierto, padre,' dixo el, 'semejame que este
vuestro medio amjgo que vale mas que todos los mjs çiento.'
'Fijo,' dixo el ombre bueno, 'en las oras de la cuyta se
prueuan los amjgos. E por ende non te deues tu fiar mucho
en todo *[fol. 6v]* ombre que se te muestre por amjgo fasta
que lo prueues en las cosas que lo oujeres menester. E pues
que tan bueno lo fallaste aquel mj medio amjgo, quiero que
antes del alua te vayas para el, e dile que le ruego yo que
faga puestas de aquel que tiene soterrado e que faga dello
cocho e dello asado, e que cras seremos sus huespedes tu e
yo.' 'E ¿commo? padre señor,' dixo el fijo. '¿El ombre
comeremos?' 'Çierto, fijo,' dixo el padre, 'si, ca mejor es el
enemjgo muerto que bjuo e mejor es cocho e asado que
crudo, e la mejor vengança que ombre puede auer del es

esta: comer lo todo de gujsa que non finque del rastro njnguno, ca si del enemjgo finca algo, allj finca la mala voluntad.'

"E otro dia en la grand mañana el fijo del ombre bueno fue se para el medio amjgo de su padre e dixole de commo le enbiaua rogar su padre que aquel ombre muerto, que estaua en el saco, que lo fiziese puestas e lo fiziese cocho e asado, ca su padre e el vernjen a comer con el. E el ombre bueno quando lo oyo, començo se de reyr, e entendio que su medio amjgo queria prouar a su fijo, e dixole que gelo gradesçie e que vjnjesen tenprano a comer, que gujsado lo fallarian muy bjen, e ca la carne del ombre era muy tierna e que se cozie muy ayna. E el moço se torno a su padre e dixole la respuesta del su medio amjgo. E al padre plogole mucho porque tan bien le respondiera. E quando entendieron que era ora de yantar, fueron se el padre e el fijo para la casa de aquel su medio amjgo e fallaron las mesas puestas con mucho pan e mucho vjno, e asentaron se luego a comer. E los omes buenos començaron de comer muy de rezio commo aquellos que sabjan muy bjen lo que tenjan delante, e el moço non osaua comer commoquier que le paresçie bien. E el padre, quando vjdo que dubdaua en lo comer, dixole asy: 'Fijo, come seguramente, ca tal es la carne del enemjgo commo la del puerco e tal sabor ha.' E el moço començo de comer e sopole mucho bien e començo de comer mas de rezio que los otros e dixole asy: 'Padre señor, vos e vuestro amjgo bjen me auedes encarnjçado en carnes de mj enemjgo. E çierto creed que pues la carne del enemjgo asy sabe que non se podran escapar el otro mj enemjgo que estaua con este quando me dixo la soberuja que lo non coma e que lo non mate e que lo non coma muy de grado, ca nunca comj carne que tan bien me sopiese commo esta.' E ellos començaron de pensar en estas palabras que el moço dixo, e a pensar e fablar entre sy. E toujeron que sy *[fol. 7r]* este moço durase en esta ymaginaçion, que serie muy cruel e que lo non podrian sacar dello, ca las cosas que ombre piensa quando es moço, e mayormente en aquellas que toma sabor, tarde o nunca dellas se puede partir. E sobre esto el padre, queriendo lo sacar desta ymagjnaçion, començole a dezir asy: 'Fijo, porque tu me dixiste que aujas ganado mas de çient amjgos, quise prouar sy era asy. E quando este puerco que agora comemos le corte la cabeça, e los pies e las manos, e meti aquel puerco en aquel saco que agora traxiste, quise que prouases tus amjgos asy commo los prouaste e non los fallauas tales commo lo pensauas. Fallaste a este mj medio amjgo bueno e leal, asy commo lo deuja ser, porque deues parar mjentes, mjo fijo, en quales amjgos deues fiar, ca muy fea e muy cruel cosa serie e contra natura el ombre comer carne de ombre njn avn con fanbre.' 'Padre señor,' dixo el fijo, 'gradescolo yo mucho a Dios porque tan ayna me sacastes deste pensamjento. Ca sy por los mjs pecados el otro mj enemjgo oujera muerto e del oujera comido e asy me sopiera commo esta carne que aqui comemos, non me fincara ombre de quien non cubdiçiase comer. E por esto que agora me dexistes, aborreçere yo mas la carne del ombre.' 'Çierto,' dixo el padre, 'mucho me plaze. E quiero que sepas que el tu enemjgo e los otros que con el se açertaron que te perdonaron, e yo perdone a ellos por ty. E de aqui adelante guardate de pelear e non te chufen malos amjgos.' 'Padre señor,' dixo el fijo, 'ya he prouado qual es el amjgo de ynfinta, asi commo estos que yo gane, que nunca me guardaron sy non demjentra que yo parti con ellos lo que tenja, e quando los oue menester, fallçieron me e he prouado qual es el medio amjgo. Pues dezid me agora sy podria prouar e conosçer qual es el entero amjgo e ruego vos, padre señor, que me lo demostredes.'"

Del otro enxenplo que dixo el Cauallero Çifar a su muger de commo se prouo el otro amjgo

" 'Dios te guarde, fijo,' dixo el padre, 'ca muy fuerte prueua serie la fiança de los amjgos deste tienpo, ca esta proeua non se deue fazer sy non quando ombre esta en peligro e resçibjr la muerte o daño o desonrra grande. Pocos son los que açiertan en tales amjgos que se paren por su amjgo atan grandes peligros e que quieran tomar la muerte por el a sabjendas. Pero fijo, oy dezjr que en la tierra de Canan se criaron dos moços en vna çibdat e querien se muy grand bien, de gujsa que lo que querie el vno eso queria el otro. Onde dize el sabio que entre los buenos amjgos vno deue ser el querer e vno el non querer en las cosas buenas e onestas. Pero que el vno destos dos amjgos quiso yr a buscar consejo e a prouar las cosas del mundo, e andouo tanto tienpo por tierras estrañas fasta que se açerto en vna tierra do se fallo muy bjen, e fue allj muy rico e muy poderoso. E el otro finco en la villa con su padre e con su madre, que eran ricos e abondados; e quando estos aujan mandado el vno del otro, o quando acaesçian que algunos yuan a aquellas tierras, tomauan en ello plazer. Asy que este que finco en la villa despues de la muerte de su padre e de su madre; *[fol. 7v]* llego a tan grand pobreza que se non podia aconsejar, e fuese para aquel su amjgo. E quando el otro su amjgo lo bjdo atan pobre e atan cuytado e venjr tan desconsolado, pesole de coraçon e pregunto le commo venja asy. E el le dixo que con grand pobreza. 'Por Dios, amjgo,' dixo el otro, 'demjentra que yo fuere bjuo e oujere de que lo conpljr, nunca pobre seras. Ca loado sea Dios, yo he grand algo e so poderoso en esta tierra, e non te fallçera njnguna cosa de lo que oujeres menester.' E touolo consigo muy vjçioso e fue señor de su casa e de lo que auje grand tienpo, e perdiolo todo despues por este su amjgo commo agora oyredes.

"Dize el cuento que este su amigo fue casado en aquella tierra, que se le muriera la muger, e que non dexara fijo njnguno, e que vn su vezino que era ombre bueno e de grand ljnaje e muy rico que le enbio vna su fija pequeñuela que la criase en su casa, e quando fuese de hedad, que se casase con ella. E andando la moça por casa enamoro se della aquel su amjgo que le sobrevjno, pero non que le dixiese njn que le fablase njnguna cosa a la moça el njn otri por el, ca tenje que non serie amjgo verdadero njn leal, asi commo deuja ser sy lo fiziese nin tal cosa acometiese. E maguer se trabajaua de la olujdar, non podie, ca ante le cresçia el cuydado mas, de gujsa que se començo todo a secar e a le falleçer la fuerça con grandes amores que auje desta moça. E al su amjgo pesauale mucho por la su dolençia e por la su flaqueza, e enbiaua le fisicos a todos los logares que sabia que los auja buenos. E dauales grand algo por que lo guaresçiesen. E por quanta fisica ellos sabien, non podjen saber de que auje aquella dolençia. Asy que llego a tan gran flaqueza que ouo a demandar clerigo con quien se confesase. E enbiaron por vn capellan, e confeso se a el e dixole aquel pecado en que estaua por que le venje toda aquella dolençia de que cuydaua morir. E el capellan se fue para el señor de casa, e dixole que queria fablar con el en confesion e que le toujese poridat. E el prometiole que lo que el le dixiese, que lo guardaria muy bien. 'Digo vos,' dixo el capellan, 'que este vuestro amjgo que muere por amores que ha desta vuestra criada con quien vos auedes de casar, pero que me defendio que lo non dixiese a njnguno e que lo dexase asy morir.' E çierto quando el señor de casa lo oyo, fizo que non daua nada por ello. E despues que se fue el capellan, vjnose para el su amjgo, e dixole que se conortase, ca de oro e de plata tanto le darie quanto quisiese, e que por mengua *[fol. 8r]* de coraçon que non se dexase asy morir.

"'Çierto amjgo,' dixo el otro, '¡mal pecado! Non ay oro njn plata que me pueda pro tener. E dexad me conplir el curso de la mj vjda, ca mucho me tengo por de buena ventura, pues que en buestro poder muero.' 'Çierto non morjredes,' dixo el su amjgo, 'ca pues yo se la vuestra enfermedad qual es. Yo vos guareçere della, ca bien se yo que vuestro mal es de amor que auedes a esta moça que yo aqui tengo para me casar con ella. E pues de hedad es e vuestra ventura quiere que la deuades auer, quiero la yo casar conbusco e dar vos he muy grand auer. E leuad la para vuestra tierra e parar me a lo que Dios quisiere con sus parientes.' E el su amjgo quando oyo esto, perdio la fabla, e el oyr, e el ver con grand pesar que ouo porque cayo el su amjgo en el pensamjento suyo, de gujsa que cuydo su amjgo que era muerto. E saljo llorando e dando bozes, e dixo a la su gente: 'Yd vos para aquella camara do esta mj amjgo, ca, ¡mala la mj ventura! muerto es e non lo puedo acorrer.' E la gente se fue para la camara e fallaron le commo muerto. E estando llorando le enderredor del, oyo la moça llorar que estaua entre los otros. E abrio los ojos e de sy callaron todos. E fueron para su señor que ffallaron muy cuytado llorando e ffuese el luego para alla. E mando que la moça e su ama penssasen del e non otro njnguno, assy que a poco de tienpo fue guarido.

"Pero quando venje su amjgo, non osaua alçar los ojos contra el por la grand verguença que del auje. E luego el su amjgo llamo a la moça su criada e dixole de commo aquel su amjgo la queria grand bjen. E ella con poco entendimjento dixo que eso mismo fazia ella a el, mas que non lo osaua dezir. E era asy, ca çiertamente muy grand bien queria ella a el, mas non lo osaua dezir. 'E pues asy es,' dixo el ssenñor, 'quiero yo que casedes en vno, ca de mejor ljnaje es el que non yo, commoquier que amos sseamos de vna tierra, e dar vos he yo muy grand auer que leuedes con que seades ricos e bien andantes.' 'Commo vos querades, ssenñor,' dixo ella.

"E otro dia de grand mañana enbio por el capellan con quien se confessara el su amjgo, e casolos, e dio les muy grand auer. E enbio los luego a su tierra e desque los parientes de la moça lo sopieron, toujeron se por desonrrados, e enbiaron lo a desafiar. E corrieron muy grand tienpo pleito contra el, de gujsa que commoquier que rico era e poderoso, con las grandes guerras que le fazian de cada dia, tornose en muy [...] grand pobreza en manera que avn non podia mantener la su persona sola. E penso entre ssy lo que farie, e non fallo otro cobro ssy non que se fuese para aquel su amjgo a quien el acorriera. E fuese para alla con vn poco de auer que le finco, pero que le duro poco tienpo, ca era muy luengo el camjno e andaua ya solo de pie e muy pobre e cuytado. E acaesçio que ouo de llegar muy [...] noche a casa de vn *[fol. 8v]* onbre muy rico de vna villa al qual dezien Dios-lo-vee, çerca de aquel logar do quiso Abrahan sacrificar su fijo, e demando que le diesen de comer. E aquel ombre bueno, señor de casa, era muy escaso e dixo le que lo enbiase a conprar e el dixo que non tenje de que. E dieron le vn poco de pan pero dieron gelo de mal talante e tarde. Asy que non quisiera la verguença que paso por ello por muy grand quantia, de gujsa que finco muy quebrantado e muy triste, de manera que non ouo onbre en aquella casa que non oujese grand duelo del. E por esto dize en la escriptura que tres maneras son de ombre de quien deue ombre aver grand piedad, e son estos: el pobre que ha de pedjr al rrico escaso, e el sabio que se ha de gujar por el seso del torpe, [...] el cuerdo que ha de beujr en tierra do no ay justiçia, ca estos son tristes e cuytados porque non cunplen en ellos lo que deuen segund aquello que puso Dios en ellos.

"E quando llego a la çibdad do estaua su amjgo, era ya de noche e eran ya çerradas las puertas, assy que non pudo entrar a la villa. E commo venja canssado e lazrado e con fanbre, metiose en vna hermjta que fallo allj çerca de la çibdad syn puertas, e echo se tras el altar e durmjose fasta otro dia de mañana commo ombre cuytado, e cansado e desesperado.

"E esa noche dos ombres buenos de aquella çibdat oujeron sus palabras, e denostaron se, e metieron se otros ombres en medio e partieron los. E el vno dellos penso essa noche de yr matar al otro en la mañana, ca bjen sabja que cada mañana yua a maytjnes. E tomo su espada e fuelo asperar tras la puerta de su casa. E en saljendo el otro de casa, puso mano a la espada e diole vn golpe en la cabeça e matolo, e fuese para su casa que non lo vjdo njnguno quando lo mato. E en la mañana quando lo fallaron al ombre bueno muerto a su puerta, el ruydo fue muy grande por la çibdad, de gujsa que la justiçia, con grand gente andudo buscando al matador. E fueron a las puertas de la villa e eran todas çerradas saluo aquella que era en derecho de la hermjta do yazia aquel cuytado lazrado, ca las abrieron ante del alua por vnos mandaderos que enbjaua el conçejo a grand priesa al enperador.

"E cuydando quel matador que era ssaljdo por aquella puerta, andudieron lo buscando e non fallaron rastro del, e queriendo se tornar entraron dos mançebos a la hermjta e fallaron allj aquel cuytado durmjendo, su estoque çeñjdo. E començaron a dar bozes diziendo: 'Catad aqui el traydor que mato el ombre bueno.' E prendieron lo e leuaron lo delante los alcaldes; e los alcaldes preguntaronle sy matara aquel ombre o non. E el, commo desesperado, cubdiçiando mas la muerte que beujr en aquella vjda, dixoles que si. E preguntaron le que por qual razon lo matara. E el dixo que por sabor de lo matar. E sobresto los alcaldes oujeron su acuerdo e mandaron lo matar pues lo auje conosçido. E ellos estando en esto, el su amjgo a quien el casara con la su criada que estaua entre los otros, conosçiolo e pensso en su coraçon que pues aquel su amjgo lo guardara [fol. 9r] de la muerte e le auja fecho tanta merçed commo el sabie, que antes querie el morir que non que el muriese. Dixo a los alcaldes assy: 'Sseñores, este ombre que vos mandades matar, non ha culpa en la muerte de aquel ombre bueno, ca yo lo mate e non otro njnguno.'

"E mandaron lo luego prender, e porque amos venjen conoçidos que ellos lo mataran, mandaron los amos matar. E el que mato al ombre bueno a su puerta estaua entre los otros parando mjentes a lo que dezien e fazien. E quando vjdo que aquellos dos omes mandauan matar por lo que el fiziera, non aujendo en aquello ellos culpa en aquella muerte, pensso en su coraçon e dixo: '¡Ay catjuo errado! ¿con quales ojos paresçere yo ante la faz del mjo Señor Ihesu Xpisto el dia del juyzio? ¿O commo lo podre catar? Por çierto yo sere en grand verguença e con grand mjedo, e en cabo resçibira la mj alma pena en los ynfiernos por estas almas que yo dexo perder aqui, non aujendo estos culpa en la muerte deste ombre bueno que yo mate por mj locura. E por ende mejor me seria confessar mj pecado e arrepentjr me e poner este mj cuerpo a muerte por hemjenda de lo que yo fize, que non dexar estos matar.' E fuese luego a los alcaldes e dixoles assy: 'Señores, estos omes que vos mandades matar non han culpa en la muerte de aquel ombre bueno, ca yo sso aquel que lo mate por mj desauentura. E por que creades que es assy, preguntad a tales ombres buenos, que ellos vos diran en commo anoche tarde oujmos palabras muy feas yo e el, e ellos nos despartieron. Mas el diablo que se trabaja syenpre por fazer mal, puso me esta noche en coraçon que lo fuese matar, e fize lo asy. E enbiad a la mj casa e fallaran que del golpe que le di que se quebro vn pedaço de la mj espada e non se si finco en la cabeça del muerto.'

"E los alcaldes enbjaron luego a su casa e fallaron la espada quebrada commo el dixiera. E sobresto fablaron todos e pensaron mucho, e toujeron que estas cosas que asi se acaesçieran por se saber la verdad del fecho, que fuera por mjraglo de Dios. E acordaron que guardasen estos presos fasta que vjnjese allj el enperador, que auje de ser allj fasta quinze dias. E fizieron lo assy.

"E quando el enperador vjno, contaron le todo el fecho commo pasara, e el mando que le truxiese el primero preso. E quando fue delante, dixole el enperador: 'Djme ombre catjuo, ¿que coraçon te moujo conosçer la muerte [fol. 9v] de aquel ombre bueno, pues en culpa non eras?' 'Çierto, sseñor,' dixo el preso, 'yo vos lo dire. Yo soy natural de aqui e fuy buscar consejo a tales tierras. E fuj allj muy rico e muy poderoso e de sy torne a tan grand pobreza que me non sabja consejar. E bjne a este mj amjgo, que conosçio la muerte deste ombre bueno despues que la yo conosçi, que me mantoujese a su ljmosna. E quando llegue a esta villa, las puertas falle ya çerradas e oue me de echar a dormjr tras el altar de vna ermjta que es fuera de la villa. E dormjendo en la mañana oy grand rujdo e dezien: "Catad aqui el traydor que mato al ombre bueno." E yo, commo estaua desesperado e me enojaua ya de beujr en este mundo, ca mas cubdiçiaua la muerte que la vida, dixe que yo lo auja matado.'

"E el enperador mando que le troxjesen el segundo, e quando llego antel, dixole el enperador: 'Djme, ombre syn entendimjento, ¿qual fue la razon por que conoçiste la muerte de aquel ombre bueno, pues que tu non fueste en ella?' 'Señor,' dixo el, 'yo vos lo dire. Este preso que se agora partio delante de la vuestra merçed, es mj amjgo, ca nos criamos danbos en vno.' E contole todo lo que auja pasado con el e commo lo escapara de la muerte, e de la merçed que le fiziera quando le diera la su criada por muger. 'E señor, veyendo yo agora que le querian matar, quise yo ante aventurar me a la muerte que non que la tomase el.' E el enperador enbio a este, e mando traer al terçero e dixole: 'Djme, errado e desauenturado, pues que otros te escusauan de morir, ¿por que te ponjes tu a la muerte, podiendo la escusar?' 'Sseñor,' dixo el preso, 'non se escusa bien njn es de buen sesso el que dexa perder lo mas por lo de menos. Ca en querer yo escusar el martirio de la carne por mjedo de la muerte, e dexar perder el alma, conosçimjento seria del diablo e non de Dios.' E contole todo el fecho e el pensamjento que pensso por que non se perdiesen aquellos ombres que non eran en culpa e que se non perdiese su alma. E el enperador, quando lo oyo, plogole de coraçon e mando que non matase a njnguno dellos commoquier que este postrimero meresçiese la muerte. Mas pues Dios quiso este mjraglo fazer en traer este fecho a ser sabida la verdad, e el matador lo conosçio podiendo lo escusar, el enperador lo perdono e mando que fiziese hemjenda a sus parientes del muerto. E el fizo gela qual ellos quisieron.

"Estos tres ombres fueron muy ricos e muy buenos e muy poderosos en el sseñorio del enperador. E aman los todos e preçiauanlos por quanto bien fizieron e porque se dieron por buenos amjgos. 'E mjo fijo,' dixo el padre, 'agora puedes tu entender qual es la pena del amjgo entero e todo quanto bien fizo el que mato al ombre bueno, porque lo conosçio por non leuar las almas de los otros sobre la suya. E tu deues saber que ay tres maneras de amjgos: ca la vna es el que quiere ser amjgo del cuerpo e non del alma; e la otra es el que quiere ser amjgo del alma e non del *[fol. 10r]* cuerpo; e la otra el que quiere ser amigo del alma e del cuerpo, asi commo este preso postrimero, ca fue amjgo de su alma e de su cuerpo, dando muy buen enxienplo de sy e non queriendo que su alma fuese perdida por escusar el martirio del cuerpo.'"

De commo dixo el Cauallero de Dios a su muger que le queria dezjr su poridat

Todas estas cosas de los enxienplos de los amjgos conto el Cauallero Çifar a la su buena muger por la traer a saber bjen guardar a su amjgo e las sus poridades. E dixole assi: "Amjga señora, commoquier que digan algunas que las mugeres non guardan bjen poridat, tengo que falleçe esta regla en algunas, ca Dios non fizo los omes yguales njn de vn entendimjento njn de vn sentido, mas de partidos ssesos tan bjen varones commo mugeres. E porque yo sse bjen qual es vuestro sseso, e quand guardada fuestes en todas cosas del dia que en vno somos, fasta el dia de oy, e quand mandada e obediente me auedes seydo, quiero vos yo dezir la mj poridad, lo que nunca dixe a persona del mundo mas syenpre la toue guardada en el mjo coraçon commo aquella que me ternjen los ombres a grand locura sy la dixiese njn la penssase para dezir, pero que me non puedo ende partjr, ca me semeja que Dios me quiere ayudar para yr adelante con ello, ca puso en mj por la su merçed algunas cosas señaladas de caualleria que non puso en otro cauallero deste tienpo. E creo que el que estas merçedes me fizo me puso en coraçon de andar en esta demanda que vos agora dire en confession. E ssy yo con esto non fuese adelante, tengo que menguaria en los bjenes que Dios mj Sseñor en mj pusso."

De commo el Cauallero de Djos dixo a la su buena muger todo lo que le auja dicho su aguello

"Oyd me, sseñora amjgo *[sic]*, esto que vos yo agora dire. Yo seyendo moço pequeño en casa de mj avuelo, oy dezir que oyera que mj padre que venje de ljnaje de rreys, e commo moço atreujendo me a el, preguntele *[fol. 10v]* que commo se perdiera aquel ljnaje. E dixome que por maldad e por malas obras de vn rey del su ljnaje que fiziera rey a vn cauallero synple pero que era muy buen onbre e de buen sseso natural, e amador de justiçia, e conplido de todas buenas costunbres. '¿E commo, amjgo,' dixo el, 'por tan

ligera cosa tienes que es fazer e desfazer rrey? Çierto con grand fuerça de maldad se [des]faze e con grand fuerça de bondat e de buenas costunbres se ffaze. E esta maldat e esta bondad vjene tanbjen de parte de aquel que es o ha de ser rey commo de aquellos que lo desfazen o lo fazen señor.' 'E de tan grand logar venjmos,' dixe yo, 'e pues, ¿commo fjncamos tan pobres?' Respondio mj abuelo e dixo: 'Por maldad de aquel rey donde desçendemos, ca por la su maldad nos abaxaron assy commo tu vees. Çierto non he esperança,' dixo mj abuelo, 'quel nuestro ljnaje cobre fasta que otro venga de nos que sea contrario de aquel rey e faga bondad e aya buenas costunbres. E el rey que fuere ese tienpo que sea malo e lo ayan de disponer por su maldad, e a este fagan rey por su bondad, e puedes lo tu ser con la merçed de Dios.' 'E sy yo fuere de buenas costunbres,' dixe, '¿yo podria llegar a tan alto logar.?' E el rriendo se mucho respondio e dixo me assy: 'Fijo amjgo, pequeño de dias e de buen entendimjento, digote que ssy con la merçed de Dios, si bjen te esforçares a ello e non te enojares de fazer el bjen, puede ombre sobjr en alto logar.' E esto dezie tomando mucho plazer. Dixo me asy: 'Amjgo pequeño de dias […].' E santiguo a sy e a mj, e dexo se luego morir reyendo se ante aquellos que allj eran. E maraujllaron se todos de la muerte de aquel mj avuelo que asi contesçiera. E estas palabras que mj avuelo me dixo de gujssa se fincaron en mj coraçon que propuse estonçe de yr por esta demanda adelante. Pero que me quiero partir deste proposito, non puedo, ca en dormjendo se me vjene emjente e en velando ese mesmo e sy me Dios faze alguna merçed en fecho de armas, cuydo que me lo faze por que se me venga hemjentes la palabra de mj abuelo.

"Mas señora," dixo el cauallero, "yo veo que beujmos aqui a grand desonrra de nos e con grand pobreza. E sy lo por bjen *[fol. 11r]* toujesedes, creo que seria bien en nos yr para otro reyno do non nos conosçiesen e quiça mudariamos ventura, ca dize el proberujo que quien se muda, Dios le ayuda. E aquellos que bien non seen asi commo nos por la nuestra desauentura, ca el que bjen see non ha por que se ljeue, ca enmudandose a menudo pierde lo que ha. E por ende dizen que piedra mouediza non la cubre moho. E pues nos non seemos bien, ¡mal pecado!, njn auran honrra njn el prouecho de quien bien se ssee, non se ljeue, non es por nos. Tengo que mejor es e serie mudar nos que non que bjuamos aqui tan pobres."

De commo la muger del cauallero gradesçio mucho a su marido la poridat quele dixo

"Amigo sseñor," dixo la dueña, "dezides lo muy bjen, e gradezca vos Dios la merced grande que me auedes fecho en querer que yo sopiese aquesta vuestra tan grand poridat e de tan grand fecho. Çierto, quiero que sepades que tan ayna commo me començastes estas palabras, las que vos dixiera vuestro ahuelo, sy es cordura o locura, atan ayna se me posieron en el coraçon. E creo que han de ser verdaderas, ca todo es en el poder de Dios del pobre fazer rico e del rrico pobre. E moued quando quisierdes en el su nonbre, e lo que auedes de fazer, fazed lo, ca a las vegadas enpeçe la tardança en el buen proposito." "¿E como?" dixo el cauallero, "¿tan ayna vos vjno al coraçon que podrie ser verdat lo quel mj ahuelo dixo?" "Tan ayna," dixo ella, "que quien agora me catase el coraçon, fallarlo ye muy moujdo por esta razon, e non me semeja que esto en mj acuerdo." "Çierto," dixo el Cauallero Çifar, "asi contesçio a mj quando al mj ahuelo lo oy contar. E por ende non nos conujene fjncar en esta tierra sy quier por que los ombres non nos lo tengan por locura."

Aquj cuenta de que ljnaje era este Cauallero de Dios e de que tierra

El Cauallero Çifar segund se falla en las estorias antiguas fue del ljnaje del rey Caret que se perdio por sus malas costunbres *[fol. 11v]* p[er]o que otros reyes de su ljnaje deste ouo ante buenos e bjen acostunbrados. Mas la rayz de los ljnajes se desrrayza e se abaxa por dos cosas: la vna por malas costunbres e la otra por grand pobredad. E asy este rey Caret commoquier que su padre le dexo muy rico e muy poderoso, por sus malas costunbres llego a grand pobreza e ouose de perder assy commo ya lo conto el ahuelo del Cauallero Çifar segund oystes, de gujssa que los del su ljnaje nunca podieron cobrar aquel logar quel rey Caret perdio. E este reyno es en la Yndia primera que poblaron los gentiles asy commo agora oyredes.

Dize en las estorias antiguas que tres Yndias son: la vna comarca con la tierra de los negros; e la otra comarca con la tierra de Cadia; e la otra comarca con la rigion de las tinjeblas. Mas la Yndia primera que poblaron los gentiles es la que comarca con la tierra de los negros, e desta tierra fue el Cauallero Çifar, onde fue rey el rey Taret. E fallase por las estorias antiguas que Njnbros, el jnfante e el valjente visnjeto de Noe, fue el primero rey del mundo, e llamauan[1] le los Xristianos Njnoe. E este fizo la torre de Babilonja la desierta con grand estudio, e començo de labrar vna torre contra la voluntad de Dios e contra el mandamjento de Noe. E dizen que subio fasta las nuues e pusieron nonbre a la torre Madgal. E veyendo Dios que contra su voluntad la fazian, non quiso que la acabasen njn quiso que fuesen de vna lengua por que se non entendiesen njn la pudiesen acabar. E partiolos en setenta lenguajes: los treynta e seys lenguajes en el ljnaje de Jafet, e los diez e ocho en el ljnaje de Sem, e los seze en el lenguaje de Cam, fijos de Noe.

E este lenguaje de Cam, fijo de Noe, ouo la menor parte de todos estos lenguajes por la maldiçion que le dio su padre en lo tenporal, porque le erro en dos maneras: la primera porque yogo con su muger en el arca, onde ouo vn fijo que le dixieron Cus, cuyo fijo fue este rey Njnbrot; e fue maldicho estonce Cam en los bjenes; e otrosy dizen los judios que fue maldito este Cam porque yogo con la cadilla en *[fol. 12r]* el arca, e la maldiçion fue esta que quantas vegadas yogujese el can con la cadilla, que fuesen ljgados, pero los xristianos dezimos que non es verdad, ca de natura lo han los canes desde que formo Dios el mundo e todas las otras cosas. E el otro yerro que fizo Can fue quando se enbriago su padre e lo descubrio, faziendo escarnjo del. E por ende este rrey Njnbros que fue su njeto, fue malo e contra Dios, ca quiso semejar a la rayz de su ahuelo onde el vjnjera. E Asur, el segundo fijo de Sem, con todo su ljnaje, veyendo que el Njnbrot fazie obras a deserujçio de Dios, non quiso morar allj e fue poblar a Njnjue, vna grand çibdat que auje en ella andadura de tres dias, la qual quiso Dios que fuese destruyda por la su maldat dellos. E destruyola Nabucordonosor e vna conpaña de gentiles que amauan el saber e las çiencias. E ayuntauan se todavja a estudjar en bno e apartaron se ribera de vn rio que es allende de Babjloñja. E oujeron su consejo de pasar aquel rrio e poblar allj e beujr todos en vno. E quita se de malas conpañas e fizieron lo asy. E segund dizen los sabjos antiguos, quando Noe puso nonbre a los mares e a los rios, puso nonbre a aquel rrio Yndias e por el nonbre del pusieron nonbre a aquellos que fueron poblar allende jndios e pusieron nonbre a la proujnçia de los pobladores do es la puebla Yndia por el nonbre.

E despues que fueron assosegados, pugnaron de estudjar e de aprender e de versificar onde dixo Abubeit, vn sabio: "Los jndios antiguos fueron sabios, los primeros que çerteficaron el sol e las planetas despues del diluujo." E por beujr en paz e auer por quien se gujasen, esleyeron e alçaron rey sobre sy a vn sabio que le dizien Albir Aben, el mayor que auje y, e otro sabio que dezien Al Bahar Anjeg. Este fue el primer rey que oujeron los yndios que fizo la espera e la figura de los synos e de las planetas, ca los gentiles de Jndia fueron grand pueblo e todos los reys del mundo e los sabios les conosçieron mejoria en seso, e en nobleza e en saber.

E dizen los reys de Çim que todos los reys del mundo son çinco e todos los otros andan en pos dellos, e son estos: los reys de Çim, e los rreys de Jndia, e los reys de los turcos, e los reys persianos, e los reys xristianos, e dizen; quel rey de Çim es rrey de los omes porque los de Çim son mas obedjentes e mejor mandados que los otros ombres a sus reyes e a sus señores. E al rrey de Jndia dizen el rrey de la creençia porque ellos estudiaron sienpre e estudean en los saberes. E al rey de los turcos dizen el rrey de los leones porque son muy fuertes ombres e muy esforçados e muy arremetidos en las sus ljdes. E al rey de los perssianos dizen el rrey de los rreyes porque fueron syenpre muy grandes, e muy nobles, e de muy grand gujsa e de muy grand poder, *[fol. 12v]* ca con su poder, e con su saber, e con su seso poblaron la meytad del mundo e non gelo quiso contrastar njnguno maguer non era de su partiçion njn de su derecho. E al rrey de los xristianos dizen el rrey de los barranes porque ellos son los mayores barraganes que todos los otros, e mas esforçados, e mas apresonados, e mas apuestos en su caualgar que otros ombres.

Ca çiertamente de antiguedad fue Yndia fuente de saber e manera de çiençia, e fueron ombres de grand mesura, e de buen seso, e de grand consejo; ca maguer son loros, ca rretraen vn poco a la color de los negros porque comarcan con ellos, Dios los guarde de las maneras de los negros e de su torpedad, ca Dios les dio manera en mesura e en bondat, mas que a muchos blancos. E algunos estrologos djzen que los yndios oujeron estas bondades porque la proujnçia de Yndia a por natural partiçion a Ssaturno e a Mercurio. E fizieron se loros por Saturno, ca son ssabios e ssesudos e de ssotil engeño porque les cupo de la partiçion de Mercurio que fue mesclada con Saturno. E sus reyes fueron sienpre de buenas costunbres e estudiauan todavja en la djujnjdad, e por esto son ombres de buena fee e de buena creençia. E creen en Dios todos muy bjen, fueras ende pocos dellos que han la creençia de Ssaba, ca adoran los planetas e en las estrellas. E todo esto de los yndios que aqui es leydo fue puesto en esta estoria porque non se ffalla en escriptura njnguna que otro rey oujese en la Yndia mal acostunbrado sy non el rey Caret onde vjno el Cauallero Çifar, commoquier que este cauallero fue muy acostunbrado de bien en todas las cosas e gano grand pres e grand onrra por costunbres e por buenas cauallerias asy commo adelante oyredes.

E dize el cuento de commo el Cauallero Çifar e su muger se fueron con sus fijos a beujr a tierra estraña

Dize el cuento que el Cauallero Çifar e la buena dueña su muger vendieron aquello poco que aujen e conpraron dos palafrenes en que fuesen. E vnas casas que aujen muy buenas fizieron las ospjtal, e dexaron y toda su ropa en que yogujesen los pobres, e fueron se. E leuaua el cauallero en pos de sy el vn fijo e la dueña el otro, e andudieron tanto en diez dias fasta que salieron fuera del reyno onde eran naturales e entraron en otro reyno bjen dos jornadas.

E a cabo de los diez dias, entrando en el onzeno dia en la mañana, aujendo caualgado para andar su camjno, muriose le al cauallero el su palafren, de que resçibio la dueña muy grand pessar. E dexose caer en tierra llorando de los ojos, diziendo le: "Amjgo señor, non tomedes grand cuydado, ca Dios vos ayudara. E sobid vos en este palafre e leuaredes estos dos fijos conbusco, ca bjen podre yo andar de pie la jornada con la merçed de Dios." "Sseñora," dixo el Cauallero, "por Dios esso non puede ser, ca seria cosa muy desagujsada *[fol. 13r]* e syn razon yr yo cauallero e vos de pie, ca segund natura e razon mejor puede el varon sofrir el afan del camjno que non la muger. Onde tengo por bjen que subades en buestro palafren e que tomedes vuestros fijos el vno en pos del otro."

E otro dia en la mañana fueron fazer su oraçion e oyeron mjsa, ca asy lo fazien cada dia antes que caualgasen.

E despues que oujeron oydo la mjsa, tomaron vn camjno que yua a vna villa que le dezien Galapia, donde estaua vna dueña bjuda, que auja nonbre Grima, cuya era aquella villa. E esta dueña auja guerra con vn grand ombre, su vezino, de mayor poder que ella, ca era señor de las tierras de Fesan, que es muy grand tierra e muy rica, e el auje nonbre Roboan. E quando llegaron aquella villa fallaron las puertas çerradas e muy bjen guardadas por reçelo de sus enemjgos. E demandaron entrada, e el portero les pregunto quien eran. E el cauallero le dixo que eran de tierra estraña e que se acaesçieran allj ado los gujara la su ventura. E el portero les dixo que ante lo yria a preguntar a la señora e que lo atendiesen, ca luego serie con ellos con la respuesta. E fuese para la señora de la villa.

E el cauallero e la dueña estando esperando a la puerta al portero quando vernje "[…] catad aqui […]" do vjno vn cauallero armado contra la villa corriendo en su cauallo e llegose a ellos e dixoles asy: "Dueña, ¿que fazedes ay vos e esse ombre que esta conbusco? Partid vos dende e yd vuestro camjno e non entredes a la villa, ca non quiere mjo señor, que ha guerra con esta dueña señora desta villa, que entre *[fol. 13v]* njnguno alla, e mayormente de cauallo." E el Cauallero Çifar le dixo: "Amjgo, nos ssomos de tierra estraña e acaesçimos por nuestra ventura aqui en este logar, ca venjmos muy canssados e es muy tarde, ca es ya ora de biesperas e non abriamos otro logar poblado donde fuesemos esta noche aluergar. Plega vos que folguemos aqui esta noche sy nos acogieren, e luego nos yremos cras de mañana donde Dios nos gujare." "Çierto," dixo el otro cauallero, "non fincaredes aqui, ca yo non he que ver en vuestro consejo. Mas partid vos de aqui. Si non, matare a vos e leuare la dueña, e fare della al mjo talante." E quando el Cauallero Çifar oyo estas palabras tan fuertes, pesole de coraçon e dixo le: "Çierto, sy vos cauallero fijo dalgo sodes, non deuedes fazer enojo a otro fijo dalgo syn lo desafiar, e mayormente non vos faziendo tuerto njnguno." "¿E commo," dixo el otro, "pensades escapar por cauallero seyendo rrapaz desa dueña? Pues sy cauallero soys, sobjd en ese cauallo desa dueña e defended la." E quando esto oyo el Cauallero Çifar, plogole de coraçon porque tamaño logar le daua para caualgar. E subjo en el parafren de la dueña e vn velador que estaua sobre la puerta de la villa, doljendose del Cauallero Çifar e de la dueña, lanço le bna lança muy buena que tenje e dixole: "Tomad esa lança e ayude vos Dios." "Amen," dixo el.

De commo el Cauallero Çifar mato al sobrino del conde enemjgo de la señora de la villa que la tenja çercada

El Cauallero Çifar tomo la lança, ca el se traya su espada muy buena, e dixo al otro cauallero que estaua muy ayrado: "Ruego vos yo amjgo, por amor de Dios, que nos dexedes estar en paz e que querades que folguemos aqui esta noche. E yo vos fago pleito e omenaje que nos vayamos cras de buena mañana ssy Dios quisiere." "Çierto," dixo el cauallero, "yr vos conujene o defender vos." Dixo el Cauallero Çifar: "Defiendanos Dios que puede." Dixo el otro, "¿E commo de tan vagar esta Dios que non tiene al que fazer sy non benjr vos a defender?" "Çierto," dixo el Cauallero Çifar, "a Dios non es njnguna cosa graue ca el syenpre ha vagar para bjen fazer. E aquel es ayudado e acorrido e defendido a quien el quiere ayudar e acorrer e defender." "¿E commo," dixo el otro cauallero, "por palabras me queredes tener?" Fynco las espuelas al cauallo e bjnose contra el Cauallero Çifar e el otrosy para el otro, e atal *[fol. 14r]* fue la ventura del Cauallero armado que erro con la lança al Cauallero Çifar. E el otro fue ferido muy mal de gujsa que cayo luego muerto en tierra. E el Cauallero Çifar fue a tomar el cauallo del muerto por la rienda e traxolo a la dueña que estaua muy cuytada, rogando a Dios que guardase de mal a su marido.

De commo el Cauallero Çifar mato al sobrino del conde que la tenja çercada

Estando ellos en esto vjno el portero e vn cauallero al qual mandara el señor de la villa que tomase omenaje del cauallero que non vjniese njngund mal por ellos a la villa e que los acogerien. E el portero abrio la puerta e el cauallero que venja con el dixo al Cauallero Çifar: "Amjgo, ¿querriedes entrar aca?" "Querriemos," dixo el Cauallero Çifar, "sy vos plogujese." El cauallero le dixo asy: "Señor, ¿soys fijo dalgo?" "Çierto sy," [...] el Cauallero Çifar. "¿E sodes cauallero?" "Sy so," dixo el *[fol. 14v]* Cauallero Çifar. "E esta dueña, ¿quien es?" "Mj muger," dixo el, "e aquellos dos son nuestros fijos." "Pues fazedes me vos omenaje" dixo el otro, "asy commo vos soys fijo dalgo que por vos njn por vuestro consejo non benga mal njnguno a esta villa nj a njnguno de los que y moran." "Sy fago," dixo el cauallero, "demjentra y morare." "Non," dixo el cauallero, "mas por syenpre." E el Cauallero Çifar le dixo que lo non farie, ca non sabja que le auja de contesçer con algunos de los de la villa en algund tienpo. "Çierto non entraredes aca," dixo el cauallero, "sy este omenaje non fazedes." E ellos estando en esta porfia, dixo el velador que estaua en la torre, el que dio la lança al Cauallero Çifar: "Entrad vos aca. Bjen çient caualleros sallen de aquel monte e vjenen corriendo aca." E sobre esto dixo el cauallero de la villa: "¿Queredes, amjgo, fazer este omenaje que vos yo demando? Sy non, entrare e çerrar vos han las puertas." Estonçe el Cauallero Çifar dixo que fazie omenaje de guardar la villa e los que y eran, sy non le fiziesen por que non lo deujese guardar. "Amjgo," dixo el otro cauallero, "aqui non bos faran sy non amor e plazer." "Pues yo vos fago el omenaje commo vos lo demandades sy assy fuere," dixo el

Cauallero Çifar. E assy acogieron a el e a la dueña e a sus ffijos, e çerraron luego la puerta De la villa.

De commo los caualleros de fuera fallaron muerto al sobrino del conde, su señor, e se lo lleuaron muerto

[fol. 15r] Ellos caualgando e queriendo se yr a la posada, llegaron los çient caualleros e dixieron al velador: "Di, amjgo, ¿entro alla a la villa vn cauallero que vjno agora aca armado?" "¿E quien ssodes vos," dixo el velador, "que lo demandades?" "Çierto," dixo el vno dellos, "conosçer nos deujedes ya, ca muchas malas ssonochadas e maytjnadas auedes resçibido de nos en este logar." "Verdad es," dixo el velador, "mas cierto sso que con mal yredes de aqui esta vegada." "Villano malo," dixo el cauallero, "¿e commo puede esto ser? ¿Es preso el cauallero que aca bjno por quien nos preguntamos?" "Çierto non es preso," dixo el velador, "mas es muerto." "¿E quien lo mato?" dixo el cauallero. "Su soberuja," dixo el velador. "¿Pero quien?" dixo el cauallero. "Çierto," dixo el belador, "vn cauallero vjandante que agora llego aqui con su muger." E los caualleros fueron a vn barranco e fallaron lo muerto. E el cauallero muerto era sobrino de aquel que auja la guerra con la ssenora de la villa. E luego començaron a fazer el mayor duelo que podrie ser fecho por ombre del mundo. E assy lo leuaron fazjendo llanto fasta que llegaron a su real.

De commo la señora del Galjpia sopo de la muerte de aquel su enemjgo que muriera

[fol. 15v] La señora de la villa, quando oyo aquel ruydo atan grande e el grand llanto que fazian, maraujllose mucho que podrie ser aquello e andaua preguntando que le dixiesen que era. E estando en esto entro el cauallero que ella enbiara e contole todo el fecho commo fuera commo aquel que lo vjdo, ca luego que oyo el rujdo subjo a los andamjos con la otra gente que alla subjen para se defender. E contole de commo aquel cauallero que entrara en la villa tenje vna muger e que matara aquel sobrino de su enemjgo, el cauallero mas atreujdo que el tenje, e el mas ssoberujo e el que mayor daño auje fecho en aquella villa, e por quien se leuantara aquella guerra entre su tyo e la señora. E aquesta guerra fue porque la señora de aquella villa non querie casar con este ssobrino de aquel grand señor. E la señora de la villa quando lo oyo, plogo le de coraçon e touo que Dios troxiera allj aquel cauallero de aquel logar para acabamjento de su guerra. E ella mando a este cauallero que le fiziese dar muy buena posada e que le fiziesen mucha onrra. E aquel cauallero fizo lo assy.

E otro dia en la mañana despues de mjssa el Cauallero Çifar e su muger, queriendo caualgar para yr su camjno, llego les mandado de la señora de la villa que se fuesen para alla que querian fablar con ellos. E el Cauallero Çifar pesole porque se abrian de detener e perderien la su jornada, pero fueron se para la señora. E quando los vjdo ella, pregunto por qual manera fueran allj venjdos. E el Cauallero Çifar le dixo que eran salidos de su tierra, non por malefiçios que oujesen fecho, mas por la grand pobredad en que cayeran e que aujen verguença de beujr pobres entre sus parientes. E que por esso salieran de su tierra para buscar la vjda en otro logar do non los conosçiesen.

De commo la muger del Cauallero Çifar rrogo a su marido que fincasen alli vn mes, que venjan cansados

De commo la señora de la villa se pago mucho del buen razonar e del buen ssosiego del cauallero e de la dueña. E dixo le: "Cauallero, sy vos e esa buena dueña quisiesedes aqui folgar e morar, dar vos he yo vn fijo mjo pequeño que criasedes, e fazer vos ya todo el plazer que podjese, e criar se han esos vuestros fijos con este mjo." "Sseñora," dixo el Cauallero Çifar, *[fol. 16r]* "non me semeja que lo ssopiese fazer, ca non querria começar cosa que non podiese dar cabo." La sseñora de la villa le dixo: "Folgad aqui oy e cras, e pensad en ello, e responder me hedes." E el Cauallero Çifar, pesando le mucho, ouo gelo de otorgar, e en estos dos dias resçibieron mucha onrra e mucho plazer de la sseñora de la villa. E de todos los caualleros de allj e todos los ombres buenos venjen a ver e a consolar al Cauallero Çifar, e todas las dueñas a su muger, e dauan les de sus presentes granadamente e apuestamente. E tan grand alegria e tan grand conorte tomauan con aquel Cauallero Çifar, que les paresçie que de toda la guerra e de toda la premja en que estauan, eran librados con la buena andança que Dios diera aquel cauallero en matar al sobrino de aquel su enemjgo.

De commo la muger del Cauallero Çifar rogo a su marido que fincase alli vn mes, que venja cansados, e el gelo otorgo

En esto la señora de la villa enbio por la dueña, muger del Cauallero Çifar, e rogo le muy afincadamente que rrogase al cauallero, su marido, que fjncasen allj con ella e que partirie con ellos muy de buenamente de lo que ella oujese. E tan grande fue el afjncamjento que le fizo que le ouo de otorgar que ella rogarie a su marido que lo fiziese. E quando la muger del cauallero fue a su posada, luego fablo con su marido e le pregunto que le ssemejaua de la fincada que la señora de la villa les demandaua. "Çierto amjga sseñora," dixo el, "non se escoger lo mejor, ca yo veo que auemos menester bjen fecho de señores por la nuestra pobreza en que ssomos. E de la otra parte, la fjncada de aqui veo que es cosa muy peligrosa e con muy grand trabajo, ca la guerra que esta sseñora ovo fasta aqui con aquel grand señor, de

aqui adelante sera mas afincada entre ellos por la muerte de aquel cauallero, su ssobrino, que yo mate por *[fol. 16v]* la su desauentura." "Amjgo sseñor," dixo ella, "nos venjmos muy cansados de este luengo camjno e traemos nuestros fijos muy flacos. E ssy lo por bjen toujesedes, tengo que serie muy bien que folgasemos aqui algund dia." "Çierto," dixo el Cauallero Çifar, "sy vos plaze, a mj faze, pero quiera Dios por la su merçed que nos recuda a bien."

E ellos estando en esto entro vn cauallero de la señora de la vjlla por la puerta e dixo les assy: "Cauallero, a vos e a la vuestra buena dueña enbja dezir la señora de la villa que vos vayades luego para ella e que vos lo gradesçera." E ellos ffizieron lo assy, e quando entraron alli do la señora de la villa estaua, ffallaron allj todos los caualleros e los ombres buenos e las dueñas del logar. E la sseñora de la villa se leuanto a ellos e resçibio los muy bjen e dixoles assy: "Cauallero, dezid me que auedes acordado vos e la vuestra buena dueña de aquello que vos yo rogue." "Çierto señora," dixo el Cauallero Çifar, "non me querria meter a cosa que non supiese fazer vn cauallero, pero, sseñora, pues que vos me lo mandades, yo presto so de vos serujr en todas aquellas cosas que me vos mandardes e al vuestro serujçio cunpla." E la señora de la [...]² e todos los caualleros que allj eran gelo gradesçieron mucho porque le auje prometido de folgar allj con ellos vn mes.

De commo vn cauallero de los mas poderosos de la villa rrogo al Cauallero Çifar que fincase alli e que le daria dos fijas que tenja para que el las cassase con sus fijos

Un cauallero de los mas poderosos de la villa leuanto se entre todos los otros, e dixo assy: "Cauallero estraño, yo non se quien sodes, mas por quanto entyendo en vos, creo que sodes de buen logar e de buen entendimjento porque so çierto que nos farie Dios mucho bien en este logar por vos, e plazer me ya mucho que fincasedes aqui con nuestra señora. E dos fijas que yo tengo darlas he por mugeres a vuestros fijos e dar vos he yo la terçera parte de todo quanto yo he para vos e a la vuestra buena dueña con que vos mantengades." "Muchas gracias," dixo el Cauallero Çifar, "del vuestro buen talante." E la señora de la villa le dixo: "Cauallero, ¿non vos ssemeja que es bjen de fazer aquello que vos dize aquel cauallero syn la merçed e ayuda que yo vos fare muy granadamente? Ca bjen creed que ese cauallero que aqueso vos dize es de *[fol. 17r]* los mas poderosos e de mayor logar e el mas rico de toda esta villa que todos los otros." "Sseñora," dixo el Cauallero Çifar, "gradesco a vos e al cauallero todo esto que aqui dezides commoquier que non fue la mj entençion de venjr a este logar por entrar en parentesco con njnguno." "Sseñora," dixo la muger del Cauallero Çifar, "dezid le que finque aqui vn mes e entretanto fablaredes lo que oujerdes por bjen." "Par Dios, dueña," dixo la sseñora de la vjlla, "muy bjen dixistes. E

cauallero, ruego vos yo que lo querades fazer assy.''
''Çierto,'' dixo el Cauallero Çifar, ''fazer lo he pues a mj
muger le plaze commoquier que me plugujera que menor
tienpo tomara para esta folgura.''

De commo la señora de la villa rogo al Cauallero Çifar que le ayudase en todo aquello que el sopiese e entendiese

Todos los que estauan en el palaçio mostrauan que
resçibian muy grand plazer por la su fincada deste cauallero.
E la sseñora de la villa le dixo: ''Cauallero bueno, pues esta
graçia auedes fecho a mj e a los desta villa, rruego vos yo
que en aquello que pudierdes gujar e aderesçar en nuestros
fechos, que lo fagades.'' E el Cauallero Çifar le respondio
[fol. 17v] que lo farie muy de grado ca quanto el sopiese e
entendiese. Estonçe mando la sseñora de la villa que pensasen
mucho bjen del e que le diesen todas aquellas cosas que le
fuesen menester.

De commo la señora de Galapian fue luego cercada de sus enemjgos

El tercero dia despues desto, en la grand mañana ante
del alua, fueron derredor de la vjlla tres mill caualleros muy
bjen gujsados e muy grand gente de peones e de vallesteros
de los enemjgos de la señora de la vjlla. E començaron de
fincar las tiendas derredor de la villa de muy grand priesa. E
quando los veladores lo syntieron, começaron a dar bozes e
dezir: ''Armas, armas, armas.'' E el rruydo fue muy grande
e la buelta por la villa cuydando que la querian entrar, e
fueron todos corriendo a los andamjos de los muros, ca sy
non fueran tan ayna llegados, perdiera se la vjlla atan de
rezio se llegauan los de fuera a las puertas a conbatir.

E de que fue de dia, desujaron los mejor e fueron los
arredrando de la vjlla los vallesteros, ca tenjen ende muchos
arcos e muchas vallestas de torno e muchas otras cosas para
sse defender, asy commo aquellos que estauan aperçebidos
para tal fecho. E el Cauallero Çifar pregunto a su huesped
que rujdo era aquel. *[fol. 18r]* Estonçe su huesped le dixo de
commo tenjen çercada la vjlla los sus enemjgos, e pregunto
al huesped que gente podrie ser. E dixo le que de tres mill
caualleros arriba e muy grand gente de pie. E pregunto le
que quantos caualleros podrien estar en la villa. E el le dixo
que çiento de buenos podrian estar. ''Çierto,'' dixo el
cauallero, ''con çient caualleros de buenos cuydaria acometer
con la merçed de Dios a mill caualleros de non tan buenos.''
''E pues sy vos,'' dixo el huesped, ''en coraçon tenedes de
fazer algund bjen, asaz abredes aqui de buenos caualleros
con que lo fazer. E maraujllo me de vos por ser tan buen
cauallero commo dizen que soys, commo vos lo sufre el
coraçon de vos estar aqui en la cama con tal priesa commo
esta.'' ''¿E commo?'' dixo el Cauallero Çifar. ''¿E quieren

los de aqui saljr a ljdiar con los otros?'' ''Çierto,'' dixo el
huesped, ''non, ca ssemejarie grand locura pelear çiento con
mill.'' ''¿E pues commo? ¿Asy estaran aqui syenpre
ençerrados e non faran njnguna cosa?'' dixo el Cauallero
Çifar. ''No sse,'' dixo el huesped, ''mas tengo que fariedes
mesura e cordura en llegar aquel consejo en que estan los
caualleros agora.'' ''Çierto,'' dixo el cauallero, ''non lo fare,
ca seria gran locura en llegar a consejo ante que sea
llamado.'' ''Por Dios, Cauallero,'' dixo el huesped,
''semejame que vos escusariedes de buenamente de ljdiar. E
tengo que seriedes mejor para pedricar que non para ljdiar.''
''Çierto,'' dixo el Cauallero Çifar, ''verdat es que mas de
ligero se dizen las cosas que non se fazen.'' Quando esto oyo
el huesped, abaxo la cabeça e salio de la camara diziendo:
''Algo nos tenemos aqui guardado estando los otros en el
peligro en que estan [...] el muy syn cuydado.''

E fuese para la señora de la villa donde estauan los
caualleros e la gente aujendo su acuerdo commo farian. E
quando la sseñora de la villa lo vjdo, pregunto le e dixole:
''¿Que es de tu huesped?'' E el le dixo: ''Señora, yaze en su
cama syn cuydado desto en que vos estades.'' ''Çierto,'' dixo
la sseñora de la villa e los otros que y eran con ella.
''Maraujllamos nos mucho de tal cauallero commo el es e de
tal entendjmjento en lo assy errar.'' ''E el, ¿que te dezia,''
dixo la señora de la villa, ''desta priessa en que estamos?''
''Sseñora, yo le preguntaua commo non venja a este acuerdo
en que estauades. E el dixome que serie locura de llegar a
consejo njnguno ante que fuese llamado.'' ''Par Dios,''
dixieron todos, ''el dixo commo ssabio.'' ''¿E dixote mas?''
dixo la señora de la villa. ''Çierto, señora, yo le dixe que
auja mejor talle para pedricar que non para ljdjar, e el dixo
me que dezia verdat, ca mas de ligero se dezien las palabras
que non se fazian las cosas. E avn pregunto me mas, que
quantos caualleros podie auer en esta villa. E yo dixele que
çiento de buenos.'' [...] E con esta palabra plogo a los
buenos e peso a los otros, ca bjen entendieron que sy gujar
se oujesen por este cauallero, *[fol. 18v]* que los el metie
donde oujesen menester las manos.

De commo el Cauallero Çifar consejo a los de la villa que saliesen a ferir en los de la hueste

''Por çierto,'' dixo la señora de la villa, ''nos es menester
de nos detener de non enbjar por el.'' E mando luego a dies
caualleros de los mejores que fuesen luego por el e que lo
aconpañasen. E ellos fizieron lo assy. E quando llegaron a
el, fallaron lo que oya mjsa con grand deuoçion e su muger
con el. E acabada la mjsa, dixieron le los caualleros que le
enbjauan a rogar la señora de la villa que se fuese para ella.
''Muy de grado,'' dixo el Cauallero Çifar. E fuese con ellos
e yendo en vno pregunto le vn ombre bueno de la villa:
''Cauallero, ¿que vos semeja de commo estamos con estos
nuestros enemjgos?'' ''Çierto, amjgo,'' dixo el Cauallero

Çifar, "paresçeme que vos tienen en estrecho ssy Dios non vos ayuda e el vuestro buen esfuerço, ca todo es aqui menester."

E quando llego al palaçio leuantose la señora de la villa a el e todos quantos eran con ella e dixole asy: "Cauallero bueno, ¿e non veedes commo nos tienen apremjados estos nuestros enemjgos?" "Çierto, señora," dixo el Cauallero Çifar, "oy dezir que vjnjeran a conbatir fasta las puertas de la villa." E la sseñora de la villa le dixo: "Pues cauallero bueno, ¿que vos paresçe que sera?" "Sseñora, lo que vos mandardes," dixo el Cauallero Çifar. "¿E esforçar vos hedes," dixo ella, "de fazer alguna cosa contra estos nuestros enemjgos?" "Sseñora," dixo el, "sy, con esfuerço de Dios e de la vuestra buena gente." "Pues mando yo," dixo la señora, "que todos quantos son aqui que sse gujen por vos e fagan vuestro mandado." E esto mando con consentimjento e con plazer de todos ellos. Estonçe dixo la señora de la vjlla a todos ellos: "¿Es assy commo lo yo digo?" Respondieron todos: "Señora, ssy."

"Pues sseñora," dixo el Cauallero Çifar, "mandad a todos los Caualleros fijos dalgo apartar e a todos los otros que estan gujsados de cauallos e de armas. E la sseñora de la villa lo mando assy fazer e ellos se apartaron luego.

E desy el Cauallero Çifar tomo dellos omenaje que se gujasen e fiziesen por el e que lo guardasen e que lo non desanparasen en los logares do el oujese menester su ayuda. E ellos le fizieron asy el omenaje. "Agora señora," dixo el Cauallero Çifar, "mandad les que fagan alarde cras de mañana lo mejor que cada [fol. 19r] vno pudiere, tan bien caualleros commo escuderos e vallesteros e peones. E ssy algund gujssamjento tenedes commo en el vuestro almazen, mandad me lo prestar." "Çierto," dixo la señora, "muy de grado, ca yo vos dare el gujsamjento de mj marido, que es muy bueno." "Sseñora," dixo el Cauallero Çifar, "non lo quiero dado mas prestado, ca heredamjento es de vuestro fijo. E por ende sseñora, non lo podedes dar a njnguno."

De commo el Cauallero Çifar e los de la hueste estauan mjrando sobre los muros de la villa de commo estarian sentados en su solas

Otro dia en la mañana ssalieron muy bjen gujsados e fallaron que auje de caualleros fijos dalgo buenos çiento e diez, e de escuderos fijos dalgo çinquenta, commoquier que non tenjan lorigas para los cauallos; e de los otros rruanos de la villa, fallaron gujssados sesenta, e asy fueron por todos dozientos e veynte. "Por çierto," dixo el Cauallero Çifar, "gente ay aqui para defender su villa con la merçed de Dios." E la señora de la villa dio al Cauallero Çifar el gujsamjento que le prometio, muy rrico e muy fermoso, e prouoselo allj delante todos e endereçolo do entendio que era menester. E mando a los otros que fiziesen asy a los sus ligamjentos, ca bien daua a entender que algund tienpo auja

vsado en fecho de caualleria, tan bjen sabja endereçar las sus guarnjçiones. Entre todos los otros e paresçie muy fermoso armado, ca era grande, e muy apuesto e muy valjente.

E esta señora de la villa estaua en los andamjos en su alcaçar, e paro mjentes [fol. 19v] en lo que fazie cada vno. E vjdo al Cauallero Çifar commo andaua, requeriendo a los otros e castigandolos. E ella plogole mucho e dessy mandoles el Cauallero Çifar que se fuese cada vno a su posada e que comjesen, e a la ora de la nona que recudiesen todos aquella plaça. E ellos fizieronlo assy. E el Cauallero Çifar paro mjentes en aquel cauallo que auje ganado del cauallero que matara a la puerta de la villa, e fallo que era muy buen cauallo e bjen enfrenado e muy valjente, e plogole mucho con el.

E a la ora de la nona llegaron se todos en la plaça assy commo el les mando, e dixoles assy: "Amjgos, amjgos, a los que tienen en prisa e en premja non se deuen dar vagar, mas deuen fazer quanto pudieren por saljr de aquella priesa e de aquella premja, ca natural cosa es de aquel que esta en premja de querer saljr della, asi commo el sieruo de la serujdunbre. E por ende es menester que antes que aquellos de aquella hueste se aperçiban e se afortalezcan, que les fagades algund rebate de mañana." E ellos dixieron que asy commo el les mandasen que asy lo farien. "Pues, aparejad vos," dixo el Cauallero Çifar, "en la mañana e antes que el alua quiebre que seamos con ellos." E todos dixieron que lo farien muy de buena mente.

E dixo les el Cauallero Çifar: "Vayamos a andar por aquellos andamjos del muro e veremos commo estan asentados." E subieron a los andamjos e pararon mjentes de commo estauan asentados. E el Cauallero Çifar vjdo dos portillos muy grandes en la çerca que non estaua allj gente njnguna e pregunto: "¿Que espaçio es aquel que esta vazio?" E dixieronle ellos: "La çerca de la villa que es muy grande e non la pueden çercar toda." E vido vn logar do estauan tjendas fjncadas e non mucha gente en ellas e pregunto: "¿Quien posa allj en aquellas tiendas?" E dixole vn cauallero de la villa, "El señor de la hueste." "¿E donde lo sabedes vos?" dixo el Cauallero Çifar. Dixo el cauallero de la villa, "De vn mj pariente que vjno ayer de alla de ver vn su sobrino." E el Cauallero Çifar fizolo llamar e dixole: "Dj amjgo, ¿el sseñor de la hueste posa en aquellas tjendas?" "Sy," dixo el otro. "¿E que gente tiene consigo, sy sabedes de çierto?" Dixo el otro: "Yo los vi caualgar el otro dia e semejame que podrien ser fasta tres mill e quinjentos caualleros de buenos e de malos." "¿E ay gente fijos dalgo?" dixo el Cauallero Çifar. "Çierto, non creo que sean de dozientos caualleros arriba." "¿E todos estos caualleros fijos dalgo estan con el señor de la hueste en el su real?" "Çierto non," dixo el, "ca aparto los caualleros fijos dalgo por la hueste porque non fiauan en los otros, ca son ruanos e non bjnjeron de buena mente a esta hueste." "Mucho me plaze," dixo el Cauallero Çifar, "ca me semeja que Dios nos quiere fazer merçed con ellos."

Estonçe dixo a los caualleros que con el estauan: "Ssy nos bjen auemos de fazer allj en la cabeça, auemos de ferir primeramente." "Par Dios," dixo vn cauallero, "dezides muy bjen. E nos asy lo fagamos, ca sy lo demas nos vençemos, lo flaco non se nos podra bjen *[fol. 20r]* defender." "¿E por do podremos auer entrada" dixo el Cauallero Çifar, "por que les saliesemos a las espaldas que non lo syntiesen.?" "Yo lo se muy bien," dixo el otro cauallero. "Pues començemos en el nonbre de Dios," dixo el Cauallero Çifar, "cras en la mañana, e vos gujad nos por allj por do vos ssabedes que es la mejor entrada." E el cauallero le dixo que lo farie de muy buen grado.

De commo los de la hueste venjeron a conbatyr a los de la villa e commo se defendieron bjen los de dentro

Ellos estando en esto vjnjeron bjen seysçientos caualleros e grand gente de pie a conbatjr. E los de la vjlla preguntaron al Cauallero Çifar si salirien a ellos. E dixoles que non, mas que defendiesen su villa e que mejor era que los de fuera non sopiesen quanta gente estaua en la villa, e assy que non se aperçebirien, pensando que eran menos gente e que non los acometerien.

E llegaron los otros çerca de los muros de la villa, lançando piedras con fondas e saetas, faziendo muy grand rujdo. Pero el que llegaua a las puertas o al muro non se partia dende sano por cantos e por saetas que les lançauan los de la villa. E assy fueron y muchos muertos e feridos esa noche de mal gujsa. E entrellos andaua vn cauallero grande armado de vnas armas muy deujsadas, el canpo de oro e dos leones de azul. "Amjgos," dixo el Cauallero Çifar, "¿quien es aquel que aquellas armas trae.?" "El señor de la *[fol. 20v]* hueste," dixieron los otros. El Cauallero Çifar callo e non quiso mas preguntar, pero que paro mjentes en las armas de aquel señor de la hueste e deujsolas muy bjen, e dixo luego a los otros: "Amjgos, yd a buenas noches, e dormjd e folgad fasta cras en la mañana que oyades tocar el cuerno, porque es menester que sedes aperçebidos, e que vos armedes muy bien e que salgades a la plaça en manera que podamos yr allj a do nos Dios gujare."

E todos derramaron luego, e fuese cada vno a su posada. E el Cauallero Çifar fuese luego a la iglesia e rogo al clerigo que otro dia, ante de maytjnes, que fuese a la plaça e posiese altar para dezir mjsa. E el clerigo dixo que lo farie de grado.

De commo los que estauan en la villa fueron ferir en la hueste ante del alua

Luego el Cauallero Çifar fue se a su posada, e bjen ante del alua leuantose e fizo tocar el cuerno. E luego todos los caualleros e vallesteros e peones se armaron e se fueron para la plaça. E quando llego y el Cauallero Çifar, fallo el clerigo reuestido, e descaualgo del cauallo e rogole que dixiese mjsa. E el clerigo la dixo muy bien e ayna, de manera que todos vieron el cuerpo de Dios e se acomendaron a el. E desy el Cauallero Çifar caualgo e dixoles asy: "Amjgos, los çient caualleros fijos dalgo e los çinquenta escuderos de cauallo aparten se, e los escuderos fijos dalgo de pie, ca con estos *[fol. 21r]* tengo yo de yr a este fecho. E los diez caualleros fijos dalgo, e los ruanos, e los vallesteros, e los peones finquen e parense en aquella pontezilla que esta en el camjno. E sy menester fuere de que atan çerca sean para que nos puedan acorrer, que nos acorran." E todos dixieron que lo farien de grado.

E luego el Cauallero Çifar con los çient caualleros e çinquenta escuderos de cauallo e dozientos escuderos de pie e fueron se muy callando e los mas ascondididamente que pudieron por vn valle ayuso por do non pasauan njngunos de la hueste, ca ante estauan muy apartados. E gujaualos el cauallero que dixo ante noche que el los gujarie. E quando fueron allende de la hueste, parose el cauallero que los gujaua e dixo al Cauallero Çifar: "Ya somos arredrados de la hueste bjen dos tiros de vallesta." "Pues, ¿por do yremos" dixo el Cauallero Çifar, "[...] a la hueste?" "Yo vos gujare," dixo el otro cauallero. "Pues, gujadnos," dixo el Cauallero Çifar, "ca ya me paresçe que quiere quebrar el alua. E llegad quanto podierdes al rreal, e quando fuerdes çerca, tocad este cuerno e nos moueremos luego e yremos ferir en ellos. E todos tengamos ojo al señor de la hueste, ca sy allj nos fiziese Dios merçed, todo lo al abriamos desbaratado."

E bn cuerno que ellos trayan al cuello, diolo al cauallero con que fiziese señal. E mouieron luego muy paso e fueron se yendo contra el real. E tanta merçed les fizo Dios que non ovo y cauallo que reljnchase njn çelo mostrase; ante fueron muy sosegados fasta que llegaron muy çerca de la hueste. E el cauallero que los gujaua començo a tocar el cuerno, ca entendio que las velas los barruntarien. E luego el Cauallero Çifar moujo con la otra gente e fueron ferir en la hueste muy de rrezio llamando: "Galapia por la señora de la villa." E los de la hueste fueron muy espantados deste rebato tan adesora, ca non se podjen acorrer a sus cauallos njn de sus armas, ca estos otros matauan tan bien cauallos commo *[fol. 21v]* ombres quantos fallauan, ca non parauan mjentes por prender mas por matar. E los que escapauan dellos yuanse para la tienda del señor de la hueste.

E quando llego y el cauallero, asy se barrearon aderredor de escudos e de todas las cosas que oujeron menester, que les non podieron entrar con el enbargo de las tiendas. E ellos que se defendian muy de rezio, asy que el Cauallero Çifar yua resçibjendo muy gran daño de los caualleros. E tornose a los suyos e dixoles: "Amjgos, ya de dia es, e los grandes poluos por la hueste, e ssemejaua que se alboroçauan para venjr a nos. E vayamos nos, que asaz auemos fecho e cunple para la primera vegada." E fueron se tornando su passo contra la villa.

De commo el señor de la hueste fue contra los de la villa e el fue mal ferido e vn su fijo fue lleuado preso a la señora de la villa

El señor de la hueste armo se muy bien en la tjenda e ssalio en su cauallo, e vn su fijo con el, e seys caualleros que se vujaron armar, e moujeron e fueronse contra los de la villa. E el Cauallero Çifar, quando los vjdo, mando a los suyos que anduujesen muy rezio ante que los de la hueste llegasen, ca non es verguença de se poner ombre en saluo, e quando vee grand mejoria en los otros, e mayormente aujendo cabdillo de mayor estado que sy. E el Cauallero Çifar yua en la reguarda diziendo que andoujesen quanto podiesen, ca muy çerca les venjan commoquier que venjen muy derramados vnos en pos de otros. E el señor de la hueste vido las armas que eran del señor de Galapian e dixo: "¿Es bjuo el señor de Galapia? Çierto yo creo que bjuo es, ca el farie atal fecho commo este, ca syenpre fue muy buen cauallero de armas. Pero non podrie ser, ca yo me açerte al su enterramjento e el non dexo ssy non vn fijo pequeño; mas bjen pienso que dieron las armas alguño por que se gujasen los otros."

E tan çerca venja ya de los de la vjlla que se podjan entender los vnos a los otros lo que se dezian. El Cauallero Çifar bolujo la cabeça e vjo los venjr çerca de ssy, e conosçio en las armas al sseñor de la hueste las que el viera ante noche. E non venje otro con el ssy non vn su fijo e otro cauallero. E eran ya muy çerca de la pontezilla do aujen dexado la otra gente. E el cauallero dio vna grand boz a ssu conpaña e dixo: "Atended me." E bolujo se de rostro contra el señor de la hueste e pusso la lança sso el sobaco e dixo assy; "Cauallero, defended vos." "¿E quien eres tu," dixo el señor de la hueste, "que atanto te atreues?" "Çierto," dixo el Cauallero Çifar, "agora lo veredes." E finco las espuelas al cauallo e fue [fol. 22r] lo ferir, e diole vna lançada por el escudo que le paso las guarnjçiones, e metiole la lança por el escudo e passo al costado dos palmos, e dio con el en tierra. E la su gente commo yua vjnjendo yuan firiendo sobre el e trabajauan se de lo poner en el cauallo. E entretanto el Cauallero Çifar tornose con su gente e passaron la pontezilla en saluo. E mas merçed fizo Dios al Cauallero Çifar e a su gente, ca el fijo del sseñor de la hueste, quando vjdo a su padre en tierra, finco las espuelas al cauallo e fue ferir a vn cauallero de los de la villa, pero que non le enpeçio e metiose en la espesura de la gente, e prendieron lo; e assy lo leuaron preso a la villa.

E el ruydo e el duelo fue tan grande en la hueste, cuydando que su señor era muerto, que lo lleuaron a las tiendas del real e lo desnudaron. Ffallaron que tenja vna grand ferida en el costado e quando preguntaron por su fijo e non lo fallaron, toujeron se por perdidos mas de quanto eran, ca toujeron que era muerto o preso. E quando el señor de la hueste entro en su acuerdo e vjnjeron los fisicos a lo catar, dixieron que lo guarescerien bjen con la merçed de Dios. E el se conorto quanto mas pudo e pregunto por su fijo. E dixieron le que era ydo a andar por la hueste e por ssosegar la gente. E plogole mucho e dixo que lo fazia muy bjen. E los cauall[er]os de la hueste enbiaron luego vn cauallero a la villa por saber del fijo de su señor, [fol. 22v] sy era preso o muerto.

De commo vn cauallero de los de la hueste fue a preguntar a los de la villa por el fijo de su señor si era preso o muerto

Allegando el cauallero çerca de la puerta de la villa, fjnco la lança en tierra e dixo que non le tirasen saetas, ca non venje sy non por fazer vna pregunta. E el velador que estaua sobre la puerta le dixo: "Cauallero, ¿que demandades?" "Amjgo," dixo el cauallero, "dezid me sy sabedes del fijo del señor de la hueste ssy es preso o muerto." "Çierto," dixo el velador, "non es preso mas es muerto."[3] "¿E es ferido?" dixo el cauallero. "Non," dixo el velador. "Çierto," dixo el cauallero, "muy mal escapamos nos esta vegada." E con tanto se torno para los de la hueste e dixo les commo vn fijo de su señor era preso e syn ferida njnguna.

De commo el señor de la hueste se fallo mal de aquella guerra e lo dixo a sus vasallos

De que fue ya tarde a la ora de las biesperas, llamo el señor de la hueste a aquellos ombres buenos que solje llamar a su consejo, e preguntoles que les paresçie de todo este ffecho. E los vnos le dezien que non diese nada por ello, ca Dios le darie muy ayna vengança; e los otros le dizien que tales cosas como estas acaesçien en las batallas; e los otros le dezien que parase mjentes sy en esta demanda que fazia esta dueña, sy tenja derecho o non. Sy non, que se dexase dello ssy quiera por lo que vieran esse dia en el e en ssu ffijo. "¿E commo?" dixo el señor de la hueste. "¿Es muerto el mjo fijo?" "Non," dixieron ellos, "mas es preso e syn njnguna ferida." "¿E commo fue preso?" dixo el señor. "Çierto," dixieron ellos, "quando ffirieron a vos, fue ffyncar las espuelas al cauallo, e fue fferir en ellos, e [fol. 23r] metiose en vn tropel, e desapoderaron lo de las armas e prendieronlo." "Bendito ssea Dios," dixo el sseñor, "pues bjuo es el mj fijo e sano. E amjgos e parientes, quiero vos dezir vna cosa que ssy al sobrino me mataron en este logar, e al mj fijo prendieron e tienen preso, e a mj firieron, creo que Dios quiere ayudar a ellos e enpeçer a mj, ca yo tengo a la dueña grand tuerto. E he fecho muchos males en este logar, ella non lo meresçiendo; porque es menester que conoscamos nuestro yerro e nos arrepjntamos del. E fagamos hemjenda a Dios e a ella, ca ssy non, bjen creo que Dios nos lo querra acaloñar mas caramente."

E luego se leuanto vn cauallero su vassallo, e ombre bueno de Dios e de buen consejo, e fuele besar las manos; e dixole assy: "Sseñor, gradezco mucho a Dios por quanta merçed ha fecho a vos e a nos oy en este dia, en vos querer poner en el coraçon de vos conosçer que tenedes tuerto a esta dueña, lo que nunca quesistes conosçer fasta agora, seyendo manjfiesto a todas las gentes que era assy. E por ende, señor, cobrad vuestro fijo e demandad perdon a la dueña del mal que le fezistes, e assegurad la que de vos non rresçiba mal njn daño. E yo vos sso fiador que sobre mj cabeça que Dios vos ayudara en todas aquellas cosas que començardes con derecho, assy commo ayuda a esta dueña contra vos, e acabar lo hedes a vuestra voluntad." "Por çierto el mj vassallo bueno e leal," dixo el sseñor de la hueste, "plazeme con lo que dezides, ca me consejades muy bjen e a honrra e pro del cuerpo e del alma. E vos e essos ombres buenos punad de lo leuar adelante en aquella manera que entendades que mejor sera. Pero querria ssaber quien fue aquel que me firio." "¿E commo?" dixo el cauallero, "¿Querriades gelo *[fol. 23v]* acaloñar?" "Non," dixo el señor, "mas querria lo conosçer por le fazer honrra do quier que lo fallase, ca bjen vos digo que nunca vj cauallero que tan apuestamente caualgase njn tan apoderado njn que tan bjen fiziese de armas commo este." "Agora, señor," dixo el cauallero, "folgad esta noche e cras de mañana nos andaremos en este pleito." "En el nonbre de Dios," dixo el señor de la hueste.

Aqui dexa de fablar la ystoria del señor de la hueste e fabla de la señora de Galapia

La señora de Galapia, ante de maytines, quando oyo tocar el cuerno en la villa para se querer yr los suyos contra los de la hueste, luego se leuanto e enbjo por la muger del Cauallero Çifar. E synpre estoujeron en oraçion, rezando e rogando a Dios que guardase a los suyos de mal commo aquella que tenje, que sy por sus pecados los suyos fuesen vençidos, que la villa luego serie perdida e ella e su fijo catjuos e deseredados para synpre. Mas Dios, piadoso guardador e defendedor de las bjudas e de los huerfanos, veyendo quanto tuerto e quanta ssoberuja auje ella rescibido fasta aquel dja, non quiso que resçibiese mayor quebranto, mas quiso que resçibiese onrra e plazer en este fecho. E quando los sus caualleros se estauan conbatjendo en el canpo con los de la hueste, enbio ella vna donzella a los andamjos que parase mjentes de commo lo fazien. E la donzella tornose luego e dixole assy: "Sseñora, en las tiendas del real del sseñor de la hueste ay tan grandes poluos que con el çielo llegan, en manera que non podemos ver quien faze aquellos poluos. E porque salle agora el sol, paresçe aquel sol atan bermejo que semeja sangre. Pero que vjmos que todos los otros que estan enderredor de la villa se arman quanto mas

pueden e van corriendo contra las tjendas del señor de la hueste donde ssalen aquellos poluos." E quando la señora oyo estas palabras, cuydando que estauan ya bueltos en su batalla e penssando que los suyos non podrien sufrir aquella gente contraria, ca era mucha e serien vençidos, e tenjendo ssu fijo en los braços, començo de penssar en ello e dio vna grand bos commo muger saljda de ssu sseso e dixo: "¡Santa Maria val!" E dexo sse caer en tierra transida de gujsa que su fijo se oujera de ferir muy mal sy non que lo resçibio en los braços la muger del Cauallero Çifar. Assy que todas quantas dueñas allj estauan pensaron que era muerta, de gujsa que por agua que le echauan en la cara njn por otra cosa que le ffazien, non la podjen meter en acuerdo. E el duelo e las bozes de las dueñas e de las donzellas fueron muy grandes en el palaçio, *[fol. 24r]* ca todas las dueñas e las donzellas de la villa estauan allj con ella, ca las vnas tenjen sus maridos en la hueste, e las otras sus parientes, e las otras sus fijos, de que estauan con reçelo de ser muertos e ellas presas e catiuas, e toda la villa perdida.

Del pesar que aujeron todos los de la villa que saljeron a pelear con los de la hueste porque era muerta su señora

Las otras dueñas que estauan en los andamjos vieron ssaljr vn tropel de caualleros de aquel poluo muy espesso que enderesçaua contra la villa. E vjnjeron luego a la señora e dixieron le por la conortar: "Sseñora, catad aqui los vuestros caualleros do vjenen sanos e alegres. Loado ssea Dios e conortad vos." Pero que della non pudieron auer respuesta njnguna, ca ante semejaua a todos que era ya muerta.

E despues que los caualleros oujeron passado la pontezilla, entraron a la villa, e dixieron les estas nueuas de commo la sseñora de la villa era muerta. E pesoles a todos muy de coraçon. E la grand alegria que trayen por la merçed que Dios les fiziera torno se les en grand pessar. E asy commo lo oyeron, dexaron se caer todos de los cauallos en tierra, dando muy grandes bozes e faziendo todos muy grand llanto por ella.

De commo torno en su acuerdo la señora de la villa por mjraglo que mostro allj la Vjrgen Maria que alcançó de nuestro Señor, su fijo

El Cauallero Çifar estaua muy cuytado, e llamo a toda la conpaña e dixo les asi: "Amjgos, Dios nunca fue desigual en sus fechos, e pues que el tan buena andança nos dio oy en este dia por razon della, non creamos que nos querra dar tan grand quebranto por *[fol. 24v]* ella. E ssemejarie contrario asy mesmo en querer que el su comjenço fuese bueno e el acabamjento malo, ca el sienpre suele començar bjen e acabar mejor, e acreçentar en sus bjenes e en sus dones e mayormente a aquellos que se tienen con el. E vayamos saber commo murio, ca yo non puedo creer que asi sea, ca por ventura mjntieron." E las dueñas estando derredor de su señora llorando e faziendo grand llanto por ella, oyeron vna boz en la capilla ado estaua su señora, que dixo asy: "Amjga de Dios, leuantate, ca toda tu conpaña esta desconortada e tiene que quanta merçed les fizo mjo fijo el Saluador del mundo oy en este dia que se les es tornada en contrario por esta tu muerte. E crey que voluntad es del mjo fijo de endereçar este tu fecho a tu talante."

E todas las dueñas que y estauan fueron muy espantadas e maraujllaron se de donde venja esta boz que allj oyeran tan clara e tan dulçe. E tan grande fue la claridad estonçe en la capilla que les tiro la lunbre de los ojos, de gujsa que se non podian ver vnas a otras, e a poca de ora vieron a su señora que abrio los ojos e alço las manos juntas al çielo, e dixo asy: "¡O Virgen Ssanta Maria, abogada de los pecadores e consoladora de los tristes, e gujadora de los errados, e defendedora de las bjudas e de los huerfanos que mal non mereçiste! ¡Bendito sea el fijo de Dios que por el Espiritu Santo en ty encarno! ¡E bendito sea el fruto que de ti nasçio, ca me tornaste por la tu santa mjsericordia de la muerte a la vida e me sacaste de la grand tristeza *[fol. 25r]* en que estaua e me truxiste a grand plazer!"

E todos los que allj estauan oyeron bjen todo quanto ella, dezia e enbiaron luego a dezir a los caualleros de commo su sseñora [...]. Assy que todos oujeron muy grand plazer e fueron sse todos para ella ssaluo el Cauallero Çifar que se fue a su posada. E quando llegaron a ella, fallaron la assentada en su estrado e llorando con ella por el grand plazer que auja, porque veya todos los suyos sanos e alegres. E ella les pregunto: "¿Que es del buen cauallero que fue conbusco?" E ellos le dixieron: "Fuese a su posada." "¿E que vos ssemeja del?" dixo ella. Dixo vn cauallero ançiano: "Señora, juro verdad a Dios e a vos que non creo que mejor cauallero ssea en el mundo en armas e en todas buenas costunbres que es este cauallero." "¿E ayudo vos bjen?" dixo ella. "Par Dios, sseñora," dixo el cauallero, "el acometio el real del sseñor de la hueste muy de rezio e muy syn mjedo, conortando nos e dando nos a todos muy grand esfuerço para bien fazer. E sseñora, non me ssemeja que palabra njnguna de njngund ombre tan virtuosa fue en el mundo para conortar e esforça commo la deste cauallero. E creed señora çiertamente, que ombre es de grand logar e de grand fecho." E la sseñora de la vjlla alço las manos a Dios, e gradesçiole quanta merçed le fiziera en aquel dia, e mando les que se fuesen luego a sus posadas. E dessy derramaron todos e fueron a comer e a folgar, e la muger del Cauallero Çifar quiso se yr a su posada a su marido. E la sseñora de la villa non la dexo yr, e porfio con ella muy afincadamente que comjese con ella; e ouo lo de fazer. E fizo la asentar con ella a la tabla suya, e fizo le mucha onrra e dixole assy delante todas las dueñas: "Dueña de buen logar e bien acostunbrada sierua de Dios, ¿quando podre yo galardonar a

vuestro marido e a vos quanta merçed Dios me ha fecho oy en este dia por el e por vos? Çierto yo non vos lo podria gradesçer, mas Dios que es poderoso gualardonador de todos los fechos, El vos de el galardon que meresçedes, ca el mjo fijo muerto fuera oy en este dia sy non por vos que lo resçibistes en los vuestros braços e quando yo me yua a derribar con el de los andamjos ayuso, commo muger saljda de su entendimjento. E çierto yo non sope do me cay, ca me paresçe que de todo en todo que me yua a los andamjos a derribar con cuyta e con reçelo que tenja en el mjo coraçon por mjedo que serien vençidos aquellos caualleros que por mj fueron contra los de la hueste, e yo de ser presa e [c]atjua e mj fijo esso mjsmo. Mas Dios, por la su merçed, me quiso que por el buen entendimjento e la buena caualleria e la buena ventura del vuestro marido fuesemos libres deste mal e deste peligro en que estauamos."

[fol. 25v] E desi començaron de comer e de auer solaz de quantos ma[n]jares trayen a la sseñora de la villa, de tantos enbiaua ella al Cauallero Çifar, gradesçiendole mucho quanta merçed le auje Dios fecho en aquel dia por el.

De commo la señora de la villa enbjo por el fijo del conde que tenja preso e de las cosas que allj fablaron delante todos en vno

E de que fue ya ora de nona, enbio ella por todos los caualleros de la villa e por el Cauallero Çifar, que vjnjesen delante della. E llorando de los ojos dixo ella assy: "Amigos e aparientes e vasallos buenos e leales, rruego vos que me ayudedes a gradesçer a este buen cauallero todo quanto ha fecho por nos, ca yo non gelo podria gradescer njn sabria, ca bien me paresçe que Dios, por la su merçed, lo quiso gujar a esta tierra por acabamjento desta guerra. Pero que esto con grand reçelo que sera la guerra mas afincada por razon del señor de la hueste que es ferido, e de su fijo que tenemos preso, ca el es muy enparentado e de grandes ombres poderosos. E luego que sepan estas nueuas, seran aqui con todo su poderio por lo vengar." "Señora," dixo el Cauallero Çifar, "tomad buen esfuerço e buen conorte con Dios, ca El que vos defendio fasta el dia de oy e vos fizo mucha merçed, El vos sacara del grand cuydado que tenedes a vuestra honrra. Cauallero bueno," dixo ella, "sy fare con el vuestro buen esfuerço e con el vuestro buen entendimjento." "Çierto, sseñora," dixo el Cauallero Çifar, "yo fare y lo que pudiere con la merçed de Dios." E la sseñora de la villa les pregunto ssy faria bien de enbiar por el fijo del sseñor de la hueste para fablar con el. E dixieron le todos que ssy, ca por auentura cataria alguna manera para afinamjento desta guerra.

E luego enbiaron por el e el vjno muy omjldosamente e finco los ynojos antella. "Amigo," dixo ella, "mucho me plaze conbusco, sabelo Dios." "Çierto," dixo el, "sseñora, bjen lo creo e creed que quanto plaze a *[fol. 26r]* vos que bjen atanto pesa a mj." "¿E commo?" dixo ella. "¿E non

vos plaze por estar aqui comjgo antes que ser muerto?"
"Çierto, señora," dixo el, "ssy el mjo padre bjuo es, çierto
so el fara tanto commo vos veredes por que yo salga desta
presion. E sy el muerto es, yo non querria ser bjuo." "¿E
commo," dixo ella, "e vuestro padre ferido fue?" "Por
çierto, señora," dixo el," sy." "¿E quien lo firio?" dixo
ella. "Vn cauallero," dixo el, "que andaua muy
afincadamente en aquel fecho, ca bjen me paresçe que nunca
vi cauallero que tan bien vsase de sus armas commo aquel."
"¿E conosçerlo hedes?" dixo ella. "Çierto," dixo el, "non,
mas traye las armas del vuestro marido." E ella se rrio vn
poco e dixo ella: "Amjgo sseñor, bjen sabedes vos que yo
non tengo njngund tuerto al vuestro padre e el ha me fecho
muy grandes daños e grandes males, e esto non se por qual
razon. Pero amjgo, dezid me sy podrie ser por alguna manera
que se partiese esta guerra e este mal que es entre nos?"
"Çierto sseñora, non lo se yo esso," dixo el, "ssaluo ende
por vna cosa." "¿E que cosa serie esta?" dixo ella. "Que
cassasedes vos comigo," dixo el. E ella finco los ojos en el e
començo lo de catar, e non le dixo mas; pero que el era
mançebo e muy apuesto e muy bien rrazonado, e de buen
logar, quanto mas que su padre que non tenje otro fijo sy non
este. E la sseñora de la villa mando que lo lleuasen de allj e
que se fuesen todos, ssaluo que fincase allj el Cauallero Çifar
ssolo con ella e otrosi los que eran de su consejo, e ella
dixoles assy:

De commo la señora de la villa dix al Cauallero Çifar si faria el casamjento e el e los otros le dixieron que lo feziesse

"Amigos, pues, ¿que vos pareçe deste fecho?" dixo
ella. E callaron todos, ca non ouo y njnguno que respondiese.
E el Cauallero Çifar, quando vjdo que non rrespondie
njnguno, dixo assy: "Señora, quien poco sseso tiene, ayna
lo despiende. E este poco de entendimjento que en mj es,
quiero vos lo dezir, e quanto en esta razon yo entiendo so
emjenda destos ombres buenos que aqui son. Sseñora," dixo
el Cauallero Çifar, "yo veo que Dios vos quiere gujar a toda
vuestra onrra e non con danpno njn con desonrra del vuestro
fijo, ca en vos casar con este cauallero, fijo *[fol. 26v]* del
señor de la hueste, tengo que es vuestra onrra e vando mucho
grande de vuestro fijo, ca aquesta villa e los otros castillos,
los quales fueron del vuestro marido, todos fincaran al vuestro
fijo e vos seredes onrrada e bjen andante con este cauallero."
E los caualleros e los ombres buenos de su consejo que
estauan allj con ella otorgaron todo lo que el Cauallero Çifar
dixo, e dixieron que auje fablado commo ombre de buen
entendimjento. "Amjgos," dixo la sseñora de la villa, "pues
vos otros por bjen lo tenedes, yo non he de saljr de vuestro
consejo. E catad lo e acordadlo en aquella manera que vos
entendades que es mas seruiçio de Dios e pro e honrra de mj
e del mj fijo." E el Cauallero Çifar dixo que fincase este

pleito para otro dia e que lo fablarien con el fijo del señor de
la hueste. E cada vno se fue a su posada a folgar.

De commo el señor de la hueste enbio sus mandaderos para que fablasen con la señora de la villa e con los del ssu consejo

O[t]ro dia en la mañana a la ora de la prima vjnjeron
seys caualleros del señor de la hueste, muy bjen vestidos e
en sus palafrenes e syn armas njngunas, a la puerta de la
villa. E los que estauan en las torres dixieron que se tirasen
afuera, e sy non, que los farien de allj apartar. "Amjgos,"
dixo vn cauallero dellos, "non lo fagades, ca vos venjmos
con muy buen mensaje." "Pues, ¿que queredes?" dixo el de
la torre. "Queremos," dixo el cauallero, "fablar con la
sseñora de la villa." "¿E queredes," dixo el de la torre,
"que gelo faga saber?" "Ssy," dixo el cauallero. E el que
estaua en la torre se fue luego a la señora de la villa e dixole
de commo seys caualleros honrrados del señor de la hueste
estauan a la puerta e querian fablar con ella, e que le dixieran
que venjen con muy buen mandado. "Dios lo quiera," dixo
ella, "por la su merçed."
E *[fol. 27r]* luego enbio ella por el Cauallero Çifar e
por los otros omes buenos de la villa e dixoles de commo
aquellos caualleros estauan a la puerta de grand mañana e sy
tenjen por bjen que entrasen, e fuesen alla algunos buenos
omes que les aconpañasen. E ellos escogieron de entre sy
veynte caualleros de los mas ançianos e de los mas honrrados
e enbiaron los alla. E ellos abrieron las puertas de la villa e
llegaron alli do estauan los seys caualleros, e preguntaron les
si querian entrar. E ellos dixieron que sy, para fablar con la
señora de la villa. "Pues fazed nos omenaje," dixo vn
cauallero, "que por vos njn por vuestro consejo non venga
danpno a la villa njn a njngunos de los que y son." "Çierto,"
dixieron los caualleros, "nos asy lo fazemos." "¿E vos
assegurades nos," dixieron los caualleros de la hueste, "que
non resçibamos daño njn desonrra por esta entrada?" "Nos
vos aseguramos," dixieron los de la villa, "para que
resçibades onrra e plazer e non otra cosa contraria."
E assy entraron en la villa e fueron se para la sseñora,
que los estaua atendiendo. E quando los vjdo entrar,
leuantose a ellos, e todos que y eran con ella, e resçibieronlos
muy bien. E ellos dixieron que se asentasen todos e que
dirien su mandado. E luego se asentaron todos.
[fol. 27v] Dixo luego vn cauallero de los que vjnjeron
de la hueste con el mandado asi: "Sseñora, nuestro señor el
conde vos enbia mucho saludar." "Dios le salud,"[4] dixo la
señora de la villa, "asy commo el la cubdiçia para mj."
"Amen," dixieron los caualleros de la hueste, "ca çiertos
ssomos que el querria la vuestra onrra e la vuestra salud, e
non dudedes, señora, en ello, ca señora, mucho mas bien ay
de quanto vos cuydades." "Dios lo quiera por la su merçed,"
dixo la señora de la villa. "Sseñora," dixo el cauallero,

"nuestro sseñor el conde vos enbia dezir esto: que sy Dios le ha dado o da algunos enbargos en este mundo o algunos enojos o lo trae algunos peligros dañosos, que sobre todos [...], que gelo faze Dios porque es pecador sobre los pecadores. E señaladamente por el tuerto que a vos tiene, vos non gelo meresçiendo njn le faziendo por que vos njn el vuestro marido, señor que fue deste logar. Mas ante dize que fue syenpre su amjgo en toda la su vjda e el que vos ha fecho guerra e mucho daño e mucho mal en vuestra tierra. E por ende tjene que sy Dios mayores enbargos le diere e mayores desonrras de quantas ha aujdo fasta el dia de oy, que con derecho gelo farie; onde vos enbia a rogar que lo querades perdonar. E el que sera vuestro amjgo e que se terna conbusco contra todos aquellos que mal vos quisieren fazer e todo esto syn njnguna jnfinta e sin njngund entredicho. Pero tanto vos enbia dezir que sy a vos pluguese, que mucho plazerie a el que el su fijo casase con vos, ca vos ssabedes muy bjen que el non ha otro fijo heredero sy non aquel que vos tenedes aqui preso en vuestro poder, e que luego en su vida le dara estas dos villas grandes que sson aqui çerca de vos, e ocho castillos de los mayores que fueren aqui al derredor." "Cauallero," dixo la sseñora de la villa, "yo non vos podria responder fasta que fablase con estos ombres buenos del mjo consejo. E apartad vos alla, sy lo por bien tenedes, e yo fablare con ellos." "Çierto, señora, mucho nos plaze," dixeron los caualleros.

De commo los mandaderos fablaron con la señora de la villa el mandado de su señor el conde

La sseñora de la villa estando con aquellos ombres buenos non dezie njnguna cosa, ca estaua commo vergonçosa e enbargada. E los ombres buenos estauan murmureando entre sy e dizien que era mal de tardar la respuesta, ca non era cosa en que tan grand acuerdo oujese menester, faziendo les Dios tanta merçed commo les fazia. E ellos estando en esto, leuantose vn cauallero ançiano, tyo de la señora de la villa, e dixo assy: "Señora, la tardança es buena a las vegadas e mala otrosy, ca es buena quando ombre piensa de fazer algund mal fecho de que puede naçer algund peligro de lo tardar, o tardandolo puedele acaesçer cosa que lo dexara todo o la mayor [fol. 28r] partida dello. E esso mjsmo del que quiere fazer alguna cosa rebatadamente de lo qual se oujese despues de repentir, deuelo tardar, ca la deue primero penssar en qual gujsa lo podra mejor fazer. E de que lo oujere pensado e entendido, puede yr mas enderesçadamente al fecho, e eso mismo quando oujese trocado tienpo de bjen en mal, de manera que los fechos non se fiziesen commo conuenjen. E en tal sazon commo esta, deuen los omes sofrir se e dar passada a las cosas fasta que tornen los tienpos a lo que deuen, ca mas vale al ombre desujarse de la carrera mala e peligrosa e tomar otra maguer sea lueñe e desujada, que non yr por la mala e medrosa. Ca quien bien va non tuerçe

maguer tarda. Mas quien oujese buen tienpo para fazer las cosas seyendo buenas e toujese gujsado de lo conpljr, esto non lo deue tardar por njnguna cosa njn manera, assy commo este proposito bueno en que estamos, ca se podrie perder por ventura, por tardança de vna ora o de vn dia. Mas enderesçese e fagase luego syn tardança njnguna, ca a las vegadas quien tienpo ha e tienpo atyende, tienpo viene que tienpo pierde." "Çierto," dixo la sseñora de la villa, "en vuestro poder sso. Ordenad la mj fazienda commo mejor veades."

E estonçe fizieron llamar a los seys caualleros e preguntaron les que poder tenjen para afirmar estas cosas que ellos demandauan. E ellos dixieron que trayan procuraçion muy conplida, que por quanto ellos fiziesen, que por todo pasarie su señor, e demas que trayen [fol. 28v] el su sello para afirmar todas las cosas que allj se fiziesen. E los caualleros del señor de la hueste dixieron que se fiziesen luego, e el tio de la señora de la villa dixo que le plazia.

De commo el casamjento de la señora de Galapia e del fijo del conde fue firmado de aquellos caualleros

El tio de la señora de la villa les dixo: "Amjgos, todas las cosas que vos otros demandastes en boz e en nonbre del conde vuestro sseñor, todas vos son otorgadas, e fagase mucho en buen ora en el nonbre de Dios." E vn cauallero de los del señor de la hueste dixo luego assy: "Sseñora, ¿vos perdonades al señor de la hueste de quanto mal e de quanto daño e de quanto enojo e pesar vos fizo fasta el dia de oy? ¿E perdedes querella del delante todos estos caualleros que aqui estan presentes?" "Si perdono," dixo ella, "e pierdo querella del sy el me guardare todas las cosas que vos otros aqui me dixistes." "Yo vos fago pleito e omenaje," dixo el cauallero del señor de la hueste, "con estos çinco caualleros que aqui estan comjgo, e yo con ellos por el señor de la hueste, que el que vos sea buen amjgo en todo tienpo, e que vos cunpla todo quanto aqui vos dexjmos, e que se tenga conbusco contra todos aquellos que contra vos fueren. E desto rrogamos a este notario publico que faga ende vn ynstrumento publico e por mayor firmeza sellar lo hemos con el de nuestro señor el conde."

"Pero señora," dixo [fol. 29r] el cauallero, "¿que me dezides de lo que vos enbjo a rogar el sseñor de la hueste sobre el casamjento del su fijo?" E ell[a] callo, que non le dixo njnguna cosa. E pregunto gelo otra vegada, e ella callo. E los otros veyendo que ella non queria responder a esta demanda, dixo el tyo de la sseñora de la vjlla: "Cauallero, yo vos fago seguro que esta demanda que vos fazedes deste casamjento, que quando [...] señor de la hueste se viere con mj sobrina, que se fara de todo en todo e se conplira lo que el quisiere en esta razon, cunpljendo el al su fijo aquello que vos dexistes de su parte." "¿E assegurades me vos?" dixo el cauallero. "Sy aseguro," dixo el tio de la sseñora de la villa.

"E yo resçibo vuestro asseguramjento," dixo el otro cauallero. E dello fizieron vn p[ub]lico⁵ jnstrumento.

De commo los mandaderos fueron a su señor el conde con la rrespuesta de la señora de la villa

Luego los caualleros despjdieronse de la señora de la villa e de los otros que y eran con ella muy alegres e muy pagados, e caualgaron en sus palafrenes, e fueron se para su ssenor. E los de la hueste estauan los esperando e maraujllauan se mucho de la tardança que fazien, ca de mañana que fueron, non tornaron fasta ora de nona e tanto duro la fabla. E quando llegaron a su señor e el los vjdo, luego les dixo: "Amjgos, ¿venjdes me con paz?" "Çierto," dixieron ellos, "esforçad bos muy bien, ca Dios lo ha traydo a toda vuestra voluntad." "¿E commo?" dixo les el. "¿Sso perdonado de la ssenora de la villa?" "Çierto," dixieron ellos, "ssy." "Agora," dixo el, "so guarido yo en el cuerpo e en el alma, e bendito sea Dios por ello." "Pues aun mas vos traemos," dixieron ellos, "ca sabemos que cosa es con que vos plazera mucho, ca vos traemos aseguramjento del tio de la ssenora de la vjlla que quando vos vieredes con ella, que se fara el casamjento de vuestro fijo e della, cunpljendo vos aquello que le enbiastes prometer que le dariedes con vuestro fijo." "Çierto," dixo el, "mucho me plaze. E enbiad dezir a la señora de la villa que el domjngo de grand manaña, a la ora de la prima, sere con ella, sy Dios quisiere, a comer, e non commo buen guerrero mas commo buen amigo para su tierra e para su pro."

E luego mando el ssenor que toda la hueste descercasen toda la villa e que se fuesen luego todos para sus logares, pero que retouo consigo trezientos caualleros de los mejores que el tenje e mando les que enbiasen luego las lorigas e las armas e que detoujesen consigo los cauallos e los paños de bestir, ca el domjngo queria fazer bodas a su fijo, con la merçed de Dios, con la señora de la villa. E todos los de la hueste fueron muy alegres e pagados, ca lo gradesçien mucho a [fol. 29v] Dios ca se partian de yerro e de pecado.

E quando fue el domjngo en la mañana, leuantose el señor de la hueste e oyo su mjsa, e eso mismo la señora de la villa, ca aperçebidos estauan, ca sabjen que el señor de la hueste auje de ser essa mañana alli. E todos estauan mucho alegres e mayormente quando vieron toda la hueste derramada.

De commo se fizo el casamjento de la señora de la villa con el fijo del señor de la hueste

De que llego el señor de la hueste a las puertas de la vjlla, mandaron gelas abrir e dixieron le que entrase quando quisiese. E todas las calles e las plaças de la villa eran llenas de flores e de verdura e todos los caualleros lo ssalieron a resçibir muy apuestamente. E las dueñas e las donzellas de la villa fizieron sus alegrias e sus danças por la grand merçed que Dios les fiziera por los librar de aquel enbargo en que eran. E el señor de la hueste llego a la señora de la villa e salu[d]ola, e ella se leuanto a el e dixole: "Dios vos de la su bendiçion." E asentaron se amos en su estrado e todos los caualleros al derredor. E el començo a dezir palabras de solaz e de plazer, e dixo le: "Fija ssenora, ¿perdonastes me de buen coraçon?" "Çiertamente," dixo ella, "sy, sy vos verdaderamente me guardades todo lo que vos me enbiastes prometer." "Cierto so yo," dixo el, "que por el tuerto que a vos tenja, me veya e vj en muchos enbargos, ca nunca cosa queria començar que la podiese acabar. Antes salja dende con daño e con desonrra, e bjen creo que esto me venja por las vuestras oraçiones que faziades a Dios." "Bien creed," dixo ella, "que yo sienpre rogaua a Dios [fol. 30r] que vos diese enbargos por que no me vjnjese de vos njngund mal, mas de aqui adelante rogare a Dios que endereçe los vuestros fechos en bjen e en honrra." "Gradesca vos lo Dios," dixo el. "E fija ssenora, ¿que sera de lo que vos enbie rrogar con los mjs caualleros en razon del casamjento del mjo fijo?" E ella callo que non le respondio njnguna cosa. E el ssenor de la hueste quedo muy envergonçado, ca touo que non deujera fazer a ella esta demanda.

Estonçe llamo el a vno de los caualleros que vjnjeran con el mandado e dixole: "¿Quien es aquel cauallero que vos aseguro del casamjento?" "Ssenor," dixo, "el su cauallero, aquel su tyo que esta alli." Estonçe fue el señor de la hueste, e tomo lo por la mano, e apartolo, e dixole: "Cauallero, ¿que sera de este casamjento? ¿Puede se fazer?" "Ssy," dixo el cauallero, "muy bien." "¿E puedese fazer luego?" "Sy," dixo el, "sy vos quisierdes." "Pues, endereçad lo vos," dixo el señor de la hueste, "¡sy Dios endereçe los vuestros fechos!" "Plaze me," dixo el cauallero.

E fue a la señora e dixole: "Este casamjento de todo en todo, librese." E ella dixole que fiziese commo el quisiese, ca todo lo ponja en el. E el cauallero fue luego a traer al fijo del señor de la hueste que tenjen preso. Quando llegaron ante la señora, dixo el cauallero al señor de la hueste: "Demandad lo que quisierdes a mj, ca yo vos rrespondere." "Demando vos," dixo el señor de la hueste, "a esta ssenora de la villa por muger para el mjo fijo." "Yo vos la otorgo," dixo el cauallero. "E yo a vos el mjo fijo para la dueña commo [fol. 30v] quier que non sea en mj poder, ca non es casamjento sy el e ella non lo otorgan."

E luego se otorgaron por marido e por muger, e luego dixo el señor de la hueste: "Sy mesura valiese, suelto deuje ser mj fijo con tales palabras commo estas, pues que paz auemos fecho." "Çierto," dixo ella, "esto non entro en la pleitesia, ca mjo presionero es e yo le deuo soltar quando yo quisiere, ca non querria que se me fuese de entre las manos por alguna maestria." "Çierto," dixo el señor de la hueste rriendose. "Sseñora, a mj mucho me plaze que syenpre lo ayades vos en vuestro poder."

E enbiaron por vn capellan, e pregunto al fijo del señor que sy resçibie a la señora de la villa, que estaua presente, por muger segund mandaua la madre iglesia. E el dixo que sy, resçibie. E pregunto a ella sy rresçibie a el por marido, e ella dixo que sy. E quando vido ella esto, pidio la llaue del cannado de la presion que el tenja e la presion era vna çinta de plata con vna cadena. E abrio ella el cannado e cayo luego en tierra e dixole el capellan: "¿Cauallero, ssodes ya en vuestro poder e syn njnguna presion?" "Sy," dixo el. "Pues, ¿resçebides esta dueña segund manda la santa madre iglesia por muger?" "Sy," dixo el. E allj se tomaron las manos e fueron oyr mjsa a la capilla e de sy a yantar.

E despues los caualleros fueron a lançar, e a bofordar, e a fazer sus demandas, e a correr toros, e a fazer muy grandes alegrias. E allj fueron dados muchos paños e muchas joyas e juglares e caualleros pobres. E el señor de la hueste estaua ençima de vna torre parando mjentes commo lo fazia cada vno. E bido a vn cauallero mançebo que lo fazia mejor que todos quantos allj eran e pregunto al tyo de la sseñora: "¿Quien es aquel cauallero que anda entre aquellos todos? Ca los vençe en lançar e en bofordar e en todos los otros trebejos de armas e en todas las otras aposturas." "Vn cauallero estraño es," dixo el cauallero de la señora. "Çierto," dixo el señor de la hueste, "aquel me semeja el que me firio, e rruego vos yo mucho que enbiedes por el." "¿E commo?" dixo el tyo de la señora, "¿Queredes lo mal?" "Çierto," dixo el, "non, ca a gujsa de buen cauallero me firio."

E el tyo de la sseñora enbio luego por el Cauallero Çifar. E quando el sopo que el señor de la hueste enbjaua por el, ouo mjedo de se uer en alguna afruenta, pero con todo eso fuese para el de buen passo e con muy buen continente. E preguntole el sseñor de la hueste: "Cauallero, dezid me donde sodes?" "De aqui," dixo el Cauallero Çifar. "¿E natural de aqui?" dixo el sseñor. "Çierto," dixo el Cauallero Çifar, "non, mas soy del rreyno de Carta, que es muy lexos de aqui." "E pues, ¿commo venjstes a esta tierra?" dixo el sseñor. "Asy commo quiso la mj ventura," dixo el Cauallero Çifar. "Cauallero," dixo el sseñor de la hueste, "¿soes [fol. 31r] vos el que trayades las armas del sseñor deste logar el dia que yo fuj ferido?" Estonçe dixo el Cauallero Çifar: "Ese cauallero que esta ay çerca de vos lo sabe." "Non vos reçeledes," dixo el señor de la hueste, "ca yo vos preçio mucho mas porque tan buen cauallero sodes. E sy vos sodes el que me feristes, yo vos perdono. E sy quisierdes fjncar aqui en esta tierra, heredar vos he yo muy bien e partire de grado con vos de lo que oujere." "Grandes merçedes," dixo el Cauallero Çifar, "de todo quanto aqui me dixistes, ca mas adelante es el mjo camjno que yo he començado, e non podria estar aqui sy non fasta aquel tienpo que puse con la sseñora de la villa." "Caualgemos," dixo el

señor de la hueste. "Ado por bjen toujerdes," dixo el Cauallero Çifar.

E caualgaron e fueron se fuera de la villa do andauan los otros, trebejando e faziendo sus alegrias e andando el señor de la hueste, fablando con el Cauallero Çifar, preguntando le donde era e commo fuera la su venjda e otras cosas muchas de que tomauan plazer. E era ya çerca la tarde que se cunplian los dies dias que oujera ganado el cauallero quando mato al sobrino del sseñor de la hueste. E ellos, estando asy fablando en esto cayosele el cauallo muerto en tierra, e el Cauallero Çifar salto luego del e apartose. "¿E que pudo ser esto?" dixo el señor de la hueste. "Esto es lo que suele sienpre en mj," dixo el Cauallero Çifar, "ca atal es la mj ventura que nunca de diez dias arriba me dura cauallo njn bestia que yo aya; e por tanto ando asy tan apremjado con grand pobreza." "Çierto," dixo el sseñor de la hueste, "fuerte ventura es esa para cauallero, pero tanto yo vos faria, sy lo toujesedes por bjen, que vos conplire de cauallos e de armas e de las otras cosas que menester ayades, ssy aqui quisierdes fincar." "Muchas graçias," dixo el Cauallero Çifar, "e non me querades, ca vos faria muy grand costa e a vos non cunpliria mucho la mj estada, ca loado Dios non auedes guerra en esta vuestra tierra. "¿E commo?" dixo el señor de la hueste. "¿El cauallero non es para al sy non para guerra?" "Sy," dixo el Cauallero Çifar, "para ser bien acostunbrado e para dar buen consejo en fecho de armas e en otras cosas quando acaesçieren, ca las armas non tienen pro al ombre en el canpo sy ante non ha buen consejo de commo deue vsar dellas." Entonçe el sseñor de la hueste enbio por vn su cauallo que tenja muy fermoso, e diolo al Cauallero Çifar, e mandole sobjr en el, e dixole: "Tomad ese cauallo e fazed del commo de vuestro." "Muchas graçias," dixo el Cauallero Çifar, "ca mucho lo auja menester." E de sy vjnjeronse para el palaçio donde estaua la señora, e despidieron se della, e fueron se para sus posadas.

E otro dia en la mañana vjno el señor de la hueste con toda su gente para la señora de la villa e entrego a su fijo las dos villas e los ocho castillos [fol. 31v] que le auja prometido. E cada una de aquellas dos villas era mucho mejor e mas rica que non Galapia, e acomendo su fijo a Dios e a la señora de la villa, e tornaron se todos para sus casas.

Agora dexa la fabla de todo lo acaesçido, e fabla del Cauallero Çifar de commo se partio de aquella tierra con su muger [e] fijos

El Cauallero Çifar moro allj aquel mes que auja prometido a la señora de la villa. E el cauallo que le dio el señor de la hueste murio se le a cabo de los diez dias e non tenja cauallo en que yr. E quando sopo la sseñora de la villa que se queria yr, peso le de coraçon e enbio por el e dixole assy: "Cauallero bueno, ¿queredes vos yr?" "Ssy, señora," dixo el, "ca cunpljdo es el mes que vos yo prometi." "¿E por cosa que el ombre vos diese," dixo ella, "fincariedes aqui?" "Çierto, señora," dixo el, "non, ca propuesto he en mj coraçon de yr mas adelante." "Pesame," dixo ella, "muy de coraçon por saljr de la mj tierra tan buen cauallero commo soys vos, por quien Dios nos fizo mucha merçed, pero non puedo al fazer pues la vuestra voluntad es. Tomad aquel mj palafren, que es muy bueno, e den vos auer quanto qujsierdes largamente, e guje vos Dios."

E el sse despidio de la sseñora de la villa e su muger esso mesmo, llorando la sseñora de la villa muy fuertemente porque non podia con el que fincase allj. E el tyo de la señora de la villa le mando dar el palafren e el le fizo dar grand auer. E salieron con el todos quantos caualleros auja en la villa, trauando del e rogandole que fincase con ellos, e que todos lo serujrian e acatarian commo a su sseñor mismo. Pero nunca palabra pudieron auer del que fincaria, ca en ante les dezie que ssu entençion era de yr adelante de todo en todo. E quando fueron apartados todos de la villa vna grand pieça, partiose el Cauallero Çifar dellos e dixoles: "Amjgos, acomjendo vos a Dios, ca ya es ora de vos tornar." E entonçe los de la villa oujeron muy grand pessar e llorando todos le respondieron: "Sseñor, Dios todo poderoso vos guje e vos guarde de mal por donde quiera que fuerdes." Pero con tan gran pesar tornauan commo sy fuera ssu señor e lo perdieran. [fol. 32r]

De commo vna leona lleuo a Garfin, el fijo mayor del Cauallero Çifar

Tanto andudo el Cauallero Çifar fasta que llego a vn llano que le dezien Falac, de muy rrica gente e muy apuesta. E quando se cunplieron los dies dias que salieron de Galapia, murio se le el cauallo que le diera la sseñora de la villa, de gujsa que ouo de andar de pie tres dias. E llegaron vn dia a ora de terçia çerca de vn monte, e fallaron allj vna fuente muy fermosa e clara e vn buen prado derredor della. E la buena dueña, aujendo piadad de su marido que venje de pie, dixo le assy: "Amjgo señor, desçendamos a esta fuente e comamos desto que traemos." "Plaze me," dixo el Cauallero Çifar. E estoujeron çerca de aquella fuente, e comjeron e folgaron de su vagar, ca çerca tenjen la jornada fasta vna rrica çibdat que estaua çerca de la mar que le dezien Mela. E despues que oujeron comjdo, acostose el Cauallero Çifar en el regaço de su muger, e ella despulgandolo, adurmjose.

E sus fijos andauan trebejando por aquel prado e fueron se llegando contra el monte. E ssalio vna leona del monte e tomo en la boca al mayor, e a las bozes que daua el otro njño que venje fuyendo, bolujo la cabeça la dueña e vjo que leuaua la leona a [fol. 32v] su fijo mayor. E començo de dar bozes, e el cauallero se leuanto e dixole: "¿Que auedes señora?" "El vuestro fijo mayor ljeua vna bestia fiera, e non se sy es leon o lobo, e es entrado en aquel monte."

E el cauallero caualgo luego en el palafren de la dueña e entro por el monte mas non fallo cobro njnguno njn ombre que le dixiese njnguna cosa dello. E tornose muy cuytado e muy triste, e dixo a la dueña: "Vayamos a esta çibdat que esta aqui çerca, ca non podemos al fazer sy non gradesçer a Dios quanto nos faze e tener gelo en merçed."

De commo el Cauallero Çifar e su muger perdieron el otro su fijo en[l]a çibdat de Falac

E llegaron a la çibdat a ora de biesperas e posaron en las primeras posadas del aluergueria que fallaron. E dixo el cauallero a la dueña: "Yre buscar que comamos e yerua para este palafren, e vos folgad." E ella estando con la huespeda fablando, saliosele el palafren de casa, e ella ouo de saljr en pos del diziendo a los que encontraua que gelo toujesen. E su fijo, quando vio que non era su madre en casa, ssalio se en pos della llorando e llamandola. E tomo otra calle, e fuese por la çibdat a perder. E quando la madre se torno a su posada, non fallo a su fijo e dixo a la huespeda: "Amjga, ¿que se fizo mjo [fol. 33r] fijo que dexe aqui?" "En pos de vos saljo," dixo la huespeda, "llamando vos madre señora."

E el Cauallero Çifar, quando torno, fallo la dueña triste e muy cuytada e pregunto le que auje. E ella le dixo que Dios le queria fazer mucho mal, ca el otro fijo que le auje fincado perdido lo auje. E el pregunto le commo lo perdiera, e ella gelo conto todo.[6] Estonçe dixo el Cauallero Çifar: "El nuestro Señor Dios ya nos quiere derramar; bendito sea el su nonbre por ello." E dieron algo a omes que lo fuesen a buscar por la çibdat, e ellos andoujeron toda la noche e otro dia fasta ora de terçia e nunca sopieron nada del saluo vna muger que les dixo: "Por çierto, ano[c]he, despues de biesperas, paso por aqui vna criatura muy fermosa llorando e dando bozes llamando a su madre. E yo oue duelo del e llamelo e pregunte le que auje. E non me quiso responder e bolujo la cabeça, e fuese la calle ayuso."

E quando llegaron con este mandado al Cauallero Çifar e a su muger, pesoles de coraçon e señaladamente a la madre, ca fizo muy grand duelo por el, de gujsa que toda la vezindad fue alli llegada. E quando le oyen dezir que en aquel dia mismo le auje leuado el fijo mayor la leona de çerca de la fuente, e deste otro de commo lo perdiera ese dia, tomauan grand pesar en sus coraçones, e aujen grand piedat de la dueña [fol. 33v] e del cauallero porque tan grand perdida aujen fecho en vn dia. E assy era la dueña saljda de seso, ca andaua commo loca entre todas las otras mugeres, diziendo palabras muy estrañas con el grand dolor que auje de los sus fijos; pero que las otras mugeres la conortauan lo mas que podian.

De commo los marineros se lle[u]aron a la muger del Cauallero Çifar en la naue e dexaron a el solo

E otro dia en la mañana fuese el Cauallero Çifar a la rribera de la mar, e andando por allj vjdo vna naue que se queria yr para el reyno de Orbjn do dezien que auje vn rey muy justiçiero e de muy buena vjda. E pregunto el Cauallero Çifar a los de la naue sy los querrian pasar alla a el e a su muger. E ellos dixieron le que sy, sy les diese luego algo. E luego pleiteo con ellos e fuese para la posada e dixo a su muger de commo auja pleiteado con vnos marineros para que los lleuase aquel reyno do era aquel buen rey. E a la dueña plogo le mucho e preguntole quando se yrien. "Çierto," dixo el cauallero, "cras de mañana, sy Dios quisiere." E la dueña le dixo: "Vayamos nos en buena ora e salgamos desta tierra do tantos enbargos nos quiere Dios fazer." "¿E commo," dixo el Cauallero Çifar, "por saljr de vn reyno e yr a otro, cuydades fuyr del poder de Dios? Por çierto non puede ser, ca el es señor de los çielos e de la tierra e de la mar e de las arenas e njnguna cosa non puede ssaljr del su poder, assy commo contesçio a vn enperador de Roma que cuydo fuyr del su poder commo agora oyredes.

"Dizen que vn enperador en Roma que auje muy grand mjedo de los truenos e de los relanpagos, rreçelandose del rayo del çielo que cae estonçe. E con mjedo del rayo, mando fazer vna casa so tierra labrada con muy grandes cantos e muchas bouedas de suso. E demjentra que fazie ñublo nunca de allj salie. E vn dia de mañana vjnjeron muchos caualleros de sus vassallos e dixieron le commo [...] el dia claro e muy fermoso e que ssaliese fuera de la vjlla a caçar e a tomar plazer. E el enperador caualgo e fuese con sus vasallos e cauallos fuera de la villa. E el seyendo fuera quanto a medja legua vido vna nuue pequeña en el çielo. E caualgo en vn cauallo muy corredor que tenje, para se yr aquella casa tan fuerte que fiziera so la tierra. E ante que a ella llegase, seyendo bjen çerca della, tendiose la nuue por el çielo e fizo truenos e relanpagos, e cayo vn rayo e mato alli al enperador. E esta soterrado en vna torre çerca desta su casa fuerte. E non pudo fuyr al poder de Dios. E por ende njnguno non deue dezir: 'Non quiero fincar en este logar ado me faze Dios tanto mal, ca este mesmo Dios esta en vn logar que en otro e njnguno non puede fuyr *[fol. 34r]* del su poder.' E por ende le deuemos tener en merçed de que quier que nos acaezca de bien o de mejor, ca El es el que puede dar, despues de tristeza, alegria, e despues de pesar, plazer. E esforçemos nos en la su merçed, ca çierto so que en pos deste pesar, grand conorte nos ha de venjr." "Assy lo mande Dios," dixo le ella.

E otro dia de mañana despues que oyeron mjssa, fueron se para la rribera de la mar e los marineros non atendian al sy non vjento con que moujesen. E de que vieron la dueña estar con el cauallero en la rribera, el diablo, que non queda de poner malos pensamjentos en los coraçones de los ombres para fazer las peores cosas que pueden ser, metio en los coraçones de los marineros que metiesen la dueña en la naue e al cauallero que lo dexasen fuera en la ribera. E fizieron lo assy. "Amjgo," dixieron ellos al Cauallero Çifar, "atende nos aqui con vuestro cauallo, ca non cabremos todos en el batel e tornaremos luego por vos e otras cosas que auemos de meter en la naue." "Plaze me," dixo el cauallero. "E acomjendo vos esta dueña que la guardedes de mal." E de que toujeron la dueña en la naue e les fizo vn poco de vjento, alçaron la vela e començaron se de yr.

De commo el cauallero se partio de la rribera de la mar e se fue muy triste e muy desconsolado

Andando el Cauallero Çifar pensando por la ribera del mar, non paro en ello mjentes njn vjdo quando moujeron la naue. E a poco de rato vjdo la naue yr muy lexos e dixo a los otros que andauan *[fol. 34v]* por la ribera: "Amjgos, aquella naue que se va, ¿es la que va al rreyno de Orbjn?" "Çierto ssy," dixieron los otros. "¿E por mj aujen de tornar?" dixo el Cauallero Çifar. "Non por çierto desta vegada," dixieron los otros. "E vedes, amjgos," dixo el Cauallero Çifar, "e que grand falsedad me han fecho. Dixieron que tornarien por mj e han me mentido e han se me leuado la mj muger."

E quando esto oyeron los otros, fueron muy espantados de tan grand maldad commo aujen fecho aquellos marineros, ca sy ellos pudieran poner algund cobro, fizieran lo de buenamente, mas tan lexos yua la nao e atan buen vjento auje, que non se atreujeron yr en pos della. E quando el buen cauallero se vjdo assy desmanparado e desaconsejado de las cosas deste mundo e del mayor [...] que tenje, con la grand cuyta dixo asi: "Sseñor Dios, bendito sea el tu nonbre por quanta merçed me fazes. Pero Señor, si te non enojas de mj en este mundo, saca me del, ca ya me enoja la vjda e non la puedo sofrir con paçiençia assy commo solja. O Sseñor, poderoso sobre todos los poderosos, lleno de merçed e de piedat, Tu que eres poderoso en todas las cosas e ayudas e das conorte a los tus sieruos en las sus trjbulaçiones, e ayuntas los que bien quieres que son derramados por las desauenturas deste mundo, e assy commo Tu ayuntaste a los tus sieruos bjen auenturados Eustachjo e Teospita su muger, e sus fijos Agapito e Teospito, plega a la tu mjsericordia de ayuntar a mj e a mj muger e a mjs fijos que ssomos derramados por cada cabo. E non cates a los mjs pecados, mas cata a la esperança que sienpre ove e he en ty e en la tu merçed e en la tu mjsericordia. Pero ssy a ty plaze que mayores pesares e mayores trabajos pase en este mundo, faz de mj la tu voluntad, ca yo aparejado esto de sofrir que quier que me venga."

Mas el nuestro Sseñor Djos, veyendo la paçiençia e la voluntad deste buen cauallero, enbio le vna boz *[fol. 35r]* del çielo que le dixo asy, la qual oyeron todos los que estauan al derredor del, conortandolo lo mejor que podien: "Cauallero

bueno," le dixo la boz del çielo, "non desesperes, ca tu
veras de aqui adelante que por quantos pesares e cuytas te
vjnjeron, que te vernan muchos plazeres e muchas alegrias e
muchas onrras, ca non tengas que as perdido la muger e los
fijos, ca todo lo cobraras a toda tu voluntad." "Sseñor Dios,"
dixo el Cauallero Çifar, "todo es en tu poder; faz commo
toujeres por bjen." Pero que el Cauallero Çifar quedo muy
conortado con estas palabras que oyo e los otros que estauan
en la rribera que oyeron estas palabras, fueron muy
espantados e dixieron: "Por çierto, este ombre bueno de
Dios es, e pecado fizo quien lo puso en este grand pesar." E
trauaron del que fincase allj en la villa e que le darien todas
las cosas que oujese menester. "Çierto," dixo el Cauallero
Çifar, "non podrie fincar do tantos pesares he aujdo, e
acomjendo vos a Dios."

E caualgo en su cauallo e fuese por vna senda que yua
ribera de la mar. E toda la gente se maraujllaua destas
desauenturas que contesçieran aquel cauallero en aquella
çibdat. E por ende los vnos dezien en commo lloraua los
fijos, diziendo que vna leona le tomara el vno çerca de la
fuente a la qual dizen agora la fuente de la leona, e el otro de
commo lo perdiera en la villa, e los otros deziendo commo
aquellos falsos de la naue le leuaran la muger con grand
trayçion e de tan grand falsedad que le fizieran.

De commo el burges dixo a los de la rribera de commo fallara los sus fijos de aquel cauallero e de commo los profijara ella e su muger

Estando aquellos omes en aquella fabla, llego vn burges
de los mas rricos e de los mas poderosos de aquella çibdat e
preguntoles que era aquello de que fablauan. E ellos gelo
contaron todo. "Por çierto," dixo el burges, "yo andando
este otro dia a monte con mjs canes e con la mj conpañera,
oy los canes que se afjncauan mucho. E fuy a ellos e falle
los que yuan ladrando en pos de vna leona que lleuaua vna
criatura en la boca, muy fermosa, e sacudieron gela, e tomela
en mjs braços, e truxela a mj posada. E por que yo njn mj
muger non aviemos fijos njngunos, roguele que la afijasemos,
pues non le sabjemos padre njn madre. E ella touolo por bjen
e porfijamos lo, e quando fue ya tarde, estando la muger a la
ventana con aquel njño en braços, vjdo venjr otra criatura
mas fermosa, tamaña commo aquella o muy poco menos,
llorando por la calle. E dixole: 'Fijo, ¿que as?' E el non le
respondio. E la otra criatura que tenje en los braços vjdolo
commo yua llorando e diole vna boz. *[fol. 35v]* E el otro
alço los ojos e vidolo, e fuese llegando fazia la puerta
faziendo señal que le acogiesen, ca non sabie bien fablar. E
la mj muger enbio vna moça por el, e subio gele a la camara,
e los moços, quando se vieron, começaron se de besar e de
abraçar e fazer grand alegria commo aquellos que fueron
naçidos de vna madre e criados en vno, e se conosçien. E

quando preguntauan a qualquier dellos: '¿Quien es tu padre
o tu madre?' dezien que non sabjen.

"E quando yo llegue a la posada, falle a mj muger muy
alegre con aquella otra criatura que Dios le enbiara. E dixome
asy: 'Amjgo sseñor, vedes que fermosa cosa me traxo Dios
a las manos. E pues que assy fizo Dios merçed a vos en otra
criatura que vos dio, tengo que mayor la fizo a mj en me
querer fazer graçia e enbiar me esta otra. E çierto creo que
son hermanos, ca bien se semejan. E pido vos por merçed
que querades que porfigemos asy esta criatura commo
fezimos a esta otra.' E yo dixele que me plazia de coraçon e
porfijamos la."

¡Ay, el nuestro Señor Dios!" dixo el otro burges, "e
que buenas nueuas para aquel cauallero sy oujese quien gelas
leuar." "Por çierto," dixo el otro, "yo quiero andar en la su
demanda estos ocho dias, e sy lo fallare, dezir le he estas
buenas nueuas." E tomo cartas de los ombres buenos de la
çibdad por que le creyesen, e caualgo e fuese para buscar el
Cauallero Çifar, pero tal fue la su ventura que nunca lo pudo
fallar, preguntando por el, sy era muerto o bjuo. E tornose a
la çibdad e dixolo a los ombres buenos, de commo non
pudiera fallar recabdo de aquel cauallero. E a todos les peso
de coraçon e todos les fazian grand plazer *[fol. 36r]* aquellas
criaturas e mas el padre e la madre que los porfijaron, ca
ellos eran tan plazenteros e de muy buen donayre e muy
ljnpios e bjen acostunbrados maguera eran moços pequeños.
Ca asy los acostunbrara e los criara aquella buena dueña su
madre, la qual aquellos falsos leuaron en aquella naue de que
vos contara la estoria de aqui adelante de commo passo ella
e toda su fazienda.

Los Viajes de Grima

Agora dexa la ystoria de fablar del Cauallero Çifar e fabla de su muger que fue leuada en la naue por la mar

Dize la estoria que quando la dueña vido los marineros que moujen su naue e non tornauan por su marido, touo que era cayda en malas manos e que la querian escarneçer. E con grand cuyta e pesar que tenje en su coraçon, fue para se derribar en la mar. E tal fue la su ventura que en dexando se caer, rebolujose la su çinta en vna cuerda de la naue. E los marineros, quando la vieron caer, fueron a ella corriendo e fallaron la colgada, e tomaron la e subieron la en la naue. "E señora," dixo el vno dellos, "¿por que vos queredes assy matar? E no lo fagades, ca el vuestro marido aqui sera muy ayna. Ca por razon del cauallo que non podriemos tan de ligero meter en la naue, rogamos a otros marineros que estauan allj cerca en la ribera con su naue, que lo acogiesen allj, e agora sera aqui con vos e non lo dubdedes. Quanto mas que todos los que somos aqui vos queremos grand bien e yo mas que todos los otros."

E quando estas palabras oyo la dueña, entendio que eran palabras de grand falsedat e de mentira, e dio vna grand boz e dixo assy: "O Virgen Santa Maria, tu que acorres a los cuytados e a los que estan en peligro, acorre a mj sy entiendes que lo he menester." E luego la tomaron e fueron la poner en la sota de la nao por que non se fuese otra vegada a lançar en la mar.

E asentaron se a yantar, que era ya çerca del medio dia e ellos estando comjendo e beujendo en su solaz e departiendo en la fermosura de aquella dueña, la Virgen Santa Maria, que oye de buena mente a los cuytados, qujso oyr a esta dueña buena. E non consintio que resçibiese mal njnguno segund que oyredes por el gualardon que resçibieron del diablo aquellos falsos por el pensamjento malo que pensaron. Asy que ellos, estando comjendo e beujendo mas de su derecho e de lo que aujen acostunbrado, el diablo metioles en coraçon a cada vno dellos que quisiese aquella dueña para ssy. E ouo a dezir el vno dellos: "Yo amo a esta dueña mas que a cosa del mundo e quiero la para mj. E ruego vos que non se trabaje njnguno de vos otros por la auer, ca yo so aquel *[fol. 36v]* que vos la defendere fasta la muerte." "Çierto," dixo el otro, "e yo eso mismo fare por mj, ca mas la amo que tu." Asy que todos los otros de la naue, asy el mayor commo el menor, fueron en este mal acuerdo e en esta discordia, en manera que pusieron mano a las espadas e fueron se ferir vnos a otros de gujsa que non finco njnguno dellos que non fuese muerto.

De commo la muger del Cauallero Çifar fallo muertos a los que la lleuauan en la naue e los lanço en la mar fonda

La dueña que estaua yuso en la sota de la naue, oyo el ruydo muy grande que fazien e las bozes e los golpes, pero non ssabia que cosa era e estouo muy espantada de gujsa que non osaua saljr de allj. E assy estouo aquel dia todo e la noche, pero fazie su oraçion e rrogaua a Dios que le oujese merçed. E quando fue el alua ante que saliese el sol, oyo vna bos que le dixo asy: "Buena dueña, leuantate e sube a la naue, e lança esas cosas malas que y fallaras en la mar. E tomaras para ty todas las otras cosas que y fallaras, ca Dios tiene por bien que las ayas tu e las despiendas en buenas obras." E ella quando esto oyo, gradesçiolo mucho a Dios mas dubdaua, ca por ventura penso que era falsedad que dezien aquellos malos que la llamauan para la escarneçer. E non oso saljr fasta que oyo otra voz que le dixo: "Sal e non temas, *[fol. 37r]* ca Dios es contigo." E ella penso que estas palabras tan buenas e tan santas que non las dirien aquellos malos, e demas que si ellos quisiesen entrar a la sota de la naue que lo podien bjen fazer.

E subio a la naue, e vido aquellos ombres malos todos muertos e finchados segund que le dixo la boz. E tomolos por las pjernas e dio con ellos en la mar, ca atan ljujanos le paresçian commo sy fuesen pajas. E non se espantaua dellos, ca Dios le daua esfuerço para lo fazer, e la conortaua e la ayudaua, ca ella bien veya e entendia que este esfuerço que todo le venje de Dios. E dauale las graçias que ella podie, bendiziendo el su nonbre e el su poder.

E de que ouo vazjado la naue de aquellas malas cosas, e barrida e ljnpia de toda aquella sangre, alço los ojos arriba e vido aquella vela tendida, e yua la naue con vn vjento el mas sabroso que podiese ser. E non yua njnguno en la naue que la gujase saluo ende vn njño que vjdo estar ençima de la vela, muy blanco e muy fermoso. E maraujllose commo se podie tener atan pequeño njño ençima de aquella vela. E este njño era Ihesu Xpisto que le vinjera a gujar la naue por ruego de su madre Santa Maria, ca asy lo auja visto la dueña esa noche en vjsion. E este njño non sse quitaua de la vela de dia njn de noche fasta que la puso en el puerto do auja de arribar asy commo adelante oyredes.

E la dueña andudo por la naue catando todas las cosas que eran en ella, e fallo allj cosas muy nobles e de grand preçio, e mucho oro e mucha plata, e mucha aljofar e muchas piedras preçiosas, e otras mercaderias de muchas maneras,

assy que vn reyno muy pequeño se ternje por abondado de
tal riqueza, entre las quales cosas fallo muchos paños tajados
[fol. 37v] e guarnjdos de muchas gujsas e muchas tocas de
dueñas segund las maneras de las tierras. E bjen le semejo
que auje paños e guarnjmentos para dozjentas dueñas. E
maraujllose que podrie esto ser, e por tan buena andança
commo esta, alço las manos al nuestro Señor Dios e
gradesciendo le quanta merced le fiziera. E tomo de aquella
ropa que estaua en la naue e fizo su estrado muy bueno en
que se posase, e vistiose vn par de paños los mas onrrados
que allj fallo. E asentose en su estrado e allj rogaua a Dios
de noche e de dja que le oujese merçed e le diese buena çima
a todo lo que auja començado. E bjen dize el cuento que esta
dueña ouo grande espanto para catar todas las cosas de la
naue e de saber que eran e de las poner en rrecabdo. E non
era maraujlla, ca sola andaua, ca dos meses duro sobre la
mar del dia que entro en la naue fasta el dia que arribo al
puerto, e este puerto era la çibdad de Galapja la qual es en el
reyno de Orbjn.

**De commo entro vn ome en vna naue por saber qujen
venja en ella e de commo fallo a la dueña [e] lo fue a dezir
al rey su señor**

En aquella çibdad estaua el rey e la rreyna fazjendo sus
fiestas muy grandes por la fiesta de Santa Marja, de agosto,
e toda la gente estaua rribera de la mar. E vieron aquella
naue estar parada, la vela tendida, fazjendole muy grand
vjento e non se mouje a njnguna parte. E maraujllaronse
dello de gujsa que entraron ombres en *[fol. 38r]* bateles e
fueron alla a saber que cosa era. E llegaron a la naue, e
vieron que non tenja ancoras, e toujeron que era mjraglo de
Dios, asy commo lo era, e non se atreujo njnguno dellos a
subjr a la naue. Pero vno dellos dixo que se queria auenturar
e sobjr con la ayuda de Dios e saber que cosa era. E subio a
la naue, e de que vido la dueña asentada en su estrado muy
noblemente, fue muy espantado e dixole asi: "Sseñora, dezid
me ¿quien sodes o quien guja esta naue?" "¿E vos sodes
cauallero?" dixo ella. "Por çierto," dixo el, "non." E por
ende non se quiso leuantar a el. "¿E por que non me
respondedes a la mj demanda?" dixo el. E ella le dixo:
"Porque non es vuestro de saber agora quien soy yo."
"Sseñora," dixo el, "¿dezirlo hedes al rey mjo señor sy aca
vjnjere?" "E por çierto rrazon es, ca por el vjne yo de la mj
tierra aca." "E esta vuestra naue," dixo el, "¿commo esta
asi syn ancoras njnguñas?" "Esta asi," dixo ella, "commo
vos vedes, en poder de aquel que la puede gujar e la guja,
pues la mantiene." "¿E quien la guja?" dixo el. "Aquel que
mantiene e guja todas las cosas," dixo ella. "Sseñora," dixo
el, "yre al rey mjo señor con este mandado." "E con estas
nueuas Dios vos guje," dixo la dueña. E el descendio al su
batel e fuese para los otros, ca se maraujllauan mucho de la
su tardança. E preguntaronle de commo tardara tanto o que

era aquello que viera alla. "Tarde," dixo el, "por vna dueña
que falle allj de las mas fermosas del mundo e mucho bien
razonada, mas por cosas que le dixe nunca pude saber nj
entender njnguna cosa de su fazienda." E de sy fueron se
para el rey que estaua en la rribera con la reyna e con grand
gente a le dezir de aquella cosa.

**De commo el rrey de Orbjn subio a la naue e supo toda la
fazienda de la dueña e commo arribara alli a aquel reyno**

Aquel que subio en la naue dixo al rey: "Sseñor, dezir
vos he lo que yo he visto en aquella naue." E conto gelo
todo commo pasara con aquella dueña e quantas buenas
respuestas le diera, en manera que entendio el rey por estas
palabras que esta dueña era de Dios e de buen entendimjento.
E metiose en vna galea e otros muchos con el en barcos e
fueron se para la naue. E quando llegaro[n] a la naue,
maraujllaron se de commo estaua tan queda non tenjendo
ancoras njngunas. E dubdaron los que yuan alla e dixieron al
rey: "Señor, non te aventures a cosa que non sabes que es."
E el rrey era muy buen xristiano e dixoles asy: *[fol. 38v]*
"Amjgos, non es este fecho del diablo, ca el diablo non ha
poder de rretener los vjentos e las cosas que se han de mouer
por ellos, mas esto puede ser fecho por el poderio de Dios
que fizo todas las cosas e las ha al su mandado. E por ende
quiero me auenturar a Dios en el su nonbre e poner me en la
su merçed." E lleuo poca gente de aquellos que el escogio e
subio a la naue.

E quando la dueña lo vjdo que traya vna corona de oro
en la cabeça e vna piertega de oro en la mano, entendio que
era rey; e leuantose a el e fue por le besar las manos. E el
rey non quiso e fuese a posar con ella en el su estrado. E
preguntole quien era. E ella le dixo que era vna dueña de
tierra de las Yndias, e que fincara desanparada de su marido,
e que non sabja si era muerto o bjuo tienpo auja. E el rey de
aquella tierra que era muy cruel e sin justiçia, que oujera
mjedo del que le tomaria todas sus riquezas. E porque oyera
dezjr que era muy buen rrey e de justiçia, que quisiera venjr
a la su sonbra e que fiziera cargar aquella naue de todas las
rriquezas que auje e que se venje para el. "¿Pues commo,"
dixo el rrey, "vjene esta naue sin gente njn gouernador e non
salio de alla gente con vos?" "Si salio, señor," dixo ella.
"E pues ¿que se fizo la gente?" dixo el rey. "Señor," dixo
ella, "mataron se vnos con otros queriendo me fazer grand
falsedat e *[fol. 39r]* grand enemjga e escarnesçer me, ca asi
gelo puso el diablo en los coraçones." "Pues ¿quien vos ha
gujado la naue fasta agora?" dixo el rrey. "Sseñor," dixo
ella, "non se al que fuese si non el poder de Dios e vn moço
pequeño que esta ençima de aquella vela que la guja segund
es el mjo cuydar." E el rey alço los ojos e vido vna criatura
muy fermosa ençima de la vela asi commo ombre que
santiguaua, e el rrey entendio que era el fijo de Dios. E finco

los ynojos en tierra e adorolo e dende adelante nunca paresçio mas aquella criatura.

El rrey enbio luego a la rreyna que saljese a la rribera con todas las dueñas e donzellas de la villa con las mayores alegrias que pudiese fazer, e de sy vjnjeron e tomaron la dueña e desçendieron la de la naue. E dexo muy buenas guardas en ella para que guardasen muy bien todas las cosas que allj estauan. E vjnjeronse su paso a paso a la rribera, faziendo los de la mar muy grandes alegrias e muchos trebejos. E quando llegaron a la rribera estaua y la rreyna con muchas dueñas e donzellas e fazjendo sus danças. E de sy salio el rey de la galea e tomo la dueña por la mano e dixo asy: "Rreyna, rresçibid esta dueña que Dios vos enbio, ca fio por la su merçed que por esta dueña verna mucho bien a nos e al nuestro rreyno." "E yo en tal punto la rreçibo," dixo la rreyna. E tomo la por la mano e fueron se al palaçio e toda la gente con ellos, e la reyna preguntando de la su fazienda e ella rrespondiendole muy bjen a guisa de muy buena dueña e de muy bien entendimjento, de gujsa que la reyna fue muy bjen pagada della e dixole assy: "Dueña, si a vos pluguere, dentro en mj palaçio moraredes comjgo por que nos podamos ver cada dia e fablar en vno." "Señora," dixo ella, "como lo vos mandardes." E asy estouo con la rreyna en su palaçio mas de vn año que non se partie della.

E tenje la rreyna que Dios le fazia mucho bien e mucha merçed a ella e al rrey e a toda la su tierra por la santidad desta buena dueña. E sseñaladamente tenjen todos los de la tierra que la symjença grande que en ese año oujera, ademas que todo les vjnjera por la oraçion que fazie esta buena dueña. E por ende la onrrauan e la amauan mucho.

De commo la dueña muger del Cauallero Çifar fizo vn monesterio de monjas en el reyno de Orbin donde ella estaua

Esta buena dueña luego que vjno fizo sacar todo el su auer de la naue e pidio por merçed al rey e a la rreyna que le diesen vn logar do pudiese fazer vn monesterio de monjas. E ellos dieron *[fol. 39v]* gelo de muy buena mente. E la dueña tan acuçiosa fue en aquella lauor de aquel monesterio que dende a vn año fue todo acabado. E despues pidio por merçed al rey e a la rreyna que quisiesen que fuese poblado aquel monesterio non por que ella quisiese entrar en el monesterio en la orden, ca esperança auje con la merced de Dios de auer avn a su marido, mas para lo poblar de muy nobles dueñas e de fazer ay su abadesa. E pidioles por merçed que diesen ljçençia a todas las dueñas e a todas las donzellas que quisiesen entrar en aquel monesterio, que entrasen con lo suyo libremente. E el rrey e la rreyna toujeron lo por bien e mandaronlo pregonar por toda la tierra que todas las dueñas e donzellas que quisiesen venjr seguramente al serujçio de Dios, que gelo gradesçerie mucho. De guissa que vjnjeron y muchas dueñas e donzellas, mas de

quatroçientas, e ella escogio dellas dozientas, las que entendio que le cunplien para aquel monesterio que podrien sofrir e mantener aquella rregla de la orden. E fizo alli vna abadesa muy fija dalgo e muy buena xristiana, e heredo el monesterio muy bien, e dotole de muchas villas e castillos que conpro, e de muchas buenas heredades, e de mucho ganado, e de aquellas cosas que entendio que cunpljan al monesterio, de guissa que non oujesen mengua. E es de la orden de Santo Benjto, e oy dia le dizen el monesterio de la Dueña Bendicha. E a las otras dueñas e donzellas que fincaron e non pudieron caber en el monesterio, casolas e heredolas, e a las que caso, vistiolas de aquellos paños que en la naue tenja muy nobles e muy preçiados, de gujsa que la reyna e las otras dueñas que los veyan se maraujllauan mucho de tan nobles paños commo eran.

E veyendo la dueña que la rreyna se pagaua de aquellos paños, enbio le vn presente dellos, e dellos fechos e dellos por fazer, e mucho aljofar e otras joyas muy preçiadas. E la reyna fue mucho maraujllada qual fuera la rrazon por que truxiera tantos paños fechos e dixole: "Dueña, dezir me hedes, ¿por qual razon truxistes tantos paños fechos e adobados?" "Sseñora," dixo ella, "sy dire. Este monesterio que yo aqui fize destas monjas penselo fazer en mj tierra e mjo proposito fue de lo cunplir e de casar otras tantas commo entrasen en el monesterio. E mande fazer todos estos paños, e por mjedo del rey que con cubdiçia me querie tomar todo lo que auja, oue me de venjr para aca a esta vuestra tierra." "Bendito sea," dixo la rreyna, "el dia que vos pensastes este pensamjento, e sea bendito el no[n]bre de *[fol. 40r]* Dios que aca vos gujo, e bendichos sean los dias en que auedes de beujr que ayades buena çima dellos asi commo cubdiçiades." "Amen," dixo la dueña.

En este monesterio estouo la dueña del dia que llego aquella çibdat fasta nueue años muy onrrada e muy amada e muy vesitada de toda la buena gente de la tierra. E conplidos los nueue años pidio por merçed al rey e a la reyna que la dexasen yr para su tierra a ver a sus parientes e a sus amjgos e beujr entrellos.

De commo la muger del Cauallero Çifar se partio de aquel rreyno de Orbjn e se fue benjr a otra tierra estraña

[D]e que lo oyeron el rey e la rreyna, fueron mucho espantados e resçibieron muy grand pesar en sus coraçones porque se querie yr. E dixole el rrey assy: "Ay buena dueña e amjga de Dios, non nos desanparedes, ca tenemos que sy vos ydes, que non yra tan bjen a esta tierra commo fue fasta aqui de que vos venjstes." "Sseñor," dixo ella, "non podria fincar, ca a vos non ternje pro la mj estada, e a mj tornar se ye en grand daño. E yo vos dexo aqui estas dozientas dueñas veladas en este monesterio e muy buenas xristianas que rrueguen a Dios por vos e por la reyna e por todos los de vuestro reyno. E vos, señor, guardad e defended este monesterio e a todas sus cosas e honrrad lo. E Dios vos onrrara e guardar vos ha, ca muy bjen vos ha de fazer Dios por las oraçiones destas buenas dueñas." "Çierto," dixo el rey. "Asi lo faremos por el vuestro amor e por el nuestro pro." "Señor," dixo ella, "mandad me vender vna naue destas del puerto, ca la mja vieja es ya e podrida." "E dueña," dixo el rey, "yo vos dare vna naue de las mjas de las mejores que allj *[fol. 40v]* fueren, e mandar vos he dar todo lo que oujerdes menester." "Muchas graçias," dixo la buena dueña. "Mas sseñor, mandad me dar la naue e omes seguros que vayan comjgo en ella, ca yo me tengo aver asaz, loado sea Dios." E el rey le mando dar la naue e ombres[7] que fuesen con ella, e ella fizo meter allj muy grand auer e muchas joyas. E despidio se del rey e de la rreyna e de toda la gente de la çibdad, e fuese meter en la naue para folgar y esa noche fasta otro dia que oujesen vjento para mouer. ¡Ay, Dios, commo quedaron desconortados los de la tierra quando la vieron que se yua a la naue, ca grand alegria fizieron el dia que la resçibieron e muy grand tristeza e pesar oujeron quando la vieron de ay partir!

De commo aparesçio a la dueña el njño que le solia aparesçer en el mastel de la naue que gela gujaua las otras vegadas

Otro dia en la grand mañana la buena dueña alço los ojos por ver sy fazie viento e vido estar ençima del mastel aquella criatura mesma que estaua allj a la venjda que gujaua la naue. E ella alço las manos a Dios e dixo asy: "Sseñor, bendito sea el tu nonbre porque tanta merçed e tanta graçia me fazes. E tan bien auenturado es aquel que tu quieres ayudar, e gujar, e endereçar asy commo fazes a mj, tu sierua, por la tu santa piedad e mjsericordia. E ella estando en esta oraçion vn ombre bueno que yua con ella a quien acomendara el rey el goujerno de la naue, dixole assy: "Señora, ¿en que estas o que gujador demandas para la naue? ¿E commo ay otro que la guje sy non yo?" "Por çierto sy," dixo ella, "e alçad la vela e endereçadla e dexad la andar en el nonbre de Dios." E aquel onbre bueno fizo lo asy e despues vjno se para el gouernario tomar e fallolo tan fuerte e firme que lo non podie mouer *[fol. 41r]* a njnguna parte. E fue muy espantado e dixole: "Sseñora, ¿que es esto? Ca non puedo mouer el gouernario?" "Amjgo," dixo ella, "dexad lo estar que otro lo tiene de mayor poder que vos. E yd a folgar e a trebejar con aquella conpaña e dexad la naue andar en buen ora."

E la naue se moujo con muy buen vjento que fazia e yua muy enderesçadamente. E todos los de la naue se maraujllauan dello e dezian: "Este es el fijo de Dios que quiere gujar a esta buena dueña. E por su amor, fagamos le la honrra que pudieremos e siruamos la muy bien, ca mucho lo meresçe." E ella estaua pensando en su marido sy lo pudiera fallar bjuo, lo que non cuydaua si non fuese por la merçed de Dios, ca lo podrie fazer.

Çifar con el Ermitaño y el Escudero

Dexa la ystoria de fablar de la dueña e fabla de lo que contesçio a su marido el Cauallero Çifar con el hermjtaño

Dize la estoria que este Cauallero Çifar, su marido, quando se partio della en la rribera donde gela tomaron, que se fue la rribera arriba asy commo lo oystes de ssuso. E en la montaña sobre la ribera fallo y vna ermjta e a vn ombre sieruo de Dios que moraua en ella e dixo le: "Amigo, ¿podria aluergar aqui esta noche?" "Sy," dixo el ermjtaño, "e tengo çeuada para ese cauallo que traedes." "Non le cunple," dixo el Cauallero Çifar, "ca esta noche ha de ser muerto." "¿E como," dixo el hermjtaño, "lo sabedes vos esto?" "Çierto," dixo el Cauallero Çifar, "porque se cunplen oy los dies dias que lo tengo e non se podria mas detener que non muriese." "¿E commo," dixo el hermjtaño, "lo sabedes vos esto?" "Porque tal es la mj ventura," dixo el Cauallero Çifar, "que non me duran las bestias mas de diez dias." E ellos estando en esto cayose el cauallo muerto en tierra e el hermjtaño fue mucho maraujllado e dixole assy: "Cauallero, ¿que sera *[fol. 41v]* de vos de aqui adelante? ¿O commo podredes andar de pie, pues vsado sodes andar de cauallo? Plazer me ha que folgedes aqui vn dia e non vos metades atanto trabajo tan ayna." "Çierto, amjgo," dixo el Cauallero Çifar, "mucho vos lo gradesco. E pues vos asy lo queredes, vnos pocos de dineros que aqui yo trayo despender los he conbusco aquj, ca muy quebrantado ando de muy grandes cuydados que me vjnjeron de mas de los que auja ante que a la çibdad de Mela llegase."

E de sy fincose en aquella hermjta con aquel ermjtaño, rogando a Dios que le oujese merçed. E en la rribera de la mar al pie de la hermjta estaua vna choça de vn pescador do yua el hermjtaño por pescado quando lo auje menester.

De commo el rribaldo dixo al hermjtaño que se queria yr a folgar vn poco con aquel cauallero

En la choça del pescador auja vn rribaldo, e quando se yua de su señor, venjese el rribaldo a la hermjta a solazarse con el hermjtaño. E ese dia quando llego el Cauallero Çifar, vjno alli el rribaldo e pregunto al hermjtaño quien era aquel su huesped. E el le dixo que era vn cauallero biandante que llegara allj por su desauentura, ca luego que allj llego, dixo que se le auja de morir el cauallo e que le non duraua njnguna bestia mas de diez dias e que se cunplien ayer, e que luego cayera el cauallo muerto en tierra. "Çierto," dixo el rribaldo, "yo creo que es algund cauallero desauenturado e

de poco recabdo, e quiero me yr para el e dezirle algunas cosas asperas e graues, e vere si se mouera a saña o commo me respondera." "Ve tu carrera, rribaldo loco," dixo el hermjtaño. "¿Cuydas te fablar con todos los otros lo que fablas comjgo, que te sufro con paçiençia todo lo que me dizes? Ca çierto a alguno diras las locuras que a mj dizes, de que te podras fallar mal lo que por ventura te podra contesçer con este cauallero si non te guardas de le dezir alguna neçedat." "Verdad es *[fol. 42r]* todo eso que bos dezides," dixo el rribaldo, "si este cauallero es loco de sentido, ca si cuerdo es e de buen entendimjento, non me respondera mal, ca la cosa del mundo en que mas prueua el ombre si es de sentido o loco, es en esto: que quando le dizen algunas cosas asperas e contra su voluntad, que se mueue ayna a saña e rresponde mal; e el cuerdo non, ca quando alguna cosa le dizen desagujsada, sabelo sofrir con paçiençia e da respuesta de sabio. Ca por ventura," dixo el rribaldo, "este cauallero es muy paçiente que vos cuydades." "Dios lo mande," dixo el hermjtaño, "que non te salga a mal el tu atreujmjento." "Amen," dixo el rribaldo, "pero que me conujene de lo yr a prouar, ca non enpesçe al ombre prouar las cosas sy la prueua no es mala." "De aquesto he yo mjedo," dixo el hermjtaño, "que la tu prueua non sera buena, ca el loco en lo que pjensa fazer plazer al ombre, en eso le faze pessar. E por ende non te sera bueno de prouar a este buen omen *[sic]*. E guardete Dios non te contezca commo contesçio al asno con su señor." "¿E commo fue esso?" dixo el rribaldo. "Yo te lo dire," dixo el hermjtano.

Del enxenplo que djo el hermjtaño al ribaldo sobre lo que dixo que diria al Cauallero Çifar

"Un omen bueno auje vn perrillo en la ssu camara que se pagaua mucho del e tomaua plazer con el. E tenja vn asno en que le trayan leña, e todas las cosas que auja menester para su casa. E vn dia estando el asno en su establo, muy gordo e muy folgado, que auje dias que non auje trabajado, vido a su ssenñor que estaua trebejando e jugando con el perrillo e falagandolo, e el perrillo, ponjendo a ssu señor las manos en los pechos e saltando delante del. E penso el asno entre ssy e paresçiole que pues el seruje mas a su señor que aquel perrillo que non fazie al si non comer e folgar que tan bien podie yr el a trebejar con el señor commo aquel perrillo. E desatose e fuese para su ssenñor, saltando e lançando las coçes, e pusole las manos en la cabeça de gujsa que lo firio muy mal. E el señor dio luego muy grandes bozes de manera que vjnjeron sus omes e dieron tantos de palos en el asno fasta que lo dexaron por muerto. E vjno le con grand derecho porque njnguno non se deue atreuer a mas de quanto la natura le da, onde dize el proberujo que [...] la natura njega que njnguno non le deue acometer.

[fol. 42v] E tu sabes bien que non te lo da la natura, ca non fueste criado entre buenos ombres njn sabes bien razonar. E este cauallero paresçe de buen logar e de buen entendimjento, e por aventura tu pensaras dezir algo antel e diras algund mal recabdo." "Yd vos a Dios, ombre bueno," dixo el rribaldo, "ca yo syenpre seria neçio sy non prouase las cosas. E non sabedes vos bien," dixo el rribaldo, "que la ventura ayuda aquellos que toman osadia, ca por ventura puedo yo aprender muchas buenas cosas deste cauallero e ser bien andante con el." "Dios lo mande," dixo el hermjtaño. "Vete, e sey muy cortes en tus palabras." "Dios me ayude," dixo el ribaldo, "que asi lo fare." E fuese luego para el Cauallero Çifar e en logar de le dezir: "Dios vos salue," dixo le estas palabras:

De las preguntas que fizo el rribaldo al Cauallero Çifar e de lo que el le rrespondia a todas ellas

"Cauallero desauenturado, ¿perdiste tu cauallo e non tienes por ello pesar?" "Non lo perdi," dixo el cauallero, porque non era mjo, ca lo tenja acomendado fasta diez dias e non mas." "¿Pues piensas," dixo el ribaldo, "que non lo pecharas aquel que te lo acomendo, pues que en tu poder murio e esto por la mala guarda?" "Non lo pechare," dixo el cauallero, "ca aquel lo mato cuyo era e auje poder de lo fazer." "Pues asy es," dixo el rribaldo, "yo te do por *[fol. 43r]* quito de la demanda." "Muchas graçias," dixo el cauallero, "porque tan buen juyzio diste e bien semeja que eres ombre de entendimjento, ca sin buen entendimjento non podria ser dado atan buen juyzio." E el rribaldo dixole: "Non me respondas con ljsonja o con maestria, cuydando asi escapar de mj, ca mucho mas se de quanto cuydades." "Çierto," dixo el cauallero, "a cada vno dio Dios su entendimjento e bien creo que pues ombre te fizo, algund entendimjento te dio, e tengo que con entendimjento dizes lo que dizes." E el ribaldo se partio del cauallero muy pagado e fuese para su choça.

E otro dia recudio al cauallero e dixole: "Cauallero desauenturado, mal dizen los omes de ty." "Çierto bien puede ser eso," dixo el cauallero, "ca sienpre dizen mal los que bien non saben. E por ende, con ygual coraçon deue ombre oyr los denuestos de los neçios." El rribaldo le dixo: "Cauallero desauenturado, pobre eres e graue cosa es la pobreza para tal ombre commo tu." "Çierto," dixo el cauallero, "mas graue so yo a la pobreza que non ella a mj, ca en la pobreza non ay pecado njnguno e en el rico sy, ca non se tiene por abondado de lo que Dios le da, e por ende peca. E por ende creas tu que aquel es pobre el que por

pobre se tiene e non es rico el que mas ha, mas el que menos cubdiçia." El rribaldo le dixo: "Cauallero desauenturado, muchos tuertos has de resçibir." "Plaze me," dixo el cauallero, "porque non puedo njn los quiero fazer a njnguno." El ribaldo le dixo: "Cauallero desauenturado, nunca seras poderoso." "Por çierto," dixo el cauallero, "mjentra yo oujere paçiençia e alegria poder avre en mj, ca tu crey que aquel non es poderoso el que non ha poder en sy." El cauallero le dixo: "Cauallero desauenturado, nunca seras tan rico commo el señor de aquel castillo que alli paresçe. ¿Del señor de aquel castillo me fablas?" dixo el cauallero. "Sepas que acta es de bolsas de enbidia peljgrosa, ca todos le han enbidia por lo desfazer." El *[fol. 43v]* ribaldo le dixo: "Cauallero desauenturado, digo te que grand algo ha." "Non la ha," dixo el cauallero, "si escaso es, ca non sabe lograr; e si desgastador es non lo avra, ca la su vida non lo sabe tenplar." El rribaldo le dixo: "Cauallero desauenturado, muchos aconpañan aquel rico." "¿E que maraujlla?" dixo el cauallero, "ca las moscas siguen a la mjel, e los lobos a la carne, e las formjgas a los granos, ca tu crey bien por çierto que aquella conpaña que tu vees allj non siguen aquel rico mas siguen a lo que piensan leuar del cauallero desauenturado." Dixo el rribaldo: "Rrico eras e perdiste tu auer." "Bjen auenturado es," dixo el cauallero, "aquel que lo perdio, ca perdio con el la escaseza." "Pero perdiste tu auer," dixo el ribaldo. El cauallero le dixo: "Natural cosa es el auer [...] de mano [...]. E por ende deues tu creer quel auer nunca se pierde, ca quando uno lo pierde, otro lo cobra, ca quando yo lo oue, otro lo perdio." "Pero," dixo el rribaldo, "perdiste tu auer." "¿E por que me persigues tanto?" dixo el cauallero, "ca mejor fue que perdiese yo a el que non que el perdiese a mj." "Cauallero desauenturado," dixo el rribaldo, "perdiste la muger e los fijos e non lloras." "Loco es," dixo el cauallero, "el que llora la muerte de los mortales, ca que pro tjene el llorar a lo que por lloro non se puede cobrar, ca si la vida de los muertos se pudiese cobrar por lagrimas, toda la gente del mundo andaria llorando por cobrar sus parientes e sus amjgos. Mas lo que vna vegada deste mundo pasa, non puede tornar si non por mjraglo de Dios, asi commo fizo Lazaro que lo resuçito nuestro Señor Ihesu Xpisto, onde bjen auenturado es aquel que supo pasar con paçiençia todas las perdidas deste mundo. Amjgo, ¿que maraujlla es de se perder los mjs fijos e la mj muger que se perdio lo que se auje de perder? E yo se bien quien los leuo para sy, ca suyos eran e assy me los tiro. Ca non faze tuerto Dios al ombre si le tira lo que le da en acomjenda, e mayormente queriendo para si lo que es suyo, ca çierto es que quanto en este mundo auemos, en acomjenda lo tenemos e non se atreua njnguno a dezir: 'Esto mjo es,' ca en este mundo non ha saluo el bien que fiziere e esto leuara consigo al otro mundo e non mas." El ribaldo le dixo: "Cauallero desauenturado, grand dolor te verna agora." "Ssy es pequeño," dixo el cauallero, "suframos lo, ca ligera cosa es la paçiençia e buena de sofrir. E si es grande, suframos la, ca es la gloria de Dios en saber ombre sufrir e pasar los dolores de aqueste mundo." "Para mjentes," dixo el rribaldo al cauallero, "ca el dolor cosa es muy dura e muy fuerte, e pocos son los omes que la pueden sofrir bjen." "¿E que cuydado as tu," dixo el *[fol. 44r]* cauallero, "si lo quiero sofrir e ser vno de aquellos que lo pueden sofrir?" "Guardate," dixo el rribaldo, "ca muy dura cosa es el dolor de sufrir, e por ende faz del sy pudieres." "Poco a poco, loco," dixo el cauallero, "tu que lo non pudes [*sic*] sofrir, dizes que fuyamos del dolor. E esto, ¿commo puede ser? Ca el dolor va en pos del que fuye, ca çiertamente el que fuye non fuye si non con el dolor que siente e lo tiene ya consigo, e fuye del otro dolor que va en pos del." E el rribaldo le dixo: "Cauallero desauenturado, enfermaras de fiebre." "Enfermare, bjen lo creas," dixo el cauallero, "ca dexara la fiebre a mj e yo a ella." "Verdad es eso," dixo el rribaldo, "que non puede ombre fuyr el dolor natural asi commo el que vjene por muerte de parientes o amjgos, mas el dolor açidental puedelo ombre fuyr bien del sy se guardare." "Asi es commo tu lo dizes," dixo el cauallero, "pero mas son los que en este mundo guardades en todo." El rribaldo le dixo: "Cauallero desauenturado, morras desterrado." "Non es," dixo el cauallero, "el sueño mas pesado en casa que fuera de casa, e eso mesmo de la muerte, ca a la ora de la muerte asi estiende ombre el pie en casa que fuera." El rribaldo le dixo: "Cauallero desauenturado, morras mançebo." "Muy mejor es," dixo el cauallero, "auer ombre la muerte ante que la cubdiçie, ca non la cubdiçia ombre sy non seyendo enojado de la vida, por razon de las muchas malas andanças deste mundo. Ca a los que bjuen mucho es dada esta pena que vean muchos pesares en su luenga vida que esten sienpre con lloro e con pesar en toda su vejedad, cubdiçiando la muerte, ca si mançebo he de morir, por ventura la muerte que tan ayna vjene, me sacara de algund grand mal que me podria acaesçer mjentra bjujese. E por ende non he de contar quantos años he aujdo mas quantos he de auer, ca esta es la mj hedad conplida. Onde qualquier que viene a la postrimeria de sus fados muere viejo e non mançebo, ca la su vejedad es la su postrimeria. E por ende non dizes bjen que morre mançebo, ca ante he de morir viejo quando los mjs dias fueren conplidos." El rribaldo le dixo: "Cauallero desauenturado, degollado as de morir." "¿E que departimjento ay," dixo el cauallero, "en ser degollado o morir de otra llaga? Çierto, commoquier que muchas son las llagas deste mundo, vna ha de ser la mortal e non mas." "Cauallero desauenturado," dixo el ribaldo, "perderas los ojos." "Quando los perdiere," dixo el cauallero, "quedara la cubdiçia del coraçon, ca lo que veen los ojos, eso cubdiçia el coraçon." "Cauallero desauenturado," dixo el rribaldo, "¿en que estas porfiando? Ca creas bien que morras de todo en todo." "Ay amjgo," dixo el cauallero, "que pequeña maraujlla ay en morir, ca esta [...] natura de ombre e non pena, e tu creas que con tal condiçion vjne yo a este *[fol. 44v]* mundo por que saliese

del; e por ende segund rrazon non es pena mas es debdo el qual so tenudo de conpljr. E non te maraujlles, ca la vida del ombre tal es commo la romeria quando llega el romero al logar do propuso de yr. Alli se acaba su rromeria e asi faze la vida del ombre quando cunple su curso en este mundo, ca dende adelante non ha mas que fazer. Ca çierta ley es establesçida entre las gentes de tornar ombre lo que deue aquel de quien lo resçibio. E assy lo que resçibimos de Dios deuemos gelo tornar e lo que resçibjmos de la tierra deuemos lo tornar a la tierra, ca el alma tiene el ombre de Dios e la carne de la tierra. E por ende muy loca cosa es tornar el ombre lo que escusar puede, asi commo la muerte que non se puede escusar, ca ella es la postrimera pena deste mundo, sy pena puede ser djcha, e tornar ombre a su natura que es la tierra donde es fecho el ombre, onde non deue ombre tomar la muerte, ca maguer la aluengue non la puede fujr. E yo non me maraujllo porque he de morir, ca non so yo el primero njn el postrimero, e ya todos los que fueron antes que yo son ydos ante mj, e los que agora son e seran despues de mj muerte, todos me segujran, ca con esta condiçion son todas las cosas fechas que comjençen e ayan fin. Que commoquier que el ombre aya grand sabor de beujr en este mundo, deue ser çierto que ha de morir, e deue ser desta manera aperçebido quel falle la muerte commo deue, ca que pro e que onrra es quando por fuerça e syn grado de su logar sale donde esta diziendole: 'Sal dende maguer non quieras.' E por ende mejor es e mas syn verguença saljr ombre de su grado ante que le echen de su logar por fuerça, onde bien auenturado es el que non teme la muerte e esta bjen aparejado, de gujsa que quando la muerte vjnjere, que le non pese con ella e que diga: 'Aparejado esto; ven quando quisieres.'" El ribaldo le dixo: "Cauallero desauenturado, despues que murieres ¿quien te soterrara?" "El que quisiere quitar las carnes fediondas delante sy," dixo el cauallero. El rribaldo le dixo: "Cauallero desauenturado, ¿quien te fara la sepoltura?" "¿E por que?" dixo el cauallero. "Ca la mas ligera cosa es del mundo de echar el cuerpo en la sepoltura, mayormente que la tierra es casa de todas las cosas deste mundo e resçibelas de grado. E creed que la sepoltura non se faze sy non por onrra de los bjuos e por que los que la vieren digan: 'buen ssiglo aya quien yaze en la sepoltura e buena vjda los que la mandaron fazer tan noble.' E por ende todos se deuen esforçar de fazer la mejor sepoltura que podieren, ca con esta condiçion son *[fol. 45r]* todas las cosas fechas." "Cauallero desauenturado, ¿commo pierdes tu tienpo aujendo hedad que podras vsar de caualleria?" dixo el rribaldo, "[...] Çierto, aquella villa que de aqui paresçe, de commo el rey de Menton que ha nonbre Grades, e dizenle asi porque esta en alto e suben por gradas alla. E este rey de Menton enbjo dezir e pregonar por toda su tierra que qualquier quel desçercase quel daria su fija por muger e el reyno despues de sus dias, ca non auja otro fijo."

E el cauallero començo a reyr commo en desden e el ribaldo touolo por mal, ca le semejo que le tenja en nada todo lo quel dezia, e dixole: "Cauallero desauenturado, en poco tienes las mjs palabras." "Digo te," dixo el cauallero, "que en poco, ca tu non vees aqui ombre para tan grand fecho commo ese que tu dizes." "Çierto," dixo el rribaldo, "agora non te tengo por tan sesudo commo yo cuydaua. ¿E non sabes que cada vno anda con su ventura, que Dios puede poner al ombre de pequeño estado en grande? ¿E non eres tu el que me dixiste que te dexase sofrir el dolor maguer que era graue e dura con aquellos que lo podian sofrir?" "Sy," dixo el cauallero. "Pues, ¿commo," dixo el rribaldo, "podras sofrir muy grand dolor quando te acaesçiese, pues tu cuerpo non quieres poner a afan en lo que por aventura ganaras pres e onrra? Onde bjen sabes quel dolor syenpre vjene con desauentura, e por ende te dexaras esforçar a bien fazer e a pasar afan e trabajo por que mas valieses. E sy agora, mjentra eres mançebo, non lo fizieres, non he esperança en ty que lo faras quando fueres viejo. ¿E non te semeja que estaras mejor con aquella caualleria que esta en aquel canpo aujendo su acuerdo en commo desçercarian al rrey de Menton?" "Çierto," dixo el cauallero, "atanto ay de bjen en aquel canpo quanto yo veo." "¿E commo puede ser?" dixo el rribaldo. "Yo te lo dire," dixo el cauallero.

"En el canpo non ha pecado njnguno e en aquella gente ay mucha falsedad e mucha maldad, ca cada vno de aquellos se trabaja por engañar al otro e pjensa commo abra la honrra del reyno, ca çierto en njnguna cosa non se guarda tan mal el derecho e la verdad commo en querer rreynar e sseñorear." "¿E commo?" dixo el rribaldo. "¿Tu non querries reynar njn ser señor de alto lugar?" "Ssy querria," dixo el cauallero, "non faziendo tuerto a njnguno." "Eso no puede ser," dixo el rribaldo, "que tu puedas ser rey njn señor de njngund logar, ssy non tirando dende a otro." "Ssy puede ser," dixo el cauallero. "Pues, djmelo," dixo el rribaldo. "Ssy aquel reyno de Menton," dixo el cauallero, "fuese descercado por mj e me diese su fija por muger e el rreyno despues de sus dias, asy commo lo mando pregonar por la tierra, assy lo podria yo auer syn pecado, mas veo me alongado⁸ *[fol. 45v]* de todas estas cosas para el que yo so e para qual es el fecho, ca contra vn rey otro rey es menester de mayor poder para leuar tan grand fecho adelante."

"Cauallero desauenturado," dixo el rribaldo, "que poco as parado mjentes a las palabras que te he dicho, ca ya desatentar me fazes del buen entendimjento que cuydaua que tu aujes. E yo te rruego," dixo el ribaldo, "que por el mjo amor que non desmayes, ca Dios te puede fazer merçed sy non sepas que nunca perderas este nonbre desauenturado. E ayudate e ayudar te ha Dios, ca el non quiere bjen fazer njn leuar adelante sy non aquel que se esfuerça a fazer el bjen e lo demuestra por obra. E por ende, dizen que non da Dios pan sy non en enero senbrado, onde sy tu bien te ayudares, çierto so que el te ayudara e leuara la tu fazienda adelante, ca non tengas que tan pequeña cosa es el ayuda de Dios, ca los pensamjentos de los ombres sy buenos son, el los mete

en obra e los ljeua adelante, e los ombres han sabor de lo segujr e lo siguen."

De commo se fue el rribaldo con el Cauallero Çifar e se acordaron en vno

"¡Ay, amigo!" dixo el cauallero, "çesen ya las tus palabras sy Dios te vala, ca non te puedo ya responder a quantas preguntas me fazes. Pero creas por çierto que yria a aquella tierra do es aquel reyno que tu me dizes, sy fallase quien me gujase." "Yo te gujare," dixo el rribaldo, "ca yo se muy bien el camjno e se bien aquella çibdad do es çercado aquel rey, e no ay de aqui alla mas de diez dias pequeños de andadura. E serujr te he muy de buena mente con tal condiçion que sy Dios te pusiere en tal estado mayor que non estas, que me fagas alguna merçed. E çierto so que Dios te gujara sy lo tomares por conpañero, ca de grado aconpaña e guja Dios a quien lo resçibe por conpañero." "Muy de buena mente," dixo el cauallero, "fare lo que me consejares, e vete tu carrera, e quando fuere de mañana, seras aqui comigo."

El rribaldo se ffue, e el cauallero andudo vn rrato por la hermjta fasta que vjno el hermjtaño. *[fol. 46r]* El Cauallero Çifar pregunto luego al hermjtaño donde venje. "De la villa," dixo el hermjtaño, "de buscar de comer." "¿E fallastes algo?" dixo el cauallero. "Çierto," dixo el hermjtaño, "non falle sy non esta trucha que me paresçio muy buena." "Comamosla," dixo el Cauallero Çifar, "ca ssegund el mjo cuydar, cras avre de partir de aqui, ca asaz vos he ya enojado en esta hermjta." "Ssabelo Dios," dixo el hermjtaño, "que non tomo yo njngund enojo con vos, ca antes me plaze muy mucho con la vuestra conpañja; mas pjensso que auedes tomado enojo con las cosas que vos dixo aquel ribaldo malo que aca vjno." "Par Djos, non tome," dixo el Cauallero Çifar, "ca ante ouo muy gran solaz con las sus palabras, ca comjgo se quiere yr para me serujr." "¿E commo?" dixo el hermjtaño. "¿Leuar queredes con vos aquel ribaldo malo? ¡Catad! ¡Guardad vos del! ¡Non vos faga algund mal!" "Guarde me Dios," dixo el Cauallero Çifar.

De la vision que vido el hermjtaño sobre lo de su huesped el Cauallero Çifar

Despues que fue gujsada la çena, comjeron e folgaron. E estando amos departiendo, dixo le el hermjtaño: "Cauallero, nunca oystes tan grand ruydo commo andaua por la villa, que quien desçercase a vn rey que lo tjene otro çercado, que le dara su fija por muger e el reyno despues de sus dias. E vanse para alla muchos condes e duques e otros rricos ombres." E el cauallero callo e non le quiso rresponder nada a esto que le dezie, e ffueron se a dormjr.

El hermjtaño, estando durmjendo, vjnole en vision que veye al cauallero su huesped en vna torre muy alta con vna corona de oro en la cabeça e con vna vara en la mano. E en esto desperto, e maraujllose que podrie esto ser. E leuantose e fue se a su oratorio a fazer su oraçion, e pidio por merçed al nuestro Señor que le quisiese demostrar que querie sinjficar aquello. E de que ouo fecho su oraçion, fue se a dormjr, e estando dormjendo oyo vna boz que le dixo assy: "Leuanta te e di a tu huesped que tienpo es de andar, ca çierto sea que el desçerca *[fol. 46v]* aquel rey e ha de casar con su fija, e avra el reyno, despues de sus dias." E leuantose el hermjtaño, e fuese al cauallero, e dixo le: "¿Dormjdes o velades?" "Por çierto," dixo el cauallero, "njn duermo njn velo, mas esto esperando que sea de dia para que pueda andar." "Leuantad vos," dixo el hermjtaño, "e andad en buen ora, ca el mas aventurado cauallero auedes de ser de quantos fueran de grand tienpo aca." "¿E commo es esto?" dixo el cauallero. "Yo vos lo dire," dixo el hermjtaño.

"Esta noche en durmjendo vj en vision que estauades en vna torre muy alta e que tenjedes vna corona de oro en la cabeça e vna vara en la mano. E en esto desperte muy espantado, e fuy a fazer mj oraçion, e rogue a Dios que me quisiese demostrar que serie aquello que viera en vision. E torne me al mj lecho a dormjr, e en dormjendo oy vna boz que me dixo asi: 'Leuantate e di al tu huesped que ora es de andar, ca sey bien çierto que el ha de desçercar aquel rey, e ha de casar con su fija, e rreynara despues de sus dias.'" "¿E creedes vos esto," dixo el cauallero, "que podja ser verdad?" "Creo lo," dixo el hermjtaño, "que podra ser con la merçed de Dios, ca el es poderoso de fazer e de desfazer, commo lo el toujere por bjen e de fazer de muy pobre rico. E ruego vos que sy Dios vos pusiere en otro mayor estado, que se vos venga emjente deste logar." "Muy de buena mente," dixo el cauallero, "e prometo vos que sy Dios a esa onrra me llegare, que la primera cosa que ponga en la mj cabeça por onrra e por nobleza que la enbie a ofreçer a este logar. E vayamos en buen ora," dixo el cauallero. "Mas, ¿do podremos oyr mjsa?" "En la villa," dixo el hermjtaño.

De commo el rribaldo se barajo con su amo el pescador e se partio del

Assy commo amanesçio, fueron se amos a la villa e demjentra que ellos oyen mjsa, el rribaldo estaua contendiendo con el pescador, su amo, que le diese alguna cosa de su soldada. El pescador ouole de dar vna saya vieja rota que tenje, e vn estoque e vnos pocos de djneros que tenje, diziendo e jurando *[fol. 47r]* que non tenje mas que le dar. E el ribaldo le tenje en muy grand cuyta e dixo: "Non me quereys pagar toda mj soldada, que vos seruj todo este año con muy grand trabajo e con muy grand afan, mas avn quiera Dios traer tienpo que te arrepientas dello e me pagues todo lo mjo." "Ve tu vja, rribaldo nesçio, porfioso," dixo el pescador. "¿E que me puedes tu a mj fazer avnque venga otro tienpo del que agora es?" "Aun benga tienpo," dixo el

rribaldo, "que yo aya mayor poder que tu e que me des lo mjo mal de tu grado." "Nunca lo veras tu eso," dixo el pescador, "ca non veo en ty señal por que esso pueda ser." "¿E commo," dixo el rribaldo, "piensas que Dios non puede tanto fazer? E ¿non ssabes tu que al canpo malo que ay le vjene su año? Ca commoquier que yo non ssea atan cuerdo commo lo auje meneser, avn Dios me podra dar seso e entendimjento por do mas vala." "Ssy," dixo el pescador, "non tyene Dios otro cuydado sy non de ty. Assas tiene Dios al en que pensar." "Vengasete emjente," dixo el ribaldo, "desta palabra que agora me dixiste, ca por çierto mucho mejor me respondio vn ombre bueno a las preguntas que le yo fize que tu non sabes responder. E acomjendate agora al tu poco sseso, ca yo tornare aca a ty e te fare creer esto que yo te djgo lo mas ayna que ser pudiere."

De commo el rribaldo libro al Cauallero Çifar vna noche de vnos ladrones que lo querian rrobar e como mato a los dos

El rribaldo se fue para la hermjta e non fallo allj al cauallero njn al hermjtaño. E fue se a la villa e fallolos oyendo mjsa. E el cauallero, quando lo vjdo, preguntole e dixole: "Amjgo, a ty estaua yo esperando e vayamos en buen ora." "¿E como," dixo el rribaldo, "que ssy yremos de aqui, que non beuamos primero? Yo trayo vn pes de la mar de la choça de mj amo. Comamoslo e despues andaremos mejor." "Amjgo," dixo el cauallero, "fagamos commo tu quisieres e por bjen toujeres, ca me conujene de fazer a la tu voluntad demjentra que por ty me oujere de gujar, pero non es mj costunbre *[fol. 47v]* de beuer de mañana." "Verdad es eso," dixo el rribaldo, "demjentra que andauades de bestia, mas mjentra fueredes de pie, non podredes asi andar syn comer e syn beuer, mayormente aujendo de andar gran jornada." E de sy fueron se a casa de vn buen ombre con el hermjtaño e comjeron su peçe, que era muy bueno e muy grande, e despidieron se del hermjtaño e fueron su camjno.

E acaesçioles vna noche de posar en vna aluergueria do yazien dos omes malos e ladrones que andauan en figura de romeros, e cuydaron que este cauallero que traye muy grand auer maguer venja de pie, porque lo veyen tan bien vestido. E quando vjno la medianoche leuantaron se estos dos ombres malos ladrones para yr a degollar al cauallero e tomar le lo que traya. E fuese el vno a echar sobrel e el otro yualo a degollar en manera que el cauallero non sse podia escapar dellos. E ellos estando en esto, desperto el ribaldo e quando los vido assy estar a lunbre de vna lanpada que estaua en medio de la camara, fue contra ellos dando bozes, diziendo: "¡Non muera el cauallero!" de gujsa que desperto el huesped e vjno corriendo a las bozes que daua, e quando el huesped llego, auja el ribaldo matado el vno dellos e estaua se dando con el otro, de manera que el cauallero se leuanto e el huesped e el rribaldo prendieron al otro ladron.

E preguntaronle que fuera aquello. E el dixoles que cuydara el e su conpañero que este cauallero que traye algo e que por esso se leuantaron por lo degollar e gelo tomar. "Por çierto," dixo el cauallero, "en vano vos trabajauades, ca por lo que a mj fallaredes, sy vos pobres erades, nunca salierades *[fol. 48r]* de pobredat." E de sy tomo el huesped al ladron delante de sus vezinos que rrecudieron a las bozes, e atolo muy bien, e guardolo fasta otro dia en la mañana que lo dieron a la justiçia. E fue judgado a muerte ssegund su conoçençia, e mandaron lo matar. E dessy fueron se el cauallero e el ribaldo por su camjno.

De commo el Cauallero Çifar libro al rribaldo, que lo querian colgar, e commo le corto la soga

Ellos yendo se por su camjno, dixo le el rribaldo: "Cauallero, serujdo fuestes de mj esta noche." "Çierto," dixo el cauallero, "verdad es e plaze me mucho porque tan bjen has començado." "Pues, mas me prouaredes," dixo el rribaldo, "en este camjno." "Quiera lo Dios," dixo el cauallero, "que las prueuas non sean al nuestro danpno." "Dello e dello," dixo el rribaldo, "ca todas las manças non son dulçes. Por ende, conujene que nos paremos a todo lo que nos vjnjere." "Plaze me," dixo el cauallero, "destas tus palabras, e fagamos lo assy; e bendito sseas porque tan bien lo dizes."

E a cabo de los seys dias que se partieron del hermjtaño, llegaron a vn castillo muy fuerte e muy alto que auje nonbre Beril. E auje al pie del castillo vna villa muy bjen çercada. E quando allj llegaron era ya ora de biesperas; e el cauallero venje muy cansado, ca aujen andado muy grand jornada. E dixo a su conpañero que fuese a buscar de comer, e el rribaldo le dixo que muy de grado.

E el rribaldo, estando conprando vn faysan, llego se a el vn ombre malo que auje furtado vna bolsa llena de pieças de oro, e dixole: "Amjgo, rruego te que me guardes esta bolsa demjentra que enfreno aquel palafren." E mjntio que non auja alli bestia njnguna, mas venjen fuyendo de la justiçia de la vjlla que venje en pos del para lo prender. Luego que ouo dado la bolsa al rribaldo, metiose entre vnos montes e fuese. E la justiçia, andando buscando al ladron, fallaron al rribaldo que tenje el faysan que conprara, en la vna mano, e la bolsa que le acomendara el ladron en la otra. E prendieron lo e subieron lo al castillo fasta otro dia que lo judgasen los alcaldes. E el cauallero estaua esperando su conpañero e despues que fue de noche e vido que non venje, maraujllose mucho.

E otro dia en la mañana fuelo a buscar e non pudo fallar recabdo del, e pensso que por ventura que se le era ydo con cubdiçia de vnos pocos de dineros que le auja acomendado que despendiese. E finco muy triste pero que avn el se tenje otros pocos de djneros para despender, pero mayor cuydado tenja del conpañero que non de los dineros que auje perdido,

ca le seruje mucho bien e lealmente, e tomaua grand plazer con el, e dezie le muchas cosas con que tomaua alegria. E syn todo esto era de buen entendimjento, e de buen rrecabdo, e de buen esfuerço, e fallauase *[fol. 48v]* muy menguado sin el.

E otro dia desçendieron al rribaldo del castillo, e pusieronlo ante los alcaldes que lo aujen de judgar; e quando le preguntaron quien le diera aquella bolsa, dixo que vn ombre gela diera en acomjenda quando conprara el faysan e que non sabie quien era, tan arrebatadamente gela diera. Pero dezie que sy lo viese, que bien entendia de lo conosçer, e mostraronle muchos ombres por ver si lo podria conosçer. E non pudo açertar en el, ca estaua escondido aquel que gela diera, por mjedo de la justiçia. E ssobresto mandaron los alcaldes que lo leuasen a colgar, ca aquella tierra era mantenjda muy bien en justiçia en manera que por furto de çinco sueldos o dende arriba mandauan matar vn ombre. E ataron le vna soga al cuello e las manos atras e caualgaronlo en vn asno, e yua muy gran gente en pos del a uer commo fazien la justiçia.

E yua el pregonero antel diziendo: "Quien tal faze, tal prenda," ca es grand derecho, ca el que al diablo cree e sirue, que mal gualardon deue auer, commoquier que este ribaldo no ouo culpa, pero ouo culpa en rresçebjr en acomjenda cosa de ombre que no conoçie njn veye lo que le daua en acomjenda; ca çiertamente quien alguna cosa quiere resçibir de otro en acomjenda, deue primero catar tres cosas: la primera, quien es aquel que gela acomjenda; la ssegunda, que cosa es aquella que le da; la terçera, sy la podra o sabra bjen guardar asi commo contesçio a este rribaldo, ca el que gela dio era mal ombre e ladron e la cosa que le dio era furtada. Otrosy que no estaua en estado para poder resçibir deposito de njnguno. E avnque el ombre este en lugar que lo puede guardar mucho, *[fol. 49r]* se deue estrañar de lo non resçibir en guarda, ca tal fuerça ha el deposito que deue ser guardado enteramente assy commo ombre lo resçibe. E non deue vsar del en njnguna manera syn mandado de aquel que gelo da en guarda; si non, puede gelo demandar por furto porque vso dello contra voluntad del señor. E quando lleuaua a colgar al rribaldo, los que yuan en pos del aujen grand duelo porque era ombre estraño, e era mançebo e apuesto e de buena palabra, e juraua que non fiziera el aquel furto, mas que fuera engañado de aquel que gelo encomendo.

E estando el rribaldo al pie de la forca, cauallero en el asno e los sayones atando la soga en la forca, el cauallero, despues que vido que non pudo fallar a su conpañero, rogo a su huesped que le mostrase el camjno para yr al reyno de Menton. E el huesped, doljendo se del porque perdiera su conpañero, salio con el al camjno. E de que ssalieron de la villa vido el cauallero estar muy grand gente en el canpo derredor de la forca, e pregunto a su huesped que fazia allj tanta gente. "Çierto," dixo el huesped, "quieren colgar a vn rribaldo porque furto vna bolsa llena de oro." "¿E aquel rribaldo," dixo el cauallero, "es desta tierra natural?"

"Non," dixo el huesped, "ca nunca paresçio aqui fasta agora, por la su desauentura, que lo ffallaron con aquel furto." E el cauallero pensso que aquel podrie ser su conpañero e dixo al su huesped: "Por la fe que deuedes, ayudad me a defender aquel ombre a derecho, ca syn culpa es." "Çierto, muy de grado," dixo el huesped, "lo fare sy asi es."

E fueron se alla do aujen atado la soga en la forca e querien ya tirar el asno. E el cauallero, quando llego, conosçio lo, e el rribaldo començo le de dar bozes e dixo le: "Sseñor, vengase vos emjente del serujçio que de mj resçibistes oy ha tres dias quando los ladrones vos querian degollar." "¡Ay, amjgo!" dixo el cauallero, "¿E qual es la razon porque te mandan matar?" "Ssenor," dixo el rribaldo, "a tuerto e syn derecho, ssy me Dios vala." "Atiende vn poco e yre fablar con los alcaldes e rogarles he que non te manden matar pues que non feziste por que." "¡E que buen acorro de señor," dixo el rribaldo, "para quien esta en vn harre commo yo esto! ¿E non vedes que toda mj vida esta so el pie deste asno, e a vn solo harre sy lo mueuen, e dezjdes me que yredes a estar con los alcaldes a les demandar consejo? Çierto los ombres buenos e de buen coraçon que tienen razon e derecho por sy, non deuen dudar nj tardar el bien que han de fazer, ca suelen dezir que la tardança muchas vezes enpeçe." "Çierto," dixo el cauallero, "sy tu la verdad tienes, non esta la tu vida en tan pequeña cosa commo tu dizes." "Señor," dixo el rribaldo, "por la verdad e por la jura que vos prometi, verdad vos digo." Estonçe el cauallero puso mano luego a la espada e corto la soga de que estaua ya colgado, ca ya aujen moujdo el asno.

E los ombres buenos de *[fol. 49v]* la justiçia, quando esto vieron, prendieron al cauallero e leuaron los amos a dos delante de los alcaldes e contaron les todo el fecho de la verdad de commo pasara. E los alcaldes preguntaron al cauallero que por que se atreujera a cometer tan grand cosa commo aquella en quebrantar las presiones del rrey por que non se cunpliese la justiçia. E el cauallero, por escusar a el e a su conpañero, dixo que qualquier que dixiese que su conpañero auje fecho aquel furto, que el le pornja las manos a ello e le cuydaria vençer, ca Dios e la verdad que tenje le ayudarie a ello, e que el mostrarie allj delante de todos de commo aquel su conpañero era syn culpa de aquel furto que le oponjen e que Dios non lo mandase que el lo fizjera.

De commo prendieron al que auja furtado la bolsa con el oro e de commo lo lleuauan a colgar

Aquel que auja furtado la bolsa con el oro, despues que sopo que aquel a quien el la acomendara era leuado a colgar e que era ya colgado e que non lo conosçerie njnguno, fue se para allj donde estauan judgando los alcaldes. E luego que el rribaldo lo vido, conosçio lo e dixo: "Sseñores, mandad prender aquel ombre que esta allj, ca aquel es el que me

acomendo la bolsa." E mandaron lo luego prender e el rribaldo truxo por testigo al que le auje vendido el faysan. E los alcaldes por esto e por otras presunçiones que del sabjan e por otras cosas muchas de que ya fuera acusado, maguer non se podien prouar, pusieron lo a tormento; de gujsa que ouo de conoçer que el fiziera aquel furto. E dixo que por que yuan en pos del por lo prender, que la diera aquel rribaldo que gela guardase, e el que se ascondiera fasta que oyo dezir que lo aujen colgado. "¡Ay, falso traydor!" dixo el rribaldo, "¿do fuyra el que el furto deue? Que çierto tu non puedes fuyr de la forca, ca este es el tu huerto e a ti espera para ser tu huesped. E vete, maldito de Dios, porque en tan gran mjedo me posiste, ca çierto *[fol. 50r]* seas que nu[n]ca oyre dezir 'harre' que non tome muy grand espanto. E gradesco lo mucho a Dios porque en ty ha de fincar la prueua conplidamente e non en mj." E luego leuaron el ladron a colgar, e el cauallero e su conpañero fueron se por su camjno, gradesçiendo mucho a Dios la merçed que les fiziera.

De como colgaron al que furto la bolsa e de commo el rribaldo se fue con su señor el Cauallero Çifar

Dixo luego el rribaldo: "Señor, quien a buen arbol se arrima, buena sonbra lo cubre. E par Dios, fallo me bien por que a vos me allege e quiera lo Dios que a este buen serujçio que aun vos torne yo la rrebidada en otra tal o en mas graue." "Calla amjgo," dixo el cauallero, "que yo fio en la merçed de Dios que non querra que en otra tal nos veamos, ca bjen te digo que mas peligrosa me semejo esta que el otro peljgro que passamos la otra noche." "Çierto, sseñor," dixo el rribaldo, "non creo que con sola esta escapemos." "¿E por que non?" dixo el cauallero. "Yo vos lo dire," dixo el rribaldo. "Çierto, quien mucho ha de andar, mucho ha de prouar, e avn nos lo mas peligroso auemos de pasar."

E ellos yendo se a vna çibdat do aujen de aluergar, acaesçioles que açerca de vna fuente fallaron vna manada de çieruos, e entrellos auje çeruatillos pequeños. E el rribaldo puso mano al estoque e moujo contra ellos, e firio a vn çieruo pequeño e fuelo alcançar; e tomolo e traxolo acuestas e dixo: "¡Ea, *[fol. 50v]* ea, don cauallero, ca ya tenemos que cenar!" "Mucho me plaze," dixo el cauallero, "sy mejor posada oujeremos e con mejores huespedes que non los de la otra noche." "Vayamos nos," dixo el rribaldo, "ca Dios nos ayudara e nos dara consejo."

E ellos, yendose antes que entrasen en la çibdad, fallaron vn comjenço de torre syn puertas atan alto commo vna asta de lança, en que auje muy buenas camas de otros que aujen allj dormjdo, e una fuente muy buena delante de la puerta, e muy buen prado. "¡Ay, amjgo!" dixo el cauallero. "¡E que grand verguença he de entrar por las villas de pie! Ca commo a ombre estraño me estan oteando, e ffazen me preguntas, e yo non les puedo a ello rresponder. E si tu quisieres, folgaria aqui esta noche antes que passar las verguenças de la çibdat." "Folgad," dixo el rribaldo, "ca yo yre e traere pan e vjno de la çibdat, e con la leña deste seto que aqui esta, despues que vjnjere gujsare de comer." E fizolo assy, e despues que fue gujsado, dio de comer al cauallero, e el cauallero se touo por muy bien pagado e viçioso estando çerca de aquella fuente e en aquel prado.

E pero despues que fueron a dormjr, llegaron se tantas de lobos derredor de aquella torre que non fue sino maraujlla, de gujsa que despues que oujeron comjdo los lobos aquella carnaza que ffinco de fuera, querian entrar en la torre a comer a ellos que non se podien dellos defender. E tanto los aquexaron que leuaron al rribaldo la vna falda de la saya que tenje vntada de la sangre del çieruo, de manera que toda esa noche non pudieron dormjr njn folgar, ffiriendo los muy de rezio. Estando en esto arremetiose vn lobo muy grande al cauallero que estaua en derecho de la puerta, e fuele a *[fol. 51r]* trauar de la espada con los dientes, e saco gela de la mano e sacola fuera de la torre. "¡Ssanta Maria, val me!" dixo el cauallero. "Leuado me ha el espada aquel traydor de lobo, e non tengo con que me defender." "Non temades," dixo al cauallero el rribaldo. "Tomad este mj estoque e defended la puerta, que yo cobrare la vuestra espada." E ffue al rrencon de la torre do auje cozjnado, e tomo toda la brasa que allj fallo, e pusola en pajas e en leña, e parose a la puerta e lançola entre lobos. E el con mjedo del fuego apartaron se de la torre, e el rribaldo cobro la espada e diola al cauallero. E demjentra las brasas del fuego duraron a la puerta de la torre, non se llegaron y los lobos, ca ante se fueron ffuyendo. E en esto fue muy sabidor el rribaldo, ca de njnguna cosa non han los lobos tan grand mjedo commo del fuego, pero que era ya çerca del dia de mañana que quando fue el alua non finco y lobo njnguno. "Par Dios," dixo el cauallero, "mejor fuera pasar las verguenças de la çibdat que non pasar esta mala noche que tomamos." "Cauallero," dixo el rribaldo, "non vos quexedes, ca assy va el ombre al parayso, pasando primeramente por purgatorio e por logares muy asperos. E vos, antes que lleguedes a grande estado, auredes de sofrir e de pasar cosas muy asperas, e assy conosçeredes e departiredes el bjen del mundo." "Amjgo," dixo el [c]auallero, "¿qual es el estado a que yo he de llegar por que en esto aya de ser paçiente?" "Non lo se," dixo el rribaldo, mas el coraçon me da que auedes de llegar a grande estado e grand sseñor auedes de ser." "Amjgo," dixo el cauallero, "nos vayamos nos en buen ora e punemos de fazer el bien e Dios ordene."

De commo se escuso el rribaldo del señor de la huerta quando le fallo cogiendo los nabos e los metjo en[e]l saco

Ellos andudieron ese dia atanto fasta que llegaron a vna villeta pequeña que estaua a media legua del real de la hueste. E el cauallero, ante que entrasen en aquella villeta,

vjdo vna huerta en vn valle muy fermosa e auja allj vn nabar muy grande. E dixo: "¡Ay, amjgo, que de grado comeria de aquellos nabos sy oujese quien me los adobar bien! "Sseñor," dixo el rribaldo, "yo vos lo adobare, ca lo se fazer muy bien." E llego con el a vna aluergueria, e dexolo allj, e fuese para aquella huerta con vn saco a cuestas. E fallo la puerta çerrada, e sobio sobre las paredes e salto dentro. E començo de arrancar de aquellos nabos e los mejores metiolos en el saco. E el, estando arrancando los nabos, entro el señor de aquella huerta. E quando lo vjdo, fuese para el e dixole: "Don ladron malo, falso, vos yredes agora comjgo preso delante de la justiçia e dar vos han la pena que meresçedes porque entrastes *[fol. 51v]* por las paredes a furtar los nabos." "Ay sseñor," dixo el rribaldo, "sy Dios vos de buena ventura, que lo non fagedes. Aforçadamente entre aqui." "¿E commo forçadamente?" dixo el sseñor de la huerta. "Ca non veo en ti cosa por que njnguno te deujese fazer fuerça sy vuestra maldad non vos la fiziese fazer." "Sseñor," dixo el rribaldo, "yo, pasando por aquel camjno, fizo vn viento toruelljno atan fuerte que me fizo leuantar por fuerça de tierra e lanço me en esta huerta." "E pues, ¿quien arranco estos nabos?" dixo el señor de la huerta. "Sseñor," dixo el rribaldo, "el vjento era tan rrezio e atan fue[r]te que me leuantaua de tierra, e con mjedo del vjento que me non lançase en algund mal logar, traue me a las fojas de los nabos e arrancauan se. "Pues, ¿quien metio estos nabos en este saco?" dixo el ortolano. "Sseñor," dixo el rribaldo, "deso me fago yo muy maraujllado." "Pues que tu te maraujllas," dixo el señor de la huerta, "bjen das a entender que non has culpa en ello e perdonotelo esta vegada." "Ay señor," dixo el rribaldo, "¿e que perdon ha menester el [que] esta sin culpa? Mejor fariedes de me dexar leuar estos nabos por el lazerio que lleue en los arrancar, pero que lo fize contra mj voluntad, forçando me el grand vjento." "Plazeme," dixo el señor de la huerta, "porque tan bjen te defiendes con mentjras tan fermosas. E toma los nabos e vete tu carrera, e guardate de aqui adelante que non te contezca otra vegada; si no, tu lo pagaras."

E fuese el ribaldo con sus nabos muy alegre porque tan bien escapara e adobolos muy bien con buena çeçina que fallo a conprar. E dio a comer al cauallero e comjo el. E de que oujeron comjdo, contole el rribaldo todo lo que le acaesçiera quando fue a coger los nabos. "Amjgo," dixo el cauallero, "tu fueste de buena ventura en escapar assy deste fecho, ca esta tierra es de grand justiçia. E agora veo que es verdad lo que dize el sabio, que a las vegadas enpeçe la mentira e a las vegadas aprouechan pero con fermosas *[fol. 52r]* palabras. Pero amjgo, guardate de mentiras, ca pocas vegadas açierta el ombre en esta ventura que tu açertaste, ca bien escapaste por tal arteria. Por çierto, de aqui adelante mas querrian vn dinero que non ser artero, ca ya todos entienden las arterias e las encubiertas. E el señor de la huerta, por su mesura, me dixo [...]. Ca luego me entendio que fablaua con maestria; pero que njnguno non se quiera engañar en esto, ca los ombres deste tienpo luego que naçen, son sabidores e mas en el mal que en el bien. E por ende ya vno a otro non puede engañar, por arteria que sepa, commoquier que a las vegadas non quiere ombre rresponder njn dar a entender que lo entiende. E esto faze por encobrir ome a su amjgo o a su señor que fazla con maestria e con arte de mal, ca non por le non entender, njn por que non oujese rrespuesta qual conujene. Onde muy poco aprouecha la arte al ombre pues que todos gela entienden.''

De commo se acordaron el Cauallero Çifar y el rribaldo de commo entrarian a la villa

Pregunto el Cauallero Çifar al rribaldo: "Amjgo, ¿que te paresçe que auemos de fazer? Ca ya somos çerca de la hueste?'' "Çierto,'' dixo el rribaldo, "yo vos lo dire. Este rey de [E]ster, que tiene çercado al rey de Menton, tjene en poco las cosas porque es señor del canpo. Mas la honrra e el brio quien ganarlo quiere, con los de dentro que pueden poco deue estar, por los defender e por los anparar e por los sacar desta premja en que estan. E por ende paresçe me que [se]rie mejor meter vos con los de la villa que non fincar aca do non curan de vos.'' "¿E commo podria yo entrar,'' dixo el Cauallero Çifar, "a la villa sin njngund enbargo?'' "Yo vos lo dire,'' dixo el rribaldo. "Vos me daredes esas vestiduras e vos tomaredes estas mjas que son viles. E poned vos en la cabeça vna gujrlanda de fojas de vjdes, e tomad vna vara en la mano asi commo sandio e loco. E maguer vos den todos bozes, non dedes nada por ello, ca non vos conosçe aqui njnguno. E en la tarde yd vos allegando a la puerta de la villa, ca non curaran por vos. E ssy estoujere ombre alguno en los *[fol. 52v]* andamjos, dezid le que queredes fablar con el mayordomo del rey. E de que vos avra la puerta, yd vos al mayordomo, ca dizen que es muy buen ombre, e contad le toda vuestra fazienda lo mejor que podades, e enderesçe vos Dios a lo mejor, ca ya vos he dicho esto poco que entiendo, e mas vos diria, mas non ay en mj mas seso desto poco que vedes. Acorred vos de aqui adelante al buen seso que Dios vos quiso dar, e andemos nuestro camjno, e lleguemos ayna al real.''

De commo el Cauallero Çifar se vistio los paños del rribaldo e se metio dentro con los de la villa e el rribaldo se finco de fuera

"Amjgo,'' dixo el cauallero, "tomar quiero tu consejo, ca non veo otra carrera mas segura para entrar a la vjlla.'' E quando fue de mañana, desnudo se sus paños el cauallero e diolos al rribaldo e puso se vna gujrlanda de fojas de bjdes en la cabeça e fueronse para la hueste. E quando entraron por la hueste, començaron todos a dar bozes al cauallero, e asy los grandes commo los pequeños, bjen asi commo a

loco. E dezien: "Catad aqui al rey de Menton, syn caldera e syn pendon.'' Assy que todo este rujdo andudo por todo el real, e corrien todos en pos del commo tras vn loco, llamando lo rey de Menton. E el cauallero, commoquier que pasaua grandes verguenças, fazie ynfjnta que era loco, e yua saltando e corriendo fasta que llego a vna choça do vendien vjno e mal cozjnado, que estaua en cabo de la hueste e contra los muros de la villa.

E entro dentro en aquella choça e pidio del pan e del vjno, e el rribaldo venje en pos del diziendo a todos que era loco. E el ribaldo llego a la choça do vendian el vjno e dixo le: "O loco sandio rey de Menton, ¿aqui estas? ¿As comjdo oy?'' "Çierto,'' dixo el loco, "non.'' "¿E quieres que te de a comer por amor de Dios?'' dixo el rribaldo. Dixo el loco: "Sy, querria.'' E tomo el rribaldo de aquel mal cozinado que vendian e diole a comer e a beuer quanto quiso. E dixo el rribaldo: "O loco sandio, agora que estas beudo, ¿cuydas que estas en tu reyno?'' "Çierto,'' dixo el loco, "sy.'' E luego dixo le el [t]auernero: "Loco sandio, defiende tu reyno.'' "Dexame dormjr vn poco,'' dixo el loco, "e veras commo me yre luego a dar de pedradas con aquellos que estan en las torres.'' "¿E commo,'' dixo el tauernero, "al tu reyno quieres conbatir? ¡O cuytado, commo eres neçio!'' dixo el sendio, "¿E non sabes tu que ante deuo yo saber que tengo en ellos que non en mj e non yr ante contra otro?'' "¿Que quiere dezir esso?'' dixo el tauernero. "Dexadlo,'' dixo el rribaldo, "que non sabe ya que se dize. E duerma, ca ya deuanea.'' E asy se dexaron de aquellas palabras e el loco sendio durmjo vn poco.

E de que *[fol. 53r]* fue el sol caydo, leuantose, e fizole el ribaldo del ojo que se fuese a las puertas de la villa. E el loco tomo dos piedras en las manos e su espada so la bestidura que lleuaua mala e fuese. E los del real, quando lo veyen, dauan bozes llamandole rey de Menton. E assy llego a las puertas de la villa e dixo a vno que estaua sobre los andamjos: "Amjgo, faz me acoger alla dentro, ca vengo con mandado al mayordomo del rey.'' "¿E commo te dexaron pasar,'' dixo, "los de la hueste.'' "Çierto,'' dixo el, "fize me entrellos loco e dauan me todos bozes, llamando me rey de Menton.'' "Bien seas tu venjdo,'' dixo el de los andamjos, e fizo lo acoger en la villa.

E de que fue el cauallero dentro en la villa, pregunto por la posada del mayordomo del rey, e demostraron gela. E quando llego alla el mayordomo, queria caualgar, e dixo le: "Querria fablar con vos sy por bien lo toujesedes.'' E el se aparto luego con el e dixole asy: "Yo so cauallero fijo dalgo e de luengas tierras, e oy dezir bien[9] de vos, e vengo vos serujr si lo por bjen tenedes.'' "Bien seas tu venjdo,'' dixo el mayordomo, "e plaze me mucho con vos, pero ¿sabredes vsar de caualleria?'' "Ssy,'' dixo el Cauallero Çifar, "con la merçed de Dios, ssy gujsamjento toujese.'' "Çierto, yo vos lo dare muy bueno,'' dixo el mayordomo. E luego le mando dar de vestir, e buen cauallo, e buenas armas, e todo buen conpljmjento para cauallero. *[fol. 53v]* E de que fue bien vestido, pagose el mayordomo mucho del, tan bjen le paresçia en sus fechos e en sus dichos, que era ombre de grand logar.

E estando el mayordomo en su palaçio vn dia en su solas, dixo le el Cauallero Çifar: "Sseñor, ¿que es esto? Ca veo que de la otra parte de la hueste ssallen vno a vno a demandar sy ay quien quiera ljdiar con ellos, estando aqui tantos ombres buenos." "Çierto," dixo el mayordomo, "escarmentados estan ya los nuestros, ca aquellos caualleros que vos veedes, que sallen vno a vno, son fijos del rey e son muy buenos caualleros de sus armas; ca aquellos mataron ya dos condes aqui porque njnguno non osa saljr a ellos." "¿E commo?" dixo el Cauallero Çifar. "¿Pues asy auedes de estar enbergonçados e espantados dellos? Çierto, si vos quisieredes, yo salire a ellos quando alguno saliere, e lidiare con el." "Mucho me plaze de lo que dezides," dixo el mayordomo, "mas saber lo he antes de mj señor el rey."

E caualgo luego el mayordomo, e fuese para el rey e dixole: "Sseñor, vn cauallero estraño vjno aqui este otro dia e dixome que queria beujr comjgo a la vuestra merced. E yo rresçibile e mandele dar de vestir e gujsar de cauallo e de armas. E rogo me que lo dexase saljr a ljdiar con aquellos de la otra parte que demandan ljdiadores, e yo dixele que non lo farie, a menos que lo vos non supiesedes." "¿E que cauallero," dixo el rey, "vos pareçe que es esse?" "Sseñor," dixo el mayordomo, "es vn cauallero muy apuesto e de buena palabra, e muy gujsado para fazer todo bjen." "Veamos lo," dixo el rey.

E el mayordomo enbio por el, e entro el cauallero por el palaçio e fuese allj do estaua el rrey e su fija e el mayordomo con ellos. E el entro muy paso e de buen contenente en manera que entendio el rey e su fija que era onbre de prestar. E el rey le pregunto e dixole: "Cauallero, ¿donde soys?" "Sseñor," dixo el Cauallero Çifar, "de tierra de las Yndias." "¿E atreuer vos hedes," dixo el rey, "a lidiar con aquellos que salen a demandar lid?" "Ssy," dixo el Cauallero Çifar, "con la merçed de Dios, vna vez con el vno e otra vez con el otro, ca njngund atreujmjento malo non querria acometer." "Yd en buen ora," dixo el rrey, "e ayude vos Dios."

De commo el Cauallero Çifar mato al vn fijo del rrey de Ester que los tenja çercados

Otro dia en la mañana agujsose el Cauallero Çifar muy bien de su cauallo e de sus armas, asi que non le menguaua njnguna armadura, e fuese para la puerta de la villa. E el mayordomo enbio con el vn ombre e mando a los que estauan a la puerta que lo dexasen saljr e lo acogiesen quando quisiese entrar. E quando apunto el sol, salio vn fijo del rey de la hueste a demandar lid, e vn ombre que estaua en los andamjos començo a dar bozes djziendo: "Ya es salido de la hueste el ljdiador e vjene se çercando contra aca." E

[fol. 54r] el Cauallero Çifar, quando lo oyo, rrogo al portero que lo dexase saljr, e el portero dixo que lo non farie si le non prometiese algo, sy le Dios ayudase. E el cauallero le dixo: "Dexame saljr e yo te prometo que sy Dios me dexa acabar este fecho, que te de el cauallo del otro que esta fuera si lo pudiere tomar." E el portero le abrio la puerta e dexolo saljr.

E quando fue en el canpo con el otro dixole el fijo del rrey: "Cauallero, mal consejado fueste en te atreuer a ljdjar comjgo, e creo que mejor fizieras en folgar en tu posada." "Non me metades mjedo," dixo el cauallero, "mas de quanto yo me tengo, e fazed ayna lo que auedes de fazer." E de sy dexaronse correr los cauallos el vno contra el otro, e firieronse de las lanças en manera que pasaron los escudos mas de sendas braças. Mas asy quiso Dios ayudar al Cauallero Çifar, que le non enpeçio la lança del fijo del rey. E la lança del Cauallero Çifar paso las guarnjçiones todas del fijo del rey e paso g[e]llas por las espaldas, e dio con el muerto en tierra. E tomo el cauallo por la rrienda e traxolo, e diolo al portero asy commo gelo auja prometido. E fuese luego el Cauallero Çifar a su posada e desarmose.

De commo el rrey de Menton sopo que vn cauallero estraño avja matado a vn fijo del rrey de Ester

El ruydo e el llanto fue muy grande por todo el [fol. 54v] real porque el fijo del rey era muerto. E las nueuas eso mismo fueron por toda la villa pero que non sabien quien lo matara. El rey enbio por el su mayordomo e preguntole que quien matara el fijo del rrey. "Sseñor," dixo el mayordomo, "el vuestro cauallero que vjno aca ayer a vos, e auemos çiertas señales ende," dixo el mayordomo, "ca el cauallo del fijo del rrey que mato dio a los porteros e a los que estauan en las torres e sobre las puertas." "El nonbre de Dios sea bendicho," dixo el rey, "ca por auentura Dios traxo a este ombre por su bien e por el nuestro. ¿E que faze agora ese cauallero?" dixo el rrey. "Sseñor," dixo el mayordomo, "despues que se desarmo non salio de la posada, ca se encubre mucho e non quiere que lo conozcan." "Plaze nos por ello," dixo el rey, "e dexemos lo folgar, e veremos cras lo que fara." "Sseñor," dixo el mayordomo, "çierto sed que cras saldra alla, ca ombre es de buen coraçon e de buen seso natural."

E la ynfante fija del rrey auja grand sabor de lo ver e dixo al rey su padre: "Ay señor, que bjen faredes de enbiar por el, e falagaldo e castigalde que faga lo mejor." "E ssy el lo mejor faze," dixo el rey, "¿en que lo podemos nos castigar? Dexemos lo e vaya con la su buena andança cabo adelante e ayudele Dios."

De commo el Cauallero Çifar mato al otro cauallero que era sobrino del rrey Ester

Otro dia quando fue de mañana antes del alua, el Cauallero Çifar fue armado e caualgo en su cauallo, e ffuese a la puerta de la vjlla e dixo a los de las torres que sy algund ljdiador saliese, que gelo fiziesen luego saber. E de la hueste non ssalio njngund ljdiador, e dixo vno que estaua en las torres: "Cauallero, non sale njnguno. Bien vos podedes yr sy queredes." "Plaze me, "dixo el cauallero, "pues Dios lo tiene por bien." E tornandose el Cauallero Çifar vieron saljr los de las torres dos caualleros armados del real que se venjen contra la villa dando bozes, sy auja dos por dos para que lidiasen. E los de las torres dieron bozes al Cauallero Çifar que tornase, e el vjnose para la puerta e pregunto les que lo querian. E ellos le dixeron: "Cauallero, menester auedes otro conpañero." "¿E por que?" dixo el Cauallero Çifar. Dixieron los otros: "Porque son dos caualleros muy bien armados e dizen sy ay dos por dos que quieren lidiar." "Çierto," dixo el Cauallero Çifar, "non tengo aqui conpañero njnguno, mas tomare yo a Dios por conpañero, que me ayudo ayer contra el otro, e bien creo que el me ayudara oy contra estos dos." "¡E que buen conpañero tomades!" dixeron los de las torres. "E yd en el nonbre de Dios, e El por la su merçed vos ayude." E abrieronle las puertas e dexaron lo yr.

E quando fue fuera en el canpo, dixeron los otros dos caualleros con grand soberuja e con desden: "Cauallero, ¿do esta tu conpañero?" *[fol. 55r]* "Aqui esta comjgo," dixo el Cauallero Çifar. "Pues non paresçe," di[xi]eron los otros. "Non paresçe a vos otros,' dixo el Cauallero Çifar, "ca non sodes dignos para lo ver." "¿E commo?" dixeron los otros. "Jnvisible es que non lo podemos ver?" "Por çierto, ynujsible," dixo el Cauallero Çifar. "¿E commo?" dixeron los otros. "¿E piensas que somos nos otros mas pecadores que tu?" "Mj creençia es," dixo el Cauallero Çifar, "que sy, ca vos otros con muy grand soberuja tenedes cercado este rey en esta çibdad non vos faziendo mal njn meresçiendo por que. E bien se que sy lo desçercasedes, que fariedes mesura e bien e bondad, e fazer vos ha Dios mucho bien por ello." "Çierto," dixeron los otros, "bien piensa este cauallero que desçercaremos este rey por sus palabras apuestas. E bjen creas tu que lo non faremos fasta que lo tomemos por la barua." "Palabras son de soberuja esas," dixo el Cauallero Çifar. "E parad mjentes que Dios vos lo querra acaloñar." E destos dos caualleros del real el vno era ffijo del rrey e el otro su sobrino: los mas poderosos dos caualleros que eran en aquella tierra e en aquella hueste e los mejores caualleros de armas.

E todos los que estauan en el rreal e en la çibdad mjrauan lo que fazian estos dos caualleros e maraujllauan se mucho porque se detenjan a tanto pero que les ssemejaua que estauan razonando, ca pensaron que fablauan sobre alguna pleitesia. E esso mjsmo cuydaua el rrey de Menton, que estaua en su alcaçar con su fija e con su mayordomo mjrando los. E dixo el rey al mayordomo: *[fol. 55v]* "¿Es aquel el nuestro cauallero estraño?" "Señor," dixo el mayordomo, "aquel es." "¿E commo," dixo el rey, "piensa el solo ljdiar con aquellos dos caualleros?" "Sseñor, non lo se," dixo el mayordomo. Estonçe dixo el rey: "¡Ay, señor Dios, Tu ayuda a la nuestra parte!" "Ssy fara," dixo la jnfanta, "por la su merced, ca nos non les meresçemos por que tanto mal nos fagan." E los dos caualleros del real se tornaron contra el Cauallero Çifar e dixieron le: "Cauallero, ¿do es el tu conpañero? Soberujo eres sy tu solo quieres con nos otros lidiar." "Ya vos lo dixe," dixo el Cauallero Çifar, "que comigo esta mj conpañero e creo que esta mas çerca de mj que non de vos otros el vno del otro." "¿E eres tu el cauallero," dixieron los otros, "que mataste ayer al nuestro pariente?" "Matolo su soberuja e su locura," dixo el Cauallero Çifar, "la que pienso que matara a vos otros. E amjgos, non tengades en poco a njnguno, maguer vos otros seades buenos caualleros e de alta sangre. E çierto deuedes pensar que otros caualleros ay en el mundo mejores que vos otros e de mas alto lugar." "Pero non lo eres tu," dixieron los otros. "Non," dixo el cauallero, "ca non me pornja yo en tan grandes grandias commo vos ponedes vos otros, que bien se quien so yo. Ca njnguno non puede conosçer a otro si ante non sabe conosçer e judgar a sy mesmo. Pero digo vos que ante judgue a mj que a vos; por ende tengo que non erre en lo que dixe. Pero commoquier que buenos caualleros sseades e de grand ljnaje, non deuedes tener en poco a los caualleros del mundo con soberuja, assy commo vos otros fazedes, ca çierto todos los ombres del mundo deuen esquiuar los peligros, e non tan solamente los grandes mas abn los pequeños. Ca do el ombre piensa que ay poco peligro, a las vegadas es muy grande, ca de chica çentella se leuanta a las vegadas grand fuego. E maguer que el enemjgo sea omjldoso, non lo deuen tener en poco; antes lo deuen mucho temer." "¿E commo, enemjgo eres tu," dixo el fijo del rey, "de nos otros para nos a ti temer?" "Non lo digo yo por mj," dixo el Cauallero Çifar, "mas digo que es ssabjo el que teme a su enemjgo e se guarda del *[fol. 56r]* maguer non sea buen cauallero njn poderoso, ca a las vegadas pequeño can suele enbargar muy grand venado, e muy pequeña cosa alça a las vegadas a la grande e la faze caer." "Pues ya por derribados nos tienes tu," dixo el fijo del rey. "Çierto non por mj," dixo el Cauallero Çifar, "ca yo non vos podria derribar njn me atreuo a tanto." "Querria saber," dixo el fijo del rrey, "en cuyo esfuerço saliste tu aca, pues que en ti solo non te atreues." "Çierto," dixo el Cauallero Çifar, "en el esfuerço de mj conpañero." "Pero tu, mal acorrido seras del," dixieron los otros, "quando estoujeres en su poder." "Bien deuedes saber," dixo el Cauallero Çifar, "que el diablo non ha poder sobre el que a Dios se acomjenda; e por ende tengo que vos otros non me veredes en vuestro poder." "Mucho nos ha baldonado este cauallero," dixieron los otros. "Vayamos a el."

E fincaron las espuelas a los cauallos e fueron se contra el, e el Cauallero Çifar eso mesmo contra ellos. E los dos caualleros dieron sendos golpes muy grandes con las lanças en el escudo del Cauallero Çifar, de gujsa que quebrantaron las lanças en el, mas non lo pudieron derribar del cauallo ca era muy grande caualgador. E a la parte derecha por do el dio de las espuelas, topo con el sobrino del rrey e diole tan grand golpe con la lança por el escudo que le falso las armas e dio con el muerto en tierra e quebranto la lança en el. E desy el Cauallero Çifar e el fijo del rey pusieron mano a las espadas e dauan se tan grandes golpes ençima de los yelmos que bien los oye el rrey de Menton donde estaua en su alcaçar.

E tenja buena abogada el Cauallero Çifar en la ynfanta, que avnque el fuera su hermano, non estaua mas deuotamente rogando a Dios por el. E preguntaua muchas vezes al mayordomo e dezie le: "¿commo le va al mjo cauallero?" fasta que el mayordomo le traxo nueuas que era muerto el vn cauallero de los dos e que ljdiaua con el otro. "¡Ay, Dios, el nuestro Señor, bendito sea el tu nonbre por quanta merçed nos fazes por este cauallero! E pues buen comjenço diste a su fecho, pido te por merced que le des buen acabamjento," e luego se torno a su oraçion commo ante estaua. E los caualleros andauan en el canpo firiendo se muy de rrezio, de manera que les non finco pedaço de los escudos.

De commo el Cauallero Çifar mato al otro fijo del rrey e se lleuo los cauallos

Vyendo el Cauallero Çifar que non podia enpesçer al fijo del rey por las armas que traya muy buenas e muy fuertes, apartose del e metio la espada en la vayna e tomo vna maça que traya colgada al arzon de la silla, e fuele dar tal golpe por ençima del yelmo que todo lo atrono. E estando asy adormjdo sobre la cerujz del cauallo, corto le las correas del yelmo e ssacogelo de *[fol. 56v]* la cabeça e lançolo en tierra, e diole atantos de los golpes con aquella maça fasta que lo mato e derribolo luego en tierra del cauallo, e dexolos allj a el e al otro sobrino del rey, muertos en el canpo.

De commo el rribaldo se entro con el cauallo dentro en la villa con los caualleros

Ellos estando en aquella lid, el ribaldo que vjno por el camjno con el Cauallero Çifar estaua mjrando con los otros del rreal que fin avrie aquella lid, e paro mjentes e semejole la palabra de aquel que lidiaua por los de la villa, la de su señor. E quando el cauallero daua alguna boz o dezia algo, paresçie le en la boz que su señor era de todo en todo. E por que oujese razon de yr alla a lo ssaber, dixo a los de la hueste: "Amjgos, aquel cauallo del sobrino del rey que anda por el canpo yr se ha a la villa sy alguno non le va a tomar.

E sy lo por bien tenedes, yo yre por el." E dixieron los del real: "Muy bien dizes, e ve por el, e traelo."

E el ribbaldo se fue a do los caualleros ljdiauan, e quando fue çerca dellos conosçio lo el Cauallero Çifar en los paños que le auja dado. E dixo le: "Amjgo,¿aqui eres tu? Seas bien venjdo." "Sseñor," dixo el rribaldo, "aquj esto a la vuestra merçed. ¿E commo estades con ese cauallero?" dixo el rribaldo. "Muy bjen," dixo el Cauallero Çifar, "e espera vn poco fasta que sea muerto, ca avn esta resollando." "Sseñor, pues ¿que me mandades fazer?" dixo el rribaldo. *[fol. 57r]* "Ve," dixo el Cauallero Çifar, "e toma aquel cauallo que anda por el canpo, e vete a la vjlla comjgo."

E el rribaldo tomo el cauallo e caualgo en el. E despues que el Cauallero Çifar vido que el otro era muerto, dexolo caer en tierra e tomo el cauallo por la rrienda e fuese para la villa e el ribaldo con el. E quando llegaron a la villa, llamo el Cauallero Çifar al portero e dixole que lo leuase a vna casa do se pudiese desarmar e que le darie el cauallo que le prometiera. E entraron a vna casa, e çerraron la puerta, e dio al portero el cauallo que fue del fijo del rey. E desarmaron el cauallo que traye el rribaldo e dixo al portero que le prestase sus vestidos fasta que llegase a su posada por que non lo conosçiesen, e el portero diogelos. E el Cauallero Çifar caualgo en su cauallo[10] e el rribaldo con el en el otro, e fueron se amos a dos por otra puerta, muy encubiertamente, para su posada.

De commo el rrey enbjo saber qujen era el otro cauallero que entro a la villa con el Cauallero Çifar

Toda la gente que estaua a la puerta por do entrara el Cauallero Çifar, esperandolo quando salirie por lo conosçer, atan bien los condes commo los otros grandes ombres, ca tenjen que njngund cauallero del mundo non podrie mejor fazer de sus armas que este fiziera en aquel dia. E quando les dixieron que era ydo por otra puerta encubiertamente, pesoles *[fol. 57v]* mucho de coraçon e preguntaron a los porteros sy lo conosçieran. E ellos dixieron que non, que era vn cauallero estraño e que non les ssemejaua de aquella tierra. E los condes e los rricos ombres se partieron de allj con grand pesar porque lo non aujen conosçido, ffablando mucho de la su buena caualleria e loandolo. E esta lid destos caualleros duro bjen fasta ora de biesperas, e la ynfante e el mayordomo, quando vieron que la ljd era acabada e el su cauallero se tornaua, maraujllaron se mucho del otro que venje con el en el otro cauallo. E dixo el rey al mayordomo: "Yd vos para la posada del cauallero e sabed del en commo paso su fecho e quien es el otro que con el vjno. E nos entretanto comeremos, ca tienpo es ya de comer." "Muy de grado," dixo el mayordomo, "e venjr vos he luego contar las nueuas que del supiere."

De commo el rrey dixo a la jnfanta su fija que le convenja de casar con aquel cauallero

"Par Dios, señor," dixo la ynfante, "vos yantastes muy bien oy e oujstes por huesped a nuestro Señor Dios que non vos quiso desmanparar, ca antes vos ayudo contra vuestros enemjgos e oujstes vitoria contra ellos. E bendito sea el su nonbre porque tal cauallero vos quiso dar e enbiar a[c]a, ca yo fio por la su merçed que por el sera esta çibdat desçercada e nos fuera de premja." E el rey se asento a comer e dixo a la ynfante otrossy que se fuese a comer. E ella le dixo que lo non farie fasta que oyese nueuas de aquel cauallero, ssy era sano, ca pensso que do tan grandes golpes ouo, commo en aquella batalla e de la vna parte e de la otra, que por ventura serie ferido. "¿E commo, fija?" dixo el rey. "¿E tanto de bien lo queredes vos a aquel cauallero que asy vos doledes del?" "Par Dios, señor," dixo ella, "gran derecho fago en lo querer bien, ca ljdia por *[fol. 58r]* vos e por el vuestro reyno defender, e lidia por mj otrosy por me dexar heredera despues de vuestros dias." "Fija," dixo el rey, "¿querriedes que el vençiese e que desçercase esta çibdad e nos sacase desta premja en que somos?" "Señor," dixo ella, "querria, ssy a Dios plugujese, e que podra ser esto muy bien con la merced de Dios." "¿E non parades mjente fijo,"[11] dixo el rey, "que vos co[n]uerna casar con el?" "Çierto, sseñor," dixo ella, "sy lo Dios tiene por bien, mucho mejor es cassar con vn fijo dalgo e cauallero, e de buen entendimjento, e buen cauallero de armas para poder e saber anparar el reyno en vuestros djas e despues de vuestros dias, que non casar con algund ynfante o con otro de grand logar que non pudiese njn supiese defender a el njn a mj." "Par Dios, fija," dixo el rey, "mucho vos lo gradesco porque tan bien lo dezides. E bien creo que este cauallero de mas alto lugar es que nos cuydamos.

De commo dixo el rrey de Menton que aquellos quel Cauallero Çifar matara de commo el mayordomo troxo al rrey nueuas del cauallero e del otro su conpañero que vjno con el

Ellos estando en esto, entro el mayordomo con todas las nueuas çiertas, e quando la ynfante lo vjdo dixo asi: "El mjo cauallero se que non es ferido." "Non, señora," dixo el mayordomo, "ca loado [...] Dios, ante esta bien sano e bien alegre." "¿E quien era aquel otro que vjno con el?" dixo el rey. "Vn su sirujente que bjno con el por el camjno fasta la hueste," dixo el mayordomo. "E [el] sseñor dixo me vna cosa que ante non sabia, ca este su serujente le auja consejado ante que entrase en la hueste que sy el queria entrar a la çibdat, que le diese el aquellas sus vestiduras e que tomase el las suyas, que valien poco, e que pasase por medio del real asi commo sendio loco, non feriendo njn faziendo mal a njnguno. E que desta gujsa podrie entrar en esta çibdad syn njngund enbargo. E *[fol. 58v]* avn me dixo mas aquel su serujente, que quando venje por la hueste que le dauan todos bozes e que lo llamauan loco rey de Menton, e que asy entrara en esta çibdat." Estonçe dixo el rey: "Estas palabras non lo quiera Dios que se digan de balde, ca alguna onrra tiene Dios aparejada para este cauallero." "Dios gela de," dixo la ynfanta, "ca mucho bien la meresçe." E el rey se començo a reyr e dixo al mayordomo que se fuese e fiziese pensar del cauallero. E el mayordomo se fue e mando a sus ombres que pensasen muy bien del. E el fuese a yantar, ca non auja comjdo en todo aquel dia por saber mandado.

De commo dixo el rrey de Menton que aquellos que el Cauallero Çifar matara que eran los dos fijos del rey de Ester e el otro que era su sobrino

Otro dia en la mañana vjnjeron todos los condes e los ricos omes al palaçio del rey, e dixoles el rey: "Amjgos, ¿qual fue aquel cauallero tan bueno que tanto bien fizo ayer? Por amo[r] de Dios, amostrad me lo e fagamos le todos aquella honrra que el meresçe, ca estrañamente nos paresçio que vso de sus armas." "Çierto," dixieron los condes, "non sabemos quien es, ca bien nos paresçe que njngund cauallero del mundo non pudiera fazer mejor de sus armas que el fizo, ca nos fuemos a las puertas de la villa por saber quien era, e fallamos que era entrado a vna casa a se desarmar. E nos, esperando a la puerta por lo conosçer quando saliese, ssalio por otra puerta muy encubiertamente, e fuese, de gujsa que no podimos saber quien era." "Çierto," dixo el rey, "yo pienso que es cauallero de Dios que nos ha enbiado aca para nos defender e para lidiar por nos. E pues assy es que lo non podemos conosçer, gradezcamos lo mucho a Dios por este acorro que nos a enbiado. E pedimos le por merçed que lo quiera leuar adelante, ca aquel Cauallero de Dios ha matado los mas dos soberujos caualleros que en todo el mundo sean. E avn me dizen que el terçero es el sobrino del rey que les paresçia mucho en la soberuja." "Verdad es," dixieron *[fol. 59r]* los condes, ca asi lo oymos nos a la puerta de la villa quando alla fuemos, ca nunca tan grand llanto viemos fazer por ombres del mundo commo por estos fizieron esta noche, e avn lo fazien esta mañana." "Dios les de llanto e pesar," dixo el rey, "e a nos alegria, ca asaz nos han fecho de mal e de pesar, no gelo meresçiendo." "Asy lo quiera Dios," dixieron los otros. E de allj adelante le dixieron el Cauallero de Dios. "Amjgos," dixo el rey, "pues tanta merçed nos ha fecho Dios en tirar al rey de [E]ster los mejores dos braços que el auje, e aun su sobrino el terçero en quien el tenja grand esfuerço, pensemos de ssaljr desta premja en que nos tiene." "Muy bien es," dixieron todos los condes, "e asy lo fagamos."

Çifar como Caballero de Dios

De commo el Cauallero de Dios dixo al mayordomo del rrey que por que non salian a pelear con los de fuera del rreal

El Cauallero de Dios, estando en su solaz con el mayordomo del rey, pregunto le el mayordomo commo podrien salir de aquella premja en que eran de aquel rrey que los tenje çercados. "Çierto," dixo el Cauallero Çifar, "el que non se quiere auenturar non puede grand fecho acabar, ca la ventura ayuda al que se quiere esforçar e tomar osadia en los fechos, ca non da Dios el bien […] que lo demanda, mas al que obra en pos de la cosa." "¿E como?" dixo el mayordomo. "Ya vjmos otras vegadas atreuer se muchos omes en tales fechos commo estos e falla se mucho mal por ello." "Non digo yo eso," dixo el Cauallero de Dios, "de los atreujdes, mas de los esforçados, ca muy grand departimjento ay entre atreujmjento e [fol. 59v] esfuerço, ca el atreujento se faze con locura e el esfuerço con buen seso natural." "E pues ¿commo nos podremos esforçar," dixo el mayordomo del rey, "para saljr desta premja destos nuestros enemjgos?" "Yo vos lo dire," dixo el Cauallero de Dios.

"Çierto donde tan buena conpaña esta commo aqui ay con el rey, deujen se partir a la vna parte quinjentos caualleros e a la otra otros quinjentos, e salir por sendas puertas de la villa. E ante que amanesçiese, ser con ellos al tienpo que ellos estoujesen en la mayor folgura. E faziendo esto asy a menudo, o les farien derramar o yr por fuerça o les farien muy grand daño, ca se enojarien con los grandes daños que resçibirien. Asy se yrian, ca demjentra vos quisierdes dormjr e folgar, esso mesmo querran fazer ellos. E avn vos digo mas," dixo el Cauallero de Dios, "que sy me dades quinjentos caualleros desta caualleria que aqui estan, de quales yo escogiere, yo me esforçare con la merced de Dios e acometere este fecho con la merced de Dios."

Del consejo que pedio el rrey de Menton a los condes sobre lo que dixo el Cauallero de Dios al su mayordomo

"Plaze me," dixo el mayordomo, "de todo quanto dezides." E fuese luego al palaçio del rey, e quando llego, pregunto le el rey que fazie el Cauallero de Dios. "Sseñor," dixo el mayordomo, "esta a gujsa de muy buen cauallero e commo ombre de muy buen entendimjento, ca paresçe que syenpre andudo en guerras e vso de armas e de caualleria. Tanbjen ssabe departir todos los fechos que pertenesçen a la guerra." "Pues, ¿que dize desta guerra en que ssomos?"

dixo el rey. "Çierto, sseñor," dixo el mayordomo, "dize que quantos caualleros e quantos omes buenos aqui sson, que menguan en lo que han de fazer." E contole todo quanto con el passara. "Bjen es," dixo el rey, "que guardemos entre nos todas estas cosas que dixo el Cauallero de Dios e veremos lo que nos responderan sobrello los condes e los otros ombres buenos que han de ser aquj cras con nos." "Por bjen lo tengo e por vuestro serujçio," dixo el mayordomo.

E otro dia por la grand mañana fueron llegados alli todos los condes e toda la [fol. 60r] otra gente de la çibdad en el palaçio del rey. E de que llegaron alli, el rey preguntoles ssy aujen acordado alguna cosa por que pudiesen salir de aquella premja de sus enemjgos. E ¡mal pecado! Tales fueron ellos que non aujen fablado en ello njnguna cosa njn se les vjno emjente dello. E leuantose vn conde e dixo al rey: "Sseñor, dad nos tienpo en que nos podamos acordar e responder vos hemos." E el rey, con grand desden, dixo: "Quanto tienpo vos qujsierdes, pero demjentra que vos acordades, sy lo por bjen tenedes, dad me quinjentos caualleros de los que yo escogiere entre los vuestros e los mjos e començaremos alguna cosa, por que despues sepamos mejor entrar en el fecho." "Plaze nos," dixieron los condes, "e venga luego el mayordomo e tomelos."

E enbio el rrey por el mayordomo e por el Cauallero de Dios que se vinjesen luego para el, e de que fueron venjdos, mandoles que escogiesen quinjentos caualleros de los suyos e de los otros. E ellos ffizieronlo asy; e los que señalaua el Cauallero de Dios, tales los escriuje el mayordomo, de gujsa que escriujeron quinjentos caualleros de los mejores de toda la caualleria. E mandoles el mayordomo que otro dia en la grand mañana que ssaliesen a fazer alarde a la plaça todos muy bien gujsados con todas sus guarnjçiones. [fol. 60v]

De commo el Cauallero de Dios e los otros de la villa desbarataron al rrey de [E]ster que los tenjan çercados e lo ve[n]çieron

Assy que otro dia en la mañana salieron alli todos aquellos quinjentos caualleros armados en manera que paresçio al rey que era muy buena gente e bjen gujsada para fazer todo bjen e acabar grand fecho sy buen cabdillo oujessen. E vn cauallero dellos dixo: "Sseñor, ¿a quien nos dades por cabdillo?" "Al mjo mayordomo," dixo el rey, "que es ombre fijo dalgo e muy buen cauallero de sus armas, asy commo todos lo sabedes." "Mucho nos plaze," dixieron los caualleros. "E por Dios, señor, que lo que auemos de

fazer, que lo fagamos ayna ante que sepan de nos los del real
e se aperçiban." "Gradesco vos lo yo mucho," dixo el rey,
"porque tan bien lo dezides e ssed de muy grand madrugada
cras, ante del alua, todos muy bien gujsados, a la puerta de
la villa, e fazed commo vos lo mandare el mjo mayordomo."
"Muy de grado lo faremos," dixieron todos.

E otro dia en la grand mañana antes del alua fueron a
las puertas de la villa tres mill omes de pie muy bjen
gujsados, que los auje gujsado el mayordomo. E gujso se el
Cauallero de Dios, e tomo su cauallo e sus armas muy
buenas, pero que leuaua las sobreseñales del mayordomo, e
fuese con el mayordomo a la puerta de la vjlla. E el
mayordomo dixo a los caualleros: "Aquel mj sobrino que va
allj delante que lleua las mjs sobreseñales, quiero que vaya
en la delantera, e todos vos otros ssegujd lo, e guardadlo. E
por do el entrare, entrad todos vos otros, e yo yre en la çaga
e recudire ay [fol. 61r] vos otros, e non catedes por otro sy
non por el." "En el nonbre de Dios," dixieron los caualleros,
"ca nos lo segujremos e lo guardaremos muy bien." E
abrieron las puertas de la villa e salieron muy passo vnos en
pos de otros, e el Cauallero de Dios puso a los peones
delante e tornose a los caualleros e dixoles: "Amigos, nos
auemos de yr derechamente al rreal do esta el rey, ca sy nos
aquel desbaratamos, todo lo al es desbaratado. E castigo a
los peones que se non metiesen njngunos a robar, tan[12] bien
cauallos commo omes matar, fasta que Dios quiera que
acabemos nuestro fecho." E que esto les mandaua so pena
de la merçed del rrey, e todos le prometieron que cunplirian
su mandado.

E quando fueron moujdos, tornose el mayordomo, que
asi gelo auja mandado el rey, e el Cauallero de Dios tornose
con aquella gente por el real, firiendo e matando muy de
rrezio, e los peones dando fuego a las choças en manera que
las llamas subian fasta el çielo. E quando llegaron a las
tiendas del rey el rruydo fue muy grande e la priesa del matar
e del ferir a quantos fallauan, pero que non era avn
amanesçido, e por ende non se pudieron aperçebir los de la
hueste para se armar.

E quando llegaron a la tienda del rey, conbatieron la
muy de rrezio e cortauan las cuerdas de gujssa que el rey non
pudo ser acorrido de los suyos njn se atreuja para quedar allj.
E caualgo en vn cauallo que le dieron e fuese; e los otros
fueron en alcançe en pos del bien tres leguas, matando e
firiendo a quantos fallauan. E la gente del real, quando
venjen a la tienda del rey e preguntauan por el e les dezien
que era fujdo, non sabian que fazer si non guaresçer e yr se
derramados cada vno por su parte. E el Cauallero de Dios
con la su gente commo los fallauan que yuan derramados,
matauan los a todos, que njnguno non dexauan a vjda. E
assy se tornaron al real do fallaron muy grande auer e muy
grand rriqueza, ca non lo pudieron leuar njn les dieron vagar.
E los de la villa, despues que amanesçio e vieron que se
yuan, salieron e corrieron en pos dellos.

De commo el Cauallero de Dios vençio el rreal e el rrey de Menton pregunto a su fija sy le plazia de otorgar en aquel casamjento

El Cauallero de Dios enbio luego dezir al rey que
enbiase poner recabdo en aquellas cosas que eran en el real
por que non se perdiesen. E el rey enbio luego alla al su
mayordomo e bien podia el mayordomo despender e tener
para sy, ca muy rrico quedaua con aquella ganançia. Pero
con consejo del Cauallero de Dios, fizo darles muy buena
parte aquellos quinjentos caualleros e a los tres mill peones
que fueron en el desbarato. E el Cauallero de Dios se torno
luego para su posada bien encubiertamente que lo non
conosçiesen, e todos los otros para las suyas a se desarmar.
E el rey estaua en su alcaçar gradesçiendo mucho a Dios la
merçed que le fiziera. E dixo a su fija la ynfante: "Fija, ¿que
vos pareçe deste fecho?" "Par Dios, señor," dixo ella,
"paresçeme que [fol. 61v] nos fizo Dios grand merçed, ca
este fecho de Dios paresçe e non de ombre terrenal, saluo
ende que qujso que vjnjese de su parte con quien el se tiene."
"Este cauallero pues, fija, ¿que sera? Ca en juyzio avremos
de estar por ssaber quien desçerco esta villa e aquel vos
avremos de dar por marido." "Ay, padre señor," dixo la
ynfante, "non auedes por vos que dubdar, ca todos estos
buenos fechos el Cauallero de Dios los fizo, ca si non por el,
ca quiso Dios que lo el acabase, non fueramos desçercados
tan ayna o por ventura nunca. ¿E creedes vos fija," dixo el
rey, "que es assy?" "Çierto, señor," dixo ella, "ssy." "¿E
plaze vos," dixo el rrey, "de casar con aquel Cauallero de
Dios?" "Plazeme," dixo ella, "si vos lo tenedes por bien e
Dios lo quiere."

El rey enbio luego dezir a los condes e a todos los otros
que fuesen luego otro dia con el en el su palaçio de grand
mañana. E todos ellos vjnjeron otro dia al palaçio del rey, e
el rey gradesçio mucho a Dios la merçed que le fizo e a todos
los qujnjentos caualleros que fueron en el desbarato.

De commo vn cauallero de los quinjentos dixo al rrey que aquel Cauallero de Dios auja desçercado la villa e non otro cauallero njnguno

Un cauallero de los honrrados se leuanto en pie e dixo
asy: "Señor, non as porque gradesçer a njnguno este fecho
sy no a Dios primeramente, e a vn cauallero que nos dio tu
mayordomo por quien nos gujasemos, que dixo que era su
ssobrino, ca bien paresçe que del dia que nasçi [fol. 62r] non
bj a vn cauallero tan fermoso armado njn que tan bien
caualgase vn cauallo njn que tantos buenos fechos fiziese de
sus armas commo el fizo en este desbarato. E tan bien
esforçase su gente commo el fazie a nos, ca quando vna
palabra dezie, pareçenos que esfuerço era de Dios

verdaderamente. E digote, sseñor, que en logares nos fizo entrar con el su esfuerço que ssy yo dos mill caualleros toujera, non me atreujera allj entrar. E ssy crees que yo te mjento en esto, ruego a estos caualleros que se açertaron ay que te lo digan si es asi o non." "Çierto, señor, en todo te ha dicho verdad," dixieron los otros caualleros, "e non creas, señor, que en tan pequeña ora commo nos auemos aqui estado se pudiesen contar todos los bienes deste cauallero que nos en el vimos."

"¿Pues que sera?" dixo el rey. "¿Quien diremos que desçerco este logar?" "Non lo pongamos en dubda, señor," dixo aquel cauallero, "ca este la desçerco del que agora fablamos por la su buena ventura." "Pues segund esto que dezides, pareçe me," dixo el rrey, "que le avremos a dar la ynfanta, mj fija, por muger." "Tuerto faredes, señor, sy gela non diesedes, ca muy bien la ha meresçido a vos e a ella."

De commo vn fijo de vn conde dixo al rrey que oujese su acuerdo si gela daria

Un fijo de vn conde muy poderoso que estaua allj, leuantose en pie e dixo assy: "Sseñor, tu sabes bjen que muchos condes e muchos ombres buenos de alta sangre fueron aqui venjdos para te serujr. E deues parar mjentes a quien das tu fija, ca por ventura la daras a vn ombre de muy baxo ljnaje que non te verna onrra njnguna njn al tu reyno. Piensa bien en ello e non te arrebates." "Çierto," dixo el rrey, "yo pensado lo he de non salir en njnguna manera de lo que prometi njn fallesçeria al mas pequeño ombre del mundo." "Señor," dixo el fijo del conde, "sabe ante de la ynfante sy querra o non." "Çierto sso," dixo el rrey, "que ella querra lo que yo quisiere, mayormente en guarda de la mj verdad." "Sseñor," dixieron todos, "enbia por el tu mayordomo e trayga aca aquel cauallero que dixo que era su sobrino."

E el rrey enbio luego por el su mayordomo e por el Cauallero de Dios. E quando entraron por el palaçio do toda la gente estaua, atan ssabor aujen de lo ver que todos se leuantaron a el; atan grandes bozes dixieron todos: "Bien venga el Cauallero de Dios." E el entro a su paso delante del mayordomo, que el mayordomo por le fazer honrra non quiso que vjnjese en pos del. E el Cauallero de Dios yua humjllando la cabeça e saludando a todos. E quando llego alli do el rrey estaua asentado en su silla, dixole el rey: "Cauallero de Dios, rruego vos por la fe que deuedes aquel que aca vos enbio, que digades delante de todos estos ssy sodes fijo dalgo o non." "Verdad vos digo, señor," dixo el Cauallero de Dios, "que so fijo de dueña e de cauallero ljndos." "¿Venjdes," dixo el rey, "de sangre de rreys?" [fol. 62v] E el Cauallero de Dios callo, que non le dixo njnguna cosa. "Non ayades verguença," dixo el rey. "Dezidlo." "Sseñor," dixo el Cauallero de Dios, "verguença grande seria a njnguno en dezir que venja de sangre de reys,

mayormente andando asi tan pobremente commo yo ando, ca si lo fuese abiltaria a sy mesmo e desonrraria a toda su sangre." "Cauallero de Dios," dixo el rrey, "dizen aqui que vos desçercastes este lugar." "Desçercolo Dios," dixo el cauallero, "e esta buena gente que vos alla enbiastes, e auemos asi de estar." Dixo el rey: "Vayan por la ynfante." E la ynfante vjno luego con muchas dueñas e donzellas para allj do estaua el rey, muy noblemente vestida ella e todas las otras, e traya vna gujrnalda en la cabeça llena de rrubies e de esmeraldas que todo el palaçio alunbraua.

De commo el Cauallero de Dios fue casado con la fija del rrey de Menton e murio el rrey e alçaron a el por rrey

Dixo el rey: "Fija, ¿sabedes quien desçerco este logar do nos tenjen çercados?" "Sseñor, vos lo deuedes saber," dixo la ynfanta, "mas tanto sse que aquel cauallero que alli esta mato al fijo del rey de [E]ster, el primero que demando la ljd, e bjen creo que el mato los otros e el nos desçerco." El fijo del conde, quando esto oyo, dixo asy: "Sseñor, paresçeme que esto que vjno por Dios, e pues que assy es, casaldos en buena ora." "Bien es," dixieron todos los otros.

E luego llamaron a vn capellan e [fol. 63r] el capellan fue luego venjdo e tomo les luego jura. E el Cauallero de Dios resçibio a la ynfanta por su muger e la ynfanta al cauallero por su marido. E bien cred que non ouo allj njnguno que contradixiese, mas todos los del reyno que allj eran, lo rresçibieron por rey e por señor despues de los dias de su señor el rrey; pero que la ouo el ante de atender dos años, ca asi lo touo el rey por bien, porque era pequeña de dias. E luego murio el rey su suegro.

Despues por este Cauallero de Dios fueron cobradas muchas villas e muchos castillos que eran perdidos en el tienpo del rey su suegro, e este fizo mucha justiçia en tierra,[13] e puso en el reyno muchas buenas costunbres, en manera que todos los de la tierra, asi grandes commo pequeños, lo querian muy grand bien. E el rey, su suegro, ante de los dos años fue muerto, e finco el rey e señor del rreyno muy justiçiero e muy defendedor de toda su tierra, de gujsa que cada vno auja su derecho e bjujen todos en paz e en sosiego.

De commo este rrey de Menton dixo a su muger que por vn pecado que auja fecho que le aujan mandado que guardase castidat dos años continuadamente

Este rey, estando vn dia folgando en su camara, vjnose le emjentes de commo fuera casado con otra muger e oujera fijos en ella, e de commo perdiera los fijos e la muger. E otrosi le vjno emjente de las palabras que le dixiera su muger quando el le conto lo que le contesçiera con su avuelo. E estando en este pensamjento, començo a llorar porque la su muger non veria plazer desto en quel era e que segun *[fol. 63v]* ley non podie auer dos mugeres sy non vna, e que ansi beujria en pecado mortal. E el estando en esto, entro la rreyna e vido lo todo lloroso e triste e dixole asy: "Sseñor, ¿que es esto? ¿Por que vos llorades o que es el cuydado que tenedes? ¡Dezid me lo!" "Çierto, reyna," dixo el queriendo encubrir el pensamjento que pensaua. Dixo: "Yo fize muy grande yerro al nuestro Señor Dios de que non le fize emjenda[14] njnguna njn cunpli la penjtençia que me dieron por razon deste yerro." "¿E puede se emendar?" dixo la reyna. "Sy puede," dixo el, "con grand penjtençia." E dixole ella: "¿Tenedes que esta penjtençia que la podedes fazer e sofrir?" "Sy," dixo el, "con la merced de Dios." "E pues partamos la," dixo ella, "e tomad vos la metad e conpliremos la." "Non lo quiera Dios," dixo el rrey, "que lazren los justos por los pecadores, mas [el] que fizo el yerro, que sufra la pena; ca asy lo dize el derecho." "¿E commo?" dixo la reyna. "¿Non somos amos a dos fechos vna carne desdel dia que casamos, segund las palabras de la santa iglesia? Por çierto non podedes vos auer pesar en que yo non aya njn parte njn plazer en que yo non aya [...] mesmo, ca sy la vña del pie vos doliere, doler me he yo en el mj coraçon, ca todo es vna carne e vn cuerpo sommos amos y dos. E assy non podedes vos auer njn sentir njnguna cosa en este mundo que mj parte non aya della." "Verdad es eso," dixo el rey, "mas non quiero yo que fagamos agora esta penjte[n]çia, vos njn yo." "Pues, ¿estaremos en pecado mortal?" dixo la reyna. "Ssy, fare," dixo el rey, "por amor de vos e faria avn mas." "Por amor de mj non," dixo la reyna, "ca ssabed que comjgo non avredes njngund plazer fasta que fagamos emjenda a Dios e salgamos de este pecado." "Pues que asy es," dixo el rey. "Conujene que sepades la penjtençia que yo he de fazer; e el yerro," dixo el rrey, "fue tan grande que yo fize a nuestro Señor Dios que non puede ser hemendado a menos de me mantener dos años en castidat." "¿E commo?" dixo la reyna. "¿Por eso dexades de lo fazer por fazer a mj plazer? Par Dios, aquello me fuera a mi pesar e par de muerte, e esto me paresçe a mj plazer e honrra e pro al cuerpo e al alma. E agora vos auja yo por pecador e por enemjgo de Dios, e estonçe vos vere yo syn pecado e por amjgo de Dios. E pues que otros dos años atendistes vos a mj, deuo yo atender otros dos por amor de Dios." *[fol. 64r]* "Muchas graçias," dixo el rey, "porque tan grand sabor auedes de me tornar al amor de Dios."

E el rey fue muy alegre e muy pagado con estas palabras e la reyna eso mesmo. E mantoujeronse muy bjen e castamente en aquellos dos años. E el rey lo gradesçio mucho a Dios porque asi se endereço la su entençion por la bondad desta reyna, ca la su entençion fue por atender algund tienpo por saber de su muger, sy era muerta o bjua.

Agora dexa la ystoria de fablar del rrey e de la rreyna e torna a fablar de la muger del cauallero commo le aconteçio despues que se partio del reyno de Orbjn

La estoria cuenta desta buena dueña, asy commo ya oystes. Ella era bjua e venje en vna naue que le gujaua nuestro Señor Ihesu Xpisto por la su merçed. E tanto andudieron fasta que llegaron a un puerto de la tierra del rey de [E]ster. E la buena dueña pregunto a los de la ribera que tierra era aquella, sy era tierra de justiçia do los omes pudiesen beujr en paz o non. E vjno a la dueña vn ombre bueno que se yua de aquella tierra con toda su conpaña e dixole: "Señora, preguntades ssy es esta tierra de justiçia. Digo vos que non, ca non ha buen comjenço." "¿E commo non?" dixo la dueña. "Porque non ha buen gouernador," dixo el ombre bueno, ca el buen comjenço de la villa o del castillo o del reyno es el buen gouernador que la mantiene en justiçia e en berdad, que non las piedras njn las torres maguer sean labradas de buenos muros e firmes. Ca antes ay vn rey muy soberujo, e muy cruel e muy syn piedad, ca deshereda muy de grado a los que son heredados. E despuebla a sus pueblos e syn rrazon, so color de fazer algund bjen con ello. E ¡mal pecado! Non lo faze e mata los ombres syn ser oydos, e pone fueros nueuos en la tierra por que aya achaque de pasar contra las gentes. E faze otros muchos males que sserien luengos de contar. Ca sy el ombre bueno fuese e de buen entendimjento, bien se *[fol. 64v]* debrie escarmentar de fazer estos males sy quier por quantos pesares le demostro Dios en dos fijos suyos que non tenje mas, que gelos mataron." "¿E commo fue eso?" dixo la dueña. "Señora, yo vos lo dire," dixo el ombre bueno, "otro tienpo."

De commo el ome bueno conto a la dueña toda la fazienda del rrey Ester e otrosi la del Cauallero de Dios

"Otro tienpo aqueste rey de [E]ster tenje çercado con muy grand tuerto al rey de Menton en vna çibdat. E este rey de Menton era muy buen ombre, mas era viejo que se non podie mouer. E por esto se atreujo a lo acometer asy e a fazerle mucho mal. E el auje jurado de nunca tirarse de aquella cerca fasta que tomase al rey por la barua. Mas los ombres prometen de fazer, e Dios ordena lo mejor que los omes lo cuydan. Asy que en dos dias le mato vn cauallero solo los dos fijos suyos delante de sus ojos, e a vn su ssobrino, fijo de vna su hermana, muy soberujo ombre. E despues al quarto dia fue arrancado e desbaratado en el canpo de aquel logar do estaua asentado, en manera que vjnjeron en alcançe en pos del muy grand tierra, matando le toda su gente. E allj perdio el tesoro muy grande que tenje, ca a mal de su grado lo ouo de dexar allj. E por çierto grand derecho fue, ca de mala parte lo ouo ganado. E por esto dizen que sy de mala parte vjene la oueja, que alla se va la pelleja. E avn el cuytado por todas estas cosas non se ha querido

escarmentar, ca ante lo faze agora muy mas peor que non
solie. Mas Dios, que es poderoso, que le dio estos
majamjentos en los fijos, le dara majamjento en la persona,
de gujsa que çesaran los sus males *[fol. 65r]* e folgara la
tierra. E por el mj acuerdo vos yredes a morar aquel reyno
de Menton do ay vn rey de virtudes, que tenemos los ombres
que fue enbiado de Dios, ca mantiene su tierra en paz e en
justiçia e es muy buen cauallero de sus armas e de buen
entendimjento, e defiende se muy bien de aquellos que le
quieren mal fazer. E este es el que mato a los dos fijos del
rey de Ester e a su sobrino, e lo desbarato al rey e lo arranco
de aquel çerco en que estaua. E por esso le dieron la ynfante,
fija del rey, por muger, e despues de muerte del rey su
suegro, finco el rrey e señor del rreyno. E por todas estas
bondades e noblezas que vos yo he dicho del, yo e toda mj
conpaña nos queremos yr a morar alla so la ssu merçed.''

**De commo la muger del Cauallero Çifar se fue a portar
aquel reyno de Menton con toda aquella conpaña que con
ella yva**

La buena dueña penso mucho en esto que le dixo aquel
ombre bueno, e luego fue caer el pensamje[n]to en el su
coraçon, dubdando sy era aquel su marido o non. E dixo al
omen bueno: "Amjgo, tengo me por bien aconsejada de vos
e vayamos en la mañana en el nonbre de Dios para aquel
reyno do vos dezides." "Por Dios," dixo el ombre bueno,
"señora, ssy vos lo fazedes, faredes muy bien, ca aquellos
que vos veedes que estan en la rribera todos vestidos a
meytades e de vn paño, todos son del rey que estan esperando
quando faredes descargar esta naue. E si vos fallan algunas
cosas nobles, tomar vos las han e leuar las han al rey so
color de las conprar, e non vos pagaran cossa dellas, ca assy
lo ffazen a los otros. Dios vos guarde de malas manos de
aquj adelante."

E otro dia en la mañana endereçaron sus velas e fueron
su via. E assy los quiso Dios ayudar e endereçar que lo que
oujeron de andar en çinco dias anduujeron en dos, de gujsa
que llegaron a vn puerto del reyno de Menton do auja vna
çibdat muy buena e muy rica a que dezian Velid. E allj
desçendieron e descargaron las naues de todas las sus cosas
que y tenjan. E pussieron las en vn espital que el rey de
Menton auje fecho nueuamente. E auje y vn omen bueno
que el rey y pusiera, que resçibia los huespedes que y venjan
e les ffazia mucho bjen. E assy lo ffizo a esta buena dueña e
a todos los otros que con ella vjnjeron; e a la buena dueña
dio sus camaras do el moraua e a la *[fol. 65v]* conpaña dioles
otro logar apartado. E a la buena dueña le semejo que non
era bueno de tener consigo aquella conpaña que con ella
vjnjera, e dioles gran algo de lo que traya en la naue quel
diera el rey su señor. E assi se partieron della ricos e bien
andantes e se fueron para sus tierras. E dixo el vno dellos a
los otros: "Amjgos, verdadero es el proberujo antiguo que

dize: 'quien a buen señor sirue con serujçio leal, buena
soldada ca [*sic*] e non al.' E nos guardemos a esta buena
dueña e siruamos la lo mejor que podamos, ca ella nos dio
muy buen gualardon mas de quanto nos mereçemos. E Dios
le dexe acabar en este mundo e en el otro aquellas cosas que
ella cubdiçia.'' E los otros dixieron: "Amen, por la su
merçed.'' E entraron en la naue e fueron se para su tierra.

**De commo el ombre bueno del ospital conto a la dueña
toda la fazienda del rey**

La buena dueña estaua en el espital preguntando al ombre
bueno que estaua allj por el rey de Menton, que ombre era, e
que vida fazie, e adonde moraua ssyenpre lo mas. E el le
dixo que era muy buen ombre e de Dios e que asi paresçie
en las cosas que Dios fazie por el, ca nunca los de aquel
reyno tan ricos njn tan bien andantes njn tan anparados njn
tan defendidos fueron commo despues que el fue señor del
reyno. Ca los mantenje en justiçia, e en paz, e en concordia,
e que cada vno era sseñor de lo que auja, e non dexaua de
paresçer con ello muy onrradamente, *[fol. 66r]* e fazer su pro
de lo suyo publicamente; ca njnguno, por poderoso que
fuese, non osaria tomar a otro ombre njnguno de lo suyo sjn
su plazer valia de vn dinero. E sy gelo tomase, perderia la
cabeça, ca el establesçimjento era puesto en aquel reyno que
este fuero se guardaua, asi entre los mayores commo entre
los menores, de que pesaua mucho a los poderosos que
solian fazer muchos males en la tierra. Pero tan cruamente lo
faze guardar el rey por todo el rreyno, que todos
comunalmente se fizieron a ello; e plogoles con el buen
fuero, ca fueron sienpre mas ricos e mas seguros de lo que
aujen. E por ende dizen que mas vale ser bueno amjdos que
malo de grado. E çiertamente qual vso vsa el ombre, por tal
sse quiere yr todavia, ca sy mal vso vsare, las obras non
pueden ser buenas, e asy pierde el amor de Dios el ombre
primeramente, e el amor del señor de la tierra.

E non es seguro del cuerpo njn de lo que ha, ca el que
de buen vso quiere vsar e se diere a buenas costunbres, este
ganara el amor de Dios e el amor del señor de la tierra e de
las gentes e avra vida folgada, e sera seguro de lo que ha
ssaluo si el señor non castiga los malos, por que los buenos
se ayan de encoger e de se reçelar. E demas que este rey faze
buena vida e muy ssanta, ca bien ha vn año e mas que el rey
e la reyna mantienen castidat commoquier que se aman vno
a otro verdaderamente, e sseyendo la reyna vna de las mas
fermosas damas endereçadas de todo el mundo e el rey en la
mejor hedat que podrie ser, de lo qual se maraujllan mucho
todos los del rreyno.

E este rrey mora lo mas en vna çibdat muy noble e muy
viçiosa a la qual dizen Tanbleque do ha todas las cosas del
mundo que le son menester. E por la grand bondad de la
tierra e justiçia e paz e concordia que es entre ellos, toman
poco trabajo el nj sus juezes de oyr los pleitos, ca de lexos

non les viene njnguno, assy commo podredes ver en esta çibdat do estades, si quisierdes, ca pasa vn mes que non vjene vn pleito ante los juezes. E assy el rey non se trabaja de otra cosa sy non de fazer leer syenpre ante sus pueblos buenos libros de muchas buenas estorias e de buenas fazañas, ssaluo ende que va a monte o a caça *[fol. 66v]* do le fazen todos los condes e todos los ombres de la tierra muchos serujçios. Ca les plaze mucho con el quando acaesçe en sus logares, ca non les toma njnguna cosa de lo que han njn les pasa contra sus fueros njn contra sus buenas costunbres. Ante gelas confirme e les faze graçias aquellas que entiende que puede fazer syn daño del su señorio. E por todas estas rrazones que vos yo he dicho, se puebla toda su tierra, ca de todos los señorios vienen a poblar su reyno, de gujsa que me paresçe que ayna non podremos caber en el.

E la buena dueña se començo de reyr e dixo: "Par Dios, ombre bueno, la bondad mas deuje caber que la maldat, ca la bondad largamente resçibe los omes e los mantiene en espaçio e en vazio, asy commo en parayso las buenas almas. E la maldat rresçibe a los omes estrechamente e mantienelos en cuyta e en tormento, asy commo el ynfierno las almas de los malos. E por ende, deuedes creer que la bondad deste rey, segund vos auedes aqui dicho, cabrien todos los ombres del mundo si vjnjesen a morar a el, ca con la su bondad alarga su reyno ganando mas de sus vezinos malos de enderredor. Ca ssabe Dios que me auedes guarido por quantos bienes me auedes dicho deste rey e de su rreyno.

E de aqui propongo en mj coraçon de fazer toda mj vida en este reyno demjentra que la justiçia fuere en el guardada, que es rayz de todos los bienes e guarda e anparamjento de todos los de la tierra. Ca bien aventurado fue el señor que en su tierra quiso guardar justiçia, ca asi commo la guardare e la fiziere guardar, asy le sera guardada justiçia ante nuestro Señor Dios. E quiero me yr para aquella çibdad do es el rey e fare alli vn ospital do posen los fijos dalgo quando se y acaesçieren. E ruego vos yo, ombre bueno, que me guardedes todas estas cosas que tengo en esta camara fasta que yo torne o enbie por ellas." "Muy de grado," dixo el ombre bueno, "ca sed çierta que asy vos lo guardare commo a mjs ojos que me los non saquen." "Ruego vos mucho," dixo la dueña, "que me busquedes dos buenas mugeres que vayan comigo, e yo dar les he bestias en que vayan e de vestir lo que oujeren menester." "Çierto," dixo el ome bueno, "aqui en el ospital ay tales mugeres commo vos auedes menester, e dar vos las he que vayan conbusco e vos siruan." E la buena dueña fizo conprar bestias para sy e para aquellas mugeres en que fuesen muy onrradamente.

De commo estaua el rrey de Menton e de commo la rreyna sopo toda la fazienda della e de commo andaua por tierras estrañas

Otro dia caualgaron e fueronse para aquella çibdat do estaua el rey, e non auja menester ombre que les guardase las bestias, ca doquier que llegaua, la resçibian muy bien e fallauan quien pensase las bestias, ca non se reçelauan que gelas furtarian njn gelas leuarian por fuerça asy commo suele acaesçer *[fol. 67r]* a las vegadas donde non ay justiçia njn quien la quiera guardar. Ca en mal dia fue nasçida la tierra do justiçia non ay, ca por me[n]gua della se destruye e se despuebla. E asy fincan los señores pobres e menguados, e non syn culpa dellos, ca si non han gente, non han quien los sirua.

E otro dia en la grand mañana despues que llego la dueña a la çibdad do era el rey, fue a oyr mjsa con la rreyna en la capilla. E do aujen començado la mjsa, começo de rogar a Dios, fincados los ynojos, que la enderesçase e la ayudase al su serujçio. E la rreyna paro mjentes e vido aquella dueña estraña que fazia su oraçion muy deuotamente con grand apostura, e penso en su coraçon: "¿Quien podrie ser aquella dueña?" Ca la veya vestida de vestiduras estrañas a ella e a las otras dos mugeres que con ella vjnjeron. E despues que fue dicha la mjsa, fizo la llamar e preguntole quien era e de qual tierra venja. E ella le dixo: "Sseñora, yo soy de tierras estrañas." "¿E de donde?" dixo la rreyna. "De las Yndias," dixo ella, "do pedrico Sant Bartolome despues de la muerte de Ihesu Xpisto." "¿E ssodes dueña fija dalgo?" dixola reyna. "Çierto," dixo ella, "sseñora si soy, e vengo aqui a bjujr so la vuestra merçed. E querria fazer aqui vn monesterio, sy al rey e a vos pluguiese, do rresçibiese los fijos dalgo viandantes quando aqui acaesçiesen." "¿E commo," dixo la *[fol. 67v]* reyna, "en vuestra tierra non lo podiades fazer si aujades de que?" "Non, señora," dixo ella, "ca tenjamos vn rey muy cubdiçioso que deseredaua e tomaua todo lo que tenjen sus vasallos, pero que lo auje menester con las grandes guerras que auje con sus vezinos e con grandes omes de la su tierra. E por ende oue de vender quantas heredades tenja e de allegar quanto auer pude. E vjne me aca a beujr a este vuestro rreyno e señorio, por quantos bienes oy dezir del rey e de vos e señaladamente por la justiçia que es aqui guardada e mantenjda muy bien."

De commo el rrey e la dueña se conosçieron e non se osauan descobrir el vno al otro

"Par Dios, dueña," dixo la reyna, "mucho me plaze conbusco e seades mucho bien venida. E yo fablare luego con el rey sobrello e agujsare commo vos de logar do fagades

este ospital a serujçio de Dios. E yo ayudar vos he a ello e
mando vos que oyades la mjsa e comades cada dia comjgo."
"Sseñora," dixo ella, "de vos Dios vida por quanta merçed
nos fazedes e me prometedes, pero pido vos por merçed que
querades que acabe antes esta obra que he propuesta en mj
coraçon de fazer." "Mucho me plaze," dixo la reyna.

E la buena dueña fuese luego a su posada. E el rey vjno
luego a ver a la rreyna asy commo lo solie fazer cada dia, e
la reyna contole todo lo que le contesçiera con aquella buena
dueña. E el rrey [fol. 68r] le pregunto que de donde era. E
ella le dixo que le dixiera que era de tierra de las Yndias do
Sant Bartolome pedricara, segund ella le dixiera. E el rey
por las señales que oyo della, dubdando sy era aquella su
muger, començose de reyr. "Sseñor," dixo la rreyna, "¿de
que vos rreydes?" "Rio," dixo el rrey, "de aquella dueña
porque de tan luengas tierras es venjda." "Sseñor," dixo la
rreyna, "mandad le dar vn solar para do faga vn ospital a
serujçio de Dios." "Mucho me plaze," dixo el rey, "e venga
aca despues e mandar gelo he dar do ella lo quisiere."

E la rreyna enbio luego por aquella dueña e dixo le de
commo auje fablado con el rrey, e ellas estando en esta fabla
entro el rey por el palaçio. E assy commo la vido, luego la
conosçio que era su muger, e demudosele toda la color,
pensando que ella dirie commo ella era su muger. E ella
dubdo en el porque auje mudado la palabra e non fablaua el
lenguaje que solie, e le auje cresçido mucho la barua. E sy
lo conosçio o non, pero como buena dueña non se oso
descubrir por que el rrey non perdiese la honrra en que
estaua. E el rrey le mando que escogiese vn solar qual ella
quisiese en la çibdat. "Señor," dixo ella, "sy fallare algunas
casas a conprar, ¿tenedes por bien que las conpre?" "Mucho
me plaze," dixo el rey, "ca yo vos ayudare a ello." "E yo
fare eso mesmo," dixo la reyna. "Pues andad, dueña," dixo
el rey, "e conplid vuestro buen pensamjento."

De commo la buena dueña fizo en aquella çibdat do era el rrey e la rreyna el ospital para los fijos dalgo

La buena dueña se fue andar por la villa a catar algund
logar sy fallarie a conprar. E fallo vn monesterio desanparado
que dexaron vnos monjes por se mudar a otro logar. E
conpro lo dellos e fizo alli su ospital muy bueno, e puso y
mucha ropa, e fizo ay camas muy muchas e honrradas para
los fijos dalgo quando se y acaesçiesen, e conpro muchos
heredamjentos para dotar al ospital. E quando se alli
acaesçien los fijos dalgo, resçibie los muy bien e daua les
todo lo que les era menester. E la [fol. 68v] buena dueña
estaua todo lo mas del dia con la rreyna, que non queria oyr
mjsa njn comer fasta que ella vjnjese. E en la noche yua se
para su ospital, e todo lo mas de la noche estaua en oraçion
en vna capilla que allj auje. E rogaua a Dios que ante que
muriese, le dexase ver alguno de sus fijos, e señaladamente
el que perdiera en la çibdad, ribera de la mar, ca del otro que

le leuara la leona non auje fiança njnguna de lo cobrar, ca
bien creye que se lo abrie comjdo.

Aquj dexa la ystoria de fablar del rrey e de la rreyna e de la dueña e fabla de sus fijos

Estos dos fijos suyos fueron criados de aquel burges e
de aquella burgesa de Mella, e porfijaron los segund ya
oystes. E fueron tan bien nudridos e tan bien acostunbrados
que njngunos de la su hedad non lo podian ser mejor, ca
ellos bofordauan muy bien e lançauan, asy que njngunos non
lo fazien mejor que ellos, njn juegos de tablas, njn de xedrez,
njn de caçar con aues. E eran muy bien razonados, e retenjen
muy bien qualquier cosa que les dixiesen, e sabian lo mejor
repetir e con mejores palabras e mas afeytadas que aquellos
que lo dezien. E eran de muy buen esfuerço e de grand
coraçon, e mostraron lo quando aquel su padre que los criaua
lo leuaron vnos ladrones andando a caça en aquel monte
donde leuo la leona al mayor de ellos. Ca ellos amos a dos,
armados en sus cauallos, fueron en pos de los ladrones e
alançearonlos, e mataron dellos, e sacaron a su padre e a
otros tres que eran con el de poder de los ladrones. E vinjeron
se con ellos para la çibdad, e todos se maraujllauan de este
començamjento que estos moços comencauan, e dezian que
otros de mayor hedat non lo osaran acometer. E paresçieles
que de sangre e de natura les venje este esfuerço e estas
buenas costunbres que en ellos auje, ca muchas vegadas
dixieron a su padre que los criaua, que los fiziese fazer
caualleros, ca ssegund las señales que Dios en ellos mostraua,
que buenos ombres aujan de ser.

De commo el burges e su muger enbjaron sus criados al rey de Menton para que los armase caualleros

La madre e el padre penssaron mucho en ello, e
paresçiole bien de lo fazer. E oyeron dezir del rey de Menton
de commo era mucho buen rey e buen cauallero de armas e
de santa vida. E commoquier que era lexos, toujeron por
bien e por gujsado de enbiar estos dos sus criados a el que
los fiziese sus caualleros. E enbiarongelos muy bien gujsados
de cauallos e de armas, e muy bien aconpañados, e dieron
les muy grand auer. E quando se oujeron de partir de alli,
fablo con ellos su padre delante de ssu muger e dixoles assy:
"Fijos, [fol. 69r] yo vos he criado lo mejor que pude, e amo
vos mas que al mj coraçon; e agora enbio vos a logar do
resçibiredes onrra e comjenço de buena andança. E ruegovos
que por quequier que vos contesca, que vos menbredes de la
criança que en vos he fecho." E ellos le dixieron que nunca
lo Dios quisiese que en ellos tal yerro cayese, ca sienpre
conosçerian el bien e la merçed que del resçibieran, e que
rogauan a Dios que sienpre los truxiese Dios a tiempo en que
gelo pudiesen serujr e gradesçer. E con tanto despidieron se

de la buena dueña e partieron se de allj, e salio el con ellos con asaz de sus conpañas.

E ellos se despidieron dellos e tomaron su camjno para el reyno de Menton. E andudieron sus jornadas de gujssa que a vn mes llegaron alla, ca non pudieron antes llegar porque era muy lexos.

E ellos entraron por la çibdad e fueron a las aluerguerias. E pregunto les vn ombre bueno sy eran fijos dalgo, e ellos dixieron que ssy. "Amjgos," dixo el, "pues yd vos para aquel ospital que es en la entrada de la çibdat que fizo vna buena dueña para los fijos dalgo, e alli vos rresçibiran muy bien e vos daran todo lo que oujerdes menester." E ellos tornaronse para el ospital e fallaron allj muchas mugeres que lo guardauan, e preguntaronles sy los acogerian allj. E ellas les dixieron que sy, sy eran fijos dalgo. E ellos les dixieron que si lo eran, e luego los acogieron muy de grado e adobaronles de yantar. *[fol. 69v]*

De commo la moça conosçio a sus fijos e se amorteçio con el gozo que ella ouo con ellos quando los vido

Una moça que estaua en el espital paro mjentes, e porque oyo dezir muchas vezes a su señora que oujera dos fijos e al vno que lo leuara vna leona e el otro que lo perdiera. E vido commo se pararon a la puerta de vna casa do estaua vn leon, e dixo el vno al otro: "¡E cata! ¡Que grand mal fazes en te parar ay, ca escarmentado debries de ser de la leona que te leuo en la boca e te oujera comjdo sy non por los ombres de mj padre que te acorrieron porque te ouo a dexar; e avn las señales de los colmjllos traes en las espaldas! E çierto, quien vna vegada non se escarmjenta, muchas vegadas se arrepiente."

E la moça, quando esto oyo, fuese luego para la sseñora e dixole de commo dos donzeles avjen venjdo a su ospital los mas apuestos que nunca viera e muy bien guisados; e que segun cuydaua que aquellos eran los sus fijos que ella perdiera, ca oyera dezir al vno quando fueran a la casa do estaua el leon, que se guardase, ca escarmentado devrie de ser de la leona que lo leuo en la boca quando era pequeño. E la dueña, quando lo oyo, non se quiso detener e vjnose para el ospital. E quando vido los donzeles, plogole mucho con ellos, e fizoles lauar las cabeças e los pies, e ffizo penssar muy bien dellos. E despues que oujeron comjdo, preguntoles donde eran e a que venjen. E ellos le dixieron que de vna çibdat que dezian Mela, del rreyno de Falac, e que su madre e su padre que los criaran e que los enbiaran al rey de Menton que los fiziese caualleros. "¿E commo, fijos, dezides que vuestro padre e vuestra madre que vos criaron? Bjen se yo que los padres e las madres que *[fol. 70r]* crian a sus fijos o los dan a criar." "Sseñora, por eso vos dezimos que nos criaron, ca non son nuestros padres naturales, ca ante nos oujeron por ventura. E porque non aujen fijos njngunos, porfijaron nos, e la ventura fue buena para nos, ca a mj me

lleuaua vna leona en la boca, ca me tomo çerca de vna fuente estando allj nuestro padre e nuestra madre, e metiome en vn monte e aquel […] nos porfijo andaua estonces por el monte a caça buscando los venados; e los canes, quando vieron la leona, fueron en pos della e tanto la sigujeron fasta que me ouo a dexar. E estonçe llego el burges con su conpaña e mataron la leona, e fizo me a mj tomar a vn escudero ante sy en el su cauallo e truxieron me a la çibdat. E avn tengo en las espaldas las señales de los dientes de la leona. E este otro hermano mjo non se por qual ventura se partio de su padre e de su madre, e andaua por la çibdat perdido. E la buena dueña, muger de aquel burges que a mi cobro, con piedad que ouo deste mi hermano, fizo lo meter a su casa, e el burges e su muger porfijaron lo asy commo fizieron a mj."

E la buena dueña quando estas palabras oyo, dexo se caer en tierra commo muger syn seso e fuera de entendimjento. E luego se maraujllaron los donzeles mucho, e preguntaron a las mugeres del ospital que podrie ser aquello. E ellas les dixieron que non sabien, saluo que veyen su sseñora transida e que veyen mal dia con la su venjda dellos. "Ay, amjgas sseñoras," dixo el vno dellos, "¿e por que vos amanesçio mal dia por la nuestra venjda? Ca sabe Dios que nos non cuydamos fazer enojo a njnguno njn a la vuestra señora njn a vos otras, njn somos venjdos a esta tierra por fazer enojo a njnguno; ante nos pesa de coraçon por esto que acaesçio a vuestra señora. E Dios quisiese que non oujesemos venido a esta posada comoquier que mucho plazer e mucha onrra ayamos resçibido de todas vos otras e de vuestra señora."

De commo los donzeles conosçieron a aquella buena dueña por su madre e ella otrosy a ellos por sus fijos

Estando ellos en esto, entro su acuerdo la buena dueña e abrio los ojos, e leuantose commo muger cuytada e muy quebrantada. E ffuese a su camara e mando que pensasen muy bien dellos e que folgasen. E despues que oujeron comjdo, apartose con ellos e dixoles que supiesen por çierto de commo ella era su madre, e contoles todo el fecho de commo pasara e de commo auje perdido a su marido, *[fol. 70v]* e en que manera pasara su vida fasta en aquel dia. E el nuestro Señor, queriendo los guardar de yerro, e que conosçiesen aquello que era derecho e razon, non quiso que dubdasen en njnguna cosa de lo que su madre les dezie. Antes lo creyeron de todo en todo que era asi, e fueron le luego besar las manos e conosçieron la por madre. E Garfin, el fijo mayor, le dixo asy: "Sseñora, ¿nunca supistes nueuas de nuestro padre?" "Non," dixo ella, "mas yo fio por la merced de Dios que pues el touo por bien que cobrase a vos otros, de lo qual era ya desesperada, sseñaladamente de Garfin que se leuo la leona, que el por su merçed se querra doler de vos e terna por bien de vos fazer cobrar a vuestro padre, e que tomemos algund plazer con el e que olujdemos

los pesares e los trabajos que auemos aujdo fasta aqui."
"Assy lo quiera Dios," dixeron ellos, "por la su merçed."

E en la noche mando les ffazer a amos su cama bien grande e muy buena, e mandoles dar muy bien de comer. E ella comjo con ellos, ca non auje comjdo en todo aquel dia con el grand plazer que auje rresçibido con ellos.

De commo el portero fallo dormjendo a la dueña con los donzeles e lo fue a dezir a la rreyna

De que oujeron cenado, fueron se a dormjr e ella se echo entrellos commo entre sus fijos que perdiera e los auje cobrado nueuamente, ca non se fartaua de fablar con ellos, njn destar con ellos njn se podie partir dellos. E tanto fablo con ellos e ellos con ella fasta que cayeron cansados e durmjeron se fasta otro dia a ora de terçia. E la rreyna non queria oyr mjsa fasta que la dueña vjnjese, assy commo lo solie fazer. E de que vido que non venje, enbio la a llamar con vn portero. El portero fuese al ospital do la dueña moraua e non fallo ombre njn mujer a quien preguntase por ella. E fallo las puertas abiertas e entro fasta la camara do la dueña yazie con sus fijos. E de que la vido asy yazer entre aquellos dos escuderos, fue muy espantado por la *[fol. 71r]* grand maldat que vio en ella.

E tornose a la reyna e dixole: "Sseñora, yo vengo muy espantado por la grand maldat que yo vj en aquella dueña en quien vos tanto fiades." "Calla, falso, malo," dixo la rreyna. "E non digas tales cosas commo esas, ca non podrie ser verdad que tu maldad njnguna vieses en aquella dueña." "Sseñora, yo vj tanto en ella," dixo el portero, "de que resçibj mucho gran pesar por la grand fiança que vos en ella aujades, e porque cuydauades que era mejor de quanto es." "Ombre mal andante," dixo la reyna, "¿e que es lo que tu viste en ella?" "Sseñora," dixo el portero, "vos me mandastes que fuese por aquella buena dueña e que le dixiese que fuese a oyr misa con vos. E yo fallela que estaua en vna grand camara en medio de dos escuderos muy grandes e muy apuestos, durmjendo, e vn cobertor de veros sobrellos." "Non podrie ser eso verdad," dixo la rreyna," por cosa que en el mundo fuese. E mjentes commo malo falso e aleuoso, ca con grand maldat que en ty ay, lo dizes por poner en mala fama aquella buena dueña." "Sseñora," dixo el portero, "enbiad luego alla e sy non lo fallardes asy esto que vos yo digo, que me mandedes luego matar por ello commo aquel que dize falsedat e mentira a su reyna e a su señora."

De commo el rrey sopo que era verdat lo que le dixiera el portero e mando que luego quemasen a la dueña por ello

En estas palabras llego el rey, e vido a la reyna toda demudada e muy triste, e preguntole por que estaua asy. E ella le dixo: "Señor, sy verdad es lo que este traydor me dize, yo me tengo por muger de fuerte ventura en fiar de tan mala cosa e tan errada commo aquella dueña estraña que aqui vjno. E diga vos el aquello que dize que vido en aquella dueña, lo que yo non creo que pudiese ser en njnguna manera."

E el portero le conto todo el fecho asi commo lo vido. El rey, quando lo oyo, fue muy espantado e ayrado commo aquel entañja la desonrra desta dueña. E enbio luego el rey alla al su alguazil e mandole que sy los fallase en aquella manera que el portero dezia, que prendiese a ellos e a ella e que gelos truxiesen delante.

E el alguazil se fue a la casa de la dueña, e bjen asy commo el portero lo dixo, bien assy lo fallo el, e dio vna grand bos commo salido de sseso e dixo: "¡O dueña desuenturada! ¿Commo qujsiste perder el tu buen prez e la tu buena fama que aujas entre todas las dueñas desta tierra? E maldita sea la ora en que estos escuderos aqui vinjeron que atan ayna te engañaron."

E los donzeles, a las bozes que daua el alguazil e al rujdo de la gente, despertaron e leuantaron se muy ayna, commo ombres muy espantados. E quisieron tomar las espadas para se defender, mas non les dieron vagar, ca luego fueron presos e la dueña eso mesmo, e tomaron la en ssaya e en pellote, asy commo se auja echado entre ellos. E assy lo leuaron delante del rey e el alguazil dixo al rey en qual manera los auja fallado. E el rey, con grand saña e commo ombre *[fol. 71v]* fuera de ssu seso, non sabia que se dezir, e non quiso mas preguntar de su fazienda, e mando que la leuasen luego a quemar. E el estouo en su palaçio con muy grand pesar, ca ssabie çiertamente que aquella era su muger de todo en todo, e sabia otrossy de quantas bondades syenpre en ella prouara, e commo era bjen guardada de todas las torpedades deste mundo e por la grand maraujlla que dello auja. Pero que ante que la leuasen a quemar, aparto a los escuderos e dixoles assy:

De commo el rrey conosçio que eran aquellos sus fijos e mando luego soltar a la dueña

"Amjgos," dixo el rey, "¿donde ssodes o qual fue la rrazon por que venjstes a esta tierra, que en tal prez pusistes a esta buena dueña por su mala ventura? E commoquier que el daño en ella fincara, muy dañosa e muy peligrosa fue la vuestra venjda aqui para ella." "Sseñor," dixo Garfin, "por la nuestra desauentura veemos que esta dueña es en grand peligro, pero non por su culpa njn por la nuestra, ca ella non meresçio por que esto oujese de pasar. E oyd nos sy la vuestra merçed fuere e dezir vos hemos en commo nos somos de Mela, vna çibdad del reyno de Falac.

"E aquellos que nos criaron enbiaron nos aqui a la vuestra merçed para que nos fiziesedes caualleros, porque oyeron dezir que erades buen rey e de justiçia. E ayer quando llegamos a la casa de aquella buena dueña, por palabras *[fol. 72r]* que le dixjmos nos e por las que ella dixo a nos, fallamos verdaderamente que eramos sus fijos e ella nuestra madre, e que nos auje perdido seyendo njños pequeños. E Dios por la su merced quiso que nos cobrase e nos a ella." "¿E commo vos perdio?" dixo el rey. "Sseñor, nuestro padre e ella, andando su camjno commo ombres cansados, assentaronse a comer çerca de vna fuente muy clara que estaua çerca de vnos prados muy fermosos. E despues que oujeron comjdo, el nuestro padre puso la cabeça en la falda de nuestra madre e durmjose. E yo e este mj hermano, commo njños syn entendimjento, andauamos trebejando por el prado. E ssalio vna leona de vn monte que estaua allj çerca, e llego allj do nos estauamos trebejando, e tomo a mj en la boca e leuome al monte. E aquel que nos crio, andando a caça con su gente e con sus canes, plogo al nuestro Señor Dios que entrando la leona en el monte comjgo, recudieron los canes de aquel burges con ella. E al ruydo de los canes que yuan latiendo por el rastro de la leona, llego el burges con su gente e sacaron me de su poder. E nuestro padre e esta dueña nuestra madre, de que vieron que non podian cobrar, fueronse aquella çibdat do era aquel burges e posaron en vna posada entrante de la villa. E nuestro padre fue buscar que comjesen. E esta dueña, nuestra madre, estando en la posada muy triste porque me auje perdido, soltose el su palafren e fuese de casa. E ella salio en pos dell e este mj hermano commo njño salio en pos de su madre llorando, e ella fue por vna calla e el por otra. E commoquier que lo llamauan muchos buenos omes e muchas buenas dueñas, aujendo piedad del porque andaua perdido, nunca qujso catar por njnguno sy non por vna buena dueña que estaua en vn sobrado a vnas ventanas que tenje, a mj falagando,[15] ca estaua llorando porque me dolia de las llagas de la leona. E mando a vna su moça desçender por el, e assy commo nos vjmos amos a dos en vno, començamos nos de abraçar e de besar e fazer alegria commo njños que se conosçien e se criaron *[fol. 72v]* en vno. E el burges e aquella dueña criaron nos e porfijaron nos e fizieron nos mucho bjen e enbiaron nos a la vuestra merçed para que nos fiziesedes caualleros. E traemos vos sus cartas en que vos enbia pedir por merçed; porque vos pedimos por merçed, señor, por la grand virtud que dizen que puso Dios en vos de vos pagar de justiçia e de verdad que non mandedes matar a esta dueña, nuestra madre, ca non fizo por que deua morir, e nos querades fazer caualleros; e serujd vos de nos en lo que toujerdes por bjen e la vuestra merçed fuere.

De commo el rrey fizo caualleros a sus fijos e les dio tierras e vasallos e mando soltar a la madre

De que aquestas palabras oyo el rrey, gradesçio lo mucho a Dios, e touo que le auja fecho Dios grand merçed, lo vno por auer cobrado a sus fijos, e lo al porque se non cunplio lo que mandaua fazer con saña en aquella dueña su muger. E enbio luego mandar que la non matasen. E luego el rey los resçibio por sus vasallos, e fizolos caualleros con muy grandes alegrias segund el vso de la tierra. E de que el rey ouo fecho caualleros aquellos donzeles e les puso sus tierras grandes e en çiertos logares, estos, commo aquellos que fueron muy bjen criados, e trabajaron se muy bien e verdaderamente a lo serujr. E quando veyen que era menester su serujçio ante que fuesen llamados, caualgauan con toda su gente e yuanse para aquel logar do entendien que mas cunplia. E allj fazian tantas buenas caualllerias que todos se maraujllauan dello e judgauan los por buenos caualleros, diziendo que nunca dos caualleros mançebos vieran fazer tan buenas caualllerias njn que tan esforçadamente njn tan syn mjedo se parasen a los fechos muy grandes.

E quando todos venjen de la hueste, *[fol. 73r]* algunos aujen sabor de contar al rey las buenas caualllerias destos dos mançebos. E plazia al rey muy de coraçon de lo oyr, e reyese e dezia: "Por çierto yo creo que estos dos mançebos querran ser buenos ombres, ca buen comjenço han." E por los bienes que la rreyna oye dezir dellos e por las grandes aposturas e enseñamjentos que en ellos auje, querie los mucho bjen, e fazia les todas las onrras e las ayudas que ella podie. E ellos, quanto mas los onrrauan e los loauan por las sus bondades e buenas costunbres, tanto pugnauan en fazer lo mejor e con homjldat, ca los de vil logar e mal acostunbrados, quanto mas los loan sy algund bien fazen, tanto mas se orgulleçen con soberuja, non queriendo gradesçer a Dios el bien e la merçed que les faze.

De commo el conde Nason se leuanto contra el rey e fueron sus fijos del rey contra el e de alli adelante llamaron al cauallero ribaldo Cauallero Amjgo

Acaesçio que en esto el conde Nason, vasallo del rey de Menton, que se alço con su condado contra el rey con mill caualleros de sus parientes e de sus vasallos, e corrio la tierra e fizo le grand mal en ella. E los mandaderos llegauan al rey vnos en pos de otros a le demostrar el mal que el conde Nason les fazia en la tierra. E demjentra el rey enbio por sus vasallos para yr contra el conde, estos dos caualleros mançebos, Garfin e Roboan, gujsaron a sy e a su gente muy bien, ca ellos tenjen trezientos caualleros por vasallos de muy buena caualleria quales los escogio el rey en su reynado quando les puso tierra, e gelos dio por vasallos, entre los quales era el rybaldo que vjno con el rrey a la hueste de Menton quando se partio del hermjtaño, el qual prouo muy bien en armas e fizo muchas caualllerias e buenas porque el rrey touo por gujsado de lo fazer cauallero. E lo heredo e lo caso muy bien, e dezienle ya el Cauallero Amjgo. E moujeron e fueron se contra el conde Nason de gujsa que ellos, entrando por su condado quanto vna jornada al sol puesto, vieron muy grandes fuegos en vn canpo do aluergaua el conde Nason con quinjentos caualleros. E los que yuan delante pararonse de gujsa que se llegaron todos en vno e ffizieron se vn tropel. E Roboan, el hermano menor, dixo asy: "Amjgos, non me semeja que segund los fuegos paresçen, que grand gente alla ay, e creo que nos fara Dios bien con ellos, ca ellos tienen el tuerto e nos el derecho; ca el rrey, nuestro señor, le fizo mucha merced e nunca les fizo cosa que mala fuese; e nos tenemos la verdat por el rey nuestro señor e ellos la mentira. E sy lo por bjen toujese el mjo hermano Garfjn, tomaria yo la delantera, e fio por la merçed de *[fol. 73v]* Dios que les venceremos esta noche."

De commo enbiaron Garfin e Roboan al Cauallero Amjgo por escucha a la hueste del conde Nason

El Cauallero Amjgo, que era mucho atreujdo, dixo: "Señor Roboan, vos sodes muy mançebo e non auedes prouado las cosas, commoquier que Dios vos ha fecho merçed en fecho de armas allj do vos acaesçiesedes. E por ende non deuedes de leuar todas las cosas por fuerça del vuestro coraçon; ca çiertos somos que tan esforçado sodes que non dubdariedes de acometer a muchos mas que vos dezides, pero que deuedes pensar en qual manera lo podades mejor acometer, e mas a vuestra gujsa e a vuestra honrra. E si lo por bien tenedes, yo yre alla esta noche a saber quantos son e por qual parte avredes mejor la entrada, ca yo tengo muy buen caua[llo], e si menester fuere, yo yre alla e sere aqui muy toste a vos apercebjr. E Garfjn e todos los otros acordaron en esto que el Cauallero Amjgo dezie, commoquier que le pesaua a Roboan porque non los yuan luego acometer.

E el Cauallero Amjgo se fue luego que ouo çenado, e llego a la hueste del conde lo mas ayna que el pudo, en manera que a las vegadas andaua enbuelto con las rrondas; asy que diez vegadas andudo por toda la hueste al derredor esa noche, de gujsa que penso muy bien quantos podien ser, e de que gujsa estaua el conde, e por qual parte le podrien mejor entrar. E el, estando para se partir de la hueste e por se venjr para los suyos, oyo tocar vn cuerno tres vegadas en la tienda del conde, e maraujllo se mucho dello. E el atendio fasta que supiese por que aujen tocado aquel cuerno, e vido a los rrapazes que se leuantauan a ensellar sus cauallos e los armar. E entretanto el andaua entre las rrondas commo sy fuese vno dellos, e oyo dezir a vn rrapaz que llamaua a otro denostando lo: "Ljeua, fijo de enemjga, e ensilla e arma el cauallo de tu señor." "Çierto," dixo el otro, "non lo fare, ca ante quiero dormjr e folgar, ca mj señor non es de los çiento e çinquenta caualleros que sson dados para correr el canpo de buelta esta mañana." E el Cauallero Amjgo, quando lo oyo, plogo le de coraçon e dixo: "Bendito sea el nonbre de Dios, ca desta hueste çiento e çinquenta caualleros auemos esta noche ganado syn golpe e syn ferida." De gujsa que atendio fasta que los çiento e çinquenta caualleros fueron moujdos, e fuese en pos dellos al paso que ellos yuan.

E aujen de yr a correr vna legua do estauan Garfin e Rroboan con toda su gente, e quando vido el Cauallero Amjgo que endereçauan su camjno para alli do aujen de yr, endereçço el a los suyos. E quanto fue apartado dellos quanto vn mijero, començo de reljnchar su cauallo muy fuertemente porque se vido apartado de los otros cauallos. E los çiento *[fol. 74r]* e çinquenta caualleros, quando oyeron el rreljncho del cauallo, maraujllaron se mucho, e los vnos dezien que eran conpañas del rrey, e los otros dezien que era algund cauallo que se auje soltado de la hueste e que andaua radio por el canpo. E vn cauallero que venje con ellos, al qual dezien Gamel, muy atreuj[do], dixoles que si ellos quisiesen, que el yrie a saber nueuas de aquel cauallo commo andaua e que el rrecudirie luego en la mañana al logar do ellos yuan. E ellos toujeron lo por bien, e el cauallero se fue derechamente al rreljncho del cauallo. E quando fue çerca del, començo de reljnchar el suyo, e tan escura noche fazie que non se podien ver el vno al otro. E el Cauallero Amjgo començo de andar quanto mas pudo, pensando que era mucha gente, e el Cauallero Gamel penso que el cauallo se yua suelto. E començo lo de llamar e de siular segund el vso de aquella tierra. E el Cauallero Amjgo, pensando que era alguna fantasma que le querie meter mjedo, atendio e non oyo rujdo mas de vn cauallo e puso la lança so el sobaco e fue ferir al Cauallero Gamel, de gujsa que lo derribo del cauallo muy mal ferido. E tomo el cauallo e fuese a los suyos e penso que podrie ser de los çiento e çinquenta caualleros.

E quando llego a los suyos preguntaron le commo venje asy, e el dixo que de çiento e çinquenta caualleros que se aujen partido de la hueste que ya auja ganado el vno dellos que estaua ferido alli çerca dellos e que enbiasen por el, ca del bien sabrien toda la verdad de la hueste del conde. Pero contoles commo lo auje pasado, e aquellos caualleros commo venjen a correr a vna legua dellos e que non fincauan con el conde de trezientos cauallleros arriba.

De commo el conde Nason fue desbaratado e de commo lo tomo presso Garfin

[fol. 74v] Los caualleros oujeron su acuerdo sy yrien ante a los çiento e çinquenta caualleros que a los trezientos e çinquenta. E los vnos dezian que era mejor de yr a aquellos que tenjen apartados que non les fiziesen daño en la tierra que non a los trezientos e çinquenta caualleros do era el conde, ca era muy buen cauallero e muy esforçado. E los otros dezien que era mejor de yr a la aluergada del conde, e sseñaladamente Rroboan que lo afincaua mucho, diziendo que sy la cabeça ellos quebrantasen, que en los otros poco esfuerço que darie. De gujsa que acordaron en lo que Roboan dixo; e caualgaron e fueron se para la hueste del conde, e encontraron al cauallero ferido, e preguntaronle quien lo firiera. E el dixo que vn cauallero desconosçido, e que si el

ssano fuese e lo conosçiese, quel le dirie mucho mal por ello porque quando lo fuera ferir, non le quiso fablar. E preguntaron le que gente tenje el conde allj do estaua, e el les dixo que fasta trezientos e çinquenta caualleros e çiento e çinquenta que auje enbiado a correr. "Çierto," dixo el Cauallero Amjgo, "çiento e çinquenta menos vno." "Verdad es," dixo el Cauallero Gamel. E luego reljncho el cauallo del Cauallero Amjgo, e dixo Gamel, "Creo que vos sodes el que me feristes." E el Cauallero Amjgo le dixo: "¿Por que queriedes vos el mj cauallo que nunca vistes njn conosçistes e venjades lo siluando? Ca bien vos digo que quando yo oy el rruydo del vuestro cauallo que venje en pos de mj, e vos siluando e llamando el mj cauallo commo sy vos lo oujerades criado, yo me maraujlle mucho que podrie ser. E fuy muy espantado pensando que era algund diablo que me querie espantar, ca la noche era tan escura que non vos podia deujsar. E digo vos que sy vos feri, que lo fize mas con mjedo que con esfuerço, e non vos puedo fazer mayor hemjenda que esta." "Çierto, "dixo el Cauallero Gamel, "non auedes por que me fazer otra hemjenda, ca yo oue la culpa en este fecho. Ca sy yo cuerdo fuera, non me deujera partir de la conpaña, pues que todos eramos dados para vn fecho. Pero quien de locura enferma, tarde sana, ca non es esta la primera locura que yo acometi de que me non falle bien."

"Cauallero," dixo Rroboan, "aquella gente con quien vos yuades, ¿ha de estar mucho en la tierra del rey corriendo?" "Dos dias," dixo el Cauallero Gamel, "e non mas, ca luego se han de tornar para el conde." "Çierto," dixo Roboan, "muy bjen nos va con la merçed de Dios, ca esos caualleros non podran ser en ayuda de su señor, ca ssy Dios bien nos ha de fazer esta noche o al alua, sera librado este nuestro fecho entre nos e el conde." E queriendo se ellos yr, dixo el Cauallero Gamel: "¡Ay, amjgos! ruego vos yo que si Dios vos diere vitoria, que non me dexedes aqui morir, ca muy mal ferido esto. E por ende vos digo que sy Dios vitoria vos diere, ca yo çierto sso que sy[16] vençidos ssodes, que cada vno aura que ver en si de fujr o de vos defender." "¿E commo?" dixo Rroboan. "¿E [fol. 75r] cuydades que seremos vencidos en este fecho?" "Dios lo sabe," dixo Gamel, "ca despues que en el canpo fuerdes, en Dios sera el juyzio." "Çierto," dixo Rroboan, "sy en Dios fuere el juyzio, ssegund el mjo entendimjento, Dios con nos sera." "¿E commo asy?" dixo el Cauallero Gamel. "Yo te lo dire," dixo Rroboan. "Tu sabes muy bien que el conde tjene grand tuerto al rey, e el rey non njnguno a el, e tiene mentira e no es verdat, que tenemos la parte del rrey." "Çierto," dixo el Cauallero Gamel, "asy es commo vos dezides, e yd vos en el nonbre de Dios, ca la verdat vos ha de ayudar."

E el Cauallero Amjgo descaualgo e fuelo a desarmar, porque le fazian mal las armas. E atole la llaga lo mejor que pudo e prometio le de venjr por el sy Dios le diese tienpo en que lo pudiese fazer. E tomo sus armas e armo a vn escudero

e fizo lo caualgar en el cauallo de Gamel, e fueron se en pos de los otros. E quando los alcançaron, dixoles el Cauallero Amjgo: "Por aqui auemos de yr, e es menester que me sigades muy de rezio e que endereçedes a las tiendas mayores, ca allj esta el conde. E ellos non tienen escuchas njngunas njn atalayas, porque estan en su tierra e non han reçelo njnguno. E tan çerca vos porne dellos que quando yo diere vna voz que en pequeña era, seades bueltos con ellos." E quando fueron en vn cabeçuelo do el conde estaua con la su gente, dio vna boz el Cauallero Amjgo, e dixo: "Ferid caualleros, que ya es ora."

E Garfin e Rroboan lleuauan consigo trezientos escuderos fijos [fol. 75v] dalgo de pie, e pusieron los delante de sy, e fueronse quanto mas pudieron a las tiendas del conde, e començaron a ferir e a matar a quantos fallauan delante sy. E quando llegaron a las tiendas del conde, non se pudo vestir sy non vn ganbax e tomo su escudo delante sy. E parose a la puerta de la tienda con vnos escuderos de los suyos que con el se acertaron, pero non se pudieron defender, ca tantos eran los otros que los oujeron a ferir e a matar e a vençer.

E despues que el conde Nason se vido desanparado e njngund cauallero de los suyos non recudie a el, penso que eran todos muertos e feridos, e tornose e metio se so las alabes de la tienda con su escudo, e ssalio se a la otra parte do estauan muchas tiendas e muchos tendejones llegadas a la suya. E fallaua todos los suyos muertos e feridos en las tiendas, de gujsa que non fallaua persona njnguna de las suyas que lo aconpañasen, sy non vn cauallero ferido que yua con el consejandole que fuyese, ca todos los suyos eran feridos e muertos. E ellos, yendo fuyendo por vn barranco ayuso, dixo vn escudero que estaua con su señor que lo tenja mal ferido: "Sseñor, por allj se va el conde de pie con otro conpañero e mas." E Garfin, que andaua buscando al conde, oyolo e dio de las espuelas al cauallo e fue en pos del. E quando llego a el dixole: "Preso o muerto, ¿qual mas quisierdes?" "¿E quien sodes vos," dixo el conde, "que queredes que yo sea vuestro presionero?" "Sso vn cauallero qual vos veedes," dixo Garfin. "¿E por vos ser cauallero ternjedes por gujsado que fuese yo con vos preso?" dixo el conde. "Ca çierto, muchos son caualleros que lo non son por ljnaje mas por las sus buenas costumbres e por buenos serujçios que fazen a sus sseñores. E ssy vos fijo de algund rey non ssodes de mayor linaje que yo sso, digo vos que non quiero ser vuestro presionero."

"Par [fol. 76r] Dios," dixo Garfin, "mejor vos es en vos ser mj presionero que non tomar aqui la muerte." "Çierto," dixo el conde, "mas vale buena muerte que vjda desonrrada." "Pues cobrid vos de ese escudo," dixo Garfin, "ca yo librar vos quiero esta demanda sy pudiere." "Bien dixistes," dixo el conde, "sy pudierdes, ca del dezir al fazer mucho ay."

E puso mano al espada e cubriose del escudo, e Garfin dexose venjr para el e diole vna lançada a sobremano por el escudo, de gujsa que le falso el escudo e quebranto la lança en el, pero que le non fizo mal njnguno, ca tenje el conde el braço con el escudo apartado el cuerpo. E el conde ferio con su espada e dio vn grand golpe al cauallo de Garfin en la espalda, de gujsa que el cauallo non se pudo mouer. E quando esto vido Garfin, dexose caer del cauallo en tierra, e metio mano al espada, e fuese contra el conde, e diole tan grand golpe que le corto el antel del escudo. E estonçe firio el conde a Garfjn, de gujsa que le fendio todo el escudo desde ençima fasta ayuso, e cortole vn poco del braço. "Ea, cauallero," dixo. "Cauallero," dixo el conde, "¡que pequeña es la mejoria commoquier que vos estades armado e yo desarmado.!" "Mas muy grande," dixo Garfin, "quand grande es la mentira a la verdat, ca vos tenedes mentira e yo tengo verdad." "¿E commo asi?" dixo el conde. E Garfin le dixo: "Porque vos falleçistes de la verdat al rey de Menton, mjo señor, e mentistes le con serujçio que le deujedes de fazer, e seyendo su vasallo e non vos despidiendo del, njn vos el fallesçiendo, e corredesle la tierra. E por ende morredes aqui commo aquel que mengua en su verdad." "Mjentes," dixo el conde, "commo cauallero malo, ca yo me enbie despedir del rey, e besaronle la mano por mj. E de allj adelante el non fue mj señor njn yo su vasallo." Dixo Garfin: "Non es esa escusa de buen cauallero en se despedir del señor e correrle la tierra luego syn le fazer el señor por que. Creo que fariades mejor en vos dar a presion, e yo leuar vos he al rey e pedir le he merçed por vos." "Prometovos yo, cauallero," dixo el conde, "que non me leuedes preso esta vegada sy mayor esfuerço non recreçe." "¿Commo?" dixo Garfin. "¿Por tan descoraçonado me tenedes? Yo fio por la merçed de Dios que avn conosçeredes la mj fuerça ante que de aqui partades."

E fueron se vno contra otro esgrimjendo las espadas, ca sabian mucho de esgrima, e dauanse muy grandes golpes en los escudos, de gujsa que todos los fizieron pedaços. E el conde Nason dexo correr el estoque, e fue dar en la maxjlla a Garfin muy grand ferida, e dixole: "Çierto, cauallero, mejor vos fuera fincar con la ganançia que Dios vos diera en el canpo que non querer lo todo. Por ende dizen que 'quien todo lo quiere todo lo pierde.'" "¿Commo?" dixo Garfin. "¿Cuydades ser libre deste pleito por esto que me auedes fecho? Non querra Dios que el diablo, [que] es mantenedor de la mentira, vença al que es mantenedor de la verdat." "Çertas," dixo, [fol. 76v] "todo es menester quanto sabedes e bjen veedes vos que si me non sigujerades tan afincadamente, non leuaredes esta pestojada. E por ende, dizen, 'Sigue el lobo mas non fasta la mata.' E bien tengo que fariedes mejor e mas a vuestra pro de vos tornar para los vuestros e a mj dexar me andar en paz."

El conde, tenjendo alçado el braço con el espada, e Garfin, estando en muy grand saña, diole muy grand golpe que le corto la manga del ganbax con el puno, de gujsa que cayo la mano en tierra con el espada. E tan rrezio enbio aquel golpe Garfin quel corto del anca vna grand pieça e los

dedos del pie, en manera que se non pudo tener el conde e cayo en tierra. "Ca, conde," dixo Garfin, "¿non vos fuera mejor yr de grado en la mj presion que non yr sin vuestro grado, manco e coxo?" "Mal grado aya," dixo el conde, "el que vos dio tan grand fuerça, ca çierto non erades vos ombre para me prender njn maltraer." "¿Ya desesperades?" dixo Garfin. "Çierto, esta descreençia que en vos es vos traxo a este lugar."

Mjentra estaua en esto, Roboan e toda la otra gente andauan buscando a Garfin, ca non sabian del sy era muerto o bjuo e non sabia que se fiziesen, e estauan muy cuytados, que njn eran buenos de se tornar con aquella gana[n]çia que Dios les diera, e njn en buenos de fjncar, e cuydauan que el conde que era ydo por venjr sobrellos con grand gente. Garfin, veyendo que non podja sacar al conde de aquel val e lo leuar a la hueste, començo a tocar vn cuerno que traya. Roboan, quando lo oyo, dixo a los otros: "Çierto, Garfin es aquel, yo lo conosco en el tocar del cuerno. E vayamos para el, que de pie esta." Vn cauallero ançiano que le dixo: "Roboan señor, fincad aqui con esta gente, e yremos alla vnos çient caualleros e sabremos que es." E Rroboan touo lo por bien. E quando a el llegaron, conosçieronlo e dexaron se caer de los cauallos e preguntaronle do era su cauallo. E el les dixo quel fallesçiera de manera que non se podia del ayudar, e que estaua el conde ferido en aquel val, e que fuesen por el e le leuarlo yan al rey.

E caualgo en vn cauallo Garfin que le dieron los otros, e fueron para aquel val do estaua el conde, ferido e muy flaco por la mucha sangre quel salia, e pusieronlo en vna vestia e leuaronlo para la hueste. E quando Rroboan e los otros vieron que trayan preso al conde, gradesçieronlo mucho a Dios e fueron muy ledos e muy pagados porque vieron bjuo a Garfin, commoquier que era muy mal ferido en la maxilla e tenja hynchada la cara, pero quel melezjnaron muy bien, de gujsa que a pocos dias fue guarido. E ataron las llagas al conde e a la medjanoche caualgaron e yuan se para el rrey con aquella ganançia que Djos les diera. E a los escuderos fijos dalgo que leuauan consigo, dieron les cauallos e armas de aquello que alli ganaron e fizieronlos [fol. 77r] caualleros. E de trezientos que eran primero, fizieron los quinjentos e çinquenta.

E por este bien que Garfin e Rroboan fizieron a estos escuderos fijos dalgo, toda la tierra se venje para ellos e con razon, ca tenjen que commo aquellos fizieron merçed por el serujçio que dellos aujen resçibido, que asy lo farien a ellos por serujçios que les fiziesen. Çiertamente mucho se deuen esforçar los señores en dar buen gualardon aquellos que lo meresçen, ca so esta esperança todos los otros se esfuerçan sienpre de serujr e de fazer lo mejor. E ellos yendo en el camjno, encontraronse con los çiento e çinquenta caualleros de los del conde que eran ydos a correr la tierra del rey, e trayan muy grand presa de bestias e de ganados, en manera que los desbarataron e mataron; e prendieron dellos, e tomaronles la presa e tornaronla a la tierra del rrey. E enbiaron pregonar por toda la tierra que vjnjese cada vno a conosçer lo suyo e que gelo darien, ca non quisieron tener njnguna cosa para sy, commo aquellos que non aujen sabor de tomar njnguna cosa de lo ageno, asy commo algunos fazen. Ca dizen que sy los enemjgos ljeuan algund rrobo de *[fol. 77v]* la tierra e van algunos en pos dellos e les tiran la presa, dizen que suya deue ser e non de aquellos cuya fue. E esto es grand syn rrazon, ca pues de vn señor e de vn logar vnos deuen ser e de vn coraçon en serujçio de su señor e en guardar e defender vnos a otros que non resçiban daño. E sy algund enemjgo les leuare lo suyo de los ayudar e de se parar con ellos o syn ellos a lo cobrar sy pudieren; ca de otra gujsa puedenles dezir lo que dixo vn ombre bueno a su conpadre al qual se leuaua el lobo su cordero e comjoselo. E quando el ombre bueno vido a su conpadre, dixole asy: "Conpadre, dixieron me que yuades tras el lobo que se lleuaua mj cordero. Dezid me que lo fezistes." "Yo vos lo dire," dixo el otro. "Yo fuy con mjs canes en pos del lobo e tomamos gelo." "Par Dios," dixo el ombre bueno, "mucho me plaze e gradezco vos lo yo mucho. E pues, ¿que es del mj cordero?" dixo el ombre bueno. "Comjmoslo," dixo su conpadre. "¡Que lo comjstes!" dixo el ombre bueno. "Pues vos e el lobo vnos me semejades."

E estos atales que sacuden la presa de los enemjgos de la tierra, por tan rrobadores los dan commo a los enemjgos que la tienen por suya, ca dizen que quando los enemjgos la ljeuan e trasnochan con ella que ya non es de aquellos cuya era, e que aquel auer que de los enemjgos ganaron tjenen que deuen fjncar con ello. E de derecho non es asy, por que los ombres oujesen mas a coraçon de yr en pos de los enemjgos por la ganançia que cuydan y fazer. E toujeron que mejor era que se aprouechasen della los de la tierra que lo cobrauan en los ombres que non querien guardar los vnos a los otros asi commo deuen, ca de derecho comunal e de egualdad es que son tenjdos de anparar e defender a los vnos e a los otros, tanbien las personas commo los algos, pues que de vna tierra e de vn señor sson. E por ende Garfin e Roboan, commo buenos caualleros e syn cobdiçia, queriendo dar buen enxienplo de sy, quisieron e fizieron dar aquella presa a aquellos cuya era, e desy fueron se derechamente para el rey.

De commo el Cauallero Amjgo llego con el mandado del conde Nason a su señor el rey

El rey era ya salido con toda su hueste muy grande e estaua en vnos prados muy fermosos que les dezien Val de Parayso. Maraujllauanse todos de Rroboan e de Garfjn que non venjen allj con el e el rey dema[n]do muy afincadamente por ellos, e non fallaua quien le dixiese nada dellos, saluo ende que le dezien que bjen auja quinze dias que aujan salido con toda su gente de aquella çibdat do el estaua e que non sabjen do fueran. E el rey, con rreçelo que farien algund

comjenço en *[fol. 78r]* algund logar, estaua muy pensoso e non se podia sosegar. E ssy al rrey pesaua porque non estauan allj, tanbien pesaua a todos quantos yuan en la hueste, ca los querien grand bien porque eran buenos cauelleros e bjen acostunbrados e probauan bjen en armas.

E ellos estando en esto, assomo vn cauallero de Rroboan e entro por las tiendas del rey. E este era el Cauallero Amjgo, el qual fizo el rrey de Menton cauallero, e lo dio por vasallo a Roboan. E fue fjncar los ynojos delante del rey, e besole la mano, e dixole assy: "Ssenor, Garfin e Rroboan tus vasallos leales te enbian besar las manos e se encomjendan en la tu graçia, e enbian te pedjr por merçed que non te mueuas de aqui fasta que ellos lleguen, ca cras en la mañana seran aqui contigo, sy Dios quisiere; e te d[j]ran muy buenas nueuas con que tu rresçibas muy grand plazer." "Ay, Cauallero Amjgo," dixo el rrey, "por la fe que tu me deues, que tu que me digas verdat, sy son bjuos e sanos." "Yo te digo, señor," dixo el Cauallero Amjgo, "que sson bjuos." "¿Pero son sanos?" dixo el rey. E el Cauallero Amjgo non gelo quiso dezir, ca su señor Roboan le defendio que non dixiese que su hermano Garfin era ferido njn que traye al conde preso, mas que le dixiesen que serien con el otro dia en la mañana. E el rey afincaua mucho al Cauallero *[fol. 78v]* Amjgo que le dixiese sy eran sanos. E el Cauallero Amjgo le dixo: "Ssenor, non me afinques tanto, ca non te lo dire que defendido me fue por mj señor, pero tanto quiero que sepas por que sosiegues el tu coraçon, que tan esforçadamente andan e caualgan commo tu." "Agora seas tu bien venjdo," dixo el rrey.

De commo Garfin e Rroboan llegaron al rey de Menton con el conde Nason que leuaua preso e mal ferido

Otro dia en la mañana llegaron ante el rey Garfin e Roboan con toda su gente saluo ende çinquenta cauelleros que dexaron con el conde que trayen preso, ca venjen lexos dellos quanto vn mjjero e non mas por que los oujesen sienpre al ojo, porque sy algund rebato cresçiese, que recudiesen luego a ellos. E quando llegaron al rey, fincaron los ynojos antel e besaron le las manos, e el rey leuanto a ellos e resçibiolos muy bien commo aquellos que amaua mucho en su coraçon. E oteo a Garfin e vjdo le vn trapo que traya en la maxilla derecha sobre la llaga de la ferida, e dixole el rey: "Garfin, ¿que fue esso?" "Del rostro fue ferida ssenor," dixo Garfin. "Non fue sy non vna naçençia que me naçio." "Non podrie ser esa," dixo el rrey, "tan grand naçençia para ser en tal *[fol. 79r]* logar; e mala naçençia nazca en quanto bien fiziere de aquel que vos la fizo." "Señor," dixo Rroboan, "creo que ssodes adeujno, ca asi le contesçio, ca non le podria peor naçençia naçer a el que lo fizo njn con mal estar de quanto esta." "Algund atreujmjento fue este," dixo el rey, "que Garfjn començo a fazer." "Non ffue, ssenor," dixo Roboan, "atreujmjento, mas buen esfuerço." "¿E commo fue eso?" dixo el rey. "Señor," dixo Garfin, "dexemos lo agora esto estar, ca el que non lucha non cae; ca conujene a los mançebos prouar alguna cosa de caualleria, ca para esso la resçibieron, ca njnguno non puede ser dicho buen cauallero sy primeramente non se prueua en el canpo." "Verdad es esso," dixo el rey, "sy por el finca el canpo." "E yo asy lo entiendo," dixo Garfin. E luego callo el rey e non le fizo mas preguntas sobre esta razon.

"Sseñor," dixo Garfin, "Roboan e yo con el, e con estos buenos caualleros nuestros vasallos que vos nos distes, e con la vuestra buena ventura e con la merçed de Dios nuestro Señor, vos traemos aqui preso al conde Nason, pero que viene mal ferido." "¿E quien lo firio?" dixo el rrey. "Su atreujmjento e su desauentura," dixo Garfin, "e la mala verdat que tenje." "Par Dios, Garfin e Roboan," dixo el rey, "vos me traedes muy buen presente, e gradesco vos lo mucho, ca por el podremos nos cobrar todas las fortalezas que el auje, ca el non ha fijo njnguno, njn gelo de Dios, ca esa esperança avriamos del fijo que del padre."

E mandoles que luego gelo traxiesen delante; e ellos fizieron gelo traer asentado en vn escaño e sobre vnos cabeçales, ca non se podie tener sobre los pies. De que el rey le vido la mano cortada e todos los dedos del vn pie, e ferido en el anca muy mal, dixole assy [fol. 79v] el rey: "Conde, non creo que con esa mano derecha me amenazedes de aqui adelante." "Señor," dixo el, "njn avn con la esquierda fare, ca de todo el cuerpo so tolljdo." "Bendito sea el nonbre de Dios," dixo el rey, "que da a cada vno el gualardon que meresçe. Conde," dixo el rey, "de vagar estaua quien asi dolaua por vos, que tantos golpes vos dio por ese cuerpo." "Señor," dixo el conde, "non fue sy non vn golpe solo: este vedes asy." Dixo el rey, "Muy tenprada era la espada, e el cauallero muy braçero e muy rezio que tan fuerte golpe fizo." "Dezid me conde," dixo el rey, "¿quien fue aquel que vos firio?" "Sseñor," dixo el conde, "ese cauallero mançebo que esta ay çerca de vos a los vuestros pies, aquel que llaman Garfin." "Par Dios," dixo el rey, "bien comjença en su mançebia e bien creo que querra yr con tales commo estas adelante; e Dios gelo enderesçe por la su merçed." "Amen," dixo Roboan.

"Sseñor," dixo el conde, "non [...] bien para mj, e pesame porque tan bien fue adelante con la su buena andança." "Conde, bien se yo que vos pesa, pero conosçer lo hedes esta vegada mejoria." "Señor," dixo el conde, "avn para en sienpre, ca en tal estado me dexo que le non puedo enpeçer en njnguna cosa." E todos que allj estauan se maraujllauan de aquel golpe atan esquiuo, e toujeron que recudirie Garfin a ser muy buen cauallero e muy esmerado entre todos los otros, ca avn era ma[n]çebo que estonçe le apuntauan las baruas.

E otro dia en la mañana ouo el rey, su acuerdo con todos los condes e los rricos omes que con el estauan, sy yrie el con su hueste a cobrar la tierra del conde, o sy enbiaria alla algunos caualleros en su logar. E los que non aujen talante que tan ayna se tomase la tierra al conde, consejauan le que folgase e que enbiase alla a los quel toujese por bien; e los otros que aujen talante de serujr al rey, entendiendo que se libra mejor el fecho e mas ayna, consejauanle que se fuese el mesmo por su cuerpo. E el touose por bien consejado, e moujo dende con toda su gente para la tierra del conde.

De comm[o] vn sobrino del conde Nason se aperçibio con el de gente contra el rrey de Menton su señor

Un sobrino del conde Nason, fijo de su hermana, muy buen cauallero de armas, que dexara el conde en su logar con quinjentos caualleros, e con trezientos peones que fueron del aluergada del conde Nason quando al desbarato, e de los que fueron quando trayen la presa de la tierra del rey, que eran por todos ocho çientos caualleros, ayuntolos todos a sy, e juraron de parar se todos a defender la tierra del conde. E el algara del rrey entroles por la tierra a correr e a quemar e a estragar todo quanto fallauan.

E el sobrino del conde, estando en vna villa muy bien çercada con quatro çientos caualleros, vido los fuegos muy grandes que dauan por las alcarias e el estragamjento grande que en la tierra del conde fazian, e fablo con los [fol. 80r] caualleros e dixoles: "Amjgos, ya veedes el mal que los del rey fazen por la tierra del conde, e creo que al primer logar que querra venjr a conbatir que sera este en que nos estamos. E tengo que sera bien que saliesemos alla e que dexasemos estos escuderos fijos dalgo e esta gente de pie que tenemos que guardasen la villa con los çibdadanos de aqui. Ca por ventura nos encontraremos con algunos de la conpaña del rey e por la su desauentura que los fostigaremos de tal gujssa que non entraran tan atreujdamente commo agora entraron por la tierra del conde." E los caualleros le dixieron que mandase lo que toujese por bjen, ca ellos prestos eran para yr do el quisiese a vengar la desonrra del conde, ca mejor era morir en el canpo faziendo el bien, que non estar encerrados quando los toujesen çercados. E el sobrino del conde mando que otro dia de grand mañana que fuesen todos armados fuera de la villa, e ellos fizieronlo asy.

De commo Rroboan pedio por merçed a su señor el rey que le dexase yr a fazer alguña caualgada

Roboan e Garfin venjen por vn canpo llano con el rey departiendo muchas cosas e preguntando les el rey commo les acaesçiera en el desbarato del conde. E quando le contauan de commo les conteçiera, tomaua en ello muy grand plazer. E castigauales e consejauales todavia commo fiziesen sy les acaesçiese en alguna lid canpal, e que non quisiese que los sus enemjgos primeramente acometiesen a ellos, mas que ellos acometiesen primeramente a los otros;

[fol. 80v] ca el mjedo que los otros les aujen de poner que lo pusiesen ellos primero a los sus enemjgos, ca çiertamente en mayor mjedo estan los acometidos que los acometedores, que vjenen desrraygadamente e con grand esfuerço contra ellos. E Roboan, quando estas cosas oyo dezir al rey, touogelo en señalada merced, e fuele besar las manos e dixole asy: "Sseñor, njn Garfin njn yo non vos podrie Dios serujr quantas merçedes nos fazedes de cada dia e nos auedes fecho fasta aqui, mas que a njnguno del vuestro señorio, ca non tan solamente nos mandades commo señor, mas castigades nos e consejades nos commo a fijos." E el rey le rrespondio muy alegremente e dixole: "Rroboan amjgo, vos faziendo el bjen commo lo fazedes, e creo que lo faredes cada dia que nos conoçeredes, que yo vos amo verdaderamente commo padre a sus fijos, e non me de Dios onrra sy para vos otros non la cubdiçio." E allj se dexaron caer a sus pies Garfin e Rroboan, besaronle muchas vezes los pies, tenjendo que les fazia graçia señalada en les dezir tan nobles palabras e tan de coraçon. "Garfin," dixo el rey, "non quiero que vayades vos agora alla, ca avn non sodes bien sano desa ferida que tenedes." "Sseñor," dixo Garfin, "non tengo ferida por que me deua escusar de fazer el bjen." "Garfin, el mjo hermano," dixo Roboan, "muy bien vos dize nuestro señor el rey que folguedes e que guaresçades, ca de pequeña çentella se leuanta grand fuego sy ombre non pone y consejo. E commoquier que esa vuestra ferida non sea tan grande, sy non ponedes y mayor cura de quanta ponedes, poder vos hedes poner en peligro. Mas sy vos lo toujerdes por bjen, yo yre con la vuestra gente e con la mja e con aquellos algareros a ganar alguna buena señal de caualleria." "¿E que señal?" dixo el rrey. "Señor," dixo Rroboan, "atal qual la gano mj hermano Garfin, ca non pudiera mejor señal ganar que aquella que gano, ca la gano a gran prez e a grand onrra de sy. Ca por aquella señal sabran e conosçeran todos los omes el buen fecho que fizo, preguntando de commo la ouo, ca bien veran e entenderan que non la gano fuyendo."

De commo Roboan desbarato al sobrino del conde Nason e le quebro los ojos de vn golpe que le dio

El rey fue muy pagado de lo que Rroboan dixo, e dixole: "Mjo fijo bjen auenturado, Dios vos de la su bendiçion e yo vos do la mja; e yd en el nonbre de Dios, ca yo fio por la su merçed que acabaredes quanto quisierdes."

E Roboan caualgo e tomo la gente de su hermano e la suya, asy que eran quatroçientos caualleros. E entraron por la tierra del conde guardando todavia los labradores de daño e de mal quanto ellos podien, saluo ende lo que tomauan para comer, ca asy gelo mandaua Roboan, ca dezie que los labradores non aujan la culpa del conde. E sy Rroboan se tenje sienpre con Dios en fazer *[fol. 81r]* lo mejor, bien lo mostraua Dios, ca se tenje con el en todos los sus fechos;

asy que vn dia de mañana, saljendo de vn montezillo, vieron venjr al sobrino del conde con quatro çientos caualleros, pero bien lexos dellos—bien seys mjjeres. "Amjgos," dixo Roboan, "podremos oyr mjsa aqui en este canpo ante que lleguen aquellos caualleros, ca en todos los nuestros fechos deuemos poner antes a Dios." "Sseñor," dixo su capellan, "muy bien la podedes oyr, ca yo vos dire mjsa muy ayna." E luego fue aparejado el altar en el canpo muy ayna, el capellan vestido, e dixo su mjsa muy deuotamente, ca era ombre de buena vida.

E de que oujeron oydo mjsa, vieron venjr muy cerca los caualleros, pero que dubdauan e estauan parados. E dixo Rroboan: "Amjgos, los mjedos son partidos. Pareçe me que sera bueno que los vayamos acometer, ca non ha çinco dias que me castigaron que el mjedo que los enemjgos nos aujan de poner en acometiendo nos que gelo pusiesemos nos primero, firiendo los muy de rezio e syn dubda." E los caualleros commo ombres de buen esfuerço commo aquellos que aujan sabor de fazer el bien, dixieron que dezia muy bien, e fizieron lo asi e fueron se paso a paso fasta que llegaron çerca dellos. Estonçe mando Rroboan que moujesen e fueronlos ferir muy de rezio e los otros se toujeron muy bien a gujsa de muy buenos caualleros, e bolujeronse muy de rezio los vnos a los otros. E allj veriedes muchos caualleros derribados e muchos *[fol. 81v]* cauallos sin señores por el canpo.

E a los primeros golpes quebrantaron las lanças de la vna parte e de la otra, e pusieron mano a las espadas. E atan grande era la priesa de ferir de la vna parte e de la otra, e tan espesos andauan, que non se podian conosçer saluo ende quando nonbraua cada vno su boz. E Roboan andaua en aquel fecho a gujsa de muy buen cauallero e muy esforçado, llamando "Menton," e los otros llamando "Acres por el conde Nason." Pero el que se encontraua con Rroboan non auje menester fisico, ca luego yua a tierra muerto o mal ferido, ca fazie muy grandes golpes e muy esquiuos con la espada e muy espantables, de gujsa que fue a dar a vn cauallero por ençima del yelmo vn golpe que le corto la meytad del yelmo con la meytad de la cabeça e cayo la meytad sobre el onbro e la otra meytad yua enfiesta.

E asy anduvo muy grand rato entre ellos por el canpo, de lo qual se maraujllauan mucho todos los que lo veyen, ca estauan espantados de aquel golpe tan estraño. E non caye del cauallo, ca yua enfiesto e leuaua la espada en la mano espoleando el cauallo entrellos, asy que Roboan vido al sobrino del conde Nason. E fuese para el, e dixole asy: "O tu sobrino de malo, defiendete, ca yo contigo sso. Ca çierto so que los pecados de tu tyo, el conde, te han de enpeçer a ty." "Mjentes," dixo el sobrino del conde malo, "ca nunca ouo mejor cauallero en el mundo njn en todo el reyno de Menton que el." E desy dexaronse venjr el vno contra el otro, e dieron se muy grandes golpes con las espadas si non que non se podian enpeçer por las armas que trayen muy buenas. E luego fizieron otra buelta e vjnjeron se el vno contra el otro, e dieron se muy grandes golpes de gujsa que el sobrino del conde firio a Rroboan con el estoque en la barujlla, asy que le oujera de fazer perder los dientes. Rroboan firio al sobrino del conde con la espada en el rallo que tenje ante los ojos de traujeso, de manera que le corto el rallo e entrole en la cabeça e en la cara, e quebrantole amos ados los ojos. E tan grande e tan fuerte fue la ferida que non se pudo tener en el cauallo, e cayo en tierra. E luego Roboan torno a los suyos e esforçolos e dixo: "Les ferid amjgos, ca ya es muerto el sobrino del conde." E los de la otra parte, quando lo oyeron, salien del canpo e fuyan, asy que finco el canpo en Rroboan e en los suyos e non escaparon del conde mas de çinquenta cauallleros, ca todos los otros fueron muertos e presos. Pero que de la conpaña de Rroboan fueron muertos e feridos çiento e çinquenta cauallleros, ca de la vna parte e de la otra ljdiaron commo muy buenos cauallleros, commo aquellos que aujen sabor de se defender los vnos a los otros e de se matar.

De commo el Cauallero Amjgo llego al rey de Menton con el mandado de commo Rroboan avia vençido la batalla

[fol. 82r] Estonçe Roboan mando que los caualleros de su parte que eran feridos que los melesinasen, e les catasen las llagas, e los leuasen en sus cauallos. E desy tornose allj do auje dexado al sobrino del conde ferido, e fizo lo desarmar, e fallaron le que tenja amos los ojos quebrantados de la ferida que le dio Rroboan. E pusieronlo en vna bestia e truxieron lo, e vjnjeron se para el rey. E el Cauallero Amjgo, maguer que era ferido de dos golpes, fuese adelante al rey con estas nueuas. E quando gelas conto, llamo el rey a todos los omes buenos de la hueste e dixoles: "Amjgos, sy Garfin nos truxo muy buenas nueuas e muy presente para ser mas conplido, Rroboan nos trae lo que menguaua. E este es el sobrino del conde que mantiene toda su gente e se cuydaua defender nos la tierra, pero que trae amos ados los ojos quebrantados commo vos lo dira el Cauallero Amjgo." E el rey paro mjentes al Cauallero Amjgo e vjdo lo ferido de dos golpes, e dixole, "Cauallero Amjgo, creo que fallastes quien vos tresquilase." "Ssenor," dixo el Cauallero Amjgo, "fallamos, ca non se vido el rey Artur en mayor priesa con el Gato Paus que nos vjmos nos otros con aquellos malditos. Ca sy bien los rrascauamos, mejor nos rrascauan, ca apenas lo podiemos sofrir. Ca bien creed, señor, que la nuestra parte en dubda fue vn rato, ca la batalla tan fuertemente nos afrontaua e nos afjncaua, asi que de la nuestra parte bien fueron muertos e feridos fasta çiento e çinquenta cauallleros." "¿E de la otra parte?" dixo el rrey. "Ssenor," dixo el Cauallero Amjgo, "de quatroçientos caualleros que eran, non fjncaron mas de çinquenta, *[fol. 82v]* ca todos los otros fueron feridos e muertos." "Estonçe," dixo el rey, "muy grande fue aquella batalla ado tantos fueron muertos." "Bien cred, señor," dixo el Cauallero Amjgo, "que non me acuerdo

que me açertase en logar de tan grande afruenta commo aquella batalla fue." "Ay, Cauallero Amjgo," dixo Garfin, "¿Rroboan mj hermano viene sano?" "Tan sano commo vos," dixo el. "¿E commo?" dixo Garfjn. "¿Es ya señalado commo yo?" "Sy," dixo el Cauallero Amjgo. "¿E en que logar tiene la ferida?" dixo Garfin. "So la boca," dixo el Cauallero Amjgo. "E bien cred que sy non por la gorguera que tenje alta, que oujera perdido los dientes." "¿E quien lo firio?" dixo le Garfin. "El sobrino del conde lo firio con vn estoque," dixo el Cauallero Amjgo. "Mucho se preçian estos omes de ferir de estoque," dixo Garfin. "¿E Rroboan firio al sobrino del conde?" "Par Dios," dixo el Cauallero Amjgo, "de vn golpe muy fuerte, ca le dio vna espadada sobre el rallo de traujeso que le metio la espada en la cara e quebrantole amos ados los ojos. E avn fizo otro golpe mas estraño a otro cauallero, ca le dio vn golpe con la espada por ençima de la cabeça que le echo la meytad del yelmo con la meytad de la cabeça sobre el onbro e la otra meytad traya enfiesta, e asy andando vn grand rato entre todos por el canpo, que non querie caer del cauallo, e todos fuyen del commo de cosa espantable." "Dexadlo," dixo el rey, "ca bien encarnjçado es. E creo que non dubdara de aqui adelante de saljr a los vencidos quando le acaesçiere. E yo creo que sera buen ombre e buen cauallero en armas."

De commo Rroboan llego al rey con el preso que le lleuaua con todos los otros que leuauan presos e feridos

Ellos estando fablando en esto, vieron asomar a Rroboan con toda su gente. E el rey caualgo luego con todos los omes buenos que con el eran, e ssallolo a resçebir. E fue muy bien resçibido del rey e de todos los otros. E quando el rey vido muy grand gente de la su conpaña, los vnos las cabeças atadas e los otros los braços, e los otros entre costales, pesole mucho, pero commo con plazer dixo a Rroboan reyendo se: "Roboan, ¿do fallastes tan presto al obispo que esta gente vos crismo?" "Ssenor," dixo Rroboan, "obispos pueden ser dichos, ca cada vno ouo el suyo." "¿E con que los crismaron?" dixo el rey. "Tenjen consigo la crisma e el agua bendita con las estolas," dixo Roboan, "que traen en los cuellos e con los manjpulos que traen en los puños, e con la sangre dellos mesmos. Pero ssenor, el fecho todo andudo a la pella, ca qual nos la enbiauan, tal gela tornauamos." "Pero," dixo el rey, "quien a vos confirmo, non vos dio la palmada en el carrillo, e pienso que era viejo cansado que non pudo mas alçar la mano e dio vos en la barua, o era muy soberujo e *[fol. 83r]* non ovo verguença porque la trayedes descubierta." E esto le dezie el rey porque non tenje avn punto de barua. "Señor," dixo Roboan, "en logar fue fecho que non auja mjedo njn berguença el vno al otro." "E al que vos esa desonrra fizo," dixo el rey, "¿ouo y alguno que gela fiziese?" "Sy," dixo Roboan. "¿E quien?" dixo el rey. "La mala verdad que tenje," dixo Roboan. "Estonçes," dixo el rey, "el fue desonrrado de la mas desonrra que pudo ser en el mundo e tal commo ese non es ya para paresçer en la plaça. E non ha buena razon para sy con que se defienda. Pero traedlo," dixo el rey, "e veremos sy se querra defender por rrazon, ca el buen juez non deue judgar a menos de ser oydas amas las partes."

Estonçe troxieron al sobrino del conde en vna bestia cauallero, toda la cara descubierta. E quando llego delante del rey vjno tan desfeado porque el golpe era de traujeso e lo traye por los ojos que fea cosa era de lo catar. E luego dixole el rey: "¡Ay, sobrino del mal conde! Creo que non seredes bueno de aqui adelante para atalaya." "Sseñor," dixo el, "njn para escucha faria." "¿E commo asi?" dixo el rey. Dixo el sobrino del conde, "Porque el golpe me traujesa todos los oydos, asy he perdido el ver e el oyr." "Bien aya," dixo el rrey, "obispo que tan buena pescoçada da, ca bien creo que quien asy vos confirmo non vos querie njngund bien." "Estonçe," dixo *[fol. 83v]* el sobrino del conde, "non era el engañado, ca eso fiziera yo a el. E maldita sea mano de obispo atan pesada que asi atruena e tira la vista al que quiere confirmar." E todos se començaron a rreyr. Estonçes dixo el sobrino del conde, "Todos vos podedes rreyr, mas a mj non se me puede rreyr el mj coraçon. E tal se vea al que desto le plaze." "Estonçe," dixo el rey, "avn dirie este soberuja sy en su poder estoujese." El rey enbio luego por el conde para que viese a su sobrino, e luego gelo traxeron alli.

De las cosas que se dixieron delante del rey e delante de todos los caualleros de la corte el conde Nason e otrosy su sobrino

Asy commo el conde vjdo a su sobrino, dexose caer en tierra commo muerto del grand pesar que ouo. E desque lo leuantaron, dixo asy: "¡Ay el mjo sobrino! ¿E que mereçistes vos por que este mal vos vjnjese?" Dixo el sobrino: "Por el pecado del padre lazran los fijos, e asy fize yo por los vuestros." "Non digades vos esso," dixo el conde, "ca el ombre que mas me metio en esto e mas me abeto vos fuestes, ca non vos podia yo quitar dello. ¿E por do vos queriades gujar? Yo por fuerça vos auja de segujr, ca vos aujedes poder sobre mj e yo non sobre vos, e esto por la grand soberuja que auje en vos syenpre, ca non aujedes mjedo a njnguna cosa, faziades vos temer, e non vos queriades gujar por consejo de njnguno. E vengase vos emjende quando a la puerta de vn vuestro castillo de buelta, delante del portal estando delante de vuestros parientes e con vuestros vasallos, dixistes con grand soberuja que non se vos escondrie el rey en njngund logar del mundo que lo non corriesedes e lo non echasedes del reyno." "Agora," dixo el rrey, "asaz auemos oydo e bien semeja que es verdadero el enxienplo que dizen quando se barajan los ladrones que se descubren los *[fol. 84r]* furtos; ca asaz ay dicho de la vna parte e de la otra para buen

jues." "Conde," dixo el rey, "mandad me dar las villas e los castillos del condado." "Sseñor," dixo el conde, a ese mj sobrino fizieron todos omenaje tan bien de villas commo de castillos." Luego dixo el sobrino: "Verdad es, pero con tal condiçion que si vos ende llegasedes, que vos acogiesen yrado o pagado, o sano o enfermo, o muerto o biuo, con pocos o con muchos. E sy esto a vos fiziesen, que fuesen quitos del omenaje que a mj fizieron. E por ende, tjo, vos sodes aquel que gelo pod[ed]es dar." "Çierto, conde," dixo el rrey. "¿Esta es la verdad que dize vuestro sobrino?" "Sseñor," dixo el conde, "asy es commo el dize. Mas señor, ¿commo me daran las villas e los castillos, que quando vieren que non esto en mj poder e esto en la presion?" "Conde," dixo el rey, "en al estades, ca sabes que al traydor non le deuen guardar omenaje aquellos que gelo fizieron." "Al leal señor," dixo el conde, "gelo fizieron." "Sy," dixo el rey, "mjentra duro en la lealtad, ca tenjdos fueron a le guardar el omenaje, mas despues que cayo en la trayçion, por quitos son dados de Dios e de los ombres del omenaje que le fizieron; ca non gelo deuen guardar en njnguna manera, commo aquel que non es par de otro ombre por de pequeño estado que sea, ca lo pueden desechar de qualquier juyzio que quiera entrar con el en canpo para rrazonar e para lidiar. E aquellos que fazen omenaje al traydor a sabiendas, sabjendo que cayo en trayçion o oyendolo e el non mostrando se saluara dello, non lo deujeran resçibir por señor, pero deujeranlo esquiuar commo a traydor manzellado de fama de trayçion. E pues purgado non era de la ynfamja e le fizieron omenaje a sabjendas, cayeron en el pecado de la trayçion asi commo aquel que la fizo. E prueuase por esta semejança, ca sy alguno fabla o partiçipa con el descomulgado manjfiesto a sabjendas, o menospreçio de la sentençia de descomunjon que cayo, es descomulgado de la descomunjon mayor, asy commo aquel descomulgado con quien partiçipo. E por ende, bien asy cayo en trayçion el que la consiente commo el que la faze, aujendo poder de la vedar que se non faga e non lo vieda, ca los fazedores e los consentidores del mal egual pena mereçen, e mayormente queriendo se ayuntar con el que faze la trayçion e querer leuarla con el adelante. Onde dizen razon, e que caramente se conpra el ynfierno, ca el que conpra el jnfierno de muchas buenas cosas por el fazjendo mal. Ca el que faze mal pierde la graçia de Dios e el amor de los omes e anda difamado, e sienpre esta con mjedo de sofrir pena en este mundo por el mal que ffaze, e toma logar para el jnfierno que conpro muy caro, dando todas estas cosas nobles por tan vil cosa e tan dañosa commo el ynfierno es. E el que bien faze ha la graçia de Dios e el amor de Dios e gana buena fama, e non ha mjedo njnguno, ca non fizo porque. E desy vase al parayso ca lo conpro muy rahez, ganando la graçia de Dios e el amor *[fol. 84v]* de las gentes e la buena fama e non aujendo mjedo njnguno. E asy es bien auenturado el que fuye del mal e se llega al bien, ca del bien puede auer honrra e pro en este mundo e en el otro, e del puede auer desonrra e daño para el cuerpo e para el alma, asy commo la deuen auer el que faze trayçion. Ca el traydor es dado por semejança a la culebra que nunca anda derecha sy non tuerta, e al perro rraujoso que non muerde de derecho en derecho syn[o] de traujeso, e al puerco que se dexa de vañar en el agua clara e vaña se en el mas suzio çieno que falla, e avn es dado por ssemejança a la mosca, que es la mas vil cosa deste mundo, ca en logar de se fartar de la carne fresca, vase a fartar de la mas podrida e de la mas fedionda que falla. E asy es el traydor, ca quando q[ui]ere fazer la trayçion, non fabla con los ombres en los fechos de su señor de derecho en derecho, mas por maneras de engaño difamando a su señor e diziendo mal del encubiertamente e con falsedat, ca delante non dize sy non ljsonjas, fablando a plazenteria. E asy lo muerde de traujeso commo perro rraujoso difamando le su buena fama e su honrra. Otrosi dexa la carrera del bien e toma la carrera del mal e asy anda tuerto commo la culebra, ca faze tuerto a su señor, non le guardando verdat njn lealtad commo deue. Otrosy dexa de ganar buena fama que es tan clara commo espejo e va a ganar fama de trayçion, que es aborrido de Dios e de los omes. E assy semeja al puerco que dexa el agua clara e se vaña en el çieno, e syn todo esto dexa el buen gualardon por pena e dexa honrra por desonrra, asi commo la mosca que dexa la carne fresca e va a la podrida. Onde sy los omes quisieren parar mjentes e saber que cosa es trayçion, fuyrien della asy commo de la gafedad, ca bien asy commo de la gafedat encoña e engafeçe fasta la quarta generaçion, desçendiendo por ljnaje derecho, asy la trayçion de aquel que la faze manzilla a los que desçienden del fasta en el quarto grado, ca los llamaran fijos e njetos e vjsnjetos del traydor, que pierden onrra entre los ombres e non los resçiben en los ofiçios, saluo sy el señor los diere por quitos de aquella ynfamja a los que deçienden del traydor, por que puedan auer los ofiçios de la su tierra. E por ende deuen todos foyr del asy commo del gafo e de cosa enconada, e los parientes por çercanos que sean, deuen lo de negar e dezir que non es su pariente njn de su sangre e deue fujr del, e los vasallos otrosi que non es su sseñor. E prueua se por semejança que lo deuen fazer asy, ca sy rrazon es que los ombres fuygan del descomulgado njn lo fablen njn partiçipen con el en njnguna cosa porque erro a Dios en quebrantar los sus santuarios o meter manos ayradas en algunos de sus serujdores, quanto mas deuen foyr del que erro a Dios, primeramente faziendo la trayçion e non guardando la jura que fizo en su nonbre e el omenaje para serujr a su señor lealmente *[fol. 85r]* njn le guardando la fieldat, que le prometio de le acresçentar su honrra asy commo vasallo bueno e leal deue fazer a su señor. E grand razon es de fuyr de cosa tan enconada commo esta que tan malamente erro a Dios e a los ombres [e] a sy mesmo. Ca seys cosas deue fazer el que juro de guardar verdat e lealtad e fieldat a su señor: la primera es que deue guardar la persona de su señor en todas cosas sanas e alegres; la segunda, que el señor del aya buen serujçio en todo tienpo; la terçera, que le guarde

toda su casa tan bjen en las fijas commo en la muger e avn segund onestidad en las otras mugeres de casa; la quarta, que non sea en consejo de menguar njnguna cosa de su señorio; la quinta, que aquello que con rrazon e con derecho podrie, sy non le fuese enbargado el señor, ganar de ligero e ayna que non gelo enbargue de dicho njn de fecho njn de consejo por que lo non pueda ganar tan ayna commo podrie; la sesta, que lo que el señor oujere de dezir allj do su honrra fuese que non gelo enbargue por sy njn por otro por que se le torne en desonrra; e avn ay otra setima cosa, que quando el señor le pidiere algund consejo que el que gelo de verdaderamente e syn engaño njnguno segund el entendimjento que Dios le dio. Ca el que falleçe en qualquiera destas cosas non es digno de la honrra njn de la lealtad njn deue ser dicho leal. E todas estas cosas tanbien las deue guardar el señor al vasallo commo el vassallo al sseñor.''

De commo el rey de Menton dio por traydor al conde Nason delante de todos e lo mando luego lleuar a quemar

"Assy commo vos, conde, que fuestes mjo vasallo e heredero en el mj señorio, e tenjendo de mj grand tierra con que me aujedes de fazer serujçio, e tomauades de mj muy grand auer de cada año porque me erades tenjdo de serujr, e aujendome fecho jura e omenaje de me guardar verdat e lealtad asy commo buen vassallo deue fazer, e serujr a su señor, e fallesçistes me en todo, yo non vos diziendo njn faziendo por que e non vos despidiendo de mj, corristes me la tierra e robastesmela e quemastesmela, e avn tenjendo que todo esto non vos cu[m]plie, dixistes contra la mj persona muchas palabras soberujas e locas, amenazando me que me correriedes e me sacariedes del rreyno, asy commo vos lo afronto agora aquel vuestro sobrino delante de todos en la mj corte, de lo qual nunca vos quisistes arrepentir njn demandar perdon maguer estauades en la mj presion."

"Sseñor," dixo el conde, "sy en vos lo pudiese fallar, demandar vos lo ya el perdon." "¿E vos por que," dixo el rrey, "sy non fezistes por que?" "Sseñor," dixo el conde, "por esto que dixo mj sobrino que yo dixe." "E fue asy la verdad," dixo el rrey, "que lo dixistes vos?" "Para la mj desauentura," dixo el conde, "sy." "Buena cosa es," dixo el rey, "reprehender a las vegadas con palabras falagueras por que el ombre pueda saber la verdat, ca el conde non deujera resçibir mal por lo que el su sobrino dixo, sy el non lo oujera conosçido." E por *[fol. 85v]* ende dixo el rey: "Conde, pues vos confesastes por la vuestra boca lo quel vuestro sobrino dixo, e por todas estas cosas que vos fezistes contra la verdad e la lealtad que me prometistes de guardar e no la guardastes, por ende, yo aujendo a Dios ante mjs ojos e queriendo conplir justiçia la qual yo tengo acomendada del, e a quien yo tengo de dar cuenta de lo que fiziere, e aujdo mj acuerdo e mjo consejo con los de la mj corte, delante de todos quantos aqui son uos do por traydor a vos e

a todos aquellos que vos quisieren ayudar e quisieren yr
contra mj por esta razon. E por que non enconedes la otra
tierra por do fueredes con vuestra trayçion, non vos quiero
echar del mj reyno, mas mando que vos saquen la lengua por
las palabras feas que vos dixistes contra mj e que vos corten
la cabeça porque fezistes cabeça de otros para correr la mj
tierra, e vos quemen e vos fagan poluos por la quema que
vos en la mj tierra fezistes. E por que non vos coman canes
njn aues, ca fyncarien enconadas de la vuestra trayçion, mas
que coxgan los vuestros poluos e los lançen en aquel lago
que esta en cabo del mj reyno al qual llaman lago sulfureo,
do nunca ouo bestia njn pez njn cosa bjua del mundo. Ca
bien creo que aquel lago fue maldito de Dios, ca segund a
mj fizieron entender aquella es la sepultura de vn vuestro
visahuelo que cayo en otra trayçion asi commo vos fezistes.
E yd vos de aqui e nunca Dios *[fol. 86r]* vos saque de allj.''

De commo el conde Nason fue quemado e fecho poluos e lançaron los poluos en vn lago fondo

Luego tomaron al conde e fizieron del justiçia segun que
el rey lo mando. E desy cogiero[n] los poluos e fueronlos
echar en aquel lago que era a doze mjjeros de aquel rreal. E
mucha fue la gente que alla fue a ver de commo lançauan
aquellos poluos en aquel lago. E quando allj los lançaron,
todos los que estauan alli oyeron las mayores bozes del
mundo que dauan so el [a]gua, mas non podjen entender lo
que se dezie. E assy commo començo a bulljr el agua,
leuantose della vn vjento muy grande a maraujlla de gujsa
que todos quantos allj estauan cuydaron peligrar e que los
derribarie dentro. E fuyeron todos e vjnjeronse para el rreal
e contaron lo al rey e a todos los otros, e maraujllaron se
mucho dello. E sy grandes maraujllas pareçieron allj aquel
dia, muchas mas parescen y agora, segund cuentan aquellos
que las vieron. E dizen que oy dia van muchos a uer aquellas
maraujllas, ca veen alli caualleros armados lidiar derredor
del lago e veen çibdades e castillos muy fuertes, conbatjendo
los vnos a los otros e dando fuego a los castillos e a las
çibdades. E quando se fazen aquellas visiones e van al lago,
fallan que esta el agua bulljendo tan fuerte que la non osan
catar, e al derredor del lago bien dos mjjeros es todo çenjza,
e a las vegadas parase allj vna dueña muy *[fol. 86v]* fermosa
en medio del lago. E fazelo amansar e llama a los que estan
de fuera por los engañar, asi commo contesçio a vn cauallero
que fue a ver estas maraujllas que fue enganado desta gujsa.

El Caballero Atrevido

Aquj dexa la ystoria de fablar de la conpaña del rey e fabla de vn cauallero atreujdo de commo vjno alli e entro en aquel lago

Dize el cuento que vn cauallero del rreyno de Panfilia oyo dezir destas maraujllas que paresçien en aquel lago e fuelas a ver. E el cauallero era muy syn mjedo e muy atreujdo, ca non dubdaua de prouar las maraujllas e las auenturas del mundo, e por esto auje nonbre el Cauallero Atreujdo. E mando fincar vna su tienda açerca de aquel lago. Allj se estaua de dia e de noche veyendo aquellas maraujllas, mas la su gente non podie allj estar con el quando aquellas visiones paresçien, ca apartauan se de allj. Asy que vn dia paresçio en aquel lago vna dueña muy fermosa e llamo al cauallero, e el cauallero se fue para ella e el le pregunto que lo querie. Pero que estaua lexos que non osaua llegar al lago e ella le dixo quel ombre del mundo que ella mas querie e mas amaua que era a el por el grand esfuerço que en el auje e que non sabie en el mundo cauallero tan esforçado *[fol. 87r]* commo el. E el cauallero, quando estas palabras oyo, semejole que mostrarie couardia sy non fiziese lo que ella queria e dixole asy: "Señora, sy esa agua non fuese mucho fonda, llegaria a vos." "Non," dixo ella, "ca por el suelo ando e non me da el agua sy non fasta el toujllo," e ella alço el pie del agua e mostrogelo. E el cauallero semejole que nunca tan blanco njn tan fermoso njn tan bien fecho pie viera commo aquel. E cuydando que todo lo al se siguje asy segund aquello que paresçie, llegose a la orilla del lago. E ella le fue tomar por la mano e dio con el dentro en aquel lago, e fuelo a leuar por el agua fasta que lo abaxo ayuso. E metiolo en vna tierra muy estraña e, segund que a el semejaua, era muy fermosa e muy vjçiosa. E vido allj muy g[r]an gente de caualleros e de otros muchos ombres que andauan por toda aquella tierra muy estraña, pero que no le fablaua njnguno dellos njn le dezia njnguna cosa, por la qual razon el estaua muy maraujllado.

De commo el Cauallero Atreujdo tomo por su muger a la señora de aquel lago

Dixo luego aquel Cauallero Atreujdo a la dueña asy: "Sseñora, ¿que puede ser esto que njnguna gente non fabla?" "Catad, non fabledes vos," dixo ella, "a njnguna dueña, maguer que ellas vos fablen, ca sabed que luego en punto me perderedes por ello. ¿Ca vos vedes aquella çibdad muy grande que allj pareçe? Catad, que mja es, e vos la podredes

auer e podredes ser señor d[e]lla sy vos me quisierdes bien guardar, ca yo guardar vos quiero e non quiero catar por njnguno sy non por vos, e asy seredes vos vno de vna e yo vna de vno. E guarde vos Dios que non me querades perder njn yo a vos. E en señal de muy grande amor e verdadero, fago vos señor de mj e toda aquella çibdad e otrosy de quanto yo tengo e *[fol. 87v]* he." E ella bien lo dezia sy aquel amor tan verdadero era commo le ella mostraua. "Grandes merçedes," dixo el cauallero, "del vuestro buen don, e vos veredes, señora, que vos serujre muy bien con ello." Mas commo todo este fecho era obra del diablo, non quiso Dios que el mucho durase allj asy commo adelante oyredes.

De las maravillas quel Cauallero Atreujdo vido dentro en el lago de lo qual el fue mucho maravillado

Antes que llegasen a la çibdad salieron a ellos muchos caualleros e otra gente a los resçibir, con muy grandes maraujllas e alegrias. E dieron les sendos palafrenes ensellados e enfrenados muy noblemente en que fuese, e entraron a la çibdat. E fueron se a los palaçios do moraua aquella dueña, que eran muy grandes e muy fermosos, ca asy le paresçio aquel cauallero atan noblemente obrados que bien le semejaua que en todo el mundo non podrien ser mejores palaçios, njn mas nobles, njn mejormente obrados que aquellos. Ca ençima de las coberturas de las casas paresçie que auje rrubies, e esmeraldas e çafires, todos fechos a vn talle atan grandes commo la cabeça de vn ombre, en manera que de noche asy alunbrauan todas las casas que non auje camara njn logar, por apartado que fuese, que tan lumbroso non fuese, commo sy estoujese lleno de candelas. E fueronse a posar el cauallero e la dueña en vn estrado muy alto que les aujen fecho de paños de seda e de oro muy nobles. E allj vieron delante dellos muchos condes e muchos duques segund que *[fol. 88r]* ellos se llamauan, e otra mucha gente, e fueron besar la mano al cauallero por mandamjento de la dueña, e resçibieron lo por señor.

E desy fueron puestas tablas por todo el palaçio e delante dellos fue puesta vna mesa la mas noble que ombre podie ver, ca los pies della eran todos de esmeraldas, e de çafires, e de rrubies, e eran tan altos commo vn cobdo e mas. E toda la tabla era de vn rrubj e tan claro era que non paresçia sy non vna brasa. E en otra mesa apartada auje y muchas copas e muchos vasos de oro muy noblemente obrados e con muchas piedras preçiosas, asy que el menor dellos non lo podrien conprar los mas rricos tres reyes que oujese en aquella comarca. E a tanta era la baxilla que allj era que todos quantos caualleros comjen en aquel palaçio, que era muy grande, comjen en ella, ca los caualleros que allj comjen eran dies mill; e bien semejo al cauallero que sy el tantos caualleros toujese en su tierra e tan bien gujsados commo a el paresçien, que non avrie rey, por poderoso que fuese, que le podiese sofrir e que podrie [...] señor de todo el mundo. E allj les truxieron manjares de muchas maneras e adobados, e trayan los vnas donzellas las fermosas del mundo e muy noblemente vestidas segund que a el paresçie, pero que non fablauan njn dezien njnguna cosa. E el cauallero se touo por muy rico e por muy bien andante con tales caualleros e con tanta rriqueza que vido ante sy, pero que tenja por muy estraña cosa en non fablar *[fol. 88v]* njnguno, ca tan callando estauan que non semejaua que en todos los palaçios ombre oujese.

E por ende, non lo pudo sofrir e dixo: "Sseñora, ¿que es esto? ¿Por que non fabla esta gente?" "Non vos maraujlledes," dixo la dueña, "ca costunbre es de esta tierra, ca quando alguno rresçiben por señor fasta siete semanas non han de fablar, e non tan solamente al señor mas vno a otro, mas deuen andar muy omjldosos delante de su señor e serle mandados en todas las cosas del mundo que les el mandare. E non vos quexedes, ca quando el plazo llegare, vos veredes que ellos fablaran mas de quanto vos querredes, pero quando les mandaredes callar, callaran, e quando les mandardes fablar, fablaran, e asy en todas las otras cosas que quisierdes."

E de que oujeron comjdo, leuantaron las mesas muy toste e allj fueron llegados muy grand gente de juglares. E vnos tocauan estrumentos e los otros saltauan e los otros cantauan e los otros subian por el rrayo del sol a las finjestras de los palaçios, que eran muy altos, e desçendian por el, asy commo sy desçendiesen por cuerda, e non se fazien njngund mal. "Sseñora," dixo el cauallero, "¿que es esto que aquellos ombres suben tan ligeramente por el rrayo de aquel sol [...] desçienden?" Dixo ella: "Ellos saben todos los encantamentos para fazer todas estas cosas e mas, e non seades tan quexoso para saber todas las cosas en vna ora, mas ved e callad e asy podredes aprender mejor las cosas, ca las cosas que fueron fechas en muy grand tienpo e con muy grand estudio non se pueden aprender en vn dia."

De commo el Cauallero Atreujdo ouo vn fijo en aquella dueña señora de aquel lago en siete dias

De que fue y anocheçido, fueron se todos aquellos caualleros de allj e todas las donzellas que allj serujen saluo dos, e tomaron por las manos la vna al cauallero e la otra a la señora e leuaron los a vn camara que estaua tan clara commo si fuese de dia, por los rubies que estauan allj engastonados ençima de la camara. E echaron los en vna cama tan noble que en el mundo non podie ser mejor, e

ssalieron se luego de la camara e cerraron las puertas, asy que esa noche fue la dueña ençinta.

E otro dia en la mañana fueron alli con ellos las donzellas e dieron les de bestir e luego en pos desto agua a las manos en sendos baçines amos ados, de finas esmeraldas e los aguamanjles de sendos rrubies. E desy vinjeron se para el palaçio mayor e asentaronse en rico estrado. E venjen delante dellos muchos trasechadores que plantauan arboles en medio del palaçio, e luego naçien e floreçian e creçien e leuauan fruta, del qual fruto cogian las donzellas e trayan en sendos vaçines dello al cauallero e a la dueña. E creye el cauallero que aquella fruta era la mas fermosa e la mas sabrosa del mundo. "¡Valme nuestro Señor, que estrañas cosas ay en esta tierra!" dixo el Cauallero. "Çierto sed," *[fol. 89r]* dixo la dueña, "que mas estrañas las veredes, ca todos los arboles de aquesta tierra e las yeruas naçen e floreçen e dan fruto nueuo de cada dia, e las otras reses paren a siete dias." "¿Commo?" dixo el cauallero. "Señora, ¿pues que vos soes ençinta, a siete dias avredes fruto?" "Verdad es," dixo ella. "Bendita sea la tierra," dixo el cauallero, "que tan ayna ljeua fruto e tan abondada es de todas las cosas."

E asy passaron su tienpo muy viçiosamente fasta los syete dias que pario la dueña vn fijo, e dende a otros syete fue tan grande commo su padre. "Agora veo," dixo el cauallero, "que todas las cosas creçen aqui adesora. Mas maraujllome porque lo faze Dios mas en esta tierra que en otra." E penso en su coraçon de yr a andar por la çibdat por preguntar a otros que podrie ser esto, e dixo: "Sseñora, sy lo por bien toujesedes, caualgariamos yo e este mj fijo comjgo e yriamos andar por esta tan noble çibdat por la mjrar que tan noble es." "Mucho me plaze que vayades," dixo la dueña.

De commo el Cauallero Atreujdo fue luego engañado de vna muger yendo por la çibdat

Luego les truxieron sendos palafrenes en que caualgasen muy fermosos e bien ensillados *[fol. 89v]* e enfrenados. E quando ssalieron fallaron mill caualleros armados que fueron todavia delante dellos, guardando los, por la çibdat. E pasando ellos por vna calle, estaua a vna puerta [...] mucho mas fermosa que non su señora pero que era amada de muchos e non se pudo detener que le non oujese de fablar, e dixo asy: "Señora, ¿podrie ser que yo fablase conbusco aparte?" "¿E commo?" dixo la dueña. "¿Non sodes vos aquel que este otro dia tomamos por señor e auedes por muger a nuestra señora?" "Çierto sy," dixo el. "E non vos defendio nuestra señora," dixo ella, "antes que entrasedes en esta villa, que non fablasedes a njnguna dueña, sy non que la perderiedes?" "Verdad es," dixo el. "¿E commo vos atreujstes," dixo ella, "pasar el su mandamjento? Muy mal le fuestes mandado." "Sseñora," dixo el cauallero, "non lo tengades a maraujlla, ca forçado fuj de amor." "¿E de cuyo amor?" dixo ella. "Del vuestro," dixo el. "¡Ay señora!" dixo vna su cubijera. "¡E que grand pecado fariedes sy asi lo enviasedes de vos e conbusco non fablase! E non vedes quand apuesto es, e quand de buen donayre, e commo da entender que vos quiere grand bien." E a estas palabras rrecudio y otra maldita que non se preçiaua menos que la primera destas burletas atales e dixo muy ayna: "¡Ay sseñora! ¿E que es del vuestro buen paresçer e del vuestro buen donayre? ¿E commo da a entender que vos ama e que es de la vuestra buena palabra e del vuestro buen rresçibir? E asy acojedes al que vos muestra tan gran amor, e non vedes que en oteando vos que luego se enamora de vos. E fue preso del vuestro amor e non es marauilla, que de tal donayre vos fizo Dios, ca non ay ombre que vos vea que luego, a la primera vista, non sea preso del vuestro amor. E tuerto faredes de ser escasa de lo que Dios vos quiso dar francamente. E por Dios, señora, non lo querades poner en pena, tardando la vuestra buena rrespuesta que espera." ¡E mal pecado! Muchas ay destas atales en el mundo que non estudjan en al sy non en esto, non catando onrra njn desonrra de aquellos a quien consejan, njn para[n]do mjentes commo les faze perder prez e buena fama, mas fazen lo por auer soltura de poder fazer a su talante con aquellos que saben que les non pesa con estas burlerias, e por que ayan dia e vito, e sean manparadas e defendidas andando con ellos, conpliendo su mala voluntad en este mundo; ca non ay cosa que tanto cubdiçian los omes malos commo soltura, e pueden la bien auer con aquellos que se pagan de eso mesmo. E por ende dizen que todo talante cobdiçia su semejante, ca, ¡mal pecado! Algunos ay que los creen de grado, ca toman plazer con lo que les dizen e les conssejan, ca les plaze de burlas, ca lo tienen por brio de andar de mano en mano e detener muchos amados. Ca estas tales non aman verdaderamente a njngund ombre njn los amadores a las mugeres non las aman verdaderamente quando muchas quieren amar, que non es verdadero njn durable sy *[fol. 90r]* non quando[17] lo tjenen delante. Onde por tales amores commo estos que son syn Dios, puso San Geronjmo vn enxienplo de vnas preguntas que fazia vn ombre bueno a su fija en que se puede entender sy es verdadero el amor de la muger que muchos garçones aman o non e dizelo asy:

De las preguntas que fizo su fija sobre los amores de las mugieres

Un ombre bueno tenja vna fija muy fermosa e cunplida de muy buena palabra e de buen rreçebir e plazible mucho de dezir e avn de oyr. E por todas estas cosas era mucho vegitada, e era famjliar de muchos, e aconpañaua la muchas mugeres quando yua a los santuarios en rromeria, por muchas plazenterias quel sabia fazer e dezir. E por ende quiso el ombre bueno saber destos amores que su fija demostraua a

todos, sy eran verdaderos o non. E vn dia dixo el asy, "Ay la mj fija, mucho amada, e muy vesitada, e entendida de todos bienes, e dezidora de todas buenas cosas e plazenteras, ¿querriedes que fiziesemos vos e yo vn trebejo de preguntas e de respuestas con que tomassemos algun plazer?" Respondio la fija e dixole, "Ay el mj padre e el mj señor, sabed que todo aquello que a vos plaze, plaze a mj, ca sabe Dios que muy grande deseo auja de estar conbusco en algund solaz, por que viesedes sy auje en mj algund bien e buen entendimjento." "Fija amjga," dixo el padre, "¿dezir me hedes verdad a las preguntas que vos yo fiziere?" "Sy," dixo la fija, "segund el entendimjento que en mj oujere, ca non vos encubrire ende njnguna cosa maguer algunas de las palabras que vos dixieredes sean contra mj." "E agora mja fija," dixo el padre, "començemos yo preguntando e vos respondiendo." "Començad en buen ora," dixo la fija, "ca yo aparejada esto para vos rresponder."

"Pues agora, la mj fija entendida e bien auenturada," dixo el padre, "responded me a esta primera pregunta. La muger que muchos ama, ¿a qual de los amadores ama?" "Padre señor," dixo la fija, "non los puede amar a todos en vno, mas agora a este e agora al otro. Ca quantas vegadas muchos ama tantos mas amadores demanda, ca la cubdiçia non demanda njn se farta que *[fol. 90v]* non quiera sienpre nueuas cosas, e cobdiçiando syenpre ombre, agora ama a este e agora ama aquel otro. Ca bien asy commo de ligero conçibe nueuas cosas en su coraçon, asy de ligero las pierde e las olujda. E asy quantos mas ama, tantos mas quiere amar, menospreçiando a todos los otros sy non al postrimero, aujendo todabja voluntad de lo dexar e de lo olujdar luego que otro nueuo le sobrevjnjere."

"Ay, la mj fija de buen conosçer, pues la muger que muchos ama, [...]" "Padre señor," dixo ella, "al que tiene delante ama." "Pues la mj fija, sy muchos amadores tiene delante, ¿qual es el que mas ama?" "Padre señor," dixo ella, "qual persona acata." "Ay, la mj fija, ¿quanto dura el amor de la muger tal commo esta?" "Padre, señor, quanto dura la fabla entre amos, por demanda e por rrespuesta, e quanto dura el catar continuado del vno e del otro e non mas. E avn padre, señor, mayor mengua ay en el amor de tal muger commo esta, ca a las vegadas, estando fablando con el vn amador, tiene el tal coraçon en el otro que vee pasar. E assy en mostrando que ama a cada vno, non ama a njnguno, ca el su amor non dura entero en el vno njn en el otro, sy non quanto dura el fablar e el catar del coraçon entre ellos, ca a la ora que estas cosas fallecen, luego fallesçe el amor entrellos, non se acordando del. E prueua se desta gujsa, ca bien asy commo el espejo que resçibe muchas formas de semejanças de los ombres, quando se paran muchos delante del e luego que se tiran delante, non retjenen njnguna forma dellos en sy; atal es la muger que muchos ama. E por ende, padre, señor, nunca se deue ombre ayuntar en amor de aquella que fue amjga e famjliar de muchos, ca nunca le guarda fe njn verdat avnque lo jure en los Santos Euangellos, ca non lo puede sofrir el coraçon ser vna de vno. Ca estas atales non han parte en Dios maguer fagan enfinta de ser sus sieruas, andando en rromerias, ca mas van y por que vean e las vean que non por deuoçion que y han.''

"Ay, la mj fija," dixo el padre, "dezid me quando aprendistes estas cosas que tan sotilmente e tan prestamente respondistes a ellas." "Padre, señor, demjentra que las puede catar e ver e vsar dellas." "Ay, la mj fija mucho amada," dixo el padre, "¿ay estudio e maestro para aprender estas cosas en algund logar?" "Sy," dixo la fija. "¿E do?" dixo el padre. "En los monesterios mal guardados," dixo la fija, "ca las destos monesterios atales han sabor de saljr e de ver e de se fazer conosçer. E sy algunos los vienen a vesitar o a ver, por mas loca se tiene la que mas tarde los aparta para entrar en razones con ellos. E avnque non los pueden ellas apartar, lançan sus palabras de traujeso por manera de juguetes, en manera que el que bien pensare entendera que se querria acometer. E esto toman de njñes, aujendo soltura para dezir e fazer lo que quieren, e asy non puede perder las costunbres que vsaron atan bien commo la olla que tarde o nunca puede perder el sabor que toma nueuamente por mucho que se laue. E algunas destas que saben *[fol. 91r]* escriujr e leer non han menester medianeras para que les procuren vesytadores, ca lo que sus voluntades cobdiçian, las sus manos lo obran, commoquier que sse non despagan de aquellos que les vjenen con nueuas cosas. Ca padre, sseñor, algunas van a los monesterios mal guardados que las deujan guardar e castigar, que las meten en mayor escandalo e en mayor bolliçio." "Fija, sseñora," dixo el padre, "¿dixistes me verdad en todas estas cosas que vos yo he preguntado?" "Ssy," dixo la ffija, "ca non vos he negado njnguna cosa que dezir vos deujese, commoquier que en las palabras que vos dixe, en algunas me faria cruelmente en el mj coraçon, ca me tanjen e me sentie dello." "Fija, amjga," dixo el padre, "mucho vos lo gradezco. De aqui adelante quede el nuestro trebejo, ca asaz ay dicho de la vna parte e de la otra, e Dios vos dexe fazer el bien."

E asy fueron padre e fija bien ledos e bien pagados mas que non el Cauallero Atreujdo con su fijo que estaua atendiendo la respuesta de la dueña que la non podie della auer, tenjendose en mucho. Pero en cabo saljo otra su priuada de traujeso, e mas fina que las otras en el menester, e dixole: "Señora, non vos conprehenda Dios por la desmesura que mostrades a este cauallero, ca yo vj a otras ser tolljdas de los pies e de las manos e de la fabla, por querer ser caras de su palabra e de lo que les dio Dios." "Commoquier," dixo ella, "que yo ganare muy poco en estos amores, e a lo menos non yra esta vegada de aqui denodado."

E luego lo tomo aquella por la mano e metiolo a su casa, e allj estouo vn rrato con aquella muger fablando. E desque fue enojada de estar fablando con aquella dueña e oujeron aujdo muy solaz, despidiose luego della e de las otras que estauan en la calle. E tomo a su fijo por la mano e caualgaron en sus palafrenes que tenjen a la puerta, e

fueronse luego a palaçio do estaua la su señora, la qual auja tomado por muger, que era señora de aquel lago.

De commo el Cauallero Atreujdo e su fijo fueron amos ados en vn punto lançados fuera de aquel lago por el mesmo lugar por do entro *[fol. 91v]*

Luego saliose el cauallero fuera e tornose para la posada. E la señora de la çibdad sopo luego el fecho de commo paso entre el cauallero e la dueña; fue la mas sañosa cosa e la mas ayrada del mundo contra el. E asentose en vn estrado e tenje el vn braço sobre el conde Nason, al qual dio por traydor el rey de Menton, e el otro sobre su visabuelo que fuera dado otrosy por traydor asy commo ya oystes. E quando entraron el cauallero e su fijo por la puerta en sus palafrenes, vieron estar en [e]l estrado vn diablo muy feo e muy espantable que tenje los braços sobre los condes e paresçie que les sacaua los coraçones e los comje. E dio vn grito muy fuerte e dixo: "Vete, cauallero loco e atreujdo, con tu fijo, e sal de la mj tierra, ca yo so Señora[18] de la Trayçion." E fue luego fecho vn grand terremoto que le semejo que todos los palaçios e la çibdad se venjen a la tierra. E tomo vn bjento toruelljno al cauallero e a su fijo, que bien por allj por do desçendio el cauallero, por allj los subio muy rrezio e dio con ellos fuera del lago çerca de la su tjenda. E este terremoto syntieron bjen a dos jornadas del lago, de gujsa que cayeron muchas torres e muchas casas en las çibdades e en las villas e en los castillos.

Últimas Aventuras en el Reino de Mentón

De commo fallaron los escuderos del Cauallero Atreujdo fuera del lago muy espantado

La gente del cauallero rrecudjan cada dja aquella tienda por ver sy paresçerie su señor, ca cuydaron que peligrara. E otro dia despues que el llego *[fol. 92r]* a la tienda, vjnjeron alli sus escuderos commo espantados por el tremer que fiziera la tierra otro dia ante. Pero despues que vieron a su sseñor, fueron mucho alegres e muy pagados e dixieron le: "Señor, pedimos te por merçed que salgas de aqueste lugar, ca mucho peligroso es." "Çierto," dixo el cauallero, "mucho nos es menester, ca nunca tan quebrantado salj de cosa que començase commo desta. ¿Pero tenemos bestias en que vayamos?" dixo el cauallero, "ca dos palafrenes en que saljmos del lago luego que dellos descaualgamos, se derribaron en el lago, el vno en semejança de puerco e el otro en semejança de cabra, dando las mayores bozes del mundo." "Çierto, sseñor," dixo vn escudero, "tenemos todas nuestras bestias muy gordas e muy sazonadas, saluo ende que estan espantadas por el grand tremer de la tierra." "Çierto," dixo vn escudero, "e avn todos nos otros de gujsa que cuydamos pereçer."

"Sseñor," dixo vn escudero, "ese que con vos vjene, ¿quien es?" "Mjo fijo es," dixo el cauallero. "¿E commo, señor?" dixo el escudero, "¿fuestes ya otra vegada en esta tierra que tan grand fijo auedes?" "Çierto," dixo el cauallero, "nunca en esta tierra fuj sy non agora." "¿E pues commo podrie ser," dixo el escudero, "ser aqueste vuestro fijo, ca ya mayor es que vos?" "Non lo tengades a maraujlla," dixo el cauallero, "ca la yerua mala ayna creçe, de tal manera es que en syete dias echo este estado que tu vees. E en aquella tierra do el naçio, todas las reses paren a siete dias del dia en que conçiben, e todos arboles verdeçen e floresçen e lieuan fruto de nueuo cada dia." "¿E en quien oujstes este fijo?" dixo el escudero. "En vna dueña," *[fol. 92v]* dixo el cauallero, "segund me semejaua a la primera vista, la mas fermosa que en el mundo podie ser. Mas a la partida que me dende [...], vila tornada en otra figura que bien, me semejo que en todos los ynfiernos no era mas feo njn mas negro diablo que ella era. E bien creo que de parte de su madre que es fija¹⁹ del diablo, e quiera Dios que rrecuda a bien lo que non puedo creer, ca toda criatura torna a su natura."

E conto les todo en commo pasara e ellos fueron ende mucho maraujllados de commo dende escapara bjuo e sano. "¿E commo le llamaremos a ese vuestro fijo?" dixo el escudero. "Çierto," dixo el cauall[er]o,"non lo se, sy agora non lo bautizamos, e le pongamos nonbre de nueuo, e tengo

que sera bueno que lo fagamos." E acordaron de lo bautizar e pusieronle nonbre Alberte Diablo. E este fue muy buen cauallero de armas e muy atreujdo e muy syn mjedo en todas cosas, ca non auje cosa en el mundo en que dubdase e que non acometiese. E deste ljnaje ay, oy dia, caualleros en aquel reyno de Panfilia, mucho endiablados e muy atreujdos en sus fechos. E este cuento deste Cauallero Atreujdo vos conte porque njnguno non deue creer njn se meter en poder de aquel que non conosçe, por palabras fermosas njn falagueras que le diga, njn por promesas que le faga, mayormente en logar peligroso; ca por auentura puede ende saljr escarnjdo, mas esquiuar las cosas dubdosas mayormente sy algund peligro vee al ojo, asy commo acaesçieron a los del reyno de Menton, ca luego que vieron el peligro de aquel lago se partieron dende e se fueron para su señor.

E quando el rey sopo aquellas maraujllas que se fazjan en aquel lago e lo que acaesçiera aquel Cauallero Atreujdo, dixo asy: "Amjgos, çiertamente creo que aquel lugar es maldito de Dios. E por esto todos los que caen en aqueste pecado de trayçion deuen ser lançados en aquel logar, e asy lo pongo por ley de aqui adelante que se faga."

De commo el rey dio el condado del conde Nason a Garfin su fijo e commo murio la reyna

Dize el cuento quel rey dio luego el condado del conde a Garfin e mando que fuese con el Roboan, su hermano, e muy grand caualleria de aquella que alli tenja. E mando que leuasen consigo al sobrino del conde e que le diesen vn logar en que bjujese onrradamente con dies escuderos. E ellos fizieron lo asy, ca les fue entregada la tierra syn contrario alguno, e vjnjeron se para el rey todos con el conde Garfin, muy alegres e muy pagados. El rey, estando en vna çibdat muy buena que le dezien Toribia, e la reyna con el, e veyendo que non fincaua del plazo que el e la reyna aujan de tener castidat mas de ocho *[fol. 93r]* dias, andaua muy triste e muy cuytado por mjedo que avria a bjujr en pecado con ella. Mas nuestro Señor Dios que es guardador de aquellos que la su carrera quieren tener, e guardarse de le errar en njnguna gujsa, non quiso que en este pecado bjujese. E ante de los ocho dias fino se la reyna e Dios leuole el alma a parayso, ca su sierua era e buena vida e santa fazia. El rey, quando esto vio, entendio e conosçio que Dios le auja fecho grand merçed pero que non sabia que fazer, sy allegaria a sy aquella buena dueña e a sus fijos Garfjn e Rroboan.

De commo el rrey mostro a los de su rreyno a su muger e a sus fijos e todos los del reyno los resçibieron por señores

En esto estouo pensando muy grand tienpo asy que una noche, estando en su cama, rrogo al nuestro Señor Dios quel, por la su merçed, le quisiese ayuntar a su muger e a sus fijos en aquella onrra quel era. E durmjose luego e fazia la mañana oyo vna voz que le dixo asy: "Leuantate e enbia por toda la gente, e diles en commo con esta muger fuste ante casado que con la reyna, e que oujste en ella aquellos dos fijos, e de commo tu e la rreyna mantoujstes castidad fasta que Dios ordeno della lo que touo por bien, e que quieran resçibir aquella por tu muger e Garfjn e Roboan por tus fijos, ca sey çierto que lo faran muy de grado."

E el rey se leuanto muy ayna e enbio por su chançiller e por todos los escriuanos de la su corte, e mandoles que fiziesen cartas para todos los condes e duques e rricos ombres e para todos los çibdadanos de las villas e dellos castillos, e de todo su reyno en que mandauan, que enbiasen de cada çibdad e logar seys ombres buenos de los mejores de sus logares con cartas e con poder de otorgar todas aquellas cosas que se fallasen por corte que deujesen fazer de derecho, de gujsa que fuesen con el ayuntados el dia de Pentecoste, que auja de ser de la data destas cartas en vn año.

E las cartas fueron luego enbiadas por toda la tierra muy apresuradamente, de gujsa que ante del plazo fueron juntados todos con el en el su palaçio mayor, e el asentose en su sylla e su corona muy noble en su cabeça, e enbio por aquella dueña su muger e por sus fijos Garfin e Roboan. E quando estoujeron todos ayuntados, dixo el rey asy: "Amjgos e vasallos leales, yo oue este rreyno por la merçed de nuestro Señor Dios que me quiso oyr e gujar e endereçar e dar me seso e poder e buena ventura por que yo pudiese desçercar este logar do tenjen al rey çercado, el que fue ante que yo, e oue la su fija por muger. Pero Dios por la su merçed non qujso que bjujese en pecado con ella porque yo era ante casado con otra muger de la qual non sabia sy era muerta njn bjua. E fasta que yo supiese o pudiese saber mayor çertenjdad della, dixe a la reyna mj muger que *[fol. 93v]* por vn pecado graue que yo fiziera que me dieran en penjtençia que mantoujese dos años castidad. E ella, commo muger de santa vjda, dixo que mantenje ella castidad comigo e yo otrosy que gela mantoujese, ca mas querie ella que fuese amjgo de Dios e cunpliese la penjtençia que non que bjujese en pecado mortal e toujese a Dios ayrado.

"E ante del plazo de los dos años se cunpliese, quiso la Dios leuar para sy commo aquella que era su sierua e mantenje buena vjda asy commo todos lo ssabedes en aquel tienpo. E yo veo aqui mj muger, la primera, e dos fijos que oue en ella. E conosçi a la mj muger muy bien commoquier que ella non me conosçie, ca los fijos perdj los muy pequeños e non me podia acordar dellos saluo ende que me acordaua quando la buena dueña contaua commo los perdiera en aquel logar. E son estos e aquella buena dueña que allj esta. Mas en tienpo de la reyna, que Dios perdone, non me atreuj a lo dezir por mjedo de non meter escandalo e dubda en los de la tierra, porque vos ruego que pues Dios asy lo quiso ordenar que la reyna e yo non bjujesemos en pecado mortal, e me quiso aqui traer la mj muger primera e los fijos, que vos plega que me mantenga con ella e con estos mjs fijos asy commo deuo."

E todos los de la tierra fueron muy espantados, e se maraujllaron de todo esto que el rey dezia e *[fol. 94r]* començaron a fablar entre sy e a murmurar. E el estaua mucho espantado e cuydaua que non fablauan njn murmurauan por al sy non por conplir su voluntad. E dixo: "Amjgos, ¿por que non respondedes? ¿Plaze vos que sea esto que vos yo pido o non? Pero quiero que sepades que ante vos sabria dexar el reyno que vjujr syn mj muger, ca bjujendo syn ella e non conosçiendo mjs fijos commo deuja, beujria en pecado mortal. E tengo que por esta razon que faria Dios mal a mj e a vos."

Leuantose en pie el conde Nardjno, que era el mas ançiano e el mas poderoso de toda la tierra, e dixo asy: "Sseñor, rey de virtud, non quiera Dios que por njnguna cosa del mundo vos ayades a dexar el rreyno, mayormente por lo que nos ayamos de dezir e fazer. Ca señor, vos sodes aquel que Dios quiso, e la vuestra buena ventura que vos oujesedes el reyno para vos e para nos ser anparados e defendidos e honrrados, asy commo lo somos sobre todos los del mundo, por vos e por vuestro esfuerço e por vuestro buen entendimjento. Ca sy por la nuestra desauentura vos oujesemos de perder, e mayormente por nuestra culpa perdidos e astragados eramos e non a syn rrazon, ca seriemos en grand culpa ante Djos, e los nuestros vezinos nos astragarian. Mas tenemos por derecho e por acuerdo que resçibades vuestra muger e vos mantengades con ella e que conozcades e que lleguedes vuestros fechos fijos a vos asy commo deuedes. Ca nos resçibjmos a vuestra muger por señora e por reyna e al vuestro fijo mayor por heredero despues de vuestros dias."

Estonçe dixo el conde a todos los otros: "¿Vos otros tenedes lo asy por bien?" E todos a vna voz dixieron: "Asy lo tenemos e plaze nos." E luego tomaron a su muger e metieronla en vn palaçio, e vistieron la de nobles paños, e pusieron le en la cabeça vna corona de oro muy noble, e asentaron la en vna silla a par del rey e los dos sus fijos a los sus pies. E fueron todos vno a vno a besar le la mano e fizieron omenaje a la reyna e al fijo mayor dellos. E leuantose con muy grand alegria e con muy grand plazer, e fueron todos a comer con el rey, ca los el auje conbidado que fuesen sus huespedes ese dia. E despues de comer, fizieron las mayores alegrias que en el mundo podien ser fechas, e eso mjsmo fizieron todos los del rreyno despues que se tornaron a sus logares donde eran los que allj vjnjeron por mandaderos.

De commo el rey enbio su presente con el Cauallero Amjgo a la hermjta do era el hermjtaño

Luego el rey fjnco muy ledo e muy pagado con su muger e con sus fijos, contando le la muger de commo pasara su tienpo despues que lo perdiera e de commo le fiziera Dios muchas merçedes asy commo ya lo oystes. E los fijos contauan le otrosy de commo fueran criados de aquel burges e de quantos bienes les auja fecho el e su buena muger, e pidieron le por merçed [...]²⁰ quisiese resçibiesen dellos buen gualardon por la criança que en ellos fiziera. E al rrey plogo le mucho de coraçon porque estos moços *[fol. 94v]* conosçien el bien fecho, e mandoles dar de sus dones muy ricos e muy nobles para que gelos enbiasen. E ellos fizieronlo asy.

E vjnose le hemjente al rrey de lo que le dixiera el hermjtaño, que sy Dios le diese vitoria o le pusiese en el estado quel cuydaua, que se le vjnjese hemjente de aquella hermjta. Enbio luego por el Cauallero Amjgo e dixole: "Cauallero Amjgo, ¿vjenese te hemjente del hermjtaño do yo te conosçi primero?" E dixo el Cauallero Amjgo: "Señor, sy." "Pues toma aquella mj corona, la mas noble que vale muy grand auer, e veynte cofres llenos de plata, e lieua lo todo aquella hermjta e ofreçelo todo allj. E sy fallares al hermjtaño vjuo, da gelo e dile que faga fazer y vn monesterio de monjes e que faga conprar muchos heredamjentos en que se mantenga." E el Cauallero Amjgo fizolo conplir asy commo el rey mando, de gujsa que oy dia esta alli aquel monesterio muy rico.

De commo el Cauallero Amjgo fizo mucho bien al pescador su amo con qujen el solia beujr

Despues que fue todo acabado, el Cauallero Amjgo fizo pregonar que todos los que quisiesen venjr a la fiesta de Santi Espiritus, que era la bocaçion de aquel monesterio, que por onrra de la fiesta e de aquella nueua obra, que les de oro e de comer ese dia. E llego se y mucha gente, entre la qual estaua alli el pescador cuyo sieruo auja seydo el Cauallero Amjgo. E conosçiolo, e fizo lo meter en vna su camara, e desnudose los sus paños que tenje muy nobles. Diogelos e mando le que se los vistiese luego. E el pescador, non lo conosçiendo, dixo le: "Señor, pido te por merçed que non quieras que *[fol. 95r]* tan ayna los vista, ca los que me conosçen cuydaran que los furte, e avnque sepan que tu me los diste, tener me han por loco por yo vestir tales paños commo estos." "¿E commo?" dixo el Cauallero Amjgo. "¿Locura es traer se ombre apuestamente e bien bestido? Mayor locura [...] non los querer vestir al que los tiene, mayormente non le costando nada. E sy tu otra razon non me dizes porque te escusas de los vestir, non te terne por de buen entendimjento." "Sseñor,

yo te lo dire," dixo el pescador, "segun el poco entendimjento que yo he."

"Bien sabes tu, sseñor, que tales paños commo estos que non perteneçen para ombre pobre sy non para ombre rico e grande, e quando estos dexare, que pueda tomar otros tan buenos o mejores." "¿E crees tu," dixo el Cauallero Amjgo, "que podras llegar a tal estado en algund tienpo para que esto pudieses fazer?" "Señor," dixo el pescador, "sy creo, con la ayuda e con la merçed de Dios, que lo puede bien fazer." "Agora te digo yo," dixo el Cauallero Amjgo, "que te tengo por de mejor sseso que quando yo de ty me parti quando me dixiste que non beyes en mj señales por que Dios me pudiese fazer mejor que tu. E yo dixete que te encomendaua al tu poco sseso. E asy me despedi de ty." "Sseñor," dixo el pescador, "nunca tal palabra yo te dixe, ca grand locura serie en dezir a tan poderoso señor commo tu eres, que non podries ser tu mejor señor que yo." "¿E commo non me conoçes?" dixo el Cauallero Amjgo. "Non, señor," dixo el pescador. "Pues yo so el tu collaço," dixo el Cauallero Amjgo, "que te guardaua la choça a la orilla de la mar."

E el pescador oteolo muy afincadamente e conosçiolo e dexose luego caer a sus pies. E el Cauallero Amjgo lo fizo luego leuantar, e dixole asy: "Amjgo, non tengas en poco el poder de Dios, ca el es poderoso de fazer lo que otro njnguno non puede fazer. E dote estos mjs paños en hemjenda de la saya vieja que me diste quando me partj de ty, porque non tenjas otra que me dar. E por la buena respuesta que agora me diste commo ombre de buen entendimjento, mando que te den de la merçed *[fol. 95v]* que Dios a mj fizo mill dineros de oro con que puedas fazer en cada año otros tales paños e otros mill dineros para mantener tu casa. E sy te fallesçiere en algund tienpo, mando que te vayas para mj al reyno de Menton, ca yo te quiero conplir de lo que te fuere menester. E demas, tengo por bien que tu seas veedor e mayordomo de todas las cosas del monesterio so el abad." E aquel abad era el hermjtaño de la hermjta, huesped del rrey de Menton que lo ouo por bien, ca muchos plazeres auja resçibido de aquel pescador. E por tales commo estos dize el proberujo antiguo: "Non nazca quien non medre." Ca çiertamente de muy pobres que estos eran, llegaron a buen estado, e sseñaladamente el Cauallero Amjgo, asy commo adelante oyredes.

E desy torno se el Cauallero Amjgo al rey de Menton, e contole todo lo que auja fecho. E plogo al rey muy de coraçon porque tan bien lo fiziera e gradesçio gelo mucho, e señaladamente porque el hermjtaño era ende abad, ca era muy buen ombre e muy onesto.

**De commo Rroboan rogo a su padre el rey que le dexasse
yr a buscar su honrra e pres e commo el rey gelo otorgo**

Luego fizo el rey llamar a sus fijos que vjnjesen antel e
dixo a Garfin: "A nos fizo Dios mucha merçed mas de
quanta nos mereçemos, porque somos tenjdos de gelo
gradesçer e de gelo conosçer en todo tienpo con buen
serujçio. E tu sabes muy bien que as de ser rey de todo en
todo despues de mjs dias, porque es menester que a Rroboan
tu hermano que le des buena parte del rreyno, en manera que
aya su parte de la onrra e de la merçed que a nos fizo Dios.
E Garfin le fue luego a besar las manos por las palabras que
le dixo, e dixole que non tan solamente que oujese parte mas
que de todo fuese señor e dador e mandador, e avn sy ser
pudiese que anbos ados pudiesen auer nonbre de rey, que le
plazia de coraçon. "Ffijo," dixo el rey, "dizes lo muy bien.
E çierto so que sy lo cunplieres, que Rroboan sienpre sera al
tu mandado e pugnara en creçer tu honrra." "Padre señor,"
dixo Rroboan, "yo fio por la merçed de nuestro Señor Dios
que el que fizo a vos merçed e a mj hermano en querer fazer
a vos rey, e despues a el, que non me querra olujdar njn
desanparar; e non quiera Dios que por parte que el quiera dar
a mj del rreyno, yo mengue de su honrra en njnguna cosa.
Mas yo, serujendo a Dios, pugnare en trabajar e fazer tanto,
porque el por la su merçed e piedad, me porna en tan grand
onrra commo a mj hermano. [...] que me querades fazer
alguna ayuda de lo vuestro e que me dedes trezientos
caualleros con que vaya buscar consejo e a prouar las cosas
del mundo, por que mas vala."

Çierto con estas palabras que Rroboan dixo, peso mucho
al rey, ca tenja que se non querria partir desta demanda e que
por auentura que se perderia. E dixo asy: "Rroboan, por
amor de Dios, que vos non querades partir desta tierra do
fizo Dios grand merçed *[fol. 96r]* a vos e a mj, ca andando
ombre por tierras estrañas pasa ombre muchos trabajos e
muchos peligros. E aqui auedes vida folgada e todo se fara e
se ordenara en el reyno asy commo vos mandaredes."
"Sseñor," dixo Rroboan, "pues yo a vos [e] a mj hermano
dexo sosegados en el reyno que auedes, muy bueno e mucho
en pas, loado sea Dios. Pido vos por merçed que ayades
duelo de mj, ca vjçiosos e lazrados todos han de morir. E
non finca al ombre en este mundo sy non los buenos fechos
que faze, e esto es durable por syenpre. ¿Ca que pro me
ternja de fjncar yo aqui e auer vida muy viçiosa e muy
folgada syn njngun bien fecho que yo fiziese? Çierto el dia
que yo muriere, morra todo el vjçio e toda la folgura que
oujere de tener, e non dexare en pos de mj njnguna cosa por
que los omes bien dixiesen bien de mj. Ca bien vos digo,
señor, que la mayor mengua que me semeja que en el
cauallero puede ser es esta: en se querer tener viçioso, ponese
en olujdo e desanparase de las cosas en que podria auer
mayor honrra de aquella en que esta; çierto, segund razon la
honrra non se da sy non aquel que quiere trabajar por ella. E
por ende vos pido por merçed que no me querades sacar del

proposito bueno en que esto, ca çiertamente ojo tengo para
trabajar e para ganar honrra." "Pues asy es," dixo el rey.
"Dios por la su merçed te la endereçe o te la lieue adelante.
E ffio por el que asi lo fara segund que mj entençion es.
Çierto so, e non po[n]go dubda, que as de llegar a mayor
estado que nos por el tu proposito que tan bueno es, mas
quiero que Garfjn e tu seades cras comjgo en la mañana en
la mj camara, ca vos quiero consejar tan bien en fecho de
caualleria commo en guarda de vuestro estado e de *[fol. 96v]*
vuestra honrra quando Dios vos lo diere."

E otro dia por la mañana fueron con el rey Garfin e
Rroboan e oyeron mjsa con el, e quando fue dicha, mando el
rey a todos los que allj estauan que se fuesen porque auja de
librar en su casa algunas cosas de su fazienda e a pro de su
reyno, e entrose en su camara con sus fijos amos, e asentose
el rey en su silla, e mando a ellos que se asentasen delante,
las caras tornadas contra el, bjen asi commo maestro que
quiere demostrar a sus escolares.

Çifar Da Consejos a sus Hijos

De commo el rrey se aparto con sus fijos e les mostro commo serian de mantener en sus cassas

El su comjenço del rrey fue este: "Mjos fijos, por el mjo consejo, vos otros faredes asi como vos agora yo dire. Lo primero, amaredes e serujredes a Dios que vos fizo e vos dio rrazon e entendimjento para fazer bien e vos guarde [de] mal, ca dize la escriptura que el comjenço de la sabiduria es el temor de Dios. E por ende el que a Dios teme es guardado de yerro e de sy guardaredes todos los sus mandamjentos con grand temor de le non falleçer en njnguno dellos, sseñaladamente guardaredes aquel en que manda que onbre onrre a su padre e a su madre sy quiere auer luenga vida sobre la tierra. ¡Pero mal pecado! Mas son los que se trabajan a tomar el consejo malo que el bueno; pero el ombre de buen entendimjento, quando el mal consejo e el bueno vee e los entiende, acojese ante al bueno maguer sea graue, que al malo maguer sea en deleyte a su voluntad, asy commo contesçio a vn rey mançebo de Armenja."

Del enxenplo que dio vn rey a sus fijos de vn rrey que yua a caçar e fallo a vn predicador que estaua predicando al pueblo

"Dizen que este rrey yua vn dia a caça e fallo a vn pedricador en el camjno, que pedricaua al pueblo. E dixo al pedricador: 'Cata, que yo vo a caça a gran priesa e non puedo estar a la tu pedricaçion porque la aluengas mucho, mas sy [fol. 97r] las quisieres abreujar, par[ar] me he a la oyr e yr me he luego a caça.' 'Rey,' dixo el pedricador, 'los fechos e los loores de Dios son tantos e de tantas maneras que non se pueden dezir en pocas palabras, e mayormente a aquellos que tienen mas ojo por las vanjdades del mundo que por los castigos e por las palabras de Dios. E vos, yd vos a buena ventura e dexad oyr la pedricaçion aquellos que han sabor de la oyr e se pagan de reconosçer la merced que les fizo Dios en les dar entendimjento para las oyr e las aprender. Pero mjenbre se vos, ca por vn pecado ssolo fue Adan lançado del parayso; por ventura sy querra Dios acoger en el al que fuere cargado de muchos.'"

Del enxenplo que dio el rrey a sus fijos del rey e vn fisico que estaua catando vnos orinales

"El rey se fue a caçar e andando pensando en lo que le dixo el pedricador, tornose. E el, tornando se a la villa, vido a vn fisico que tenja delante de sy muchos orinales, e dixo le: 'Fisico, tu que piensas sanar todos los enfermos cuyos son estos orinales, ¿sabrias alguna manera o melezina para sanar los pecados?' E el fisico se penso que era algund cauallero [fol. 97v] e dixole: 'Cauallero, ¿podrias sofrir las amarguras de las melezjnas?' 'Sy,' dixo el rrey. 'Pues escriue,' dixo el fisico, 'esta rreçebta del xarope preparatiuo, que as de comer primero, para rremondar los humores de los tus pecados, e despues que oujeres beujdo el xarope, dar te he la melezina para desenbargar de todos los pecados. Toma las rayzes del temor de Dios e el meollo de los sus mandamjentos, e la corteza de la su buena voluntad de los querer guardar, e los mjrabolanos de la homjldat, e los mjrabolanos de la paçiençia, e los mjrabolanos de la castidad, e los mjrabolanos de la caridat, e la symjente de la cubdiçia, e la symjente del tenpramjento de la mesura, e la symjente de la conçiençia que quiere dezir firmeza, e la simjente de la verguença. E ponlo todo a cozer en caldera de fe e de verdad, e ponle fuego de justiçia, e sollalo con vjento de sabiduria, e cuega fasta que alçe feruor de contriçion. E espumalo con cuchar de penjtençia e sacaras en la espuma las orruras de la soberuja e las orruras de la enbidia e las orruras de la cubdiçia e las orruras de la luxuria e las orruras de la yra e las orruras de la vanagloria e las orruras de la avariçia e las orruras de la [fol. 98r] glotonja. E ponlo a esfriar al ayre de vençer tu voluntad de los vjçios del mundo, e veuelo todo esto con vaso de bien fazer. E maduraran los humores endureçidos de los tus pecados de que non te arrepentiste njn feziste hemjenda a Dios, que son ya en ty mucho endureçidos, e quieren te toller de pies e de manos con gota falaguera, comjendo e veujendo e bolujendo e bolujendote en los viçios deste mundo para perder el alma, de la qual as rrazon e entendimjento e todos los çinco sentidos del cuerpo. E despues que oujeres tomado el xarope preparatjuo, tomaras el fino rujbaruo del amor de Dios, vna onça pesada con balança de auer esperança en el que te perdonara con piedad los tus pecados, e beuelo con suero de buena voluntad para non tornar mas a ellos. E asy seras guarido en el cuerpo e en el alma.' 'Fisico,' dixo el rey, 'mucho es amarga esta tu melezina, e yo non podria sofrir la su amargura, ca de señor que seria, me faria sieruo, e de vysosso, lazrado, e de rrico, pobre.' '¿E commo,' dixo el fisico, 'por tu temer a Dios e conplir sus mandamjentos, cuydas que seras sieruo? E por querer ser homjldoso e paçiente, ¿cuydas que seras lazrado? E por querer ser franco e mesurado, ¿cuydas que seras pobre? Non lo cuydas bien, ca Dios, al que teme e cunple sus mandamjentos, sacalo de serujdunbre e poderio del diablo, e fazelo libre e homjldoso. E al paçiente sacalo de lazeria e de cuydado e ensalçalo, e al franco e al mesurado dale de su aver e acrecientale sus rriquezas. E cata cauallero,' dixo el fisico, 'para en esto mjentes, ca mas amargas son las penas del ynfierno que non es esta melezina, e por ventura, sy las podras sofrir, ca la buena andança pocos son los que la saben sofrir bjen, e la mala andança sy, ca la sufren amjdos maguer non quieren. Onde pues que buen consejo non quieres tomar, mjedo he que avras de tomar el malo consejo de que te fallaras mal, e contesçer te ha commo conteçio a vn caçador que tomaua las aues con sus rredes.' '¿E commo fue eso?' dixo el rrey. 'Yo te lo dire,' dixo el fisico."

Del enxenplo que dio el fisico al rey del caçador e de la calandria

"Dizen que vn caçador fue a caçar con sus redes e tomo vna calandria e non mas. E vjnose para casa con ella e puso mano al cuchillo para la degollar e la comer. E la calandria, quando lo vido, dixole: 'Ay amjgo, ¡que grand pecado fazes en me matar! E non ves que no te podras fartar de mj, que en mj ay poca vianda para tan grand cuerpo commo es el myo. E por ende tengo que farias mejor en me dar de mano e me dexar vjujr. E yo darte he tres castigos que son muy *[fol. 98v]* buenos, de que te podras aprouechar sy quisieres vsar dellos.' Dixo el caçador: 'Mucho me plaze, ca sy vn buen consejo me dieres, yo te dexare e te dare de mano.' 'Pues dote el primer consejo,' dixo la calandria, 'que non creas a njnguno; aquello que vieres e entendieres que non puede ser verdad. El segundo, que non trabajes mucho en pos de la cosa perdida, sy tu vieres que la non puedes auer njn cobrar. El terçero, que non acometas cosa que entiendes que non podras acabar. Estos tres consejos ssemejantes vno de otro te do por el vno que me demandaste.'

Dixole el caçador: 'Buenos consejos me has dado.' E por ende solto la calandria e diole de mano, e la calandria, andando bolando sobre la casa del caçador fasta que vido que se tornaua a casa para yr a caça con sus rredes. E ella se fue bolando a par del por el ayre, parando le mjentes sy se acordarie de los consejos que le dixiera e sy vsarie bien dellos. E andando el caçador por el canpo, parando sus rredes e llamando a las aues con sus dulçes cantos, dixole la calandria que andaua bolando por el ayre asy: '¡Ay mesquino cuytado! ¡E commo fueste engañado de mj!' '¡E quien eres tu?' dixo el caçador. 'Yo sso la calandria que diste oy de mano por los consejos que te di.' 'Non fuy engañado segund creo,' dixo el caçador, 'ca muy buenos consejos me diste.' 'Verdad es,' dixo la calandria, 'sy bien los aprendiste.' 'Pero,' dixo el caçador a la calandria, '¿por que fuy engañado de ty?' 'Yo te lo dire,' dixo la calandria. 'Sy tu supieras la piedra preçiosa que yo tengo en mj cabeça, que es tan grande commo vn bueno de grifo, çierta so que non me dieras de mano, ca tu fueras rrico para en sienpre jamas sy me la sacaras, ca yo perdiera la fuerça e la virtud que he de fablar e tu cobraras mayor fuerça para acabar todo lo que quisieras.' E el caçador, quando esto oyo, finco muy triste e muy cuytado pensando que era asi verdad commo la calandria lo dezie, e andaua en pos della por la engañar otra vegada con sus dulçes cantos. E la calandria commo escarmetada, guardaua se del e dixole: '¡Ay loco! ¡E que mal aprendiste los consejos que yo te di!' 'Non,' dixo el caçador, 'ca muy bien me acuerdo dellos.' 'Bien puede ser,' dixo la calandria, 'mas non sabes vsar dellos njn los entendiste bien. E sy los entendiste non obras dellos.' '¿E commo non?' dixo el caçador. 'Tu sabes muy bien,' dixo la calandria, 'que el primer consejo que yo te di que fue este: que non quisieses traer a njnguno lo que vieses e entendieses que non podrie ser.' 'Verdad es,' dixo el caçador. 'E pues, *[fol. 99r]* ¿commo,' dixo la calandria, 'puedes tu creer que en tan pequeño cuerpo commo es este mjo, pudiese auer tan grand piedra commo es vn bueno de grifo? Ca bien puedes tu entender que non es cosa de creer njn podrie ser verdat. El segundo consejo que yo te di fue este: que non te trabajes en pos de la cosa perdida sy tu entendieses que la non podries cobrar.' 'Verdad es,' dixo el caçador. 'E pues ¿por que te trabajas' dixo la calandria, 'de andar en pos de mj, ca piensas que me tomaras otra vez en los lazos con tus dulçes cantos? ¿E non sabes tu que de los escarme[n]tados sallen los artes? Pues bien deues tu entender que pues vna vegada escape de tus manos, que me guardare otra vegada de me poner en tu poder, ca grand derecho serie que me matases commo lo queries fazer la otra vegada sy de ty non me guardara. El terçero consejo que te di fue este: que non acometieses cosa que entendieses que non podrias acabar.' 'Verdad es,' dixo el caçador. 'E pues tu vees,' dixo la calandria, 'que yo ando bolando commo quiero por el ayre, e tu non puedes sobjr a mj njn lo as poder de fazer, ca non lo as de natura. Non deujes acometer de te yr en pos de mj, pues que non puedes bolar asy commo yo.' Estonçe le dixo el caçador: 'Pues yo non folgare fasta que te tome por arte o por sabiduria.' 'Soberuja dizes,' dixo la calandria, 'e guardate, ca Dios de alto faze caer a los soberujos.'

E el caçador, pensando commo podrie bolar para tomar la calandria, tomo sus rredes e fuese para la villa e fuese para vn trasechador que estaua trasechando en la plaça delante de muy grand gente, e dixole asy: 'Dime trasechador, tu que demuestras vno por al e fazes creer a los ombres lo que non es njn podrie ser, ¿podries fazer me a mj que semejase aue e que pudiese bolar?' 'Bien lo podrie fazer esso,' dixo el trasechador. 'Toma las peñolas de las aues[21] e pegalas a ty con çera e finque todo de peñolas el cuerpo e las piernas e los braços fasta las vñas. E sube en vna torre muy alta e salta ayuso e ayudate de las peñolas quanto pudieres.' E el caçador fizo lo asy e quando salto de la torre cuydo bolar e non sopo njn pudo, ca non era de su natura. E cayo en tierra e murio e

fue gran derecho, ca non quiso creer el buen consejo que le
daua la calandria e creyo el mal [fol. 99v] consejo que non
podie ser por rrazon njn por natura. E el rey quando esto
oyo, creyo que el fisico le daua buen consejo e vso del
xarope e de la melezina, maguer le semejo que era amarga e
non la podrie sofrir. E partio se de las otras vanjdades del
mundo e fue muy buen rey e bien acostunbrado e amado de
Dios e de los ombres, en manera que por aquella amargura
desta melezina que le dio el fisico, vsando bien della, escusa
las amarguras de las penas del ynfierno."

De commo el rey de Menton dezia a sus fijos que fuesen sienpre bien acostu[n]brados

"Asy vos, mjos fijos," dixo el rey de Menton, "syenpre
parad mjentes a los buenos consejos que vos dieren e los que
vjerdes que son con rrazon e pueden ser a vuestra honrra e a
vuestro pro. Resçibid los de grado e vsad dellos e non de los
que fueren syn rrazon. E que entendades que non pueden
ser, ca sabed que dos cosas sson porque los ombres pueden
ser amados e onrrados e preçiados de Dios. E de los
om[br]es, la primera es aprender buenas costunbres; la
segunda, vsar bien dellas. Onde la vna syn la otra non vale
al ombre que ha grand onrra e a grand estado quiere llega[r].
Ca mjos fijos, deuedes saber que en las buenas costunbres ay
siete virtudes que son estas: omjldad, paçiençia, abstinençia,
franqueza, caridat, castidad, piedat, de las quales oyredes
adelante e aprenderedes sus propiedades de cada vna dellas
en su logar. Ca creed que con las buenas costunbres en que
yazen estas virtudes, puede ser dicho noble aquel que dellas
fuere señor, ca dize vn sabio que sola nobleza es aquella que
guarneçe e onrra el coraçon de buenas costunbres. E dize
otro sabio: 'njn por el padre njn por la madre non es dicho el
ombre noble, mas por la buena vida e por las buenas
costunbres que ha.' E otro sabio dize a su fijo: 'Non creas
que puedes ser noble por la alta sangre de tu ljnaje, njn por
las buenas costunbres della, mas por las tus buenas costunbres
propias, sy ende las oujere buenas.' E por ende dizen que la
muger apuesta non es [fol. 100r] de lo ageno conpuesta, ca
sy de lo suyo non fuese conpuesta, poco mejorara con colores
apostizos."

De commo el rey de Menton castigaua a sus fijos de commo syenpre fuesen nobles

"Onde njnguno non se puede loar de bondad agena mas
de la suya propia, e asy vos los mjos fijos, aprendiendo
buenas costunbres e vsando bien dellas, seredes nobles e
amados e preçiados de Dios e de los ombres, pero deuedes
saber que todo noble deue en sy syete virtudes, las que
desuso vos dixe, e demas, que sea amador de justiçia e de
verdad. Ca el noble quanto mas alto es, atanto deue ser mas

omjldoso e mesurado, e quanto es mas noble, mas poderoso,
tanto deue ser mas paçiente. E muchos enbargos ha de sofrir,
ca el que quiere ganar nobleza a de ser franco a los que le
pidieren, e paçiente a los que le erraren, e honrrador a los
que los vieren. Onde el que quisiere ser noble, conujene que
sea de buenas costunbres, ca sabed que el que quiere ser de
buenas costunbres e vsar bien dellas, que deue perdonar a
quantos le erraron. E deue fazer algo a los que gelo
demandaren e non deue parar mjentes a la torpedad de los
torpes, ca dize el ssabio: 'sy quisieres ser de buenas
costunbres e vsar bien dellas, da algo al que pediste e non te
lo dio, e perdona al que te fizo mal e faz le bien.' Ca
faziendo le el bien, pensara e entendera que fizo mal e
arrepentir se ha, e asy faredes de malo, bueno. Ca sabed que
dos cosas son menester a los que quisieren ser de buenas
costunbres: la vna es que sea mesurado e bien enseñado en
sus fechos, e la otra que sea franco a los que lo oujeren
menester. E mjos fijos, quando vos fiziere Dios grande
merçed, sy vsardes bien della, durar vos ha; sy non, sabed
que la perderedes, ca Dios vos dexa sus dones e non los dexa
a los que los non meresçen njn vsan bien dellos. Ca derecho
es escripto que meresçe perder la franqueza del preujllejo
que le dieron al que mal vsa del, e non querades departir
delante de aquel que entendien desque vos desonrrara o vos
desmentira, njn pidades al que creedes que [fol. 100v] non
vos dara, njn prometades lo que non podedes conplir, njn
tenedes en coraçon de dar njn acometades cosa que
entendades que la non podedes acabar. E punad sienpre de
ser con buenos que bjuan con fe, ca ellos tiran con los
coraçones la orrura de los pecados, ca el que ama de ser con
los buenos es de alto coraçon, e el que faze buenas obras,
gana buen prez. E sy queredes conplir los mandamjentos de
la ley, non fagades a otros lo que non querriedes que fiziesen
a vos, ca sabed que con el amor de Dios se ayu[n]tan todas
las buenas costunbres."

De commo el rey de Menton castigaua a sus fijos que mantoujesen sienpre castidat e otrosi les castigaua de commo sienpre fuesen ljnpios

"Otrosy mjos fijos, deuedes saber que la primera e la
mas preçiada de las costunbres es castidad, que quiere dezir
tenperança, porque ombre gana a Dios e buena fama. Ca
sabed que la castidad es apremjar e amansar el ombre el su
talante en los viçios e en los deleytes de la carne e en las
otras cosas que son contrarias a la castidad, e mantener su
cuerpo e su alma buenamente, ca njnguna alma non puede
entrar en parayso sy non despues que fuere purgada e ljnpia
de los sus pecados, asi commo quando fue enbiada al cuerpo.
Ca de ligero podria ombre refrenar su talante en aquestos
viçios sy quisiese, saluo en aquello que fuese ordenado de
Dios, asy commo en los casamjentos. Mas los ombres torpes
dizen que pues Dios fizo ombre e muger que non es pecado

e que sy pecado es, que Dios non gelo deuje consentir, pues poder ha de gelo vedar e yerra malamente en ello. Ca Dios non fizo al ombre assy commo a las otras anjmalias a quien non dio razon njn entendimjento, e non saben que se dizen njn lo entienden, pero han sus tienpos çiertos para engendrar. E en el otro tienpo guardanse, ca por eso dio Dios al ombre seso e entendimjento por que se pueda guardar del mal e escoger el bien, e dexolo Dios todo en su aluedrio para escoger lo que quisiese. Assy que sy mal fiziere, que rresçiba pena, e sy bien, que rresçiba gualardon, ca çiertamente si el entendimjento del ombre quisiere vençer a la voluntad, fara syenpre el bien. E *[fol. 101r]* en esta razon dizen algunos de mala creençia que cada vno es judgado segunt su naçencia, onde oyd mjos fijos, este enxjenplo que vos agora dire.''

Del enxenplo de vn filosofo que dio el rey de Menton a sus fijos sobre las naçençias de los ombres

"Assy fue que Afilon, vn filosofo, llego a vna çibdat e touo y escuela de finosomja que es çiençia para judgar los ombres por sus façiones de que naturas e de que maneras deuen ser. E vn ombre bueno de aquella çibdat, el qual el queria mal, llamo a algunos de sus escolares e dixoles assy: 'Fijos, ¿quien tal fruente ha que demuestra segunt que aprendedes del vuestro maestro?' E ellos le dixieron que deuje ser envidioso. '¿E quien oujere tales ojos, que demuestra?' Dixieron ellos que deuje ser luxurioso: 'E el que oujere tales tenllas, ¿que demuestra?' Dixieron le ellos que deuja ser mjntroso. E el dixoles: 'Todas estas señales ha el vuestro maestro segunt que el vos enseña, e de todas estas maneras, malas deue ser.' E ellos callaron e fueron se luego a su maestro e dixieronle: 'Maestro, la vuestra catadura demuestra tales malas maneras segunt que vos nos lo demostrades. Pero,' cortesmente dixieron ellos, 'maestro, non veemos en vos esto, ca vos soys tan guardado en todas estas cosas e tan conplido en todo bien en que se da a entender, que este vuestro saber non es verdadero, ca mas por agujsado tenemos de dubdar en esta çiençia que dudar en vos.'

"E Afilon su maestro rrespondio les commo ombre sabio e dixoles assy: 'o mjos fijos, sabed que todas aquellas cosas que la mj cara demuestran esas mjsmas cubdiçio yo todavja, e aquellas mjsmas me vienen al coraçon. E yo fuerço lo de gujsa que non pase poco njn mucho a nada de quanto la voluntad del cuerpo cubdiçia. E puno todavia en esforçar el alma e en la ayudar por que cunpla todos los bienes que deue cunplir. E por eso, ssoy yo tal qual vos otros veedes maguer *[fol. 101v]* demuestre la mj cara las maneras que vos otros dixistes. Onde mjos fijos, sabed que dixo vn sabio allj do fabla de las fazes de los sygnos en la astrologia e de lo que sube en ellas. E dixo: 'Quien cada vna faz suben muy muchas figuras de muy muchas maneras, e en lo que sube en la faz primera, que es el grado del açidente, syenpre

lo ama el ombre e quiere todavia auer solaz con el mas que con njnguna otra cosa.' E ssabed que en la faz del mjo signo, que es el açidente, suben dos negros pequeños e non ha solaz en este mundo que mas cubdiçio en mj voluntad que los ver ante mjos [o]jos cada dia. E porque entiendo que non es bien, força mj voluntad e mande que nunca entrase ombre negro en mj casa njn paresçiese ante mj.

"Otrosy sabed mjos fijos, que vn ombre pregunto a vn sabio que sy la naçençia del ombre mostraua que auje de matar ombre o de forçar muger, sy lo cunpliese assy commo lo mostraua su naçençia, porque le avria de matar o de le fazer algund mal, pues naçiera en tal punto que lo auje de fazer, que le semejaua que non auje en ello culpa. Respondio el sabio e dixo assy: 'Porque ha el ombre el aluedrio libre, por esso ha de lazrar por el mal que fiziere.' '¿O que buen aluedrio,' dixo el otro, 'podrie auer el que nasçio en punto de ser malo?' E el sabio non le qujso mas responder porque tantas preguntas faze e puede fazer vn nesçio que non podran dar consejo todos los ssabios del mundo. Pero que el le pudiera rresponder bien e onesto e apuesto sy quisiera, ca las cosas çelestiales obran en las elementales, ca manjfiesta cosa es que los cuerpos de los omes son elementos e non valen nada quando son syn las almas, mas que sy fuesen lodo. E el alma es espiritu de vida que enbia Dios en los ombres en aquellos que el quiere que bjuan, e quando se ayuntan el alma e el cuerpo, viene el ombre a ser bjuo e rrazonable e mortal. E el alma syn el cuerpo non se para a njngund fecho del mundo, e por su ayuntamjento es la vida del cuerpo e al su departimjento es la su muerte. E porque el alma es espiritual e el cuerpo elemental, por esso ha virtud el alma de criar el cuerpo, e maguer los aparejamjentos de las estrellas demuestran algunas cosas sobre la naçençia de algund ombre, la su alma ha poderio de lo defender dellos sy el quisiere, porque ella es espiritual e es mas alta que las estrellas. Ca ellas son en el çielo dozeno e assy lo dizen los estrologos. E porque assy se prueua que en el poder del ombre es fazer el bien o el mal, e por esto conujene que aya gualardon o pena por lo que fiziere. Onde por esto vos, mjos fijos, deuedes saber que en poder del ombre es que pueda fazer las bondades de la su carne e que pueda esforçar las bondades del alma para fazer bien e guardar se del mal. E este aluedrio es dado al ombre de fazer bien o mal por que aya gualardon o pena.''

De commo el rey de Menton castigaua a sus fijos que sienpre temjessen e amasen a su señor terenal

"Por ende vos, mjos fijos," dixo el rrey de Menton, "deuedes todos creer e ser çiertos *[fol. 102r]* que non plaze a Dios de njngund mal porque el es bueno e conplido e non conujene que njnguna mengua njn njnguna cosa menguada venga por el. E los que al dizen e creen yerranlo malamente, ca non creen bien njn son obedientes a Dios njn temen la pena que podrien resçibir en este mundo de los reys que mantienen la ley. Onde todo ombre que quiere ganar onrra e sobjr a alto logar deue ser obediente a los mandamjentos de Dios primeramente, e de sy al su señor eternal, ca la obediençia es virtud que deue ser fecha a los grandes ombres e señaladamente a los que han el señorio de les ser obedientes e de les fazer rreuerençia, ca non bjue ombre en este mundo syn mayor que sy, saluo el Santo Padre que es sobre todos en lo spiritual pero que Dios es sobre el a quien es tenudo de dar rrazon del ofiçio que touo acomendado. Ca sabed que obediençia es amar el ombre verdaderamente a su señor e que le sea leal e verdadero en todas las cosas e que le consejen syn engaño e que pune en le fazer serujçio bueno e leal e que le diga bjen cada que le acaesçiere del e que le gradezca su bien fecho conçejeramente e que amanse su voluntad a ser pagado del, porque quier que le faga, sy por castigo ge le fiziere. Ca sobre esto dixieron los sabios que asy deue ser el ombre obediente al rrey commo lo deue ser a Dios, ca non podrie bien conplir la ley [aquel] que non fuese obediente a su rrey.

"E por ende dixieron: 'Temed a Dios porque le deuedes temer e obedeçed al rrey,' ca sabed que con la obediençia escapa ombre de toda mala estança e saluase de toda mala sospecha. Ca la obediençia es guarda de quien la quiere e castigo de quien la sigue e lunbre de aquel con quien andudiere. Ca quien ama a Dios ama a sus cosas e ama la ley. E quien ama la ley deue amar al rrey que la mantiene. E los que son obedientes a su rrey son seguros de non auer bolliçio en el rreyno e de non creçer cobdiçia entre ellos porque se aya de desfazer su comunjdad, e seran seguros de non salir de regla e de derecho. E non deue njnguno de los del reyno reprehender al rrey sobre las cosas que fiziere para enderezçamjento del reyno, ca todos los del rreyno se deuen gujar por el rey, ca sabed que en la obediençia se hemjendan las peleas e se guardan los camjnos e aproueçen los buenos, ca nunca fue ombre que pugnase en desobedescer al rrey e en le buscar mal o tuerto que le non [fol. 102v] diese Dios mala andança ante que muriese, asy commo contesçio a Rrajes, sobrino de Fares, rey de Siria, segund, mjos fijos, agora podredes oyr sy bien quisierdes entender."

Del enxenplo que dio el rey de Menton a sus fijos del rey Tabor otrosy de los sus priuados que era en el su palaçio

"Dize el cuento que Fares, rey de Siria, fue buen rrey e mucho amado de los de su reyno. E fue casado dos vegadas e en la primer muger non ovo fijo njnguno e en la segunda ouo vno e non mas. E este ouo nonbre Tabor e el rey amaua tanto a Rages, que era sobrino de su hermana, commo sy fuera su fijo mesmo. E fizole mucho bjen e mucha merçed sobre todos los del su reyno e leuo lo adelante quanto el pudo. E de sy conteçio que Fares, rey de Siria, ouo de adoleçer muy mal de que ouo de morir. E ante que finase,

acomendo a su fijo el reyno, e a este su sobrino Rajes, e rogole que anparase el rreyno e lo defendiese, e a su fijo que lo criase e le enseñase buenas costunbres e lo castigase. E Rrages prometiole en sus manos que lo farie e resçibio a Tabor con todos los otros del reyno por rrey e por señor señalado despues de los dias de su padre.

"Mas el diablo que non queda de poner mal en los coraçones de los ombres e malos pensamjentos, puso en coraçon a este Rages, sobrino del rey Fares, que se trabajase de auer el reyno para sy. E el fizo lo asy, cuydando que lo podrie acabar con el grand poder que auje, desconosçiendo quanto bien e quanta merçed le fiziera el rey Fares, padre deste rrey Tabor. Ca Rrages era el mas poderoso rey, ca se trabajaua de tener todos los ombres buenos del reyno por ssy, e avn los pueblos diziendoles que todo el reyno se destruye por la mengua del rey Tabor que non querie fazer justiçia, mas que despechaua la tierra mas de quanto deuje, desafornandolos. E todo esto era verdat, pero la culpa e la ocasion deste mal non era del rey Tabor mas Rages, en cuya guarda e en cuyo poder era el [fol. 103r] rey.

"Mas nuestro Señor, que es gujador de los que mal non meresçen, puso en coraçon al rey Tabor, maguer moço, ca non auja mas de quinze años, que parase mjentes e viese e entendiese el mal e la trayçion en que aquellos le andauan quel deujan guardar e defender. Ca ya çerca eran de lo conpljr de todo en todo el su mal proposito, e deseredar al rey e fyncar el rey e señor del reyno. E porque auja algunos amjgos del rey que le amauan mucho serujr, sentian enbargo para lo deseredar, e deziangelo al rey aquellos que lo conoçian en su poridad que parase mjentes en ello e se syntiese e non quisiese andar adormjdo. E descuydo de la su fazienda e abjuaron le e despertaronle para pensar en ello.

"E el rrey estando vna noche en su camara parando mjentes en estas cosas quel dezian e veya el por señales çiertas, penso en su coraçon que para fincar el rey e señor, quel con Dios e con el su poder, que auja a poner las manos contra aquellos que le querian deseredar. E ssemejole que para se librar dellos que non auja otra carrera sy non esta e adurmjose. E en adurmjendose vio commo por en sueños vn moço pequeño que se le puso delante e le dezia: 'Leuantate e cunple el pensamjento que pensaste para ser rey e ssenor, ca yo sere contigo con la mj gente.'

"E en la grand mañana leuantose e cuydando que era alguno de sus donzeles que le guardauan todavja, llamo los e preguntoles sy fuera alguno dellos esa noche a le dezir algo, e ellos le dixieron que non. 'Pues asy,'[22] dixo el rey, 'prometed me de me tener poridad de lo que vos dixiere.' E ellos prometieron gelo e el rrey contoles el mal en que le andauan Rrages e Joel su amjgo, e de lo que cuydauan fazer syn ayuda e consejo dellos; e commoquier que ellos sabian que lo que el queria acometer, que non podria syn ayuda e consejo dellos, commoquier que ellos sabian que todas estas cosas que el rey dezia que eran asy, e lo veyan e entendian. Dixo el vno: 'Sseñor, grand fecho e muy graue quieres fazer para ombre de tan poca hedad commo vos sodes, e para […] de la […] que ellos son de tan grand poder.' El otro dixo: 'Sseñor, parad y mjentes e guardad vos […] non lo entiendan, si non, muertos e astragados somos *[fol. 103v]* vos e nos, ca vn dia nos afogaran en esta camara commo a sendos conejos.' E el otro le dixo: 'Señor, quien grand fecho quiere començar, mucho deue en ello pensar para lo acabar muy bien e syn daño de sy.' E el otro le dixo: 'Sseñor, en las cosas peligrosas consejo es menester asy commo en este fecho que es dubdoso sy lo podras acabar o non.' E el otro le dixo: 'Sseñor, quien cata la fyn de la cosa que quiere fazer aqui pueda recudir; non lo yerra.' El otro le dixo: 'Señor, mejor es tardar que non repentirse el ombre por se rebatar. Onde señor, commoquier que todos nos otros seamos aparejados de vos serujr e de nos parar a todo lo que nos acaesçiere en defendimjento de la vuestra persona e del vuestro señorio, commo aquellos que nos tenemos por vuestra fechura e non auemos otro señor por quien catar despues de Dios sy non por vos solo, e pedjmos vos por merçed que en este fecho querades mas pensar, que nunca tan ayna lo començedes que todos los mas del rreyno non sean con ellos e con nos otros. ¡Mal pecado! Non njnguno, ca vos han mezclado con la gente del vuestro signorio.'

"E luego el rey fablo sobre esto e dixoles asy: 'Agora quiero yo responder a cada vno de vos otros a todo lo que me dixistes. A lo que dixo el primero que este fecho era muy grande e muy graue de acometer para de tan pequeña hedad commo yo era, e para quand poderosos ellos eran; digo que es verdad, pero sy la cosa non se comjença, non se puede acabar. E por ende, mas conujene que començemos con el ayuda de Dios que sabe la verdad del fecho, e soy çierto que nos ayudara. E a lo que dixo el otro, que pensase e parase bien mjentes en ello que gelo non entendiesen, sy non que vn dia seriamos castigados en esta camara. Digo que aquel Djos verdadero e sabidor de las cosas que me lo puso en coraçon, penso bien en ello e paro y bien mjentes. Ca bjen deuedes entender que tan grand fecho commo este non vernja de mjo entendjmjento njn de mjo esfuerço, sy non de Dios que me moujo a ello e me lo puso en coraçon. E a lo que dixo el otro que quien grand fecho quiere començar, que mucho deue y cuydar para acabar su fecho e syn daño de sy, digo que es verdad, ¿mas qual penssamjento deuje pensar sobre el pensar de Dios e lo que el faze para lo fazer mejor que non otro njnguno? Ca lo que el da o faze çierto es e syn dubda, e por ende non deuemos mas pensar en ello. E a lo que dixo el otro que en las cosas dubdosas grand consejo era menester, asi commo en este fecho que es dubdoso sy se podra acabar o non. Digo que verdad es, mas en lo que Dios ordena, digo que non ay dubda njnguna njn deue auer otro consejo njnguno sobre el su entendimjento. Ca el fue e es ordenador e gujador en este fecho. E a lo que dixo el otro, que quien cata la fin de la cosa que quiere fazer e a lo que ha de rrecodir, que non lo yerra e puede yr mas çierto a ello. Digo que Dios es comjenço e medio e cabo de *[fol. 104r]*

todas las cosas e por ende el que fue e comjenço e el medio e la fin dello. E a lo que dixo el otro, que mejor era tardar e recabdar que non se arrepentir por se rrebatar. Digo que en las cosas çiertas non ha el ombre por que ser perezoso sy es poderoso njn otro alguno, mas que las deue acuçiar e leuar adelante. Ca sy se tardare, por auentura non avra otro tal tienpo para lo acabar. E a lo que dezides todos, que nunca tan ayna començemos este fecho que todos los de la tierra seran por los otros e por mj non njnguno; digo que non es asy, ca la verdat syenpre andudo en plaça paladjnamente, e la mentira por los rrincones ascondidamente. E por ende la boz de la verdad mas aconpañada fue sienpre e la boz de la mentira, asi commo lo podedes ver, posiblemente con la virtud de Dios en este fecho. Ca a la ora que fuesen muertos estos falsos, todos los malos e los mas de los suyos e de su consejo derramaran por los rrencones con muy grand mjedo por la su falsedad, que pensaron asy commo los ladrones nocharnjegos que son çiento a vos de vno que sea dado contra ellos, fuyen e ascondense e todos los otros que non fueron de su consejo, recudiran a la vos del rey asi commo aquel que tenje verdad. E deuedes saber que mayor fuerça e mayor poder trae la voz del rrey que verdadero es, que todas las otras bozes mjntrosas e falsas de los de su señorio. E amjgos,' dixo el rrey, 'non vos espantedes, ca sabed que Dios sera y conusco e nos dara buena çima a este fecho.' 'Sseñor,' dixieron ellos, 'Pues asy es e atan de coraçon lo auedes, començaldo en buen ora, ca con busco seremos a vida o a muerte.' 'Començemos cras en la mañana,' dixo el rey, 'desta gujsa, non dexando entrar a njnguno a la camara, diziendo que yo esta noche oue calentura e que esto dormjendo.'

"E aquellos falsos, Rragel e Joel, con atreujmjento de la priuança e con el su poder, plaziendo les de la mj dolençia, entraran solos a saber sy es asy. E quando ellos entraren, çerrad la puerta e yo fare que me leuanto a ellos por los onrrar. E luego metamos mano al fecho e matemos los commo a traydores falsos contra su señor natural, e tajemos les las cabeças, mostrandolas a todos. E sobid vos sobre los tejados e dezid a grandes bozes: 'Muertos son los traydores Rajes e Joel, que querian deseredar a su señor natural, e echad las cabeças de los tejados ayuso e dezid a altas bozes: "¡Siria, Syria por el rey Tabor!" E çiertos sed que de los de su parte non fincara njnguno que non fuyan, e non ternan vno con otro. Ca los malos nunca acatan por su sseñor de que muerto […] e los buenos sy, ca acatan por el bien fecho en vida e en muerte de aquel que gelo faze. E todos los otros del rreyno rrecudiran a mj voz asy commo las auejas a la mjel, ca aquella es la cabeça, e aqui deuen rrecudir, ca el rrey es el que puede fazer bien e merçed acabadamente en su señorio e non otro njnguno.'

"E los donzeles acordaron de segujr la voluntad de su señor el rrey en manera que bien asy commo lo el dixo, bien asy se cunplio el su fecho. E quando los omes buenos recudieron a la voz del rey, asy commo era derecho e razon, e supieron en commo pasara el fecho, maraujllaron se mucho de tan pequeños moços commo el rey e los donzeles *[fol. 104v]* eran, cometer tan grand fecho. Ca njnguno de los donzeles non auja de dyez e ocho años arriba, e avn dellos auje menores quel rey.

"E por ende los del reyno entendieron que este fecho non fue sy non de Dios çiertamente. E q[ua]ndo preguntauan al rey e a cada vno de los otros donzeles el fecho commo pasara, dezien que non sabien al saluo que vieran la camara llena de ombres vestidos de vestiduras blancas con sus espadas en las manos e vn njño entrellos vestido asy commo ellos, ayuntandolos e esforçandolos que cunpliesen su fecho. Onde todo ombre se deue esforçar e guardar de dezir mal njn de buscar mal asyn razon a su señor eternal, ca qualquier que lo faga sea çierto de ser mal andante antes que muera. E eso mjsmo deue fazer el señor a sus vasallos que lealmente lo syruen, faziendo les mucho bien e mucha merçed, ca tenjdo es de lo fazer, e faziendo lo asy sea çierto que Dios lidiara por el contra los que falsamente lo sirujeren, asy commo lidio por este rey de Siria."

De commo el rey de Menton castigaua a sus fijos de que gujssa se aujan de mantener con el rey sy con el beujesen

"Otrosy mjos fijos, guardad vos de fazer enojo al vuestro rey, ca aquel que enoja al rey enpeçele, e quien se le alongare non se acordara del. E guardad vos de caer contra el rey en algun yerro, ca ellos han por costunbre de contar el yerro muy pequeño por grande, avnque le aya ombre fecho buen serujçio, e luengo, todo lo olujda a la ora de la ssaña. E [...] *[fol. 105r]* muy priuado del rey, enojase del, e quien se tiene en caro, aluengalo de sy; sy non lo ha mucho menester. Ca ellos han por natura de se enojar de los que se fazen muy priuados e de q[ue]rrer mal a los que se tienen en caro. E por ende, quanto mas vos allegardes a el e el rey, vos allegare a su señorio, tanto mas le deuedes fazer reuerençia. Ca sabed que non ay mejor ssaña njn mas peligrosa que la del rey, ca el rey rriendo se manda matar e jugando manda matar. E a las vegadas perdona gran culpa por pequeño yerro e a las vegadas faze grand escarmjento por pequeño yerro e a las vegadas dexa muchas culpas syn njngund escarmjento. E por ende, non se deue ombre ensañar contra el rey maguer lo mal trayga, e non se deue atreuer a el maguer sea su priuado, ca el rey a braueza en sy e se ensaña commo leon, ca el amor del rey es penado, ca mata oras ay con la primera lança que sele acaesçe quando le viene la saña, e despues pone al bil en logar de noble e al flaco en logar del esforçado, e pagase de lo que faze, tanto que sea a su voluntad. Ca sabed que la gracia del rey es el mejor bien eternal que ombre puede auer, pero non deue mal fazer njn soberuja en atreujmjento del amor del rrey, ca el amor del rey non es heredad njn dura todavia. Ca la ssemejança del rrey es asy commo la vid que se traua con los arboles, que falta mas açerca de sy,

qualesquier que suben sobre ellos se estienden e non busca los mejores que estan lexos de sy.

"Otrosy mjos fijos, despues de todo esto, amaredes a vos otros primeramente, ca el amor verdadero en si mesmo comjença, e de sy estender vos hedes a los otros faziendo les bien de lo vuestro e faziendo e buscandoles bien con vuestro señor en lo que pudierdes. Pero maguer mucho seades sus priuados, guardad vos de lo enojar, ca el que esta mas çerca del, mas se deue guardar que non tome saña contra el njn le enpezca, ca el fuego mas ayna quema lo que esta çerca de sy que lo que esta lexos del. E sy non oujerdes tienpo de buscar pro a uos njn a otro con el en el açidente tienpo, non lo enojedes. Ca todos los tienpos del mundo buenos e malos han plazo e dias contados quanto *[fol. 105v]* han de durar. Pues sy vjnjere tienpo malo, sofrid lo fasta que se acaben sus dias e se cunpla su plazo, ca los mejores tienpos del mundo son los dias en que bjuen los onbres a sonbra del señor que ama verdad e justiçia e mesura, ca la mejor partida de la mejoria del tienpo es en el rey. Ca sabed que el mundo es commo vn libro e los ombres son commo las letras e las planas escritas commo los tienpos, ca quando se acaba la vna comjença la otra. Ca çiertos sed que segund la ventura del rey, atal es la ventura de los que son a la su merçed, ca quando se acaba el tyenpo de los que oujeron vez, non les tiene pro la grand conpaña njn muchas armas njn sus asonadas. E los que comjençan en la vez de la ventura, maguer sean pocos e flacos, sienpre vençen e fazen a su gujsa. E esta ventura es quando Dios los quiere ayudar por sus meresçimjentos e el mejor tienpo que es del reyno que puede auer, es que sea el rey bueno e merezca ser amado de Dios, ca aquellos son syenpre bjen andantes los que Dios quiere ayudar. E por ende mjos fijos, non vos deuedes atreuer al rey en njnguna cosa sy non quando vierdes que podredes auer tienpo para le demandar lo que quisierdes, ca de otra guisa poder vos ya enpesçer."

De commo el rey de Menton castigaua a sus fijos que sienpre vsasen la priuança del rey

"P[e]ro mjos fijos, despues que bos entendierdes amar los otros, resçibiendolos e onrrandolos de palabra e de fecho, non estrellando a njnguno en lo que fuere menester procurar, njn diziendo mal de njnguno, e primeramente amaredes a los vuestros e despues a los estraños con caridad que quiere dezir amor verdadero. Ca caridat es amar el ombre a su xristiano verdaderamente e dolerse del e fazerle bien en lo que pudiere, pero primeramente a los suyos. Ca palabra es de la Santa Escriptura que la caridad en sy mesma comjença. Ca todo ombre deue onrrar e fazer bien a sus parientes e esfuerça se la rayz e creçe el ljnaje, pero non gelo deue fazer con daño de otro, ca pecado serie de querer cobrir vn altar e descubrir otro. Ca bien fazer es temer ombre a Dios e fazer bien a los suyos, ca la mejor ljmosna que el ombre puede fazer es que faga el ombre bien a sus parientes que son *[fol. 106r]* pobres, ca dizen que tres bozes suben al çielo: la primera es la boz de la merçed; la otra es del condesijo çelado; la terçera es de los parientes. Ca la voz de la merçed dize asy: 'Sseñor, fizieronme e non me gradesçieron lo que resçibieron.' E la boz del condesijo dize asy: 'Señor, non fizieron lealtad en mj, ca non me despienden commo deuen.' E la bos de los parientes dize asy: 'Desaman nos e non sabemos por que.' Ca sabed que mal estança es fazer ombre ljmosna a los estraños e non a los suyos, ca quien desama a sus parientes asyn razon faze muy grand yerro saluo sy lo meresçen.

"E por ende dizen que todo desamor que sea por Dios non es desamor, e sabed que non deue ombre desamar a los suyos, quier sean ricos o pobres, non se dando a maldat por que los parientes resçiban desonrra. Ca de derecho el malo non deue resçibir njngund pro tras su maldad, pero a las vegadas deue el ombre encubrir los yerros de los suyos quando caen en ellos por ocasion, e non por maldad njn a sabiendas, e non los deuen descobrir njn enbergonçar, ca pesa a Dios quando algunos descubren a los suyos deı yerro en que caen por ocasion, asi commo peso al nuestro Señor Dios quando Can, fijo de Noe, descubrio a su padre quando ssalio del arca e se enbriago con el vjno de la vjña que planto. E lo fallo descubierto de aquellos lugares que son vergonços, e dixo lo a sus hermanos en manera de escarnjo. E el padre quando lo sopo, maldixolo e Dios confirmo lo que Noe fizo.

"E por ende mjos fijos, syenpre amad e guardat a todos comunalmente pero mas a los vuestros. E non fagades mal a njnguno avnque lo merezca, saluo sy non fuere tal ombre a quien deuades castigar o lo oujerdes de judgar, ca pecado mortal es encubrir los males e non los castigar a quien puede e deue. Ca ante deue el ombre castigar a los suyos que non a los estraños e señaladamente a los fijos que oujerdes, ca los deuedes castigar syn piedad, ca el padre piadoso nunca fara buenos criados a sus fijos, ca ante saldran locos e atreujdos. E a las vegadas las lazran los padres por el mal que fazen los fijos, e es derecho pues que por su culpa de los non castigar, erraron que los padres resçiban la pena por los yerros de los fijos asy commo contesçio a vna dueña de Greçia con vn su fijo, asy commo agora oyredes."

Del enxenplo que dio el rey de Menton a sus fijos de vna dueña que nunca qujso castigar a sus fijos e de lo que conteçio a la dueña sobrello

"Dize el cuento que esta dueña fue muy bien casada con vn cauallero muy bueno e muy rrico. E finose el cauallero e dexo vn fijo pequeño que ouo en esta dueña e non mas. E la dueña tan grand bien querie a este fijo porque non tenja otro, que todo quanto fazie de bien e de mal todo gelo loaua e daua le a entender que le plazia dello.

"E de que creçio el moço non dexaua obras del diablo que non fazie, ca el se las querie fazer todas, robando los *[fol. 106v]* camjnos e matando los ombres asyn razon e forçando las mugeres do quier que las fallaua e dellas se pagaua. E sy los que avian de guardar la justiçia lo prendian por alguna destas rrazones, luego la dueña su madre lo sacaua de la presion, pechando grand algo aquellos que lo mandauan prender, e trayen lo a su casa e non le dezia njnguna cosa de castigo njn que fazia mal, ante fazia las mayores alegrias que podie con el. E conbjdaua a caualleros e escuderos que comjesen con el, asy commo sy el oujese fecho todos los bienes e todas las noblezas del mundo que todo ombre bueno deuje fazer.

"Asy que despues de todas estas maldades que fizo, vjno el enperador a la çibdad ado aquella dueña estaua. E luego vjnjeron al enperador e aquellos que las desonrras e los males resçibieron del fijo de aquella dueña e querellaron se del. E el enperador fue mucho maraujllado destas cosas tan feas e tan malas que aquel escudero dezie que auje fecho, ca el conosçio a su padre que fue su vasallo grand tienpo, e dezien mucho bien del. E sobre estas querellas enbio por el escudero e preguntole sy auja fecho todos aquellos males que aquellos querellosos dezian del, e contaron gelos todos. E conosçiolo todo el escudero diziendo que lo fiziera todo con mocedad e con poco entendimjento que en el auje. 'Amigo,' dixo el enperador, 'por la menor de todas estas cosas deujan morir mjll ombres sy lo oujesen fecho e manjfiestas fuesen. E sy mjo fijo fuese e cayese en estos yerros, pues justiçia deuo mantener e dar a cada vno lo que meresçe, yo lo mandaria matar por ello. E pues tu de conosçido vienes que lo feziste, non es menester que otra pesquisa fagamos, ca lo que manjfiesto es non ha menester *[fol. 107r]* proeua njnguna.' E mando al su alguazil que lo leuasen a matar.

"E en leuandolo a matar, yua la dueña su madre en pos del, dando bozes e rascando se e faziendo muy grand duelo por el, de gujsa que non auja ombre en aquella çibdat que non oujese grand piedad della. E yuan los ombres buenos a pedir por merçed al enperador que lo perdonase, e algunos de los querellosos, doljendo se de la dueña. Mas el enperador, commo aquel al qual sienpre plogo de fazer justiçia, non queria perdonar, antes lo mandaua matar de todo en todo. E en llegandolo al logar do lo aujan de matar, pidio la madre por merçed al alguazil que gelo dexasen saludar en la boca e besar ante que lo matasen. E el alguazil mando a los ssayones que lo detoujesen e non lo matasen, e su madre que llegase a el e lo saludase. E los sayones detoujeronlo e dixieron le que su madre lo queria saludar e besar en la boca ante que muriese. E al fijo plogole muy de coraçon e dixo luego a altas bozes: 'Venga la mj madre ayna; ayudarme[23] quiere para que la justiçia se cunpla segund deue, ca bien creo que Dios non quiere al sy non que sufra la pena el que la meresçe.' E todos fueron maraujllados de aquellas palabras que el escudero dezia, e atendieron auer que podrie recudir.

"E de que llego la dueña a su fijo, abrio los braços commo muger cuytada e fuese para el e a el aujenle soltado las manos pero que lo guardauan muy bien que non se fuese. 'E amjgos,' dixo el escudero, 'non creades que yo me vaya, ca antes quiero e me plaze que se cunpla la justiçia, ca me tengo por muy pecador en fazer tanto mal commo fize. E yo la quiero començar en aquel que la mereçe. E llego se a su madre commo que la queria abraçar e besar, e tomola con amas las manos de las orejas abueltas de los cabellos, e fue a poner su boca con la suya e començole de comer e de roer todos los rrostros, de gujsa que non le dexo cosa njnguna fasta las narizes njn del rostro de ayuso fasta la barujlla, e fincaron le todos los dientes descubiertos. E ella finco muy fea e muy desaseada. E todos los que allj estauan fueron muy espantados de aquella crueldad tan grande que aquel escudero fiziera a su madre e començaron le todos a denostar e a maltraer. E el dixoles: 'Señores, non me denostedes njn me digades mal, ca justiçia es de Dios, ca el me lo mando que lo fiziese.' '¿E por que a tu madre?' dixieron los otros. 'Por el mal que tu feziste ha de lazrar ella. Djnos, ¿qual razon te moujo a lo fazer?' E el escudero les dixo: 'Por çierto, non lo dire sy non al enperador mesmo.'

"E luego le fueron contar al enperador esta crueldad que aquel escudero fiziera a su madre e dixieronle que non lo queria dezir a otro njnguno sy non a el mjsmo. E el enperador mando que gelo truxiesen delante luego, e non se quiso asentar a comer fasta que primero sopiese esta maraujlla e esta crueldat por que fuera fecha. E quando el escudero llego antel enperador e la dueña su madre, muy fea e muy desfigurada, dixo el enperador al escudero: 'Dj, falso traydor e malo, ¿non te cunplieron quantas maldades e quantas *[fol. 107v]* crueldades feziste en este mundo que avn a la tu madre que te pario e te crio muy viçioso, ca perdio por ty quanto auje, pechando lo por los males e por las vilezas que tu fazias, que tal la paraste en manera que non es para paresçer delante de los ombres, njn oujste piedad contra tu sangre en la derramar tan aviltadamente, njn oujste mjedo de Dios njn de los ombres que te lo tienen a grand mal e a grand crueldat?' 'Sseñor,' dixo el escudero, 'lo que Dios tiene por bien que se cunpla, njnguno non lo puede estoruar que se non faga. E Dios que es justiçiero sobre todos los justiçieros, quiso que la justiçia se cunpliese en aquel que fue ocasion de los males que yo fize.' '¿E commo podrie ser eso?' dixo el enperador. 'Sseñor,' dixo el escudero, 'yo vos lo dire. Esta dueña mj madre que vos veedes aqui, commoquier que sea de buena vida e muy fazedora de todo bjen a los que lo han menester, dando sus ljmosnas muy de grado e oyendo sus oras bien e deuotamente, nunca ouo por agujsado de me castigar de palabra njn de fecho quando era pequeño, njn despues que fuy creçido, e loaua me todo quanto fazia, quier fuese bueno, quier fuese malo, e daua me todo quanto auja para despender. ¡E mal pecado! Mas despendia en malas obras que en buenas. E agora quando me dixieron que me queria saludar e besar en la boca, ssemejome que del çielo

deçendio quien me puso en coraçon que le comjese los sus rostros con que me pudiera castigar e non qujso. E yo fize lo asy, tenjendo que era justiçia de Dios, ca ella sabe muy bien que la cosa deste mundo que yo mas amaua, ella es, mas pues que Dios quiso que asy fuese, non pude al fazer. E sseñor, sy mayor justiçia se ha de conpljr, mandad la fazer en mj, ca mucho lo meresco *[fol. 108r]* por la mj desauentura.'

"E los querellosos, estando allj delante, oujeron grand piedad del escudero e de la dueña su madre, que estaua muy cuytada porque lo mandaua el enperador matar. E veyendo que el escudero conosçie los yerros en que cayera, pidieron por merçed al enperador que lo perdonase, ca ellos lo perdonauan. 'Çiertamente,' dixo el enperador, 'mucha merçed me ha fecho Dios en esta razon en el querer fazer justiçia en aquel que el sabe por çierto que fuera ocasion de todos estos males que este escudero fizo, e pues que Dios asy lo fizo, yo lo do por quanto e perdono le la mj justiçia que yo en el mandaua fazer, non ssabiendo la verdad del fecho asy commo aquel que la fizo. E bendito sea el su nonbre por ello.' E luego lo fizo cauallero e lo resçibio por su vasallo e fue despues buen ombre e bien entendido e muy onrrado e finco la justiçia en aquella dueña que lo meresçia.

"E este enxienplo vos do porque los criados que han de fazer que se guarden, que non cayan en peligro por non castigar sus criados, asy commo contesçio a Elja, vno de los mayores saçerdotes de aquel tienpo. E cuentase en la Bljbia que porque el era en sy bueno e de santa vida que porque non castigo a sus fijos asi commo deuje e fueron mal acostunbrados, quiso nuestro Señor Dios mostrar su vengança tan bien en el padre, porque non castigaua a sus fijos commo en ellos porque non castigaua sus malas obras, a ellos fueron muertos en vna batalla. E el padre, quando lo oyo, cayo de la silla alta do estaua e quebrantaron se le las çerujzes e murio. E commoquier que el enperador de derecho auje de fazer justiçia en aquel escudero por los males que fiziera, dexola de fazer por piedad por aquellos que han de fazer justiçia, ca sienpre deujen auer piedad de aquellos que conoçen sus yerros e se arrepienten del mal que fizieron. E por ende el enperador, porque este escudero conosçio sus yerros e se repjntio dellos, e porque los querellosos le pidieron por merçed que lo perdonase, perdonolo con piedad. Ca dizen que non es dicha justiçia en quien piedad non ay en los logares do conujene; antes es dicha crueldad. Onde todos los ombres que fijos han deuen ser crueles en los castigar e non piadosos, ca si bien los criaren, avran dellos plazer, e si mal, nunca avran dellos sy non pesar. Ca sienpre avran reçelo por el mal que fizieren que resçiban pena o por ventura que la pena que caera en aquellos que los mal crian, asy commo contesçio a esta dueña que agora diximos. Ca çierto de ligero se pueden bien acostunbrar los moços, ca tales son commo çera, e asy commo la çera que es blanda la pueden amasar e tornar en qual figura quisieren, asy el que ha de criar al moço con la vara en la mano, non le queriendo

perdonar, puede lo traer e aformar en quales costunbres
quisiere.''

De commo el rey de Menton demostraua a sus fijos de todas las cosas que pertenesçen a las buenas costu[n]bres

"Asy vos mjos fijos, syenpre vos deuedes aconpañar e
llegar a los mejores ombres e mas entendidos e de mejor
sseso, ca destos aprenderedes bien e non al. E deuedes ser
conpañeros a todos grandes e pequeños e non esquiuos, e
deuedes [fol. 108v] onrrar a las dueñas e a las donzellas
sobre todas las cosas. E quando oujerdes de fablar con ellas,
guardad vos de dezir palabras torpes e neçias, ca luego vos
reprehenderan, ca ellas son mucho aperçebidas en parar
mjentes en lo que los ombres dizen e en escatimar las
palabras, ca quando ellas fablan, fablan pocas palabras e
muy afeytadas e con grand entendimjento, e a las vegadas
con puntos de escatimma e de reprehension. E non es
maraujlla que non estudian en al. Otrosi deuedes ser bien
acostunbrados en lançar e en bofordar e en caçar e en jugar
tablas e axedrez e en correr e luchar, ca non sabredes do lo
avredes menester de vos ayudar de vuestros pies e de vuestras
manos. E deuedes aprender esgrima, ca mucho cunple al
cauallero saber bien esgremjr, e deuedes ser bien mesurados
en el comer e en el beuer e non ser glotones. Ca dizen en el
latin: 'Abstinençia por la mesura que es en comer e en beuer,
e en el razonar.' Ca el mucho fablar non puede ser syn error,
e finca ombre envergonçado por el yerro en que cayo por
querer mucho fablar e mayormente en dezir mal de otro e
non guardando la su lengua, ca el seso del ombre yaze so su
lengua. E por ende non faze buen callar al que sabiamente
sabe fablar, commo non faze bien fablar al que fabla
torpemente, ca dizen que Dios escucha e oye lo que dize
cada lengua.

"E por ende, bien auenturado es el que es mas largo de
su auer que de su palabra, ca de todas las cosas del mundo
esta bien al ombre que aya abondo e avn demas sacando la
palabra que enpesçe lo que es ademas. E por ende mejor es
el ombre ser mudo que non que fable mal, ca en el mal fablar
ay daño e non pro, tanbjen para el alma commo para el
cuerpo. Onde dize la Santa Escriptura que quien non guarda
la lengua que non guarda su alma, e sy fabla ombre en lo
que non es nesçesario ante de ora e de sazon es torped.

"E por ende deue ombre catar lo que dixiere que s[e]a
verdat, ca la mentira pone al ombre en verguença, ca non
puede el ombre auer peor enfermedad que ser mal fablado e
mal e [fol. 109r] curado. Ca acaesçen a las vegadas por el
coraçon grandes yerros, e por la lengua grandes males, ca a
las vegadas son peores las palabras que los golpes de los
cuchillos. E por ende, deue el ombre vsar su lengua a verdat,
ca la lengua quiere segujr lo que ha vsado. Ca sabed que vna
de las peores costunbres que el ombre puede auer es tener la
lengua presta para recodir al mal, mas a quien Dios quiere

dar paçiençia e sufrençia es bien andante, ca paçiençia es
virtud para sofrir los tuertos que le fizieren e que non rienda
el ombre mal por mal en dicho njn en fecho. E que non
demuestre saña njn mala voluntad en su coraçon por cosa
que le fagan njn le digan, ca la paçiençia es en dos maneras:
la vna es que sufra el ombre a los que son mayores que el; la
otra que sufra el ombre a los que son menores que el. E por
esto dizen que quando vno quiere que dos non barajan, ca
sabed que nunca se barajan dos buenos en vno njn otro, sy
non se barajan vn bueno e vn malo, ca non querra el bueno,
mas en dos malos fallaredes baraja, ca quando se barajan
bueno e malo e alto e baxo, todos son malos e contados por
eguales.

"E por ende deue ombre dar vagar a las cosas e ser
paçiente, e asy puede ombre llegar a lo que quisiere sy
sufriere lo que non quisiere, ca mjos fijos, sy dexa ombre lo
que desea en las cosas que entiende que le pueden enpeçer,
avra lo que desea en las cosas que le tienen de aprouechar. E
por ende dizen que los sofridores vencen, ca sabed que la
sufrençia es en çinco maneras: la primera es que sufra ombre
lo que le pesa en las cosas que deue sofrir con razon e con
derecho; la segunda, que se ssufra de las cosas que pide su
coraçon e su voluntad, seyendo dañosas al cuerpo e al alma;
la terçera, que sufra pesar por las cosas que entiende que
avra gualardon; la quarta, que sufra lo que le pesa por las
cosas de que se teme que podra resçibir mayor pesar; la
quinta, que sea sofridor faziendo bien e guardandose de fazer
mal. Ca sabed que vna de las mejores cosas e ayudas que el
ssesudo puede auer, sy es sufrençia. E por ende dizen que
segund fuere el seso del ombre que asy sera la su paçiençia,
ca seyendo ombre paçiente e sofrido, non podra caer en
verguença que es cosa que el ombre deue reçelar de caer en
ella e deuela ombre mucho preçiar e tener la syenpre delante
de sy. E asy non caera el ombre en yerro por mjedo de la
verguença, ca la verguença es tal commo el buen espejo, ca
quien en el se cata, non dexa manzjlla en su cara, ca quien
verguença tiene, sienpre delante de sus ojos, non puede caer
en yerro guardando se de caer en verguença. E asy el que se
quiere guardar de yerro e de verguença es dado por ssabio e
entendido.''

De commo el rey de Menton castigaua asus fijos que sienpre aprendiessen el bien e les demostro todas las vjrtudes del aprender

"Todas estas cosas, mjos fijos," dixo el rey, "punaredes
de aprender e de ser ssabios. E non querades ser torpes, ca
sy lo fueredes, perder vos hedes. E por ende dizen que mas
vale saber que auer, ca el saber guarda al ombre e el auer
halo el [fol. 109v] ombre de guardar. Onde dizen que el
saber es señor e ayudador, ca sabjda cosa es que los reys
judgan derecho e el saber judga a ellos. Ca creed que el
saber es mucho asy que ombre non lo puede acabar todo. E

por esto deuedes de cada cosa tomar lo mejor, ca el preçio de cada vno es el saber, ca la çiençia ha la de buscar el que la ama, asy commo el que perdio la cosa que mas amaua e en buscandola vase en pos della quanto puede e pregunta por ella a quantos falla e buscala en quantas maneras puede e en quantos logares piensa que la fallara. Ca çierta cosa es que todas las cosas del mundo han mayor preçio quanto menos fallan dellas. Bjen asy han menor preçio quantas mas fallan dellas. Onde dize ombre en latjn: 'Rrerum preciosum,' que quiere dezjr la cosa que menos es ffallada es mas preçiada, fueras ende el saber que es mas preçiado quanto mas es, e mas vale quanto mas ha el ombre dello. Ca el saber es commo la candela, ca quantos se quieren tantos ençienden en ella e non vale menos njn mengua ende la su lunbre. Ca el mejor ssaber del mundo es el que tiene pro a quien lo sabe, ca ssabed mjos fijos que se estuerçe la lunbre de la fe quando se demuestra el ssabio por de mala creençia, e el torpe por de mala sabiduria. Ca tan poco puede escusar el de buena parte el saber, commo la vjda, ca con el ssaber conosçe ombre el bien e la merçed que Dios le faze, e en conosçiendo la gradeçer gela e en gradesçiendo la meresçer la ha. Ca la mejor cosa que el ssabio puede auer es que faga lo que el saber manda. E por ende de poca cosa que ombre faga con el saber, vale mas que mucho por torpedad, ca algunos demandan el saber non a plazer de Dios, e en cabo torna los el saber en su serujçio, ca el saber es lunbre e la torpedat escuridat. E por ende mjos fijos, aprended el saber, ca en aprendiendolo, faredes serujçio a Dios, ca todo ombre que fabla en el saber es commo el que alaba a Dios. Ca sabed que dos tragones son que nunca se fartan: el vno es que ama el saber; e el otro el que ama el auer. Ca con el saber gana ombre el parayso e con el auer toma el ome solaz en su soledad e con el sera puesto entre sus eguales. E el saber le sera armas con que se defienda de sus enemjgos, ca con quatro cosas se puede enseñorear el que non ha derecho de ser señor: la vna es ssaber; la otra es ser bien acostunbrado; la otra es ser de buena creençia; la otra es *[fol. 110r]* ser leal. Ca mjos fijos, con el saber, alça Dios a los ombres e fazelos sseñores e guardadores de pueblos, e el ssaber e el auer alça a los viles e cunple a los menguados. Ca el saber syn el obrar es asy commo el arbol syn fruto, e el ssaber es dono que viene de la silla de Dios padre.''

De commo el rey de Menton demostraua a sus fijos que sienpre vsasen del bien e que sienpre fuesen muy corteses

"Por ende mjos fijos, conujene al ombre que obre bien de lo que sabe e non lo dexe perder, ca con el saber puede el ombre ser cortes en sus dichos e en sus fechos. Ca mjos fijos, cortesia es suma de todas las bondades. Cortesia es que el ombre aya verguença a Dios e a los omes e asy mesmo, ca el cortes teme a Dios e el cortes non quiere fazer en su poridad lo que non farie en conçejo. E cortesia es que non

faga ombre todas las cosas de que ha sabor. Cortesia es que se trabaje el ombre en buscar bien a los ombres en quanto pidiere, e cortesia es tener se ombre por abondado de lo que oujere, ca el auer es vida de la cortesia e de la ljnpieza, vsando bien de la castidat que es vida del alma. E el vagar es vida de la paçiençia. Cortesia es sofrir el ombre su despecho e non mouer se a fazer yerro por ello, ca por esto dizen que non ay bien syn lazerio njn datil syn hueso. E çiertamente el mayor quebranto e el mayor lazerio que a los omes semeja que es de sofrir sy es quando se les fize alguna cosa contra su voluntad que gelo non acaloña.

De commo el rey de Menton castigaua a sus fijos de commo sienpre fuesen omjldosos

"Asy vos mjos fijos, commoquier que estas cosas sean buenas, cred que cortes njn bie[n] acostunbrado njn de buena creençia non puede el ombre ser sy non fuere omjldoso, ca la omjldad es fruto de la creençia. E por ende el que es de buena fe es de baxo coraçon, ca la omjldat es vna de las redes con que el ome gana nobleza. E por ende dize en la Santa Escriptura que quien fuere omjldoso sera ensalçado, e quien se quisiere ensalçar sera *[fol. 110v]* abaxado. Ca el noble, quanto mayor poder ha, tanto es mal omjldoso e non se mueue a saña por todas cosas maguer que le sean graues de sofrir, asy commo el monte que non se mueue por el grand vjento e el vil con poco poder que aya esfuerça se mucho e creçele la soberuja. E la mejor bondad que es que faga ombre bjen e non por gualardon, e que se trabaje ombre de ganar algo e non con malicia, e que sea omjldoso e non por abaxamjento, ca sy se omjlla el noble es ensalçamjento del, e sy se preçia es le abaxamjento. Ca la honrra non es en el que la resçibe, mas en el que la faze. Onde quien fuere omjldoso de voluntad, el bien le yra a buscar, asi commo el agua va a buscar el mas baxo logar de la tierra. E por ende quered ser omjldosos, ca por la homjldad seredes amados e preçiados de Dios e de los omes. E por orgullo seredes desamados e fuyran los ombres de bos commo de aquellos que se quieren enponer en mas de lo que deuen. Ca non dizen orgulloso sy non por el que se pone en mas alto logar que le conujene. E por esto dizen que nunca se preçia mucho sy non el ombre vil, ca sy se preçia el noble enflaqueçen su nobleza, e sy se homjlla, gana alteza. Pues la ocasion del sseso es que preçie ombre mas que non vale, ca el que non se preçia mucho es de buen pres de su cuerpo e de su alma, e el que se preçia mucho cae en verguença quando acaesçe entre los ombres que lo conosçen avnque sea de alto logar. Ca grand maraujlla es de preçiar se mucho el que pasa dos vezes por do pasa la orina. Ca sabed que mucho mal es quando peca el ombre e non se preçia. Onde mjos fijos, sy queredes ser preçiados e amados de Dios e de los ombres, sed homjldosos al bien e non al mal, que quiere dezir sed homjldosos al vuestro seso e non a la voluntad. Ca nesçio es

el que non sabe que la voluntad es enemjga del sseso fasta
que los despierta el ombre e la voluntad esta despierta
todavia, e por eso vençe la voluntad al seso las mas vezes,
onde la ocasion del seso es ser el ombre homjldoso a su
voluntad, ca sabed que obedesçer al seso es ser homjldoso a
la voluntad que esta para sobjr al ombre a todas las maldades.
E por ende la mas prouechosa lid que el ombre puede fazer
es que ljdie el ombre contra su voluntad mesma."

**De commo el rey de Menton castigaua a sus fijos que
vsasen mas de su sseso que non de su bondat**

"Pues vos mjos fijos, vengadvos de vuestras voluntades
con las quales por forçar auedes ljdiar sy buenos quisierdes
ser, *[fol. 111r]* e asi escaparedes del mal que vos podrie
venjr. Ca cred bien que todo ombre que es a su voluntad
obediente es mas sieruo que el cabtiuo ençerrado. E por ende
el que es de buen entendimjento faze las cosas todas segun
su seso e non segund su voluntad, ca el que fuere señor de
su voluntad pujara e creçera en sus bienes, e el que fuere
sieruo della abaxara e menguara en sus bienes, ca sabed que
el seso es amjgo cansado e la voluntad enemjgo despierto e
segujdor mas al mal que al bien. E por ende deue el ombre
obedesçer al seso commo al verdadero amjgo e contrastar a
su voluntad, asi commo el falso enemjgo. Onde bien
auenturado es aquel a quien Dios quiso dar buen seso natural,
ca mas vale que grand letradura para saber se el ombre
mantener en este mundo e ganar el otro. E por ende dizen
que mas vale una onça de letradura con buen seso natural
que vn quintal de letradura syn buen seso, ca la letradura
faze al ombre orgulloso e soberujo, e el buen seso fazelo
omjldoso e paçiente. Ca todos los ombres de buen sseso
pueden llegar a grande estado, e mayormente seyendo
letrados e aprendiendo buenas costunbres. Ca por la letradura
puede ombre saber las cosas quales sson de que ombre deue
vsar e quales son las que deue dexar e guardar. E por ende
vos mjos fijos, punad de aprender, que en aprendiendo
veredes e entenderedes mejor las cosas para guardar
endereçamjento de vuestras faziendas, e de aquellos que
quisierdes bien. Ca estos dos, sseso e letradura, mantienen
el mundo en justiçia e en verdad."

**De commo el rey de Menton castigaua a sus fijos que
sienpre vsasen del themor de Dios si fuesen reys e señores
de otros**

"Asy vos, mjos fijos, parad bien mjentes en lo que vos
cu[n]ple de fazer, sy tierras oujerdes de mandar onde seades
reys e señores, ca njnguno non deue ser rrey sy non aquel
que es nobleçido de los dones de Dios, ca sabed que la
nobleza de los reys e de los grandes señores deue ser en tres
maneras: la primera, catando lo de Dios; la segunda, catando

lo dellos mismos; la terçera, catando lo de los pueblos que
han de mantener en justiçia e en verdad. Onde la nobleza
que an de auer en sy los reys, catando lo de Dios, es perdida
en tres maneras: la primera es que tema el poder de Dios; la
segunda, que conosca la su verdad; la terçera, que guarde la
su bondad, ca estas noblezas deuen ser en todo rey e prueua
[fol. 111v] se por ley e por natura e por enxienplo. Onde la
primera nobleza del rey es temor de Dios, ca, ¿por qual
razon temeran los menores a su mayor el que non quiere
temer aquel onde el a el poder? [...] en que non quiere temer
a Dios, cada razon e ocasion a los que lo deuen temer que lo
non teman. E por ende con razon non puede dezir njn mandar
a los ombres que lo teman, el que non quiere temer a su
mayor que ha poder sobre el, ca deue saber que el su poder
es nada al poder Dios, ca el poder de Dios es sobre todos e
nunca ha de falleçer. E el poder del rey es so otro e ha de
falleçer. E pues del poder de Dios a el rey de poder judgar
los deste mundo, e asy deue entender que Dios ha de judgar
a el donde el ouo el poder. Ca çierta cosa es que Dios en el
juyzio non faze departimjento njguno en el, njn grande njn
pequeño, ca el los fizo a todos e el es señor de todos; por
ende es juyzio ygual. Onde mjos fijos, sea syenpre el vuestro
temor mayor que non la vuestra cobdiçia para querer que vos
teman los otros, ca non tan solamente deuedes temer lo de
Dios, mas deuedes temer lo del mundo, ca en quanto es el
mas alto e en mas onrrado estado, el rey mas se deue guardar
de non caer del porque quanto mas alto cae, tanto mas es
graue e peligrosa la cayda. E por ende el muy alto estado
conujene que sea sostenjdo con buen seso e con buenas
costunbres e mantenjdo con buen çimjento, asy commo la
torre muy alta con el buen çimjento e la bobeda muy alta con
firmes colupnas. Ca el que esta baxo e cabo la tierra, non a
donde caya, e si cae non se fiere commo el que cae de lo
alto."

**De commo el rey de Menton castigaua a sus fijos que
sienpre amasen verdat e que sienpre se matoujesen en ella**

"Otrosy la segunda nobleza de los reys es conosçer la
djujnal verdat, la qual verdad es Dios e non lo pueden
conosçer los ombres sy non parando mjentes a las obras de
Dios, ca mucho es escondida al entendimjento de los ombres,
ca las obras de Djos sienpre fueron e son e seran. Onde mjos
fijos enformad vos bien en la verdat de Dios e lo que fizierdes
e dixierdes que sea verdat, e estad firmes en ella e guardad
la bien que non se mude njn se camje. Ca dize el filosofo
que aquella es dicha verdad en que non cae mudamjento
njguno de la verdad, ca la cosa que se camja de lo que
come[n]ço en verdat non esta en verdat. Ca deuedes saber
que la verdat que loada es de Dios verdadero, *[fol. 112r]* e
los reys que la verdat conoçen e la siguen e la guardan,
fincan firmes en ella, diziendo verdat a la gente e non les
mjntiendo njn les pasando contra los que les prometieren. E

estos son reys que conoçen la verdad de Dios, ca aman la verdad e aborreçen la mentira. Ca el rey njn el señor syn verdad non es rey sy non el nonbre solo. E por ende el rey mjntroso non ovo njn abra njn pudo auer vasallos njn amjgos leales, ca pierde el amor de Dios, e de su gente e cae en grandes peligros, asi commo se falla en los enxienplos de las coronjcas antiguos de aquellos que falleçen la verdat e vsaron de mentira, non conosçiendo a Dios njn lo temjendo njn conosçiendo la su verdat porque fueron muertos e astragados asi commo Abenadal, rey de Siria, que adoraua a los ydolos e se partio de la verdat de Dios. Fue afogado en manos de Azael su sieruo, e Sendechias, rey de Juda, que prometo e juro a Nabucodonosor de le guardar verdad. E mjntio le commo perjuro e fue vençido e preso en cadenas de fierro, e çegaron le de los ojos e asy fue traydo a Babiloñja e bjnole con derecho porque falleçio de la verdat que auja puesto.''

De commo el rey de Menton dezia a sus fijos que la nobleza de los rreys era ganar amor de Dios

"La terçera nobleza otrosy de los rreys es el amor de la verdat de Dios, de la qual naçen todas las otras bondades, ca fuente es de todos bienes. Onde mjos fijos, sy queredes ser nobles, non apartedes los vuestros coraçones de la bondad de Dios, amandola, leuando vuestras obras en pos della. Ca la bondat de Dios quiere e cobdiçia que todas las cosas sean semejantes della e que sean aconpañadas de todo bien ssegund el poder de cada vno. E mjos fijos, sy bien quisierdes pensar donde vos viene el bien que fazedes, ffallaredes por çierto que vos viene de la bondat de Dios asy commo vos viene el mal fazer de la maldat del diablo, que es contrario a los mandamjentos de Dios. Ca en la bondat de Dios es el vuestro bien fecho, guardando asy commo en poder de aquel que lo puede guardar, ca sabed que todas las cosas deuen tornar a Dios asy commo a su acabamjento. E por ende dize en las palabras santas que *[fol. 112v]* por El e con El e en El es dada onrra e gloria por sienpre, e de [E]l e en El son todas las cosas, e a El han de venjr. Ca la bondat de Dios las cosas que non son faze ser, e syn la bondat de Dios non fue njn es njn sera njn puede ser njnguna cosa. ¿E non vedes vos, mjos fijos, que Dios atan bien da sol sobre los buenos commo sobre los malos e tan bien llueue sobre los pecadores commo sobre los justos? ¡O que bjen auenturada es la bondat de Dios que atiende a los pecadores que se hemjenden e corre en pos de los que fuyen, e avn los que estan muy alongados della! E quando los vee tornar, cata los con fermoso gesto e resçibe los e quiere que sean açerca della; pues, ¿qual es aquel que la bondat de Dios non deue amar la e segujr la en todos los sus fechos? Çiertamente, todos deuemos yr en pos della e segujrla. Onde vos, mjos fijos, deuedes entender e saber e creer que todos los ombres del mundo deuen amar la bondat de Dios e demostrar la por las obras e mayormente los rreys e aquellos que los dones

resçibieron de la bondad de Dios mas largamente, entre los quales los que buenos son e aman bondad e vsan della sienpre, van de bjen en mejor e son sanos e alegres e rezios. E por la buena creençia de la bondad, son escogidos para ser puestos en honrra e para auer abondo de todas las noblezas deste mundo e la gloria del otro. E mjos fijos, ¿que es lo que deuen dar a Dios los reys e los otros ombres por los bienes que les fizo? Yo non se al sy non que se guarnezca de bondades para segujr la bondat de Dios, ca de los bienes della han la onrra e todos los otros bienes. E asy pueden ser ayudados e ensalçados en honrra e mantenjdos en ella, asy commo fue Daujd porque temjo el poder de Dios e conosçio la verdad de Dios e amo la su bondad. E por ende, dixo Dios de Daujd: 'Çerca de mj coraçon falle otro buen varon.'''

De la nobleza que deue auer en los reys e los otros grandes señores

"La nobleza otrosy de los reys e de los grandes señores catando lo suyo, es en tres maneras: la primera es guarda del coraçon; la segunda guarda de la lengua; la terçera *[fol. 113r]* es dar cabo a lo que comjença la guarda del coraçon. Guarde se de grand cobdiçia de onrras e de las rriquezas e de deleytes, ca pues el rey es el mas onrrado de su señorio. Por ende, deue ser el mas tenprado en la cubdiçia de las onrras, ca quien mucho cubdiçia en su coraçon las onrras muchas vegadas faze mas que non deue por ellas, ca se quiere ensalçar sobre los otros. Otrosy deue guardar su coraçon de la grand cobdiçia de las rriquezas, ca quien a grand cubdiçia, non puede estar que non tome lo ageno asyn rrazon. E por ende primeramente deue ser amado el fuego de la cudiçia del coraçon en manera que el fumo del daño e del rrobo non faga llorar a las gentes que el daño rresçiben, e la su boz suba a Dios. Otrosy deue guardar su coraçon e amansarlo en los deleytes de la carne, en manera que la su cubdiçia non se paresca por la obra, mas deue tajar las rayzes de la cubdiçia que tiene en el coraçon, asy commo dixo Tulio vn sabio: 'Refrene el rey primeramente en sy la luxuria e la auariçia e dexe la soberuja e lançe del su coraçon todas las manzillas obrando bien, e entonçe comjençe de mandar a los otros, ca tal rey e tal enperador es loado.' E este es digno de auer nonbre de rey o de enperador, ca çiertamente del coraçon sallen todas las malas cosas e las buenas, e en el coraçon yaze la vida e la muerte. E ende sy las rrayzes de la cubdiçia del coraçon fuesen tajadas, secar se yan las rramas della asy commo quando es vazia la fuente e çesan los rrios que non corren. E porque Abraan e Ysac e Jacob e Moysen e Daujd e Salamon profetas, guardaron los sus coraçones de todas estas cosas, fueron fechos santos.''

De la guarda que los reys e los otros grandes señores deuen poner en las sus lenguas e en los otros çinco ssesos

"La guarda otrosy de la lengua del rrey deue ser en tres cosas: e la vna es que non dure mas de lo que deue; la otra que non mengue en lo que ha de dezir; la otra que non desuarie en lo que dixiere. Ca entonçe dize mas de lo que non deue quando *[fol. 113v]* dize cosas desonestas e syn pro, e dize vanjdades e mengua en lo que deue dezir quando dexa de dezir la verdad e porfia en lo que dize maguer tanga mentira. E entonçe desacuerda de lo que dize q[ua]ndo denuesta e alaba e alaba a vno alabando lo vna vegada e denostando lo otra e dize mal de Djos e de su proxjmo, ponjendoles culpa commo non deue, deziendo de Dios muchas blasfemjas e de su proxjmo muchas mentiras e muchas maldades, e a las vegadas asi loando e a otro lisonjeando. Onde en estas cosas mucho se deue guardar el rey o el grand señor que la su palabra non aya njnguna cosa sobejana njn menguada njn desacordada njn desuariada, ca en la palabra del rey es la vida o la muerte del pueblo, ca es palabra de la Ssanta Escriptura que dize asy: 'Dixo el rey, "Ferid," e firieron; e dixo: "Matad," e mataron; e dixo: "Perdonad," e perdonaron.' E por esto dixo Ssalamon: 'Yo guardo tanto la boca del rey por que los sus mandamjemje[n]tos sean commo jura de Dios.' Ca todo lo que quisiere fazer, porque la su palabra es llena de poder e syn esto al que el denuesta sera denostado, e al que el alaba es alabado. E por ende la lengua del rey mucho deue ser catada e guardada en lo que oujere de dezir, ca dixo vn filosofo: 'Conujene que el rey non sea de mucha palabra njn recontador del mal, njn muy judgador njn reprehendedor njn escudriñador de las maldades de los omes que son encubiertas, njn las querer muchos saber njn fablar en los dones que oujere dado njn sea mjntroso.' Ca de la mentira naçe discordia, e de la discordia despagamjento, e del despagamjento ynjuria, e de la jnjuria despartimjento de amor, e del despartimjento aborreçimjento, e del aborreçimjento guerra, e de la guerra enemjstad, e de la enemjstad batalla, e de la batalla crueldat que estraga todos los ayuntamjentos en las conpañjas de los ombres. Ca la crueldat es destruymjento de toda natura de ombres e la destruyçion de la natura de los ombres es daño de todos los del mundo. Mas deue el rey dezir synpre verdat, ca la verdad es rays de todas las cosas loadas, ca de la verdat naçe temor de Dios, e del temor de Dios naçe justiçia, *[fol. 114r]* e de la justiçia conpaña, e de la conpaña franqueza e solaz, e del solaz amor, e del amor defendimjento. E asy por todas estas cosas se afirman los deleytes entre las gentes e la ley e puebla se el mundo; e esto conujene a la natura del ombre. E por esto conujene al rey de ser de pocas palabras e non fable muy alto, sy non quando fuere menester, ca sy muchas vegadas los oyeren los ombres, por el grand vso non lo preçiaran tanto, ca del grand afazamjento naçe menospreçio. E deue se guardar de non errar en la ley e que non pase contra lo que dixiere, ca por esto seria menospreçiada la ley que fiziese e el establesçimjento. E deue se guardar de jura sy non en aquello que deue conplir de derecho, pues lo jura, ca por mjedo njn de al non deue dexarlo. E mjos fijos, vsad en la obra de la lengua segund conujene a la natura del ombre diziendo verdad, ca el que mjente va contra natura. Ca ssabed que la lengua es subgeta e mensajera del coraçon, e es tal commo el pozal que saca el agua del pozo; mas la lengua que mjente coje lo que non falla en el coraçon e dize lo que non ha njn falla. E non quiere semejar al pozal que non da sy non lo que falla, ca estraña cosa seria querer coger de la vid figos, e de las espjnas vuas. Ca el fuego non esfria njn el que non ha no da. Otrosy mjos fijos, sabed que el que dize blasfemjas faze contra sy, ca quando culpa la su naçençia e dize contra aquel que lo fizo, es commo el ramo contra la rays que lo cria, e el rrio contra la fuente, e el moujdo contra el mouedor, e la obra contra el maestro, e la segur contra el que taja con ella. E este que dize las blasfemjas estraga la su verdad e de los otros, e desonrra todas las cosas que son, e denuesta la razon por que fueron fechas, e disfama las bondades de las cosas quando enturbia la fuente donde vjnjeron. E este tal faze ensañar contra sy todas las cosas e fallar se ende mal. Ca lo dize la escriptura que toda la redondeza de la tierra fara guerra por Dios contra este loco syn sseso que dize blasfemjas."

De commo el rey de Menton castigaua a sus fijos que non fuesen mal dezientes

"Otrosy mjos fijos, sabed que non fincara syn pena el maldiziente, el qual con sus dientes de maldat puna de roer e de comer la vida de los ombres. E son seys que son estos: el un diente es quando njega el bien que sabe; el otro es quando calla do los otros loan e dizen el bien; el otro es quando demuestra la bondat; el otro es quando descubre la poridat; e el otro es quando piensa el mal e lo dize; e el otro es quando descubre las poridades; e el otro es quando creçe en la culpa de los ombres por maldezir. E *[fol. 114v]* por ende, mjos fijos, deuedes vos guardar de dezir mal de njnguno, e non dedes carrera a los pueblos por do puedan dezir de vos, ca el pueblo quando puede dezir, puede fazer. E quando dize mal de Dios, Dios dize del por los pleitos en los juyzjos quando dize e faze. E por ende dize: guarde vos Dios del dicho e escaparedes del fecho. E parad mjentes en los enxienplos antiguos, ca porque dixo Roboan el fijo de Salamon al su pueblo: 'El mj padre vos mato con tormentos. Yo vos matare con escurpiones.' E todo el pueblo supo esta palabra que el dixo. Por ende perdio el reyno que le dixo su padre, e asy dixo mal e oyo peor, asy commo dize el proberujo antiguo: 'Estonçe perdj mj onor quando dixe mal e oy peor.' E otrosy porque dixo Faraon blasfemando contra Dios: 'El rrico es mjo e yo fize asy mesmo.' Fue vençido e echado del rreyno e murio desterrado. E Nabucodonosor, rey de Babiloña, porque dixo mal de su pueblo e blasfemo de Dios, fue echado de entre los ombres e biujo con las bestias en el monte, e comjo feno asy commo buey, e fue enconado el su cuerpo del roçio del çielo fasta que sus cabellos crecieron en semejança de cabellos luengos, e las sus vñas fueron asy commo vñas de agujlas, e fue dado el su reyno a otro rey."

De commo el rey de Menton dezia a sus fijos de commo lo[s] reys deuen ser justiçieros.

"La terçera nobleza otrosy de los rreys, catando lo de los pueblos, es en dos maneras: la vna es reprehender a los ombres con razon e con derecho e syn saña; la otra es saber los sofrir con piedad, ca la rreprehension con rrazon e con derecho vjene de justiçia, e la sufrençia con piedad viene de la mjsericordia. Onde dize el filosofo, que dos cosas son las que mantienen el mundo, e syn ellas el pueblo non puede ser bueno njn mantenjdo; e son estas: justiçia e verdad. Onde justiçia non quiere al dezir sy non guardar e defender a cada vno en su derecho asy a grandes commo a pequeños, ca guardando justiçia creçen los pueblos e enrriqueçen los reyes e todos los de su tierra, ca el pueblo rrico tesoro es de los reys. E por ende justiçia deue ser guardada e mantenjda en todos los ofiçios e los ordenamjentos buenos de casa de los reyes, ca [fol. 115r] de casa de los reys naçe endereççamjento de la tierra e pagamjento della o daño. E asi de las fuentes nacen aguas dulçes o amargas, que quales son las fuentes, tales son las aguas que dellas sallen. E asy quales son los gouernadores e los consejeros de las casas de los reys, atales son las obras que dende naçen. Onde bjen auenturado es el rey que guarda justiçia e la faze guardar en los sus ofiçios, e que non vsen si non por los buenos ordenamjentos e vjuan por regla de justiçia e de verdad, e que quieran sienpre auer consejo con buenos consejeros que non sean cubdiçiosos. Ca çiertamente vna de las mas prouechosas cosas del mundo es la justiçia, ca por justiçia es poblado el mundo e por justiçia es mantenjdo e por justiçia reynan los reys e por justiçia los obedeçen los pueblos e por justiçia se aseguran los coraçones de los medrosos e por justiçia se parten los ombres de saña e de enbidia e de mal fazer. E por ende dixieron los sabios que mas prouechosa es la justiçia en la tierra que el abondamjento de las viandas, e mas prouechoso es el rey justiçiero que el agua, ca ¿que pro trae a los ombres auer abondamjento de viandas e de riquezas, e non ser señores dellas e beujr syenpre con mjedo e con reçelo por mengua de justiçia? Çierto, mejor es beujr el ombre pobre en tierra de rey justiçiero e señor de lo que ha que beujr rrico en tierra de rey syn justiçia e non poder ser señor de sus rriquezas e auer de serujr con ellas e asconderlas e non se ayudar dellas. Ca en la tierra syn justiçia todos bjuen con mjedo e con reçelo, saluo los ombres de mala vida que non querrien que se cunpliese justiçia en ellos njn en los otros, e que andudiesen ellos faziendo mal a

su voluntad. Mas el rey e la justiçia son dos cosas, e la vna syn la otra non pueden durar, ca la justiçia sy el rrey que la mantiene non vsa de su verdad, njn el rey syn la justiçia non puede fazer lo que deue. Ca la justiçia es atal commo el buen rey que cubdiçia dezir e fazer lo que es derecho, ca el buen rey primeramente faze justiçia en sy e en los suyos allj do entiende que cunple, e despues faze justiçia mas syn verguença en los [fol. 115v] otros. Ca, ¿commo puede judgar a otro aquel que a sy mesmo non quiere fazer justiçia? ¿Njn commo puede bien judgar en otro el que en si mesmo njn en los otros suyos non la quiere fazer? Non puede syn reprehension, ca non puede castigar a otro el que asy mesmo non castiga. E este tal quiere semejar al que dizen que vee la paja en el ojo ageno e non puede ver la palanca en el suyo. Onde muy vergonçosa cosa es e mas al rey o al prinçipe querer rreprehender a otro del yerro en que el mesmo yaze. E por esto dize en la Santa Escriptura que non deue de auer verguença ombre de dar sus yerros aquel que es puesto en el mundo para fazer emendar los yerros agenos, ca seria soberuja querer perseuerar en su yerro dañoso contra otro e dezjr: 'Quiero que sea firme e estable lo que mande, o quier sea bien o quier sea mal.' E asy non avrie nonbre de rrey justiçiero, ca por amor njn por desamor njn por njnguna vanderia, njn por algo que le prometan, non deue fazer al sy non justiçia e derecho, ca deue guardar el poderio que Dios le dio sobre los ombres. Ca si del bien vsare, puede le durar, e sy non vsare bien del, puede lo perder. Ca Dios non dexa sus dones luengamente en aquellos que los non meresçen njn vsan bien dellos. E sy aquel que poder ha de fazer justiçia en los otros e non la faze, por ventura que la fara Dios en el, ca en Dios non mengua justiçia, commoquier que con grand piedat la faga allj do entjende que es menester la piedad."

De commo el rey de Menton dezia a sus fijos que feziesen todavja justiçia con piadat

"Otrosi faziendo el rey justi[ç]ia, deue auer piedad allj do conujene auer piadad, asy commo aquellos que cayeron en yerro por ocasion e non a sabiendas. Ca dize la Santa Escriptura que non puede durar el reyno en el que non ha piedad, onde quando el rey sigue e guarda justiçia e derecho; luego fuyen del su reyno las fuerças e los tuertos e las malfetrias. E sy les dan algund poco de vagar, luego creçen e dañan la tierra asi commo las malas yeruas que naçen en los panes e los dañan sy non los escardan. E por ende los reyes nunca deuen a los malos mucho dexarlos durar, mas sabida la verdad deuen lo luego fazer hemendar con justiçia; ca çierta cosa es que la justiçia naçe de la verdad, ca non se puede fazer justiçia derecha sy ante non es sabida toda la verdad. E asy todo rey o prinçipe deuen ser verdaderos en todo lo que oujeren de fazer o de dezir, porque sienpre tienen los ombres ojo mas por el rrey o por el prinçipe que non por otro njnguno. Ca mas peljgroso es e mas dañoso el yerro pequeño del sseñor, que el grand yerro del pueblo. E sy el pueblo yerra al rey, el lo puede emendar, e sy el rey lo yerra, non ay quien lo hemjende si non Dios. Onde el señor sienpre deue querer que los ombres fallen en el verdad, ca la verdad syenpre quiere estar en plaça e non *[fol. 116r]* ascondida, porque la verdad es rrays de todas las cosas loadas. Ca de la verdad naçe temor de Dios e del temor de Dios naçe justiçia, e de la justiçia conpañja, e de la conpañja solaz, e del solaz amor, e del amor defendimjento. E asy commo de la mentira que es contraria de la verdad, naçe despagamjento de Dios e de los ombres, e del despagamjento discordia, e de la discordia jnjuria, e de la jnjuria enemjstad, e de la enemjstad batalla, e de la batalla crueldat, e de la crueldad destruymjento, e del destruymjento daño de todas las cosas del mundo.

"E asy todos los reys e los prinçipes del mundo deuen amar mucho justiçia e verdad entre todas las buenas costunbres. E los que asy lo fazen son onrrados, e poderosos, e rricos, e amados e loados de Dios e de los ombres que bjuen vida folgada, ca todos los de su reyno se aseguran en el rey justiçiero, e tienen que non han de resçibir tuerto del njn de otro njnguno, pues que son çiertos que justicia han de fallar en el mayormente quando justiçia se faze con piedad allj do deue. Ca el rey deue ser a semejança de Dios, ca Dios castigando los pecadores, dales logar por do se puedan arrepentir, alongando les la pena. E dize: 'Non quiero yo la muerte de los pecadores, mas quiero que se conujertan e vjuan.' Ca el rey non es tan solamente señor del pueblo, mas padre. Njn tan solamente es para dar pena a los que la mereçen, mas para procurarlos e querer bien para su pueblo. E asy el rey non deue ser enemjgo, ca el rey deue querer al su pueblo asy commo a sus fijos, e deuelos gouernar e endereçar con piedad, que es atrenpramjento del coraçon para castigar los yerros.

"E vos, mjos fijos, non veedes que el rey de las auejas non quiso Dios que troxiese armas njngunas. E ssabed que la natura non lo quiso fazer cruel, ca le tiro la lança e dexo la su saña *[fol. 116v]* desanparada. E buen enxienplo e grande es para los reys para non fazer cruel justiçia sy non con piedad, pero en aquellos que se quieren castigar e hemendar. Ca los que estan porfiando en su maldat e non se quieren hemendar non meresçen que ayan piedad dellos, ca bien asi commo la grand llaga del cuerpo non puede sanar sy non con grandes e fuertes melezjnas, asy commo por fuego o por quemas, asy la maldad de aquellos que son endureçidos en el pecado non se pueden tirar sy non con graues sentençias, syn piedat e en todas estas cosas que son dichas de las noblezas de los reys, e en todo lo otro que oujeren de fazer."

De commo el rey de Menton dezia a sus fijos que todos los reys deuen auer sus consejos con los perlados de la madre Santa Iglesia

"Los reys deuen auer syenpre consejo con los ssaçerdotes de la ffe, e en el gouernamjento del pueblo deuen tomar conpañeros de los saçerdotes, syn los quales non se pueden bjen fazer, asy commo se demuestra por la çiençia natural. Ca el ombre es conpuesto de natura espiritual e de natura corporal. E por ende fue nesçessaria la justiçia para poner paz entre los omes, la qual justiçia deue ser mantenjda por el rey o por el saçerdote de la fe, ca el rey deue castigar los yerros publicos e manjfiestos, e el ssaçerdote los encubiertos yerros. Ca el rey deue tener espada o cuchillo material e el ssaçerdote espada o cuchillo espiritual, ca el rey es dicho rey de los cuerpos e el saçerdote rey de las almas, ca el vno syn el otro non pueden bjen conplir su ofiçio, njn puede ser que el vno aya estos dos ofiçios que sea rey de los cuerpos e rey de las almas. E por ende los filosofos naturales ordenaron que fuesen dos retores, el vno para los cuerpos e el otro para las almas, ca sy non fuesen de vna creençia ellos e los pueblos, avria discordia entre ellos, ca el departimjento de las opjnjones de los omes allegan discordia entrellos. E quando la opinjon de los ombres es vna, ayuntan se los coraçones de los omes en amor e tira muchos daños. E por ende el rrey e el ssaçerdote e el pueblo deuen conuenjr en vna ley en lo que oujeren de fazer e creer, e el rrey deue demandar consejo al sacerdote, ca el es lunbre e regla en estas cosas. E conujene que el rey faga onrra al saçerdote assy commo a padre e que lo oyga asy commo a maestro, e que lo tema asy commo a juez e coregidor del e del pueblo, e que lo ame asy commo aguardador de la Santa *[fol. 117r]* Ffe. Ca sabed mjos fijos, que nunca se fallo por escriptura que rey fuese syn sacerdote njn avn en tienpo de los sacerdotes, onde todo rey cristiano deue traer algund ome bueno de la Ssanta Iglesia consigo e demandarle consejo p[ar]a el cuerpo e para el alma."

De commo el rey de Menton dezia a sus fijos commo devjan guardar la tregua e el pleito e omenaje que fuese puesto entrellos

"Otrosy mjos fijos, deuedes ssaber que los filosofos antiguos, para traer concordia entre los omes, fallaron que era bueno el alongamjento del tyenpo para auer consejo sobre las discordias e las enemjstades, e las traer a concordia. E acordaron en estas quatro cosas: la vna es la jura; e la otra es penos; e la otra es fiador; e la otra es tregua. E non es tan grande commo el quebrantamjento del omenaje, ca la tregua ha sus condiçiones apartadas e el omenaje las suyas. Ca el omenaje segund en el derecho de los caldeos onde los oujeron los otros fijos dalgo, dizen que quando los toman, que sy los quebrantasen, el que faze el omenaje que sea traydor asi commo quien trae castillo o mata a su señor. Mas el que quebranta la tregua es dado por aleuoso sy non se salua commo el derecho manda. E la jura e el peño e el fiador son desta gujsa, ca el quebranta la jura, quebranta la fe, porque la non guarda.

"E el que non rrecude a fazer derecho al su tienpo sobre el peño que dio, pierdelo. E el que da el fiador, sy non rrecude a su tienpo, deue pagar el fiador lo que demanda el que lo resçibio por fiador. E ssy el demanda a aquel que fio, es le tenjdo el que lo dio por fiador de le pagar doblado lo que le pago, e demas finca perjuro *[fol. 117v]* por la jura que fizo de lo sacar de la fiadura syn daño. E segund los derechos antiguos, el perjuro non puede demandar a otro lo que le deuen e pueden demandar a el, njn puede ser testigo njn puede auer ofiçio para judgar, njn deue ser soterrado quando muriere en logar sagrado. Ca el perjuro non teme njn cree a Dios e enpeçe a si e a los otros. E çiertamente jurar o dar peños o dar fiador cae mas en el pueblo de la gente menuda que entre los fijos dalgo en quien deue auer nobleza, ca entre los fijos dalgo ay tregua o omenaje, ca se creen e se aseguran vnos en otros en la fe que se prometen.

"E la tregua es puesta entre los enemjgos e ante de la enemjstad, e despues de la enemjstad. E asy el que quebranta la tregua e el omenaje destruye a si mesmo e trastorna la fe que deue ser guardada entre los ombres, e derriba las fuertes colupnas e el fuerte çimjento de la su creençia. E tira el amor verdadero que es entrellos e las concordias e las conpañjas, e desfaze los ayuntamje[n]tos, e desata los ordenamjentos buenos de paz, e mueue los vnos contra los otros, e faze ensañar los mayores contra los menores, e faze a los sseñores que fagan mal a sus ombres. E el ayu[n]tamjento de la enemjstad e de la fieldad que es bien llegada derramalo e desfazelo. E este atal que cae en este yerro, de todo cae, ca non le perdona los ombres njn los reyes njn lo dexa bjujr entrellos. E por estas quatro cosas que son dichas, se dan los alongamjentos de tienpo para auer consejo e para poner amjstad do non es, e que dure el amor do es."

De commo el rey de Menton dezia a sus fijos commo deuyan guardar la ley

"Para fazer guardar la ley que njnguno non vaya njn diga contra ella, ca el dia que ombre es resçibido por rey e por señor grand cargo toma sobre sy para fazer lo que le cae syn rreprehension, guardando su ley verdaderamente. Ca deuedes saber que la ley es çimjento del mundo e el rey es guarda deste çimjento, pues toda labor que non ha çimjento es gujsada de caer, e todo çimjento que *[fol. 118r]* non ha guarda mas ayna cae. E por ende la ley e el rey son dos cosas que han ermandad en vno. E por ende el rey se deue ayudar de la ley, [...] la ley del poder e del esfuerço del rey, ca con tres cosas se mantiene el reyno: la vna es la ley, e la otra es el rey, e la otra es justiçia, pues la ley es guarda del

rey, e el rey es guarda de la ley, e la justiçia es guarda de todo. Onde el rey deue vsar mas de la ley que del su poder, ca sy quisiere vsar de su poder mas que de la ley, fara muchos tuertos non escogiendo el derecho.

"E por ende, deue tener el rey en la mano derecha el libro de la ley, por do se deuen judgar los ombres, e en la mano synjestra vna espada que synjfica el su poder para fazer e conplir los mandamjentos del derecho de la ley. Ca bjen asy commo la mano derecha que es mas vsada e mas mandada que la esquierda, asy el rey deue vsar mas de los derechos para escoger lo mejor que del su poder, ca el rey justiçiero es guarda de la ley e onrra del pueblo e dereçamjento del pueblo e de todo el reyno. E es commo arbol de Dios que tiene grand sonbra e fuelga so el todo cansado e flaco e lazrado. Pues la ley e el rey e el pueblo son tres cosas que non pueden conplir la vna syn la otra lo que deuen, commo la tienda que ha tres cosas; que ha paño e çendal e cuerdas e todas estas tres quando se ayuntan, fazen grand sonbra e cunplen mas que non farian sy fuesen departidas. Ca sabed que quando el rey sigue justiçia e verdad, luego fuyen del su reyno las fuerças e los tuertos e las malfetrias. E ssy les dan algund poco de vagar, luego creçen e dañan la tierra asy commo las malas yeruas que naçen en los panes e non las escardan.

"E por ende el mandamjento del rey no es grand cargo de sofrir, pero es grand sseñorio e grand poder que Dios da aquel que el quisiere bien. E ssobre esta razon dixo vn sabio que non ay datil syn hueso njn bien syn lazerio. Onde mjos fijos, sy vos diere Dios esta honrra que vos he dicho, punad de ser justiçieros e primeramente en vos rrebocando los vuestros yerros, e señaladamente en juyzio sy lo dierdes, ca seria pecado de perseuerar *[fol. 118v]* en el vuestro yerro dañoso contra otro. E non deue njnguno tener en mengua de emendar su yerro, ca lo dize Seneca que non es ljujandat de partir se el ombre del yerro manjfiesto e judgado por yerro, mas deue se consejar e dezir: 'Engañado fuy por lo non entender.' Ca locura e soberuja es perseuerar ombre en su yerro e dezir lo que dixo vna vegada vn sabio: 'Qualquier cosa que sea, quiero que sea firme e estable.' Ca non es cosa fea de mudar ombre su consejo en mejor con rrazon. Onde sy alguno vos dixiere sy estaredes en lo que posistes, dezid que ssy, sy otra cosa non acaesçiere mejor porque se deua mudar. E asy non vos dira njnguno que errades e non dexedes de fazer justiçia por algo que vos den njn vos prometan njn por amor njn por desamor njn por vanderia alguna.

"E por ende quando el rey fiziere justiçia en su pueblo, avra de Dios buen gualardon e grado de la gente. E el rey que non faze justiçia non meresçe al reynado, ca sabed que el mejor de los tienpos del mundo es el tienpo del rey justiçiero, ca mejor es el año que viene malo en tienpo del rey justiçiero que el buen año que vjene en tienpo del rey syn justiçia. Ca el rrey justiçiero non consiente fuerça njn soberuja, e la mas prouechosa cosa del rreyno es el rey que es cabeça del, sy bien faze la cosa. E porque mas vale el rey

sy es justiçiero e merçendero, otrosy mejor es al pueblo beujr
so señorio del rey justiçiero que beujr syn el en guerra e en
mjedo. E quien faze lazrar a sus vasallos por culpa de aquel
que es rey syn ventura, ca Dios dixo que quien se desujase
del bien, que el se desujarie bien del, ca los que fazen
justiçia, estos son de luenga vida. Ca sabed que con la
justiçia duran los buenos, e con el tuerto e con las fuerças
pierden se. E por ende el buen rey, para dar buen enxjenplo
de sy, deue ser justiçiero en sy e en los de su casa, ca quando
el rey fiziere justiçia, obedeçer lo ha el su pueblo de coraçon
e de voluntad. E al que es syn justiçia, ayna se ayunta el su
pueblo a lo desobedeçer, ca la justiçia del rey mas ayna
allega a los ombres a su serujçio e la non justiçia derramalos.
E el ombre que mejor logar tiene delante Dios e delante los
ombres es el que faze justiçia. E el rey es el que mas deue
temer a Dios e el que mas deue amar verdad e fazer merçed
e mesura, porque Dios le fizo merçed e le dio el reyno que
mantoujese, e puso en su poder cuerpos e aueres de su
pueblo. E por ende, todo señor de la tierra e del pueblo deue
fazer en tal manera contra ellos que lo amen e sean bien
abenjdos, ca el rey e su reyno son dos personas e asy commo
vna cosa ayuntada en vno. Ca bien asy commo el cuerpo e el
alma son²⁴ vna cosa despues que son departidos, asy el rey
njn su pueblo non pueden njngund bien acabar seyendo
desabenjdos. E por ende la cosa porque mas deue punar el
rey es del amor verdadero del su pueblo, ca ssabed que en
este mundo non ay mejor lazerio que gouernar pueblo a
quien lo quiere gouernar e gujar con verdat e con lealtad.

"E por ende dixo vn *[fol. 119r]* sabio que el señor del
pueblo mas lazrado es queriendo lo bien fazer que el mas
lazrado dellos. E la mejor manera que el rey puede auer es
fortaleza con mesura e mansedat con franq[ue]za. Ca non es
bien al rey ser quexoso, mas deue fazer sus cosas con vagar,
ca mejor podra fazer lo que non fizo, que non desfazer que
oujere fecho. E todavja le deue venjr emjente de fazer merçed
a los pecadores que caen en pecado por ocasion e non a
sabiendas, ca el rey deue ser fuerte a los malos e muy
justiçiero e de merçed a los buenos, e deue ser verdadero en
su palabra e en lo que prometiere, e non deue sofrir que
njnguno se atreua a desfazer lo que el fiziere, e mayormente
faziendo el graçia e merçed. Ca gran pecado es tirar la gracia
e la merçed que el señor faze a sus sieruos, ca este atal yerra
a Dios e a su señor e aquel a quien la graçia fue fecha.

"E deue el rey auer por costunbre de amar a los buenos
e ellos que lo fallen en verdad, ca el rrey deue catar tres
cosas: e la primera que dexe pasar su saña ante que de el
juyzio sobre las cosas que oujere de judgar; la otra es que
non tarde el galardon al que le oujere fecho por que lo
merezca; la terçera es que cate las cosas muy bien ante que
las faga. Otrosy deue catar que sepa la verdad del fecho ante
que judgue, ca el juyzio deue se dar çierto e non con
sospecha. Pero deue ssaber el que la justiçia de muerte
manda fazer en el que la meresçe, que es vida e segurança al
pueblo. Ca las peores maneras que el rrey puede auer son ser

fuerte al flaco e flaco a los fuertes, otrosi ser escaso a quien
non deue. E por esto dizen que quatro cosas estan mal a
quatro personas: la vna es ser el rrey escaso a los que lo
siruen, la otra ser el alcalde torçiero; la otra es ser el fisico
doliente e non se sabe dar consejo; e la otra ser el rrey atal
que non osen paresçer delante del los ombres que son syn
culpa. Çierto mas de ligero se endereçan las grandes cosas
en el pueblo que la pequeña en el rey, ca el pueblo quando
es de mejorar, mejoralo el rey, e sy el rey es de mejorar, non
ay quien lo pueda mejorar sy non Dios. E por ende non deue
fallar justiçia soberujosa en aquel de quien atienden justiçia
e verdat e *[fol. 119v]* derecho. Ca aquel contra quien el rey
se ensaña es en muy grand cuyta, ca le semeja que le viene
la muerte onde el espera la vida. E este tal es commo el que
ha grand sed e quiere beuer del agua e se afaga con ella.
Onde vos mjos fijos, seredes justiçieros con piedad alli do
pecaren los ombres por ocasion, e asy vos daredes por
benjgnos, ca el benjgno es el ombre que es religioso a Dios
e piadoso a los paçientes que lo mereçen, e que non faga mal
a los menores, e que sea amigo a sus eguales e que faga
reuerençia a sus mayores, e que aya concordia con sus
vezinos, e que aya mjsericordia a los menguados, e que de
buen consejo a los que gelo demandaren."

De commo el rey de Menton castigaua a sus fijos que sienpre diesen buen consejo a los que lo pediesen

"Asy vos mjos fijos, quando consejo vos demandaren,
ante aued vuestro consejo con vos mesmos o con aquellos en
quien vos fiaredes, de gujsa que lo podades dar muy bueno e
muy escogido. E non vos arrebatedes a lo dar, ca podriedes
falleçer e non vos preçiaran tanto los ombres. Ca ssabed que
tres cosas deue ombre catar en el consejo quando gelo
demandaren: la primera, sy lo que le demandan es onesta
cosa e non prouechosa; la segunda, sy es prouechosa e non
onesta; [...] E sy fuere onesta e non prouechosa, deuele
consejar que la faga, ca la onestidad es noble cosa e tan
virtuosa e tan santa que con la su virtud non se tira, asi
falangando vos con el poder grande de bondad. E sy la cosa
fuere prouechosa e non onesta njn buena, deuedes consejar
que aquella non faga, commoquier que aya en ella pro e
ganançia, ca esta non vienc sy non de cubdiçia, que es rayz
de todos los males. E sy fuere la cosa que vos demandaren
onesta e prouechosa, esta es la mejor, e deuedesle consejar
que la faga. E commoquier que, ¡mal pecado! los ombres
con la cubdiçia mas se acogen a fazer aquello en que cuydan
fazer su pro, que non en aquello que es bueno e onesto, que
non lo prouechoso e dañoso al alma e a la fama. E maguer
non se acojan a lo que vos les consejardes, tener vos han por
de buen entendimjento e presçiar vos han mas, ca querriedes
el bien e escusaredes el mal e non podra njnguno con razon
dezir que el mal le consejades.

"Otrosy mjos fijos, todas las cosas que oujerdes de
fazer, fazed las con buen consejo, ca non vos arrepentiredes.
E quando consejo quisierdes auer de otros, primeramente
deuedes pensar a quien lo demandades, ca non son todos los
ombres para dar buen consejo. E por ende, primeramente
demandaredes consejo e ayuda a Dios para lo que quisierdes
fazer, ca quien ha menester ser çierto de alguna cosa e ser
ende sabidor, demandarlo deue primeramente a Dios. Onde
dize Santiago: 'Todo don bueno e acabado desuso *[fol. 120r]*
desçiende de aquel Dios padre que es lunbre de todos, el
qual non se muda por njnguna cosa.' E quando demandaredes
consejo a Dios muy homjldosamente gelo demandad e parad
mjentes que la vuestra demanda sea buena e onesta. E sy asi
lo fizierdes, sed bien çiertos que non vos sera menguado lo
que le demandardes, ca si mala demanda fizieredes a Dios,
por ventura el mal verna sobre vos e non sabredes donde vos
viene, ca los juyzios de Dios muchos son escondidos a los
deste mundo. Onde asi es de derecho tal ley [es] establesçida
en el mundo, que non rroguemos njn demandemos a nuestros
amjgos cosas feas e malas, njn las fagamos por ellos, ca
mucho mas vos deuedes guardar de las de mandar a Dios,
que vos es verdadero amjgo e ssabidor de vuestros coraçones,
e a quien njnguna cosa non se puede asconder. E por ende
syenpre en el vuestro comjenço sea el no[n]bre de Dios. E
despues que a Dios oujerdes demandado consejo e ayuda
sobre los vuestros fechos, luego en pos del demandar lo
hedes a vos mismos e escodriñaredes bien los vuestros
coraçones, e escojeredes lo que vierdes que es lo mejor, e
fazed lo commo ssabios e de buena proujsion, tirando de vos
e de todos los que vos oujerdes de consejar tres cosas [...]:
la primera es ssaña, ca con la saña esta turbado el coraçon
del ombre, e pierde el entendimjento e non sabe escoger lo
mejor; la segunda es cubdiçia, que faze a ombre errar e caer
a las vegadas en verguença e en peligro, catando mas por la
ganançia que cuyda auer que por la honrra njn por la guarda
de sy mesmo; la terçera es rebatamjento, ca çiertamente muy
pocas cosas son que ayan buena çima de las que se fazen con
rrebatamjento, ca muy mejor es leuar las cosas por su vagar
e traer las a buena çima, que non quererlas leuar
arrebatadamente e caer en yerro, ca en el comjenço de las
cosas deue el ombre pensar lo que ha de fazer e que çima
puede auer. E sy el acabamjento fallare, bueno deue la
[fol. 120v] començar, ca dizen que el fecho moujdo e
acabado, que bien lo comjençan, ca el vagar es arma de los
ssesudos, ca a las vezes cuyda omen adelantar en las cosas e
en sus fechos por apresurarse, e tornar se a çaga. E a las
vezes cuyda que tarda e va adelante, pues mas ayna e mejor
podedes fazer lo que fazer oujerdes, non vos quexando, que
sy vos quexardes, ca el que se quexa, maguer recabda yerra,
ca lo que se faze por auentura en las aventuras, non açierta
el ombre todauja. Pues la cabeça del seso es que pare el
ombre mjentes en la cosa ante que la faga, ca con el vagar
alcança ombre osadia para fazer ombre lo que quisiere; ca el
fruto del arrebatamjento es arrepentimjento despues del

fecho. E quando se conseja ombre en lo que ha de fazer,
fazenle entender lo mejor, e quando se auerigua el buen
consejo, allj viene el acabamjento, ca lo que faze el ombre
con consejo sienpre se acaba con alegria, e lo que se faze
syn consejo e rrebatosamente vjene con repentimjento."

De commo el rey de Menton dezia a sus fijos que catassen primeramente sy derian su poridat a alguno

"Otrosi mjos fijos, ante que demandedes consejo a otros,
parad mjentes sy se puede escusar por alguna manera de non
descobrir vuestra poridad a njnguno, sy non si entendierdes
que por consejo de otros podedes mejorar vuestra condiçion,
ca de otra gujsa a amjgo njn a enemjgo non deuedes dezjr
vuestra poridad njn descobrir vuestro pecado njn vuestro
yerro en que caystes. E oyr vos han muy de grado muchos
dellos, e catar vos han commo en escarnjo de vos e del
vuestro yerro, e sonrreyrse an, diziendo palabras de
reprehension e pugnaran de bos lo leuar a mal. E porende lo
que vos quisierdes que sea poridad, non lo digades a njnguno,
ca despues que dicho fuere, non sera ya todo en vuestro
poder, ca apenas es poridat lo que vno sabe mayormente
quando lo saben muchos.

"E asy quien guarda su poridad guarda su poder, ca
mas segura cosa es çelar ombre su poridat que non dezirla a
otro, e despues ruegale que la calle. E desque descubierto
fuere, maraujllarse ha de sy mesmo que non se pudo castigar
njn ouo poder en sy para que callase su poridad que le
descubrio, e non del otro sy le quiso fazer callar e auer poder
sobre el que le guardase su poridad. E çierto, quien en sy
mesmo non ha poder de buena razon non lo puede auer sobre
otro. Onde sy por ventura vierdes que por consejo de otro
podredes mejorar vuestra condiçion, estonçe aued vuestro
consejo e acuerdo con vuestros coraçones con qual o con
quales avredes vuestro consejo e les descubriredes vuestra
poridad; commo al leal amjgo deuedes demandar consejo
primero, *[fol. 121r]* lo deuedes auer con aquel que oujerdes
ya prouado por verdadero amjgo. Ca a las vegadas el enemjgo
se da por amjgo del ombre, cuydandole enpeçer sso enfjnta
de amjstad. Otrosi non mostredes buestras voluntades ssobre
el consejo que demandardes a los consejeros, njn les
descubrades lo que vos y entendades, ca por ventura por vos
fazer plazer e vos ljsonjar, dezir vos han que es buen consejo;
e aquello que vos dezides, maguer que entiendan que es
mejor consejo aquello que ellos pensaron para vos dar. Pero
oyd los todos muy bien e esamjnad lo que cada vno dize e
asi sabredes escoger lo mejor. E la razon por que asy lo
deuedes fazer es esta: porque los grandes señores e
poderosos, sy por si mesmos non lo saben escoger, tarde o
nunca por los otros podra auer buen consejo sy su voluntad
primero ellos supieren, mayormente los que non catan por al
si non por segujr su voluntad del señor con ljsonja, cuydando
que sacaran ende pro para sy, non catando sy puede venjr

ende daño a su señor que deuen segujr, e guardar, e bien
aconsejar en todas cosas. Onde de los buenos amjgos e
prouados, quered sienpre auer consejo e non de los malos
amjgos njn de los enemjgos, ca bien asy commo el coraçon
se deleyta en buenas obras, asy el alma se deleyta con los
consejos del buen amjgo. E bjen es verdad que non ay cosa
en el mundo tan deleytosa commo el buen amjgo con quien
pueda fablar sus poridades e descobrir su coraçon
seguramente. Onde dize Salamon: 'El amjgo ver[da]dero e
fiel non ha conjuraçion njnguna.' Ca non ay oro njn plata por
que pudiese ser conprada la verdat de la *[fol. 121v]* fe e la
buena verdad del amjgo, ca el verdadero e buen amjgo es al
ombre castillo fuerte en que se puede anparar e defender en
muchas gujsas. Ca cierto que en buen amjgo puede auer,
creo que ha buen tesoro de que se puede ayudar e acorrer
quando qujsiere.

"E por ende todo ombre se deue trabajar quanto pudiere
en ganar amjgos, ca el mayor thesoro e el mayor poder que
el ombre puede auer e ganar por meresçimjentos los amjgos
son. Ca que pro tyene al omen sser rico muy mucho e tener
amjgos, ¿ca qujen lo despiende a su voluntad? Ca çiertamente
el omen syn amjgos ssolo es, e solo bjue, maguer que otra
grand gente tenga consigo, ca suelen dezir que qual es el
cuerpo syn el alma, que bjen atal es el omen que non ha
amjgos. Demandaredes otrosy consejo a los que son
entendidos e sabios, ca el pensamjento bueno del ssabio e el
buen consejo mayor defension es que las armas. Otrossy sy
algunos vos qujsieren consejar en poridad e non en plaça,
parad mjentes, ca ssospechoso deue ser ssu consejo. Onde
dize vn sabio que enpesçer qujere mas que escuchar,
[fol. 122r] e aprouechar el que dize en poridad vno e
demuestra en plaça al, ca este atal non es amjgo verdadero
mas es enemjgo que qujere al omen menguar e enganar. Ca
non vos deuedes mucho assegurar en aquellos que fueren vna
vegada vuestros enemjgos, maguer anden delante de vos
muy homjlldosos e açerca de vos, ca non vos guardaran por
verdadero amor que vos ayan, mas por fazer su pro con vos.
Ca tales commo estos llorar vos han delante e ssy tienpo
viesen, non se ffartarian de vuestra sangre, ca el enemjgo,
maguer que perdone al ssu amjgo, non pierde en su coraçon
el antiguo dolor que ouo por el mal que resçibio del. Ca por
ende dizen que pierde el lobo los dientes mas non las mjentes.

"Otrosy non vos aseguredes en aquel que entendierdes
que vos conseja con mjedo e con ljsonja, mas que con amor,
ca non es amor verdadero el que con mjedo sse demuestra. E
entre todos los omes escogeredes por consserjeros a los omes
ssabios e ançianos e non muy mançebos, ca los mançebos
pagan se de andar en ssolaz e en trebejos e qujeren comer de
mañana, *[fol. 122v]* ca non han ssseso conplido commo deuen.
Onde dize la Ssanta Escriptura que non esta bien el reyno do
el rey es moço e sus consejeros comen de mañana, pero
algunos mançebos ay en qujen Dios qujso poner su gracia e
ssacolos de las condiçiones de la mançebia, e dioles ssseso de
viejos para conosçer e veer las cossas con buen ssseso natural,

commoqujer que en pocos acaezca esta gracia e este don
conplido."

De commo se deuen guardar los omes de aquellos que vna vez les han herrado

"Asy vos, mjos fijos, mjentres moços fuerdes e non
oujerdes entendimjento, punaran los omes que non qujeren
vuestra honrra de fazer su pro con vos, e non cataran sy non
por fazer bien asy e apoderar se de vos e desfazer e
desapoderar a vos porque quando fueredes grandes e oujerdes
el entendimjento conplido, que los non podades de ligero
desfazer maguer ffagan por que njn podades fazer justiçia en
aquellos que la meresçen. Ca ellos sse pararan a los defender
commo aquellos que non querran que la justiçia sse cunpla
en ellos njn en otros njngunos. Ca demjentra de pequeña
hedad fueredes, non se trabajaran en al sy non de enrriqueçer
a sy e traer a vos a pobredad falagando vos que vssedes en
moçedades en comer, e en beuer, e en todas las otras cosas
que plaze a los moços, metiendo vos a saña contra aquellos
que qujeren *[fol. 123r]* vuestro serujçio e la vuestra honrra,
e buscaran achaque mesclandolos conbusco por que les
fagades mal, en manera que los alongedes de vos, e non
vos puedan consejar lo mejor que ellos puedan conplir sus
voluntades e fazer con busco lo que quisieren. Onde es
menester que paredes mjentes en tales cosas commo estas e
non querades commo moços syn entendimjento traer vuestra
vida, mas allegaredes a uos a los omes ançianos e de buen
entendimjento, e los que ssirujeron lealmente a aquellos onde
vos venjdes e a vos, e non a aquellos que los desirujeron. Ca
los que comen el agraz con dentera quedan e los que vna
vegada desiruen, non gelo meresçiendo el señor, con reçelo
del yerro en que cayeron, sienpre fyncaran con mala voluntad
e con reçelo de lo que han fecho contra el señor, ca querrien
sienpre ser señores e apoderados del e el non dellos. E por
ende vos deuedes guardar de tales commo estos e non ffiar
vuestros cuerpos njn vuestras faziendas mucho con ellos,
commoqujer que los deuedes retener lo mas que pusierdes,
faziendo les bien e merçed. Ca con todos los del vuestro
señorio que son buenos e malos, vos abredes de parar a los
grandes fechos quando vos acaesçieren; mas para la bondad
e la lealtad e el buen consejo es mas de preçiar e de onrrar
que la maldad e la deslealtad e el mal consejo. Ca los buenos
e leales e de buen consejo guardar vos han de yerro e de
verguença, e sienpre punaran de acreçentar vuestra onrra. E
los malos e los desleales e de mal consejo de menguar en
vuestra onrra e en vuestro poder commo aquellos que non
bjuen seguros por los males que fazen. E por ende querrien
que menguase el vuestro poder por que mal non les
pudiesedes fazer."

De commo se deuen de guardar los reys de poner sus fechos en poder de Judios njn de otro estraño del ley

"Otrosy mjos fijos, guardad vos de meter en poder de los farisseos Judios, ca son muy sotiles en todo mal e son enemjgos de la nuestra ffe, njn pongades en ellos vuestros fechos por njnguna manera. Ca esta es natural enemjstad de querer sienpre mal a los Judios a los sieruos de Ihesu Xpisto por el yerro e por el pecado en que cayeron en la su muerte. Ca bien assi commo ellos son e deuen ser sieruos de los xristianos, ssy pudiesen poner en serujdunbre ellos a los xristianos, fazer lo yan de grado. E por ende quando oujeren poder en la vuestra casa, punaran de vos falagar con aquellas cossas que entendieren que vos plazera sso algund color que vos demostraran que es vuestro serujçio e que podedes auer mas, cataran manera commo se astraguen los vuestros pueblos e ellos se fagan rricos. E quando los pueblos non oujerdes para vos serujr dellos, non abredes que dar a los vuestros rricos omes, e avran de buscar otros señores e desanparar vos han e seran contra vos. E despues que vos vjeren solos estos que vos consejaron, yr *[fol. 123v]* se han para los otros e prestar les han lo que oujeren contra vos, por que los defiendan de vos. E non es maraujlla que el enemjgo de Ihesu Xpisto cate maneras de mal contra los sus sieruos, pues que de natura les vjene esta enemjstad onde todos los señores xristianos deuen desechar primeramente los enemjgos de la ffe, en manera que les non finque poder njnguno, por que les puedan enpesçer e non los deuen meter en sus consejos, ca dan a entender que en si mesmos non ay buen consejo njn en los de la su ley. Ca los ffarisseos con sotilezas malas que ay en ellos, punan en desparzer los buenos consejos de los prínçipes, metiendo les que asaquen pechos de la tierra, non catando el destruymjento della njn de los daños que ende se siguen. E porque son mucho sotiles en esto, dizen los que son de buen recabdo e los prínçipes con cobdiçia quieren los, ¡mal pecado! E caen en muchos grandes peligros muchas de vegadas por esta rrazon. E desque se ffallan dello mal, non saben a quien se tornen, ca ssabed que se falla en la Santa Escriptura que antiguamente en Judea, con la grand maldad que en los judios auje, fizieron entre ssy tres ssetas queriendose engañar los vnos a los otros con maestrias e con ssotilezas malas, ca de tal natura son que non ssaben beujr ssyn bolliçios malos e llenos de engaño. E a la vna sseta dellas dixeron ffariseos, e a la otra sseduçeo[s], e a la otra esseos. Ca los farisseos tomaron nonbre de Ffaran que fuera dellos la fe de los judios. E assi los ffariseos eran fuera de la fe e trayan pedaços de cartas en las fruentes e en los braços diestros por que se acordasen de la ffe de la ley, e trayen en los cabos de las faldas espjnas, por que quando los firieren las espjnas en las piernas, que se acordasen de los mandamjentos de Dios. E esto fazien por engañar a las gentes por que non les entendiesen que eran partidos de la ffe. E esto era bien engaño de mal, ca el que buen creyente es en el coraçon tiene las espjnas para se acordar de la ley e de los mandamjentos de la ley [de] Dios e non en las piernas.

"Otrosy los ssaduçes eran ereges, ca dezien que los muertos que non aujen de *[fol. 124r]* resuçitar el dia del juyzio e que el alma luego muria con el cuerpo. E dezian que non curauan que eran los angeles en el çielo e llamauan se justos, tomando el nonbre que non deujen, ca tomaron nonbre de Ssedjr, que es nonbre de Dios, que quiere dezir Dios poderosso sobre todas las cossas. Otrosi los esseos fueron partidos de la fe e fueron dichos eseos porque fueron fuera de todo el estado de la creençia de los otros e non se acordauan con njngunos de los otros en njnguna manera. E tomaron vestiduras blancas, e nunca cassauan, e esquiuauan e estrañauan a los cassados, e non querian tener logar çierto do morasen, ssi non do seles acaesçie, e non adorauan si non al sol quando naçe. E avn auje entrellos muchas malas djujssiones, cuydando engañar los vnos a los otros. E commoquier que se querien encobrir, non podien, ca las sus malas cosas los descubrien. Ca dize el sabio que non ay njnguna cosa que sea encubierta que non sea descubierta, e mayormente la maldad, ca non se puede encubrir njn asconder. Ca dize en la Santa Escriptura que mala fabla non publicada tanto vale commo la buena non loada. Onde ssy entrellos non ay amor verdadero, e los vnos ayudan a enganar a los otros, quanto mas deuedes creer que se trabajan de engañar a los sieruos de Ihesu Xpisto que los quieren mal de natura por la falsedad e trayçion que fizieron sus avuelos en la su muerte; ca sus avuelos comjeron el agraz de la falsedat e en ellos finco la dentera contra los sieruos de Ihesu Xpisto. E confondalos Dios con tal dentera, ca tornada se les es natura contra los xristianos, e nunca la han de perder. Ca dize el sabio que non es en todos los que dellos desçienden, desamando a Ihesu Xpisto e a todos los suyos; ca luego supieron que Ihesu Xpisto era naçido, luego se descubrieron que lo querian mal e dixieron que lo entendian por dicho o por fecho o por consejo asi commo agora oyredes.

"Dize en la Santa Escriptura que en tienpo de Çessar Agusto, enperador de Rroma, quando mando que fiziese escreujr todas las personas del mundo, por que le diesen cada año el tributo que le aujan de dar, los judios que eran sojetos al enperador, con la grand maljçia que con ellos auja, cuydando engañar al enperador, loabanlo delante, diziendo que era justiçiero e que grand derecho era de le dar el tributo, commo aquel que se paraua a los defender. Mas encubiertamente ponjan bolliçio e escandalo entre las gentes, diziendo que ellos que dauan los diezmos e las primjçias a Dios de lo que ganauan e que non eran sobjetos al enperador njn de le dar tributo njnguno. E quando el enperador *[fol. 124v]* sopo este bolliçio en que andauan, dioles por rey a Herodes e mandole que fiziese coger el tributo dellos. E de estonçe aca fue establecido que andoujesen señalados de vill señal por que fuessen conosçidos entre todos los del mundo. E asy es guardado este establesçimjento por todo el mundo, sy no en las tierras do fueron estruydos e do ellos han poder.

E quando el rey Erodes enbio los sus caualleros a ssaber de la naçençia de Ihesu Xpisto, despues que sopo que era naçido, los fariseos que se tenjen por mas sotiles de engaño, enbiaron sus mensajeros con ellos, muy castigados de lo que fiziesen e dixiesen. E con ljsonja dezien a los caualleros del rey Herodes, asi commo en manera de escarnjo, que supiesen çiertamente que el rey Herodes era Ihesu Xpisto que yua a demandar e que lo creyesen, lo que nunca fue fallado por escripturas njngunas. E quando fallaron el Ihesu, preguntaron le los ffariseos e dixieronle delante de los caualleros de Erodes, 'Maestro, sabemos de todo en todo que eres [ver]dadero, e que demuestras e enseñas la carrera de Dios verdaderamente, e non as cuydado de njnguna cosa, ca non fazedes departimjento entre los omes de dezir verdat. Dynos delante destos caualleros del rey, si nos conujene de dar el tributo al enperador Çessar que nos demanda, o non.'

"E esta pregunta fazien ellos a Ihesu, cuydando que les dirie que non gelo aujan de dar por que oujesen razon todos los de la tierra de se mouer contra el enperador o se moujese el enperador contra el Ihesu a le fazer mal. E el Ihesu, veyendo e conosçiendo la su maldad e las palabras engañosas que le dezien, respondioles e dixoles assi: '¡O ypocritas! ¿Por que me tentades?' Ca la primera virtud de aquel que ha de rresponder a la demanda que le fazen es conosçer la voluntad de aquellos que la demanda fazen, ca ypocrita quiere dezir el que demuestra por palabra lo que non tiene en el coraçon. E dixoles: 'Mostrad me la moneda qual es, de que vos el demanda el tributo.' E ellos mostraron le vn dinero en que auje la ymagen de Çessar e era escripto ençima su nonbre. E el Ihesu catola e dixoles assy: 'Dad a Dios aquello que es de Dios, e dad a Çessar aquello que es de Cessar.' E esto querie dezir que diesen a Dios las deçimas, e las primjçias, e las ofrendas, e los sacrifiçios, e a Cessar el su tributo que auje de auer.

"E despues que vieron que lo non podien traer a lo que querien con muy grand engaño e con mala sotileza que en ellos auje, cataron carrera e manera por que lo fiziesen matar, asi commo lo fizieron, tenjendo que sy mucho durase al mundo, que ellos non podrien cobrar de sus maestrias e de sus engaños por la sabiduria e buen entendimjento que veyen en el Ihesu. Ca tantas señales veyen cada dia en el, e tantos mjraglos fazia entre todos, que aujan mjedo de el su poder e la gloria en que estauan, porque [fol. 125r] los tenjen por muy sabios e por mucho sotiles. E por ende non folgaron fasta que lo fizieron matar. E commoquier que el se quiso sofrir la muerte por nos pecadores saluar, ca el auje poder sobre los otros e non los otros sobre el, mas quiso ser obediente a Dios padre, e conpljr el su mandamjento, e que rresçibiese esta muerte por que las almas non se perdiesen, assi commo se perdien ante que el la su muerte resçibiese. E por ende, mjos fijos, por el mjo consejo, nunca vos meteredes en su poder njn los creeredes de consejo por dones que vos

den, njn por enprestido que a vos fagan, ca non vos serujran lealmente, ca non les viene de natura."

De commo el rey de Menton demostraua a sus fijos de commo deujan ganar sienpre amjgos e de commo los supiesen sienpre guardar

"Otrossy mjos fijos, punaredes sienpre en ganar amjgos e en guardar e rretener los que oujerdes ganado, ca muy de ligero se puede ganar el amjgo e es muy graue de rretener e en los ganar. E en los retener deuedes vos guardar de non les fazer pessar njn enojo en njnguna cosa, ca el amjgo, quando de su amjgo resçibe daño e enojo, grauemente se syente e se ensaña que ssi otro ombre estraño gelo fiziese, ca se le dobla el dolor porque rresçibe daño o desonrra de aquel que lo deue guardar de todas cossas. Onde dizelo vn sabio que tanto es mas el tuerto e el acaloñar quanto mas de çerca le viene, assi commo sy le vjnjese de aquel que ombre tiene por amjgo e lo falla en su daño e en su desonrra, assi commo contesçio a Sant Esteuan quando lo apedreauan, que nunca se quexo por grandes pedradas que le dieron los otros, e quexose mucho por vna piedra pequeña que lançó vn su amjgo, e con rrazon. Ca el peor mal que puede ser ssi es quando viene al ombre daño o desonrra de aquel onde espera resçebjr pro e honrra, ca quanto mas fia ombre en su amjgo, ssi engañado es del en consejo o en al, tanto mas quebranto resçibe en su coraçon porque rescibio engaño de aquel de quien deuje ser guardado e bien aconsejado.

"E si quisieredes guardar bien vuestros amjgos, sed les de buen talente, ca el ombre de buen talente es de buena ventura, e el que es de mal talente es de mala ventura porque se faze desamar. E el que es allegre e de buen resçebjr gana amjgos syn cuenta, ca el buen rreçebjr es llaue del amor, ca los que non han abondo de auer con que puedan ganar amor de los ombres, ayan abondo de buen talente, ca estos fazen buena [fol. 125v] vida e folgada; ca çierta cosa es que quien ha vida con ombre de mal talente, por fuerça se avra de ensañar contra el maguer sea paçiente. E el ombre de buen talente e de buena ventura deue auer en si tres cosas: la primera es paçiençia con que sepa leuar bien los omes; la segunda es castidad por que non peque; la terçera, buen talente con que gane amjgos. E pueden ganar los omes con buen talente mas que non los pueden ganar con su rreligion, ca sabed que el mejor conpañero que el ombre puede auer para auer vida folgada es ser ombre de buen talente. Ca el ombre de mal talente non puede ser leal njn de durable amor. E quien fuere de dulçe palabra e syn engaño sera amado de Dios e de los omes. Pero en todas maneras buenas ha ombre menester la tierra de Dios para guardar verdat e lealtad a sus amigos, la que non se puede fazer njn ganar syn fazer ombre obras por que lo meresca auer. Ca sabed que con tres cosas gana ombre claro amor de sus amjgos: la primera, que el los salude doquier que los falle; la segunda, que los rresçiba bjen quando a el vjnjeren; la terçera, que los rrazone bien en plaça do ellos non estoujeren. Ca el que se abenjere con sus amjgos ganara su amor onde con la abenençia vjene solaz e paz, e con la desabenençia viene desamor e pelea. E quien se faze a los omes con mesura gana su amor, e quien los esquiua, gana soledad.

"Pero mas vale a ombre andar señero que con mal conpañero, ca con la conpañja del mal conpañero, non se puede ombre bien fallar. E por ende dizen: 'quien con perros se echan [sic] que con pulgas se leuanta.' E quando acuerda el vn amjgo con el otro e con lo que dize, creçe el amor entrellos, ca la concordia trae amor de nueuo e la discordia mata el amor antiguo e trae desamor de nueuo e descubre el amor encubierto, e el acuerdo da allegria e amor, e el desacuerdo trae enemjstad e otrossi desamor."

De commo el rey de Menton castigaua a sus fijos que syenpre vsasen de franqueza con todos los omes

[fol. 126r] "Otrossi mjos fijos, deuedes ser francos de lo que oujerdes en aquellos logares do entendierdes que cunple, ca la franqueza es nobleza de coraçon, que el que es franco es señor de lo que ha e el escaso es syeruo. E commoquier que deuades ser francos en partir de lo que oujerdes, deuedes ser de buena proujsion en guardar lo mas que pudierdes e non venjr a grand mengua, ca ¡mal pecado! pocos amjgos ffallaredes al tienpo de agora que vos acorriesen con lo suyo sy non a grand pro de sy e a muy grand daño de vos. Ca quando grand thesoro oujerdes, avredes que dar e asy cobraredes los omes. Ca sabed que la rriqueza es apostura e la pobreza despreçiamjento, ca ella trae al ombre flaco e a descrençia, ca con la riqueza ganan los bienes de este mundo. Ca por lo que es loado el rico, es despreçiado el pobre, e ssy fuere rrazonado, diran que es parlero, e ssy fuere callado, diran que es nesçio. E por ende mejor es la muerte que la pobredad con torpedat, pues non ay mayor vileza que pobredat con torpedad, ca el pobre, maguer ssea en su tierra, atan estraño lo fazen commo sy fuese en tierra agena. E el rico, quando es en tierra agena, atan aconpañado anda commo sy fuese en la suya, ca al rico todos lo onrran e al pobre todos lo aballan. Pero la riqueza es a muchos dañosa, e lazerio muchas vezes de aquel que la ha, ca con la riqueza son los ombres de mal conosçer e desobedientes a Dios, e con la pobreza obedesçenlo. Pues mas vale pobreza con que gane el ombre el otro mundo, que riqueza con que lo pierda. Pero por que el bien deste mundo es en dos cosas: la vna es bondad e la otra es riqueza. E las dos peores cosas son pobredad e maldad, pues mas ligera cosa es de sofrir el denuedo del demandar la rriqueza que el lazerio de la pobredad, ca el rico, sy fuere de buena voluntad, podra fazer bjen a ssi mesmo e a otros, e el pobre, maguer que ssea bueno, non podra fazer bjen a ssy njn a otro maguer quiera. Pero bjen auenturado es el que se tiene por pagado de lo que ha e trae la su vida lo mejor que puede quando mas non

puede auer, ca ssabed que el que es pagado en su voluntad de lo que ha es libre, e el que es cobdiçioso de lo ageno es sieruo. Pues aquel que es de buena ventura, que non torna cabeça por auer *[fol. 126v]* ageno, ca la mala cobdiçia estraga los sus vasallos e la su tierra con cobdiçia de leuar, commoquier que a los rreyes e a los grandes señores conujene de auer thessoro porque han de dar e de fazer mucho. E por ende la honrra del grand sseñor es que aya que de, e non aya de demandar, ca mayor desabor es pedjr e sser repoyado, que es el sabor de lo acabar."

De commo el rey de Menton castigaua a sus fijos e les dezie en commo todos los ombres se deuen de trabajar de tener algo e de ser de buena proujsion

"Pero, mjos fijos, ssi queredes ser de buena proujsion e auer algo, ssed acuçiossos en recabdar lo vuestro, non faziendo mal njn tuerto a njnguno. E demandad lo que es vuestro derechamente, e non sseades perezosos, ca la pereza es llaue de pobredad e la acuçia es llaue de la ganançia. E el que se arrencona en su casa con pereza, tarde gana cossa con que goze, ca la pereza es enemjga de las obras e destruymjento de las ganançias. Ca ssabed que la folgança trae pobredat e lazeria, e el bolliçio es carrera para allegar a las ganançias. Ca non es ganançia la que non se gana bien, ante es perdida para el cuerpo e para el alma, ca el cuerpo fjnca enfamado e el alma perdida.

"E por ende mjos fijos, punaredes de ser de buena proujssion, ca bien creo que sy los omes quisiesen saber que cossa es proujssion, mucho lo procurarian e vsarien della. Ca proujsion es conosçer las cossas presentes que tiene ombre ante ssy o el estado en que esta, e parar bien mjentes a lo que ha de venjr. E aqui puede recodjr el su estado e la buena andança en que es, ca el ofiçio de la proujssion es escodriñar e adeujnar las cosas que han de venjr, e guarneçer se con buen consejo en el tienpo peligroso e lleno de mezquindat quando venjere. E non cunple al ombre catar tan solamente lo que tiene delante de sy, mas lo que vjene adelante, ca la buena ssabiduria del ombre falla la sallida de las cossas adelante e sabe a lo que deue acodjr. Onde dize Salamon: 'El tu catar *[fol. 127r]* sienpre vaya adelante de los tus pasos,' que quiere dezir ante de lo que quisieres començar, para mjentes a lo que puede recodir, e assi lo podras bien acabar. E sy lo assy quisieres catar, la tu cayda sera al tu comjenço. E por ende dizen que quien adelante non cata, que atras se cae. E çierto de buen engeño e sotil es el ombre que puede catar a lo que puede contesçer en las cosas que quiere fazer, e sy algo contesçiere, que deue y fazer para se guardar, ca non deue njnguno acometer cosa por que cayga, e dezir despues, 'Non cuydaua que assi serie. Ca si lo supiera, non lo fiziera.' E a este atal pueden dezir que es syn proujssion, ca syn proujsion non puede ombre auer vjda folgada njn segura, sy non el descuydado e el perezoso, que non quiere catar su fazienda, e non sabe commo se han de mudar los tienpos.

"E por ende todos los omes deuen fazer su vida con buena proujssion, tan bien los de grande estado commo los de pequeño, ca qualquier dellos que venga a pobredad e a mengua por non querer vjujr por proujssion non deuen culpar a los que non les quieren acorrer, mas deue culpar a ssi mesmo que non quiso auer entendimjento para se proueer. E por ende, todo ombre deue ser mesurado en despender, ca todas las cossas del mundo deuen auer medida, pues quien pasa la medida faze ademas, e quien non la cunple mengua. Ca mas vale auer mesurado al que lo despiende con mesura que el que ha grand riqueza e es gran desgastador, ca al que despiende con mesura durale su auer, e el que es desgastador va su auer en perdiçion. Ca sabed que en tres cosas se afirma la bondad de los omes: la primera, que sea sofridor; la segunda, que sea perdonador quando fuere poderoso; la terçera, que sea mesurado quando fuere señor. E mjos fijos, deuedes ser pagados quando oujerdes tanto que vos cunpla, ca el auer ademas dañoso es e lazerio muchas vezes de aquel que lo ha, saluo ende a los reys que lo han menester guardar para los grandes fechos; atan grand mal es el auer ademas commo la pobredat ademas. E por ende dizen que lo mejor de todas las cosas es lo medianero, onde dize vn sabio: 'Lo mediano toujeron los de buena ventura, ca los cabos non son buenos saluo ende del buen fecho que ha buen comjenço e buen medio e mejor el fyn.' E el que quisiere ser seguro de non auer mengua, vjua con mesura e con buena proujsion maguer ayan poco, e de por Dios maguer sea pobre. Ca sabed que la mesura aproueçe a lo poco, pues [fol. 127v] non dubdedes de despender alli do deuedes, e non despendades poco njn mucho alli do non deuedes. E por ende dizen que el que es de buena proujsion es sesudo, ca mjos fijos, non ay mejor ganançia njn mayor riqueza que sesso e non ay mayor perdida njn mayor pobreza que locura e torpedad, ca al loco, quanto mas le creçe el poder e auer, tanto mas creçe en el soberuja, ca çiertamente grand dolençia es en el ombre la locura. E por ende dizen que quien de locura enferma, que tarde sana della. Onde sabed que el cuerpo es atal commo el regno, e el sesso atal commo el rey, e las maneras son commo el pueblo, pues sy pudiere el rey mas que el pueblo, endereçar lo ha, e sy pudiere el pueblo mas que el rey, pucdc se perder el rey e el pueblo. E los coraçones syn seso sson commo la tierra que es yerma e syn labor. E los coraçones con seso son commo la tierra poblada de buenos labradores, ca los sesos pobladores son del coraçon, ca sabed que el seso es gujador del cuerpo en este mundo e del alma en el otro, pues quando Dios quiere tirar su merçed al ombre, lo primero que le faze tirale el seso. Onde veed qual es la nobleza del seso, ca el que non lo ha, non lo puede conprar por auer, e al que lo ha, non gelo pueden furtar; ca maguer despienda ombre dello non mengua. E por ende mejor es que sea el ombre conplido de sesso e menguado de palabra que conplido de palabra e menguado

de sesso, ca el seso es padre del creyente, e la paçiençia es su hermana, e la mansedad es su gujador; pues non ay mejor amjgo que el seso, njn peor enemjgo que la locura. Ca quien non gana sesso non le vale nada quanto gano, e quien ha conplimjento de sesso nunca avra mala mengua, ca aquel es sesudo el que non a enbidia a njnguno, njn le tiene mal coraçon, njn lo engaña, njn lo maltrae, njn le toma lo suyo asyn razon. Otrosy es ssesudo a quien non vençe su voluntad e pecha mucho por lo poco que le fazen, e non se trabaja por las cosas que de mal nasçen."

De commo el rey de Menton castigaua a sus fijos de commo ellos deujan dar e despender los sus dones

"Otrossy, mjos fijos, commoquier que vos conseje, que seades de buena proujsion, lo que todos los omes deuen querer. Pero digo vos que sy Dios vos diere tierras a mandar, que seades reys e señores, que non querades ser escasos, mas que seades muy liberales, que quiere dezir francos. Ca la libertad es virtud que syenpre se mantiene en dar e en galardonar, mas con todo eso que yo vos mando guardar, guardad vos que el vuestro don non sea mayor que la vuestra riqueza, ca non lo [fol. 128r] podriedes cunplir e seriedes en verguença e en daño. Otrossy por saña que ayades contra aquel a quien oujerdes dado, que non gelo querades çaherir njn retraer, ca ley es estableçida entre aquel que da el don e el que lo rresçibe, ca el que lo da luego lo deue olujdar, e non le remenbrar del njn se alabar dello en njngund tienpo. Ca nunca el buen ombre deue pensar en lo que ha dado mas en lo que ha de dar. E al que lo rresçibe syenpre le deue venjr emjente el don que rresçibio para lo reconosçer aquel que gelo dio. E sy alguno non vos lo reconosçiere quando oujerdes menester su ayuda e fuere contra vos, non dedes nada por ello, ca la su desconoçençia lo traera a caer en el mas baxo logar que caer pudiere, assy commo fizo Luçifer que cayo del cielo en los ynfiernos por la desconoçençia que fizo al nuestro Señor Dios. E sy alguno vos dixiere que sodes de mala ventura en lo que dades e enpleades en aquellos que son contra vos e contra las vuestras cosas, e dezid les que aquel es de mala ventura el que non rreconosçe bien fecho, ca vos fezistes lo que deujedes e lo que vos cunplio. Ca muchos dones ha el ombre de perder, dando los fasta que açierte en el ombre en quien sean bien enpleados. E por esto dizen: 'Faz bien e non cates a quien.' Ca sy el ombre catase cada que don quisiese dar, en quien lo enplease bien, sy podrie fallar tal ombre en quien fuese bien enpleado. Ca el entendimjento del ombre muchas vezes es engañado en querer conosçer qual es bueno o el malo, ca muchos semejan buenos que non lo son, e muchos cuydan los ombres que son malos que non es assy. E por ende vos daredes vuestros dones de grado e ayna, ca non es mucho de gradesçer el don quando mucho dura entre las manos de aquel que lo deue dar, ca açerca esta de lo negar el que luego non lo quiere dar e lo tarda, ca da a entender que dubda en lo dar e que non lo quiso dar, pues tarde lo dio. E tanto tiro de las graçias que le deujen dar por el don quanto lo alongo e lo tardo al que gelo prometio, ca todo ombre que rruega a otro por alguna cosa, por verguença lo rruega.

"E por ende non ha mucho que gelo gradesçer *[fol. 128v]* sy gelo tarda, e si el que quiere dar el don lo da ante que gelo rueguen, faze lo mayor de quanto es, ca muy bien es de dar la cosa al que la ha menester ante que la demanden. Onde vos, mjos fijos, parad bjen mjentes en esto que agora vos dire. E es verdad que non ay cosa que tanto cueste commo la por que el ombre mucho rruega, ca muy triste palabra es e de grand cargo auer ombre a dezir a otro con grand verguença: 'Ruegote que me des esto.' E por ende es mas de gradesçer el don pequeño que se da ayna que el grand don que se da tarde. Otrosy, mjos fijos, deuedes vos guardar de non negar el don en manera de arte maliçiosa al que vos la demandare, assy commo fizo el rey Anageno a vn juglar que le pidio vn marco de oro porque canto delante del. E rrespondio le que non gelo darie porque demandaua mas de quanto conuenje a juglar. E luego le demando el juglar vn dinero e dixo le que non gelo darie porque demandaua menos de quanto conuenje de dar a rey, que non serie don de rey. E maliçiosamente gelo negaua, ca le pudiera dar vn marco de oro asi commo rrey, e vn dinero assi commo a juglar. E este rey non quiso semejar Aljxandre que dio a vn ombre de pequeño estado vna grand çibdat e dixole aquel a quien la daua, 'Sseñor, non conujene a ombre de tan pequeño estado como yo so atan grand don commo aqueste.' E dixole Alexandre commo aquel era muy grande e de noble coraçon en sus dones, que 'non paro mjentes[25] njn cato que conujene de rresçebir mas que es lo que conujene a mj de dar.' E el rey Alexandre non fablo con maestria de engaño, mas con nobleza de coraçon que en el auje."

De commo el rey de Menton castigaua a sus fijos que non quisiessen vsar con los omes que siruen con maestria

"Por ende, mjos fijos, con njngunos omes maguer sean estraños, e mayormente con los omes de vuestra tierra de quien auedes ser serujdos e guardados, non les fabledes con maestria njn con manera de engaño, ca vos entenderan e querran que ellos fablen conbusco otrosi con maestria, ca por qual manera los quisierdes leuar, por tal vos leuaran. Onde dize la Escriptura que por tal ley deue ser judgado el ombre por qual ley quiere judgar a los otros. E avnque non vos entiendan luego la maestria e el engaño en que los traedes, [...] aquel que los [...], quando lo supieren e venjeren al fecho, sentir se han mucho de vos e punaran mucho de vos lo acaloñar, commo aquellos que se syenten del mal e del engaño en que los trae aquel que los deuja guardar. Ca la cosa deste mundo en que mas yerran los grandes señores si es esta: en cuydar que los omes a quien ellos fablan en maestrias de engaño, que non los entienden. Ca sy bien en ello quisieren pensar, deuen entender *[fol. 129r]* que algunos ay tan entendidos e tan sotiles commo ellos que lo entienden. E sy non se atreuen a gelo dezir que les non fablen con engaño, catan maneras de engaño para les responder. E sy no osan de mjedo njn pueden de la crueldat del señor que se faze mucho temer, piensan commo se desenbarguen del, asy commo contesçio a vn rey de Effeso que era muy rico e muy poderoso, que nunca querie fablar con los de su tierra njn avn con los de su cassa, si non con maliçia e con soberuja e con manera de engaño. E non se saben guardar de las maestrias de los otros con quien fablan, ca tan grande era la su crueldad que todos los de la su cassa e de la su tierra tenblauan delante del e avn quando oyen del fablar. E si alguno por le serujr lo desengañaua por estas cosas, querie lo mal e apartaua lo de sy e perdie su bien fecho por bien fazer. E por esto dizen: 'Njn bueno fagas njn malo padas.' E por esto non le osaua dezir njnguna cosa maguer le veyen dezir e fazer cosas desagujsadas, de gujsa que todos le aborresçian e se enojauan del."

Del enxenplo que dixo el rey de Menton a sus fijos de lo que le contesçio a vn rey de Efeso con vno de los sus vasallos

"[A]sy fue que vn conde, el mas poderosso de los de su tierra, a quien el fizo muchas desonrras de dicho e de fecho, e non cuydando que le entendien el fecho e el engaño e las maestrias en que lo trayen, e veyendo que toda la gente del rreyno era muy despagada del, cato manera de engaño en qual manera se podrie del vengar, non catando sy le estaua bien o sy mal. Ca en tal afincamjento le tenje el rey leuando lo a mal todavja con maestrias de engaño e avn publicamente muchas vegadas ha que ouo el conde a pensar en lo peor contra el rrey. E *[fol. 129v]* por esto dizen que el can con grand congosto al su señor se torna al rrostro. E sentiendo se el conde de tanto mal, dixo al rey por corte que querie quemar a vna su fija que tenje e non mas, por cosas que fiziera de que meresçie ser quemada. E fizo pregonar por todo el reyno que vjnjesen todos a uer aquella justiçia que querie fazer a aquella su fija. E quantos lo oyen se fazian maraujllados desta crueldad tan grande que aquel conde querie fazer aquella su fija, ca la donzella era la mas fermosa de todo el rreyno, e de mejor donayre, e la mas guardada en todas cosas, e la mas demandada para casamjento, atan bjen de fijos de rreys commo de otros grandes omes.

"E quando llego el dia del plazo a que el conde dixo que la querie fazer quemar, mando poner mucha leña en medio del canpo. E luego que allj llego el rey con toda la gente, pregunto al conde commo non traya a su fija para fazer justiçia della assi commo dixiera, ca le plazie al rey mucho de aquella locura que querie fazer el conde, non parando mjentes njn pensando el cuytado del rey, de commo otro era el pensamjento del conde, ca non de quemar a su fija. Ca la cosa que en el mundo el mas amaua e querie que ella era, ca non tenje otro fijo njnguno sy non aquella fija. E el conde le dixo: 'Señor, atiendo que se llegue mas gente.' Pero que estaua alli allegada la mayor partida del reyno, e con arte e con sotileza de engaño, dixole assy: 'Sseñor, demjentra la otra gente se allega, apartadvos alla con esos omes buenos del vuestro consejo e fablad en lo que por bjen tengades. E yo yre a ordenar con los otros omes buenos e con los otros del pueblo de commo se faga esta justiçia asi commo deue.'

"E el se aparto, non le entendiendo el engaño en que lo traye el conde con maestria. E començo el conde a escarnesçer e a dezir mucho mal entre sy, e al rey plazie le mucho porque querie quemar a su fija, diziendo que era loco. E el conde se fue alli do estaua todo el pueblo e començo de fablar con todos los que allj estauan, e dixoles assy: 'Amjgos e parientes, con vos otros he yo muy grandes debdos de parentesco e de amor, e he resçebido de vos otros muchos *[fol. 130r]* plazeres e muchas honrras por que so tenjdo de querer el vuestro bien e de me sentir del vuestro mal asi commo del mjo, ca non es amjgo njn pariente el que del daño de sus parientes e de sus amjgos non se siente. E por ende quiero que sepades el grand peligro en que todos beujmos con este nuestro señor, non aujendo duelo njn piedat de nos, ca bien sabedes todos en commo el se ha serujdo de nos en todas quantas cosas ha querido e a toda su voluntad. E el, por la su desauentura e la nuestra, sienpre nos ha fecho mucho mal e non bien, e sienpre nos fablo con maestrias e con engaños, encubiertamente e a paladinas, por nos leuar al mal e nos desonrrar e aviltar, e tenjendo nos en poco e non queriendo auer consejo con nos sobre las cosas que auje de fazer en su tierra. E sy consejo nos demandaua, non querie vsar del consejo que le dauamos mas a su voluntad. E avn dezie nos mas: que non es ombre el que por consejo de otro se guja, ca se da por menguado de entendimjento. E esto es contra las opjnjones de los sabios que dizen que non deue ombre fazer njnguna cosa syn buen consejo, e mayormente en las cosas que acaesçen de nueuo, ca el fecho nueuo ha menester nueuo consejo para yr mas çiertamente a lo que ombre quiere fazer, assy como a nueuas enfermedades e non conosçidas conujene de fallar nueuas melezinas. E agora ha pensado commo nos desfaga de quanto auemos con maestrias de engaño, e a los que el supiere, que non quieren consentir en lo que el quisiere, que los mande matar. E yo, veyendo este mal tan grande que nos quiere fazer e el engaño en que nos trae, que njnguno de nos maguer lo entienda que non osa fablar en ello, quise me auenturar e poner en este peligro tan grande e por vos aperçebjr, dixe que queria quemar a mj fija. E fizelo pregonar por toda la tierra por que vos juntasedes todos e supiesedes este tan grand mal vuestro en que el rey vos andaua e tomasedes y algund buen consejo. E assi amjgos, yo dicho vos he lo que vos auja de dezir, e de aqui adelante, pensadvos de guardar, ca çierto so que luego

que el sepa esto que vos he dicho, que me mandara matar de cruel muerte.'

"E vno que era en el consejo con el conde leuantose e dixo: 'Assy matemos a quien nos quiere matar, ca nuestro enemjgo es.' 'Verdad es,' dixo el conde, 'e bien semeja que queremos mantener nesçia lealtad, veyendo nuestra muerte al ojo e al que nos quiere matar, dexarnos asi matar commo omes desauenturados.' E ssobre esto leuantose vn ombre bueno de los del pueblo e dixo: '¿Non ha aqui quien le de la primera pedrada al que nos quiere matar?' E abaxose e tomo vna piedra e lanço la contra el rey e todos los otros se moujeron luego e fizieron asi eso mjsmo, de guisa que lo cobrieron todo de piedras. E asi lo mataron, non catando los cuytados de commo *[fol. 130v]* cayen en trayçion que es vna de las peores cosas en que ombre puede caer. E esto pudiera el rrey escusar si quisiera, e guardar se mejor e beujr con los de su tierra asi commo deuje, non les mjntiendo njn queriendo andar con ellos en maestrias de engaño.

"Onde vos mjos fijos, por el mjo consejo vos seredes sienpre buenos e leales e verdaderos a la vuestra gente e non les fablaredes en njnguna cosa con maestrias, ca mucho se syenten los que bien siruen quando tal vida traen con su sseñor, fablando les con maestrias de engaño. E maguer les diga verdad, non lo pueden creer por las malas maestrias de engaño, e maguer les diga verdad e cuydanse syenpre que les quiere mentir e engañar. E por ende mjos fijos, guardar vos hedes de fablar con los omes [...] en que deuedes mucho parar mjentes, sy queredes auer vjda folgada e segura: la vna es el ombre que non faze mal njn dize mal a njnguno, mas ha sabor de beujr en paz e serujr lealmente a aquel que ha de serujr. E este atal es commo el buen can que non ladra njn muerde sy non quando es menester en guarda de su señor e en defendimjento de sy mjsmo. La otra manera de ombre es el que calla e fiere e cobdiçia fazer golpes mortales e non fuelga sy non faze sangre, ca este atal es commo el can que non ladra e muerde a escaso e faze sangre con voluntad de desfazer e tirar del todo a aquel que muerde. E destos atales nos guarde Dios, ca estos sufren mucho e non responden, e quando veen que ay tienpo, muerden e fieren e fazen golpes syn piedat, non catando sy fazen mal, queriendo conplir su voluntad *[fol. 131r]* asi commo fizo el conde al rey de Efesso, commo ya oystes. La otra manera de omes es el que dize e non faze. E este atal non puede mucho enpesçer, ca por su mucho dezir se aperçibe aquel contra quien dize, o por ventura dize mucho por meter mjedo por el grand mjedo que el ha. E este tal es commo el can que mucho ladra e non osa morder, mas ladra mucho con flaqueza e con mjedo de coraçon. E la otra manera de ombres es el que dize e faze en la plaça con razon e con buen esfuerço, tenjendo syenpre razon derecha que es cosa que esfuerça al esforçado mas, e le da coraçon para yr con su fecho adelante. E este atal es commo el buen can que ladra e muerde con buen coraçon quando deue, e non dubda de trauar allj do le manda aquel que lo puede mandar.

"Onde mjos fijos, sy bien quisierdes parar mjentes a
estas quatro maneras de ombres, saber vos hedes guardar e
beujr entrellos muy bien, e a honrra de vos, non queriendo
fablar con njnguno con maestria, con engaño, mas honrrad
los e fazed les graçias e merçed e segund que cada vno lo
meresçe, non queriendo oyr mal de njnguno njn loar al que
lo dize njn gelo defender que lo non diga commo en manera
de escarnjo e diziendo le: '¡Calla! ¡Non digas asy!' E de sy
tornar e preguntar otra vegada: '¿Commo dixiste?' queriendo
e aujendo sabor que lo diga asy commo lo fazen aquellos que
han sabor de oyr mal e de dezir mal e se deleytan en ello,
podiendo oyr e dezir otras cosas en que podrien tomar mayor
deleyte e mas a pro e mas a honrra de si […] se mesmos […]
para sus cuerpos e para sus almas e non en otras vanjdades."

**De commo el rey de Menton dezia a sus fijos de commo
todo ome deue sofrir al desconosçido por lo tornar a el
fasta que el mesmo se conosca en sy**

"Otrossy mjos fijos, guardad vos de fazer querella a
njnguno de aquel que non vos quisiere reconosçer el don que
le dierdes, ca en q[ue]rellando vos faredes del malo, e en
sufriendo lo faredes del bueno. Ca el ombre, quando faze
algund mal e non le es afrontado, esta en verguença dubdosa,
cuydando que avn non le saben aquel mal que el fizo. E
despues que afrontado le es, pierde la verguença, e la afruenta
pasada, e non da nada por ello, e faze peor por ello. Ca ya
mayor verguença sobre aquel mal que fizo non puede auer
njn passar. E mjos fijos, ¿por que afrontaredes *[fol. 131v]* a
aquel en quien fizieredes muchos bienes? Ca non lo fagades,
ca de amjgo se vos fara enemjgo, e si lo fallastes o non qual
esperauades, fazed enfinta que non lo entendedes. E sy
desconosçido es en vna cosa, por ventura non lo sera en otra;
e sy en la segunda lo fuere, en la terçera non lo sera, e sy
bien le fizierdes, acordar se ha de commo fallesçio, e que
vos erro en dos cosas, e sy de entendimjento es, grand
verguença aura de vos fallesçer en la terçera. E sy en la
terçera a uos fallesçiere, dende en adelante non auedes ya
mas que fazer.

"Pero, mjos fijos, non dexedes de fazer bien maguer
non vos lo merescan, ca el bien fazer es condesijo durable,
ca el bien fazer se cunple en tres cosas: la primera que lo
faga ombre en poridad; la segunda que lo faga ayna; la
terçera que tenga que fizo poco, maguer aya fecho mucho.
Ca sabed que con el bien fazer se desuja ombre de muchas
ocasiones, pues aquel a quien faze Dios mucha merced ha de
sofrir de los omes muchos enbargos, e sy los non quisiere
sofrir, es gujsado de perder aquella merçed que auja. Ca
mucho auja a Dios a aquel que faze mucho bien a los omes,
e desama al que lo puede fazer e non lo faze. Onde el que
bien faze non cae, e sy cayere, muchos fallara que lo
ayudaran a leuantar. Ca el que faze bien mejor es que el
bien; e quien faze mal peor es que el mal. E quien faze bjen

non pierde el galardon maguer non lo resçiba de los omes,
ca el bien fazer Dios lo galardona. E por ende conujene al
ombre de fazer bien en quantas maneras pudiere, maguer
sean las carreras angostas e los camjnos asperos, ca sabed
que todo bien fazer es merçed e non deue el ombre retraer el
bien que fiziere, ca mas apuesto serie de non fazer el bien
que non fazerlo e retraerlo. Onde dize la Santa Escriptura:
'El bien que fiziere la mano derecha, non lo sepa la synjestra.'
Ca por ende dizen: 'Faz bien e non cates a quien.'"
[fol. 132r]

**Ca de commo el rey de Menton castigaua a sus fijos e les
dezia que diesen los sus dones syn fazerio e otrosy que
catasen a qujen los dañan**

"Assy vos, mjos fijos, mjos fijos que a quien vos dierdes
vuestro don, que le non querades retraer en juyzio sobrello,
ca luego non seria don mas semejaria enprestido, e lo que
era derecho de vos dar graçias por ello e vos lo reconoçer,
perderiedes las graçias e el reconosçer, e serie con razon.
Mas fijos, ssy quisierdes semejar a Dios en las obras, dad al
que bos demandare e avn a los desconosçidos, ca Dios asy
lo faze. ¿Ca non veedes que quando naçe el sol que tan bien
escalienta a los malos commo a los buenos? Ca çierto non
dexa Dios de acrecentar en sus bienes fechos, con condiçion
que se aprouechen dellos todas las cosas del mundo. E por
ende sy le querredes ssemejar en las otras, dad demjentra
pudierdes, e avnque muchas cossas sean mal enpleadas, e
non vos las reconoscan; ca el desconosçido non fara a vos
tuerto mas asy mesmo, ca mengua en el su entendimjento
que Dios le dio para conosçer bien e mal. Ca el de buen
conosçer syenpre se deleyta en el don que rresçibio, ca se
acuerda del cada dia, e el desconoçido non se deleyta en el
don mas de vna vegada; e esto es quando lo resçibe, que
luego se le olujda. Otrossy lo que prometierdes, dadlo luego
en todas gujssas, ca sy non lo dierdes, judgar vos an por
mjntrosos, e que desuariades en vuestros fechos e que non
estades en lo que posistes e prometistes.

"E sy don prometedes a aquel que non es digno, njn lo
meresçe, deuedes gelo dar en todas gujsas, pues que gelo
prometistes e non en manera de don, mas por ser estables en
vuestra palabra. Pero commoquier que deuades dar al que
vos demandare, conujene que sepades por quantas partes
pudierdes, ssy es bien acostunbrado e de que vida es e que
coraçon tiene contra vos. O si vos podedes del aprouechar,
ca en los dones tenporales esto se deue catar e guardar, e
mucho mas se deue guardar e catar en los dones spirituales
que non los deuen dar, si non al que los meresçe, catando
estas cosas ssobredichas. Pero bien creo que non deue ser
menospreçiado njn desechado de todos los dones espirituales
aquel a quien paresçe alguna señal de virtud, *[fol. 132v]*
commoquier que de alg[u]nos males sea dotado. Ca aquella
señal de virtud lo puede traer asj ome bueno, e sy esto se

deue guardar en los espirituales, quanto mas en los tenporales, ca mas valen los dones pequeños que son dados a menudo, e mas aprouecha al que los da que non los dones grandes que se dan de tarde en tarde. Ca quien da algo de cada dia sienpre tiene ojo por aquel que gelo da para lo guardar e lo serujr. E aquel a quien dan grand don cuyda pasar su vida con aquello que le dan, e tenjendo que tarde o nunca podra alcançar otro tal, e non tiene ojo por al, e desanparase de todo, e non cata por serujr njn gradar a aquel que gelo da, sy non quando le acaesçe por ventura. Pero esto non es si non en ombre que non quiere mas valer con mengua de buen sseso. Ca el ombre de buen sseso, quanto mas grand don le dan, tanto mas se estienden para serujr e para fazer el bien.

"Onde vos, mjos fijos, sed grandes en vuestros dones e a cada vno en su estado, catando cada vno commo lo vale en el su estado, e commo lo meresçe, señaladamente a aquellos que auedes prouado e en lo que vos fuere menester, e aquellos que otros prouaron e supierdes por çierto que lo mereçen. Ca bien creed que de tales como estos que lo bien meresçen, syenpre resçebiredes mayor serujçio que non sera el vuestro don, ca estos tales de buen conosçer quieren semejar a los buenos canpos que ljeuan mucho fruto en manera que dan mucho mas que non resçiben. E mjos fijos, sy ome non dubda en dar sus dones a aquel de quien espera de ser bien serujdo, quanto mas deue catar pues por aquel de quien ha resçebido buen serujcio con grand lealtad. De reprehender serie quien en tal cosa commo esta non parase mjentes e por fazer sienpre lo mejor. E por ende, mjos fijos, parad bien mjentes en lo que vos cae de fazer en esta razon, ca el dar e el non dar vuestro en vuestra mano es."

De commo el rey de Menton dezia a sus fijos que todo ome devia conosçer el bien fecho

[fol. 133r] "Assy, los mjos fijos, sy algund grand señor vos fiziere bien, o sy el vuestro vasallo vos fiziere buen serujçio, punad en gelo reconosçer a los señores con serujçio e a los serujdores con bien fecho, ca en la rreconoçençia, lo primero que el ombre deue guardar es esto: que non olujde el bien fecho que resçibio njn el serujçio que le fue fecho, ca todo se cuenta por bien fecho, ca el que bien sirue, buen fecho faze. E por ende, non es de olujdar el bien fecho quando el ombre lo rresçibe, ca Dios e los omes aborreçen al desconosçido e tienen que ellos mesmos fazen el tuerto en non reconoçer lo que deuen a los que bien les fizieron, ca deuedes saber que desconoçido es el que njega que non rresçibio el don que ouo rresçebido, e mas desconosçido es el que faze ynfinta commo que non se acuerda que non lo rresçibiese, sabiendo de todo en todo que non lo resçibio. E mucho mas desconosçido es que lo olujda del todo, catando mas por otro que por aquel que le dio el don que resçibio, e es olujdado de todo e non finca en el njnguna memoria del

don. Ca bien paresçe que nunca pensso de lo rreconosçer, pues del todo lo olujdo; e nunca quiso ser de buen rreconosçer quien tan lueñe echo de sy el don que rresçibio que lo non pudiese catar njn ver para obrar con el lo que le conuenje. Ca la memoria del ombre non pierde njnguna cosa njn olujda sy non aquella que non quiso catar muchas vegadas. E por ende vos digo, mjos fijos, que non olujdedes el bien rreçebido, ca ¡mal pecado! pocos coraçones se rremjenbran de lo passado, ca muchos non quieren rrazonar aquello que rresçibieron, commo sy lo non oujesen rresçebido, sy non commo quando lo rresçibieron fuese perdido. Mas vos, mjos fijos, en plaça o a paladinas, daredes graçias e reconoçeredes el bien que rreçibierdes, e non ascondidamente, ca semejar quiere el desconosçido al que quiere dar graçias por lo que resçibio en ascondido, e que lo non sepan aquellos que pueden entender sy fazen bien o mal."

De commo el rey de Menton demostraua a sus fijos e les dezia de commo todo ome se deuja de apresçebjr contra *[fol. 133v]* sus enemjgos e contra los que le quieren mal

"Parad bien mjentes otrosy, mjos fijos, en lo que vos cae de fazer sy guerra oujerdes con algunos de vuestros vezinos tan poderosos commo vos o mas, e estad bien aperçebjdos. Ca non dizen esforçado al que se non mete a peligro conosçido, ca ssabed que non ay mejor consejo que el aperçibimjento, ca muchos se pierden por mala guarda por non se aperçebjr, ca tarde sana ombre del golpe que viene por mala guarda. Onde el aperçibimjento es comjenço de la arte para se guardar ombre. E el que se mete en auentura, non ay castillo en que se pueda defender. E el que se atreue en su esfuerço pierde se, e el aperçebido non, ca comjde sienpre lo peor e guardase. E el que non faze las cosas con sesso pone se en peljgro. E por ende, deue ser ombre todavia aperçebido, ca del ap[er]çebjmjento naçe asegurança, e del atreujmjento naçe arrepentimjento, e quando se auentura el ombre, maguer escapa, non escapa bien, ca non ay ganançia con mala guarda. E el que caualga en silla de aperçebjmjento, escapa bien, e salua a sy e a los que se gujan por el. Pues, mjos fijos, estad syenpre aperçebidos e parad mjentes en vos, ca sy vinjeren las cosas commo quisierdes, entenderan los omes que lo ganastes con consejo e con aperçibimjento. E sy fuere contra vuestra voluntad, sabran los omes que non finco por vos e seredes syn culpa. Onde mas vale que vos sufrades e atendades en logar que seades seguros que non vos atreuades e metades en auentura, ca mas vale que vos detengades por fyncar en saluo que non que vos atreuades e vos metades a peligro o a enbargo. Ca sabed que grand guarda es meter ombre mjentes en las cosas ante que las comjençe fasta que sepa que ha ende a naçer o aqui ha de rrecudjr, ca el que se mete en auentura en las cosas que puede errar es tal commo el çiego que se mete a entender en logares do ay silos e pozos en que puede caer, pues la mala guarda es commo la rred para caer en ella los que se mal guardan.

"Otrossy el que *[fol. 134r]* se adelanta yerra, e el que se quexa non cunple. Ca mayor grado deuedes auer al que vos metiere mjedo fasta que vos metades en logar que ayades mjedo, ca çerca de la segurança ay mjedo, e cerca del mjedo ay segurança. E dizen que a las vegadas que mas vale arte que ventura. Pues la pereza e la mala guarda trae al ombre a suerte de muerte. Ca sabed que quien demanda la cosa ante de tienpo puede la auer con otra, e si la demanda al tienpo que la ha menester, es en dubda sy la aura. E por ende, quando viene ombre a ora de buena andança e la pierde por pereza, finca con manzilla; e sy el que la dexa de fazer lo que deue, avra de fazer lo que non deue, ca el aperçebido synpre pugna de fazer bien e lo que deue, e non se entremete en lo que non deue.

"E por ende mas vale poco fecho con sseso que mucho ssyn sseso e con fuerça. Quando vos aperçibierdes e non perdierdes, non vos rrebatedes, e quando vos aventuraredes e ganaredes, non vos preçiedes. Ca ssabed que quien parare mjentes en los buenos ssesos contra los logares de los yerros, ese sera el aperçebido. E por ende parad mjentes quando oujerdes vagar commo vos lo fagades quando vos vierdes en cuyta, ca en la cosa que non sabe ombre quando acaesçera, se deue aperçebjr para se defender della quando vjnjere. E por ende non acometades las cosas ssy non a tienpo que deuades, ca la osadia pocas vezes torna de mano de ombre sy non la acomete a su ora, e quando dexa el ombre el acometer q[ua]ndo tienpo ha, synpre queda con manzilla.

"E por ende non dexedes de acometer quando vierdes que ay logar e ssazon. Otrossy, catad que non vos metades en peligro, ca suelen dezir los omes que pocas vegadas acaba el perezosso el buen fecho, e asi el vagar es enperezamjento, e el rreboluer es estoruo, e el acometer es esfuerço. Onde dixo vn sabio: 'Couardia es quando demandan al perezoso consejo en las cosas de priesa.' E el esfuerço es quando mete el ombre en obra lo que quiere fazer solamente que aya pensado bien en ello, ca la pereza es en dos gujssas: e la vna es quando enpereza ombre a demandar la cosa a la ssazon que la puede auer; la otra es quando se acuçia a la demandar despues que le salle de las manos. Pues el aperçebjmjento es que se meta el ombre a las cosas con tienpo, e entremeted vos a lo que auedes de fazer ante que perdades ora. E parad mjentes en lo que quisierdes fazer ante que lo fagades, e aperçebid vos para lo fazer quando lo oujerdes entendido, e trabajad vos de lo acabar. E señaladamente en fecho de guerra vos proued en todas las cosas que vos fueren menester antes que entredes en ella, ca poco valen las armas en la lid sy ante que ombre entre non ha buen acuerdo e sea bjen aperçebido *[fol. 134v]* de commo ha de vsar dellas. E todo ombre que quiera acometer a otro por guerra, non lo deue fazer con entençion de fazer tuerto a otro, mas por auer paz defendiendo lo suyo que atal commo a este ayuda Dios porque lo faze con buena entençion. Onde dize la escriptura:

'Mouamos guerras por que paz ayamos.' Pero que primeramente se deue aparejar e non se deue enojar njn rebatar por que dure luengo tienpo el aparejamjento. Ca luengo aparejamjento e bueno endereça al ombre para vençer su enemjgo mas ayna.

"E por ende dizen: 'Buena es la tardança que faze la carrera segura.' E sabed que el aparejamjento bueno para fazer la guerra o entrar en ljd ha menester çinco cossas: la primera es ser ombre de buen sesso natural para saber escoger lo mejor; la segu[n]da es ser de buen esfuerço para acometer de rrezio los fechos que començare e non flacamente; la terçera es ser rico para defender e dar abondadamente; la quarta es ser franco de coraçon e non se doler de cosa que de, ca los escasos non son bien aconpañados e njn bien serujdos; la quinta es ser señor de buena gente e que lo amen verdaderamente, ca sy verdaderamente non lo amaren, non puede ser serujdo bien dellos.

"Pero todo ombre sabio deue ante saber vsar de las cosas e mayormente en fecho de armas, ca non es buen sesso en querer ombre ffazer njn cometer lo que non sabe, ca mejor es ante catar todas las cosas e auer buen conssejo sobre ellas que las començar e non les dar cabo. E vengarse han vuestros enemjgos e vos fincar con daño, e non deuedes pensar las cosas que deuedes fazer forçadamente, ca mucho enpesçe al señor en los grandes fechos el grand vagar, e mucho le enpeçe a la su fazienda. E non deuen desdeñar los rreys vnas cosas que conteçen de nueuo, maguer sson pequeñas, njn tener las en poco, ca las mayores cosas que acaesçieron en los reynos començaron en poco e fizieron se mucho porque las toujeron en poco e las desdeñaron. Ca la pequeña pelea e el pequeño mal puede creçer a tanto que farie muy grand daño, asi commo el fuego que comjença de vna çentella, e sy non es luego amatado, recude a grand peligro."

De commo el rey de Menton castigaua a sus fijos e les dezia de commo todos los ombres deuen de ser firmes en todos sus fechos

"Deuedes otrosy, mjos fijos, en todos vuestros fechos ser constantes, que quiere dezir firmes e estables en toda costança. Es virtud que en lo que comjença syenpre esta firme, perseuerando en ello e non se mudando por njnguna ventura que le auenga, mas esta muy sosegado en lo que ha començado, mostrando buena cara asy en las buenas andanças commo en las malas. Onde dize vn sabio: 'Sy dolor oue, non llame a *[fol. 135r]* escuso njn quise que el dolor del mj coraçon mostrase el mj bulto, mas esforçe me a lo encubrir por acabar el mjo fecho.' Onde non vos deuedes mudar por toda cosa que vos acaesca, quier buena o mala, mas deuedes vos parar firmes e parar vos alegremente a qualquier ventura que vos auenga syn njngund mudamjento que los omes vos puedan entender. Ca la natura del ombre moujble e desuariada non es sy non de los malos ombres e flacos, commoquier que muchas vegadas son los malos firmes e fuertes en sus malos fechos. E esta non es llamada virtud mas locura e mengua de entendjmjento en querer ser rrezios en el mal e flacos en el bjen. E esto es contrario de la firmeza que dizen: Que en los males non duremos por njnguna manera, e en los bjenes que non seamos vagarossos njn los dexemos con enojo.

"E asy en las cosas contrarias, quando vos acaesçieren, mostrad vos por ombres de grand coraçon e fuertes, e asy esforçaredes los vuestros e fazer vos hedes temer a los vuestros enemjgos. Ca verdat es que a las vegadas el mjedo echan a ombre de flaco coraçon en grandes peligros, faziendo le reçelar el mal que ha de venjr, e le faze dexar lo que començo, e finca enuergonçado e con daño ante de tienpo, e aujendo mjedo e espantando se de los peligros que non vee, asy commo sy los viese ante. E por ventura que aquellos peligros que le ponen en mjedo, que nunca seran, ca çierto de fuerte e de firme coraçon es el ombre que non se conturba en las cosas contrarias, mayormente despues que en ellas fuere. Ca sy poco entendimjento ouo ante que en el fecho entrase, e non pensar en ello a lo que podrie rrecudir, conujene que aya grand entendimjento en catar commo lo acabe con honrra, pues que en el fecho es. Ca aquel es dado por de buen coraçon, el que es aparejado para sofrir las cosas temerosas e espantables, e non ha mjedo que njnguno lo derribe del estado en que esta e non faziendo cosa porque con derecho lo oujesen a derribar del. Mas deue vsar de su estado firmemente commo ombre de buen coraçon, e non se partir de las cosas que fueren con rrazon, ca mas cosas son las que nos espantan, e mas ponen mjedo que non las que nos tiran del estado en que somos. E a las vegades mas trabaja ombre en pensar lo que quiere, que en lo acabar.

"E por ende non deuedes [fol. 135v] desesperar de lo que començaredes despues que en el fecho fueres entrados, maguer que veades la vuestra gente flaca e que non lo pueden sofrir. Ca Dios ayuda a leuantar a los que quieren caer, e senaladamente a los que tienen e mantienen la verdad e el derecho; syquier grand verguença es dexarse el ombre de lo que començo con flaqueza de coraçon. E por ende tomad buen esfuerço con las cosas que començardes e punad de las lleuar adelante; ca el esforçado enmedreçe a sus enemjgos, e onrra e defiende a sy mjsmo e a los que son con el. E el couarde desanpara padres, e fijos, e hermanos, e amjgos, e ayuda a sus enemjgos, ca las dos peores maneras que ombre puede auer sy es sser escaso e couarde. Ca non piense el couarde escapar de muerte por couardia sy le oujere de venjr, ca ssabida cosa es que los couardes caen sienpre en la batalla e esfuerçan mas a los esforçados. Ca mejor es resçebjr los golpes delante e morir commo bueno, que resçebirlos en otra manera e morir malo, ca la primera cosa que gana el que es de buen esfuerço es, ca anda asegurado e non se espanta de sus enemjgos. Ca sabed que el desmayamjento naçe de la flaqueza del coraçon e es ocasion de muerte en las batallas,

ca çierta cosa es que mas mueren en las ljdes de los que fuyen que de los que tornan sobre sy. E grand ayuda es la sufrençia, ca el que es de buen coraçon sabe sofrir e lidia esforçadamente commo sy estudiese en castillo. Ca deues saber que con el grand esfuerça gana ombre onrra, e es tenudo e dubdado, e defiende se de fuerça e de abatimjento. Ca la flaqueza es esfuerço que fallaredes syenpre en el ombre de buena creençia, e el que fia en Dios es syenpre anparado de las batallas, pero lo que fizierdes fazer lo hedes con mansedad e con buen sosiego, e la braueza de locura.

"Onde quien acometiere grand cosa con mansedad e con buen sosiego, puede la acabar e non puede njnguno acabar la menor cosa del mundo con braueza, ca la braueza es la mas loca manera que ombre puede auer. Ca locura e braueza es ombre atreuerse a acometer a quien mas puede que el. Ca del golpe del sesudo pocos guareçen del, e el manso alcançara consejo, e con engeño lo que quisiere, maguer aya poco poder; mas que non alcançara el loco atrebido, maguer pueda mucho. E por ende la mansedad es cosa que non ay otra que le semeje, njn cunpla tanto commo ella, ca la mansedad quiebra al ombre la agudeza de su enemjgo, e el que ssabe lleuar las cosas con mansedad dara mas que deue, e tomara mas de lo que deue, e fincara loado, pues la mansedad es llaue de toda ventura. Por ende, quando començare ombre las cosas con seso e las demandare con razon e con mansedat, ayudar gelas ha Dios a rrecabdar, mas a [fol. 136r] vos, mjos [fijos], non vos engañen los vuestros aduersarios por grandes dones que vos quieran dar, entendiendo en vos cobdiçia. Ca la grand cobdiçia trae al ombre a grand peligro e a grand desonrra de sy. Ca deues saber que el oro e la plata syenpre quieren andar baldonadamente entre los enemjgos, baldonando se de los vnos a los otros. Ca bien asi commo el rrayo del çielo quebranta con su grand fuerça las peñas, assy el dar quebranta con su grand fuerça los coraçones de los ombres e los vençe muy rrezios, e mayormente de los cobdiçiosos. Ca los dones grandes enlazan los coraçones de los cubdiçiosos e de los cabdillos crueles e muy fuertes, e lo tornan a sy.

"E por ende tened vos bien rezios en los vuestros fechos, ca mas es de temer la verguença que la muerte. E mejor es al ombre catar la bondat e el pres que la vjda, njn por otro pro que cuyde auer. E despues que entraredes en la lid, todavia enderesçad vuestra gente muy acuçiosamente, diziendo les que fagan el bien, e a las vegadas alabando los mucho e tirandoles la pereza, e abjuando los con buenas palabras. E a los que vierdes que son acostados para caer, ayudad los a leuantar, ca a vos mesmos ayudaredes, ca los armados, quando caen, non se pueden asi leuantar de ligero sy otros non les ayudan. E asy lo mandad a todos los vuestros que lo fagan los vnos a los otros."

De commo el rey de Menton castigaua a sus fijos e les dezia de commo todos los ombres del mundo deuen partir sus gananças

"Otrosy mjos fijos, sy Dios vos diere vitoria, mandad poner en buen recabdo toda la ganança que allj oujerdes, e partir la muy bien cada vno segund que lo meresçiere e lo valiere. E avn de vuestro derecho daredes parte aquellos que vieredes que mas vegnjnamente lo han menester, e si lo fizieren bien [...]. Ca por aqui los averedes mas ayna prestos para otros fechos grandes quando vos acaesçieren, ca sy las manos encogierdes por non dar bien, assy fallaredes a ellos encogidos para vos serujr njn ayudar."

De como el rey de Menton castiga a sus fijos e les dezia de commo se deuen guardar las pleytesias que los omes fizieren *[fol. 136v]* **maguer las fagan contra los sus enemjgos**

"Deuedes saber otrosi, mjos fijos, que sy con vuestros enemjgos oujerdes algunas pleytesias en que les prometades de guardar amjstad o otras cosas algunas, guardad gelas de todo en todo e non les quebrantedes tregua si la oujere conbusco. Ca mucho a ombre de guardar lo que promete, tan bien al enemjgo commo al amjgo, e non creades a aquellos que dizen que el enemigo non es de acatar njn de guardar en estas cosas, mas commoquier que pueda, con engaño o en otra manera, que deue punar en lo vençer. E esto non podrie ser asi, ca le podrian dezir mal por ello porque non tenje en lo que prometie asi como deuje. E esto se demuestra que deuje ser asy, por vn rey de Rroma que fue preso en Atenas en vna batalla. E por muchos catiuos que leuaron presos de Rroma, fue postura fecha con este rrey que tornasen los catiuos de la vna parte a la otra, e fue enbiado este rey a Rroma con esta pleytesia. E juro que si los de Rroma esto non quisiesen fazer, que el que se tornarie a las presiones. E quando fue en Rroma dixoles la pleytesia con que venje, e ellos con cubdiçia de los catiuos que tenje, non los querien dar, cuydando auer por ellos muy grande auer. E quisieron se tener al rey, non se doljendo de los catiuos que los de Atenas tenjen, njn queriendo parar mjentes de commo estarie mal al rrey sy non cunpliese el omenaje e la jura que fiziera. E el rey, quando vido que en mal proposito estauan los de Roma, salio vna noche ascondidamente e fuese a poner en la presion de los de Atenas por conplir lo que les prometiera, ca non les quiso fallesçer njn me[n]tir en njnguna manera. E asi fizo lo que deuje, ca pecado mortal es en mentir assy commo lo dize la escriptura que la boca que mjente, que mata su alma. E por ende todos los omes del mundo deuen guardar e mantener lo que prometen, e assi seran mas preçiados e mas amados de Dios e de los omes e fiaran mas dellos en todas las cosas."

De commo el rey de Menton dezia a sus fijos de commo los señores deuen de guardar todas las sus tierras e todos los lugares de despechamjentos *[fol. 137r]*

"Deuedes otrosi, mjos fijos, ser justiçieros en las tierras que oujerdes a mandar, e non deuedes de dexar de fazer justiçia njn por cubdiçia, njn por amor, njn por desamor, njn por debdo que ayades con njnguno, asi commo dize en el capitulo de la justiçia. E asi seredes amados de Dios e seran guardados todos los del vuestro señorio, cada vno en su estado, e non desaforedes a njnguno de la vuestra tierra, njn les echedes pecho mas de quanto deuen dar segund su fuero, saluo quando vuestros enemjgos quisieren entrar a correr la vuestra tierra e la conquerir. Ca estonçe todos los del vuestro señorio vos deuen ayudar con los cuerpos e con el auer, ca auedes de fazer hueste forçada quando los enemjgos entran a correr la tierra. E a esta son tenjdos todos de ayudar, ca a si mesmos defienden. Ca la otra manera de hueste es de voluntad, ca se faze por talente de ombre, assy commo si algund rey quiere yr a ganar tierra de sus enemjgos, ca a esta non son tenjdos los de la tierra de yr njn pechar, sy non sus pechos aforados, saluo aquellos que tienen tierra en soldada o aquellas a quien algo dieren por que les siruan o les diere algunas franquezas por que ayan de yr en hueste. Commoquier que algunos condes e duques e otros grandes omes se trabajan muchas vegadas en poner bolliçio en la tierra e fazen daño a sus vezinos por que el rey aya de fazer hueste forçada, e de echar pechos en la su tierra, e lo partir entrellos, porque vos deuedes guardar quanto podierdes de los consejos de tales commo estos. Ca muy ayna vos farien perder los coraçones de los vuestros pueblos, e auer vos yen a dezir de non en lo que les demandasedes.

"E quando los pueblos llegan con el señor a este denuedo de le dezir de non en aquello que es menester, tamaño es el reçelo que le han, porque lo dixieron contra su voluntad que se non aseguran con el. E mueuen se muchas vezes a fazer lo peor, non catando sy les esta bien *[fol. 137v]* o mal. E ser vos ya despues muy graue de los tornar al vuestro serujçio, e contesçer vos ya lo que contesçio a vn enperador de Armenja muy poderoso, e muy onrrado e de buen entendimjento, segund paresçie a todos los omes. Ca por consejo e por arbitramjento de malos consejeros que cuydaron auer grand parte de lo que el enperador sacase de sus tierras, consejaron le que despechase sus pueblos maguer que era contra sus fueros, e que mandase fazer moneda de vil preçio, e que andudiese en las conpras e en las vendidas e las de grand preçio que pechasen sus pechos, tan bien los aforados commo los desaforados. E que desta gujsa averie todo el auer de la tierra e que averie que dar e que despender abondadamente q[ua]nto quisiese. E fizo lo asy.

"E quando los pueblos de la tierra cayeron en ello e entendieron este tan gran estragamjento que les venje por

estas cosas, todos se alçaron contra el enperador e non lo
quisieron resçebir en njngunos de sus logares, lo qual fue
peor a aquellos que esto le consejaron, ca se toujeron con los
pueblos contra el, en manera que murio deseredado e muy
lazrado. Porque es menester, mjos fijos, que paredes mjentes
en tales cosas commo estas. E non vos querades engañar por
malos consejeros, njn por mala cobdiçia, njn por njnguno de
buen entendimjento, ca podriedes errar en ello. Otrosy, mjos
fijos, en los vuestros ofiçios non querades poner muchos
ofiçiales njn en guarda de vuestro tesoro, njn querades poner
muchos guardadores, ca mayor daño pueden fazer muchos
que vno. En la vuestra chançelleria non pongades sy no vno
en que fiedes; e todo el daño e el pro e la guarda de vuestro
señorio, sy les y posieren, vos faran cubdiçiosos e malos. E
con cobdiçia non cataran vuestro pro njn guardaran vuestro
serujçio, dando cartas contra cartas e faziendo les graçias e
merçedes que vos fizierdes, e fizieron los otros rreys que
fueron ante que vos. Non querades arrendar la vuestra
chançelleria, ca los arrendadores non catan por al sy non
leuar en qualquier manera, njn guardando njn honrrando los
mayores njn aujendo piedat de los pobres. E çiertamente la
chançelleria mal guardada e mal ordenada es fuego e
astragamjento del señorio. E sy ombre fiel e verdadero tiene
la chançelleria en fieldat, non aujendo sobrecarta njn guardas
njngunas que meta a mal, e este atal guarda pero de su señor
e honrra los buenos de la tierra, e ha piedad de los pobres, e
asy finca la tierra guardada, e se guarda, e es serujdo mejor
el señor. E otrosy vos digo e vos consejo que sobre aquel
que pusierdes en guarda de vuestro tesoro que non le
pongades sobre guarda njnguna, ca vos contescerie lo que
conteçio a vn rey moro desta guisa.

"Dizen que este rey moro tenje muy grand thesoro e
fizo guarda del a vn su criado en quien el se fiaua. E mandole
que tomase vna dobla cada dia para su despensa. E porque
non le cunplia, tomaua se el dos doblas *[fol. 138r]* cada dia,
e lo que fincaua demas de la su despensa, guardaualo. Asi
que enrriqueçio mucho e algunos con grand cobdiçia e con
grand enbidia dixieron al rrey señor: 'Bien sabes tu que este
tu mayordomo que guarda el tu tesoro, que era muy pobre
quando lo allj posiste, e agora es tan rico que non sabe que
se ha. E farias muy bien que posieses y a alguno otro que lo
guardase con el.' E el rrey fizolo asy e mando al otro que
puso despues que tomase cada dia vna dobla asi commo el
otro. E este segundo ssopo commo el primero tomaua dos
doblas cada dia, e avjnose con el e tomaua otras tantas de
gujssa que enrriqueçio por lo que le fyncaua cada dia de mas
de su proujsion, asi commo el otro. E sobre esto vjnjeron
otros e dixieron lo al rrey que parase mjentes en su tesoro,
ca estos ombres mucho eran rricos e que pusiese y mas
guardas. E el rrey creyolos e fizolo asy e pusso y diez
guardadores, cuydando que lo guardarien mejor. E ellos
abinjeronse en vno e tomaua cada vno dos doblas cada dia,
asy que vn dia fue el rrey a uer su thesoro e fallolo muy
menguado e dixolo a las guardas. E cada vno se escusaua e

dezien que non sabien por que venje aquella mengua. E desy
apartose el rey con aquel que auja puesto primero e dixole
que so pena de la su merçed, que le dixiese por que venje
aquel tan grand menoscabo en aquel su thesoro. E el, commo
onbre de buen entendimjento, non le quiso negar la verdat e
dixole este enxienplo:"

Del enxenplo quel tesorero dio al rey moro del lobo e los sangujuelas

"Digo te señor que te conteçio a ty asy commo conteçio
a vn lobo, ca yendose por vn canpo encontrose con vnos
perros de vn ganado. E los perros fueron en pos del. E
porque non auje guarida do se pudiese asconder e njn fuyr,
metiose en vn lago muy grande que estaua *[fol. 138v]* en
aquel canpo e passo a nado a la otra parte. E en aquel lago
auje muchas sangujjuelas, e aujen se le pegado aquel lobo en
manera que todo lo cubrieron. E estauan llenas de sangre que
aujen beujdo del. E el lobo començo se las a tirar con los
dientes e lançolas de sy demjentra los perros rrodeauan el
lago contra el. E el que se auje quitado todas las sangujjuelas
de sy, e despues que vio que los perros eran otra vegada
çerca del, metiose en el lago otra vez e pasose a la otra parte
e fallo se lleno de otras sangujjuelas que estauan llenas de
sangre. E començo se las a tirar de sy, pero que estaua ya
muy flaco por la mucha sangre que aujen beujdo del.

"E el estando en aquel mal, passo por alli otro lobo e
preguntole lo que fazie allj. E el otro lobo le dixo que tiraua
aquellas sangujjuelas que tenje pegadas e que estaua muy
flaco por la mucha sangre que aujen sacado del e que non se
podia mudar, e que auje mjedo que non podrie otra vegada
passar aquel lago de la muy grand flaqueza que en si tenja sy
los perros venjesen otra vegada a el. 'Amjgo,' dixo el otro
lobo, 'pues que los perros me paresçe que vienen aca, yo
non me quiero mas detener aqui, mas yo te do por consejo
que sy otra vegada oujeres de passar el lago, que te non tires
las sangujjuelas que se te pegaren otra vez. E estoujeren
llenas de sangre de ty, ca estas non podran sacar mas sangre
del tu cuerpo despues que ya estoujeren bien fartas. Ca ssy
de ti las quitares e las lançares e otra vegada oujeres de pasar
el lago, asy commo feziste estas otras vegadas, pegarsete
han otras *[fol. 139r]* fanbrientas que se querran fenchjr de la
tu sangre asy commo las otras, en manera que perderas toda
la fuerça e non podras nadar. Ca sy las primeras que a ti se
pegaron las oujeras dexado, pues llenas eran, muy mejor
fizieras, ca non oujeran logar las fanbrientas de se te pegar.
E asy non perdieras tanta sangre del tu cuerpo commo
perdiste.'

"'Onde tu, señor,' dixo el mayordomo del thesoro al
rey, 'ssy tu oujeras dexado a mj en guarda del tu tesoro, pues
ya yo era rrico e non oujeras y puesto otros sobreguardadores
pobres e fanbrientos que aujan sabor de se enrriquecer tanto
commo yo, non te menguaria tanto del tu tesoro, ca cada vno

destos que y posiste tomaua cada dia tanto commo yo, ffasta que fueron ricos, asy commo tu ves. E por esta rrazon ha venjdo atan grand mengua en el tu tesoro, e avn si alli lo dexares, non dexaran de escaruar con cubdiçia por leuar mas quanto pudiere, ca el coraçon del ombre cubdiçioso non se tiene por abondado de lo que ha menester avnque sea rico. E non tengas fiuza en aseguramjento njnguno que te faga el ombre cobdiçiosso, por que te diga que non tomara mas, ca non puede ser que el dexe de escaruar por bien abondado que el sea, asy commo dixo vn ombre bueno de vn cardenal que era ombre bueno e de buena vida, dando consejo a vn padre santo que era en aquel tienpo papa en la cibdad de Rroma.'''

Del consejo que dio vn cardenal a vn padre santo de Roma

"Dize el cuento que vn padre santo era ombre bueno e muy buen xristiano, e pagauase del bien e despagauase del mal; e porque vido que los cardenales alongauan los pleytos de los que venjen a la corte e llenauan dellos quanto tenjen, dixoles el papa que quisiesen librar los pleytos ayna, e que non quisiesen tomar nada de los que vjnjesen a la corte, e que les darie cada año cosa çierta de su camara para que lo partiesen. E los cardenales dixieron le que lo farien de buenamente, saluo ende aquel ombre bueno que non le respondio njnguna cosa. E el papa dixo a aquel que le dixiese que le consejaua [fol. 139v] fazer sobre aquello. E el le respondio e dixo asi: 'Padre santo, consejo te que non quieras perder tu auer, ca todo quanto nos dieres bien tanto te perderas. Ca el vso que tenemos luengamente acostunbrado non lo podriemos perder en poco tienpo. E dezir te lo he por que non, ca nosotros auemos la manera del gallo, que avnque mucho trigo le pongan delante en que se farte, non dexa de escaruar maguer sea farto, segund que lo ouo acostunbrado. E tu, señor, bien creas que por tu darnos asas de lo tuyo, que non dexariemos de tomar lo que nos diesen, e avn de escaruar e trabajar quanto pudieremos por que nos den.' 'Onde, mjos fijos,' dixo el rey de Menton, 'guardad vos quanto pudierdes de poner muchas guardas en vuestras cosas, e mayormente en el vuestro auer, que es de grand cobdiçia, ca pocos son los que verdaderamente los guardan. Pero, mjos fijos,' dixo el rey, 'mejor es que guardedes vno en quien fiedes e que lo fagades dello guardador, e non a muchos, ca maguer algo donde ljeue non puede tanto leuar njn tanto daño fazer commo muchos.'''

De commo el rey de Menton castigaua a sus fijos e les dezia el danpno que venja a la tierra por se poner en rrenta los ofiçios del rey o de los señores

"Otrosy, mjos fijos, non querades arendar los ofiçios de la justiçia, ca nunca el derecho serie guardado njn se faria la justiçia con cubdiçia de leuar algo, asy commo contesçio al reyno de Orbj.

"Dize el cuento que allj ouo vn rey cubdiçioso e arrendo el ofiçio de la justiçia por vna grand quantia de auer que le dieron por ello, de manera que quando dauan al ofiçial aquellos que eran judgados para morir que los soltaua por algo que le dauan, e asy non se cunplie justiçia njnguna. E los malos atreujen se a fazer mas mal por esta rrazon. E quando se querellauan al rey que non se fazie justiçia en su tierra, mostraua que lo tenje a mal, pero non lo fazia hemendar. E a pocos de dias adoleçio, e seyendo assy commo traspasado, semejole que todos aquellos de quien non fazie justiçia, que venjen a el para lo matar. E le tenjen atadas las manos, diziendole: 'Pues que tu non quisiste fazer justiçia de nos, fagamos la nos de ti, ca asy lo tiene Dios por bien.' E començo a dar bozes, diziendo que le acorriesen. E la gente que lo guardaua recudieron a las bozes e dixieron le: 'Señor, ¿que auedes?' E el acordo e dixoles en commo venja muy grand gente a el para lo matar de aquellos que non eran justiçiados, e que le ataran las manos. E quando le fallaran atadas las manos, maraujllaron se mucho dello pero non era syn rrazon, ca çiertamente mjraglo fue de Dios. E luego el rey enbio por el ofiçial que auja de fazer la justiçia e preguntole: [fol. 140r] '¿Por que non fazia justiçia de aquellos que le fueran dados para justiçiar?' E el dixo que era verdad, que non justiçiaran njnguno dellos por el auer que le dauan, ca bien sabie el commo tenje el oujçio arrendado por vna grand quantia de auer e que sabie que non tomaria el en preçio de lo que le auja de dar por el arendamjento [...] los cuerpos de los muertos. E que por esta rrazon, que non los mataua, mas que to[ma]ua grand algo dellos por que el pudiese pagar a el mejor la su rrenta. Mas que sy el supiera que rresçibiera los cuerpos de los omes muertos en preçio de la rrenta que el le auje de dar, que el los matara, e gelos guardara.

"E quando el rey oyo esto e vido que en el era la culpa por que arrendara e vendiera la justiçia que se deuje fazer segund derecho, pecho grand algo a los querellosos por que lo perdonasen. E fizo muchos ayunos e andudo rromerias faziendo hemjenda a Dios de aquel pecado que con cubdiçia auja fecho. E luego fizo establesçimjento, el qual juro sobre los Santos Euangelios de lo nunca quebrantar el njn aquellos que vjnjesen del, que njngund ofiçio que de justiçia se deujese guardar, asy a los grandes commo a los menores, que nunca fuese arrendada mas que la diesen en fialdat al mejor ombre e al de mejor alma que fallase en su rreyno, e non a otro njnguno, e que non fuese mas de vno en aquel logar do lo pudiese conplir, e este que oujese galardon por el bien que fiziese o pena sy la meresçiese. E fizo justiçia de aquellos que le consejaron que la arrendase. E por que njnguno non se atreujese aconsejar a su señor mal, e este establesçimjento fue syenpre guardado en aquel reyno, de gujssa que cada vno era señor de lo que auje e fueron anparados e defendidos cada vno en su derecho.

[fol. 140v] "E mjos fijos, sabed que este enxjenplo oy
contar a la rreyna vuestra madre que lo aprendiera quando
alli fuera, ca çierto do justiçia non ay, todo mal ay, ca en
todos los ofi[ci]os de casa del rrey e en todos los buenos
establesçimjentos, deue ser la justiçia guardada e rregla que
non faga mas njn menos de quanto deuen segund justiçia e
segund los buenos ordenamjentos. E asy guardando vos e
aperçibiendo vos en todas estas cosas que vos he dicho,
seredes honrrados e rreçelados e amados de los vuestros, e
de los estraños e de buen entendimjento, e seredes rricos e
bien andantes entre todos los vuestros vezinos. E la vuestra
buena fama yra synenpre adelante e poblar se ha mas la
vuestra tierra, e seran mas rricos los vuestros pueblos e vos
bien serujdos e ayudados dellos en todas cosas. Ca los
pueblos son tesoros de los rreys que acorren a los grandes
fechos e a las grandes cuytas. E asi seredes amados e
preçiados de cuyo amor es sobre todos los bienes, en el qual
amor vos dexe Dios beujr e morir." "Amen," dixieron ellos.

De commo Garfin e Roboan gradesçieron mucho a su padre los castigos que les auya dado

[D]espues que los consejos les ouo dado el rey,
dexaronse amos ados caer a sus pies, gradesçiendole quanta
merçed les fazia, e dixole Garfin: "Señor, agora veemos e
entendemos que las palabras que nos dezides e el consejo
que nos dauades este tienpo pasado, que non era de valde. E
bien es verdat que quando vna vegada nos consejastes, vos
tenjemos en merçed el bien e la merçed e tierra que nos
fazedes. E nos dexistes assi: 'Fijos, ¡avn venga tienpo que
vos yo pueda fazer merced e consejar assi commo buen padre
a buenos fijos!' E nos dubdamos estonçe e diximos entre
nos: '¿que podrie ser esto que por tan grand amor *[fol. 141r]*
nos mostrauades mas que a njnguno de vuestro rreyno?' E
commo dubdando, dexjmos sy podria ser este nuestro padre
que atan pequeños nos perdistes que non nos podiamos de
vos acordar de tanto tienpo. Pero bendito sea el nonbre de
Dios porque tan grand merçed nos quiso fazer por vos nos
conosçer por fijos, e nos llegar a la vuestra conpañja e
merçed. E fio por la merçed de Dios que estos dos escolares
que vos agora castigastes e consejastes, que deprendieron
bien la vuestra leçion, de gujssa que obraran bien della en
todo quanto les acaesçiere, mucho bien a serujçio de Dios e
de vos." "¡Asy lo quiera Dios," dixo el rey, "por la su
merçed!" "¡Amen!" dixieron ellos.

Los Primeros Viajes de Roboan

De commo el jnfante Roboan pedio por merçed al rey de Menton su padre que le otorgase la yda e lo dexase yr

Dixo luego Rroboan: "Señor, asi lo querra Dios, ca lo que Dios comjença, nos por acabado lo deuemos tener, ca el nunca començo cosa que non fuese acabada en aquel estado que el la quiso dexar. E pues Dios nos começo de fazer merçed, assy commo lo vos vedes, non ay cosa porque deuemos dubdar que el non lo ljeue adelante e de a todo cabo. E por amor de Dios, pido vos por merçed, señor, que me querades enbiar e que non me detengades aqui, ca el coraçon me da que muy ayna oyredes nueuas de mj con las quales vos plazera." "Ffijo," dixo el rey, "non te deterne, mas bien es que lo sepa tu madre, ca çierto so que tomara por ello muy grand pessar." "Señor," dixo Roboan, "conortad la vos con las vuestras buenas palabras, asi commo so çierto que lo sabredes fazer." "Ssy fare," dixo el rrey, "quanto yo pudiere, ca mj voluntad es que sigas lo que propusiste en tu coraçon. Ca yo creo que buen proposito es de onrra que demandades, ca so çierto que sy la bien sigujeres e non te enojares, que acabaras tu demanda con la merçed de Djos. Ca todo ombre que alguna cossa *[fol. 141v]* quiere demandar o acabar tan bien en onrra commo en al que se fazer pueda, aujendo con que la segujr e fuere en pos della e non se enojare, que la acabara çiertamente. E por ende mjo fijo, toma buen esfuerço en Dios, ca el te gujara; ca a otros non guja sy non a los que se llegan a el e se quieren gujar por el. E por ende dizen que aquel es gujado a quien Dios quiere gujar."

De commo el rey dixo a la reyna de la yda de su fijo Rroboan

El rrey enbio luego por la rreyna que vjnjese allj do ellos estauan. E ella fue luego allj venjda, e asentose en vna silla que estaua a par del rrey, e el rey le dixo: "Rreyna, yo he estado con vuestros fijos assi commo el buen maestro con sus diçiplos que los ama e ha sabor de los enseñar; e consejelos e castigueles por do fiziesen syenpre lo mejor e mas a su honrra. E en quanto yo en ellos he entendido commo buenos diçiplos que han sabor de lo bien fazer, aprendieron su leçion. E creo sy omes oujeren en el mundo que obren bien de costunbres e de caualleria, que estos seran los mejores. E rreyna, dezir vos he lo que he entendido, porque Rroboan, que es el menor que assi paro mjentes en los consejos e en los castigos que les yo daua, e asy los

guardo en el arca del su coraçon que se no pudo detener que le non fiziese merçed de algo, e que le diese trezientos caualleros con que fuese a prouar el mundo e a ganar onrra; ca el coraçon le daua que ganarie onrra, assi commo nos con la merçed de Dios o por ventura mayor. E bien assi commo lo el dixo, asi me vjno a coraçon que podrie ser verdat. E rreyna, venga se vos emjente, que ante que saliesemos de nuestra tierra, vos dixe el proposito en que estaua e *[fol. 142r]* que queria segujr lo que auja començado, e que non lo dixiesemos a njnguno, ca nos lo ternjen a locura. E vos rrespondistes me asy: que sy locura o cordura era, que luego que me lo oyerades dezir, vos subio en el coraçon e que podrie ser verdat e consejastes me que saliesemos luego de nuestra tierra. E fezimos lo asy, e Dios, por la su merçed, despues de grandes pesares e trabajos, gujonos e entendereço nos asy commo veedes. E rreyna, eso mismo podrie acaesçer en el buen proposito de Rroboan."

"A Dios digo verdad," dixo la reyna, "que esso mjsmo me contesçio en el vuestro proposito quando me lo dexistes, ese me contesçio agora en este proposito de Roboan, ca me semeja de todo en todo que ha de ser vn grand enperador." Pero llorando de los sus ojos muy fuertemente dixo asi: "Sseñor, commoquier que estas cosas vengan al ombre al coraçon e piense que se fara, todo es en auentura. E tengo que serie mejor sy la vuestra merçed fuese que fincase aqui con vos e con su hermano, e que le feziesedes mucha merçed e que lo heredasedes muy bien, ca asaz auedes en que, loado sea Dios, e que non se fuese tan ayna, syquier por auer alguna consolaçion e algund gasajado de la soledad en que fuemos en todo este tienpo, cada vno por su parte, segund vos, señor, e yo, e avn ellos e todos lo sabemos."

De commo la reyna e el rey otorgaron la yda al jnfante Rroboan su fijo para que sse fuese

Dixo luego Roboan: "Señora, ¿non es mejor yr a la onrra ayna que yr tarde? E pues vos que sodes mj madre e mj señora que me lo deujades allegar, me lo queredes estoruar; fuerte palabra es esta de madre." "¡Ay, el mj fijo Roboan!" dixo la rreyna, "nunca yo en esta onrra dure en que estoy ssy la non quisiesse para vos mas que vos mjsmo." "¿Pues por que me la queredes estoruar?" dixo Rroboan. " Non quiero," dixo la rreyna, "mas nunca atal ora yredes de aqui que las telas del mj coraçon non leuedes conbusco. E yo fyncare *[fol. 142v]* triste, cuytada, pensando syenpre en vos. E ya, malo de pecado non fallare quien me conorte njn quien me diga nueuas de vos, de commo vos va. E esta sera la mj cuyta e el mj quebranto demjentra que yo non vos viere." "Señora, " dixo Roboan, "tomad muy buen conorte, ca yo he tomado por mj defendedor e por mj gujador e por mj ayudador al Nuestro Señor Dios que es poderoso de lo fazer. E con la su grand fuerça e con la su grande ayuda, yo fare tales cosas e tales obras que los fechos vos traeran las nueuas de mj e vos seran conorte." "Pues que asy es," dixo la reyna. "E al rey vuestro padre plaze. Començad vuestro camjno en el nonbre de Dios quando vos quisierdes"

De commo el jnfante Rroboan se despedio del rey e de la reyna e de Garfin su hermano, e del gujsamjento que lleuo consigo e se fue

Otro dia en la mañana, por la grand acuçia de Rroboan, dieron le çient azemjlas cargadas de oro e de plata e mandaronle que escogiese trezientos caualleros de los mejores que fallase en toda la mesnada del rey. E el escogio aquellos que entendio que mas le cunplien, entre los quales escogio vn cauallero de los del rey, de muy buen sseso e de buen consejo e buen cauallero de armas, al qual dezian Garbel. E non quiso dexar al Cauallero Amjgo, ca çiertamente era muy bien entendido, e muy buen serujdor e de buen esfuerço. E dioles a los caualleros todo lo que aujan menester, tan bien para sus casas commo para se gujsar, e dioles plazo de ocho dias a que fuesen gujsados e se fuesen con el. Pero que este gujsamjento de los caualleros el rey lo pago todo syn las çient azemjlas cargadas de oro e de plata que le dio. E a cabo de los ocho dias fueron estos trezientos caualleros con el muy bien gujssados.

E despedieron se del rey e de la rreyna e fueron se. Pero que al despedir, ouo allj grandes llantos e lloros, ca non auje njnguno en la çibdat que pudiese estar, que non llorase. E dezien mal al rey porque le consentie yr, pero non gelo podian estoruar pues començado lo auja. Ca verdaderamente assy lo amauan todos e lo preçiauan por las buenas costunbres e los buenos fechos de caualleria que en el auja que les semejaua que el rreyno fyncaua desanparado.

E por doquier que yua por el rreyno, le salian todos a rresçebir con grandes allegrias, faziendole mucha honrra e convidandole [fol. 143r] cada vno en cada logar a porfia, cuydandolo detener, e que por ventura que por la detenençia que se arrepenterie por lo que auja començado. E quando al partir, veyendo que non podie al ser si non aquello que auja començado, toda el alegria se les tornaua en lloro e en llanto. E asi salio del reyno de su padre. E por qualquier reyno que yua, lo resçibien todos muy bien. E los rreys le dauan algo de lo suyo e trabauan con el que fincase con ellos e que partirien con el muy de buenamente de lo que oujesen. E el gradesçio gelo todo e yuase. E de tal donayre era el e toda su conpaña que de las otras çibdades e villas que lo oyen aujen muy grand sabor de lo ver. E quando allj llegaua,

çerrauan todos las tiendas de los menesteres, bien asy commo sy su señor llegase y, e salien le todos a resçebjr e fazian muy grand allegria con el. Pero que los caualleros mançebos que con el yuan, non querien estar de vagar, ca los vnos alançauan e los otros bofordauan e los otros andauan por el canpo e a escudo e a lança, faziendo sus demandas. E el que mejor fazie todo esto entre todos era el ynfante Roboan quando lo començaua. Ca este era el mejor acostunbrado mançebo que ombre en el mundo sopiese, ca el era muy apuesto en sy, e de muy buen donayre, e de buena palabra, e de muy buen rreçebjr, e jugador de tablas e de axedres, e muy caçador en [fol. 143v] todas cosas mejor que otro ombre, e dezidor de buenos retrayres, de gujssa que quando yua por el camjno, todos aujan sabor de lo aconpañar por oyr lo que dezia, e partidor de su auer muy francamente allj do le conuenje, e verdadero en su palabra, e sabidor en los fechos, e dador de buen conseio do alguno lo auja menester, e buen cauallero de sus armas con esfuerço e non con atreujmjento, e honrrador de dueñas e de donzellas. E bien dize el cuento que si ombre quisiese contar las buenas costunbres e todos los bienes que eran en este cauallero, que non lo podrie ombre escreujr todo en vn dia. E bien semeja que las fadas que lo fadaron, que non fueron de las largas e escasas, mas de las buenas e largas e mucho abondadas de buenas costunbres.

Asy que ya era Roboan apartado de la tierra del rey su padre, bien çient jornadas, e eran ya entrados en otra tierra de otra lengua que non semejaua a la suya, de guisa que non se podien entender sy non en pocas palabras. Pero que el se traye sus trajamanes consigo por las tierras por do yua, en manera que lo resçibien muy bien e le fazian todas muy grand honrra; ca el asi traya su conpaña castigada que a ombre del mundo non fazia enojo njn pesar njnguno.

De commo el jnfante Rroboan llego al reyno de Pandulfa donde era señora la jnfanta Seringa

E tanto andudieron fasta que llegaron al reyno de Pandulfa donde era señora la ynfante Seringa que heredo [fol. 144r] el reyno de su padre porque non ouo fijo sy non a ella. E porque era muger, los reys sus vezinos de enderredor fazianle mucho mal e tomauan le su tierra, non catando mesura la que todo ombre deue catar contra las dueñas.

E quando Roboan llego a la çibdad do la ynfante Seringa estaua, fue muy bien rescibido e luego fue ver la ynfante. E ella se leuanto a el e lo resçibio muy bien, faziendole grand honrra mas que a todos los otros fazie quando venjan a ella. E ella pregunto: "¿Amigo ssodes cauallero?" "Señora," dixo el,"sy." "¿E ssodes fijo de rey?" dixole ella. "Sy," dixo el, "loado sea Dios que lo touo por bien." "¿E sodes casado?" dixo la ynfanta. "Non," dixo Rroboan. "¿E de qual tierra sodes?" dixo ella. "Del reyno de Menton, sy lo oystes dezir." "Sy lo oy dezir," dixo ella, "pero creo que sea muy lexos de aqui." "Señora," dixo el ynfante Roboan, "çierta sed que bien ay de aqui fasta alla çiento e treynta jornadas pocas mas o pocas menos." "Mucho auedes lazrado," dixo la ynfanta. "Señora," dixo el ynfante Roboan, "non es lazerio njnguno al ombre que anda por doquiere a la su voluntad." "¿E como," dixo la ynfante, "por vuestro talante venjstes vos aqui a esta tierra e non por cosas que oujesedes menester njn de recabdar?" "Por mjo talante," dixo el ynfante Roboan, "vjne yo a esta tierra e recabdare lo que Dios quisiere e non al." "Dios vos lo dexe recabdar," dixo la ynfante, "aquello que a la vuestra honrra fuere e non al." "Amen," dixo el ynfante Roboan.

E la ynfante fue muy pagada del e rrogole que quisiese ser su huesped e que le farie toda quanta honrra ella pudiese. E el otorgo gelo e dixo le que de buenamente, ca nunca fue denodado a dueña njn a donzella njn a otra njnguna muger de cosa que le dixiesen que fazedera fuese. E leuantose delante della donde estaua asentado para se yr.

Del departimjento que fue entre el jnfante Roboan e vna dueña que avia nonbre Gallarda

Una noble dueña bjuda muy honrrada e muy fermosa, la qual auje por nonbre Gallarda, commoquier que era dueña muy atreujda en los sus dichos e en las sus palabras, cuydando que se querie ya del todo yr el ynfante Roboan, dixole assy: "Señor ynfante, ¿yr vos queredes ya syn despedir vos de mj señora e de nos?" El ynfante Roboan le dixo: "Non me despido yo de vos njn de las otras, pero commoquier que de las otras me [fol. 144v] despidiese, señora, de vos non me despidria tan ayna njn me podria despedir maguer quisiese." "Asy señor," dixole ella, "¿e en tan poco me tenedes?" Dixole el ynfante: "Non creo yo que en poco tiene el ombre a quien salua, ssy del non se puede despedir."

E fuese luego con toda su gente para su posada. E la ynfante començo luego a fablar con sus donzellas e dixoles asy: "¿Vistes nunca vn cauallero mançebo atan apuesto, njn de tan buen donayre, e de tan buena palabra, njn tan aperçebido en las respuestas que ha de dar commo es este?" Respondio luego la dueña gallarda e dixole: "Señora, en quanto yo oy agora del, semejame de muy buen entendimjento e de muy buena palabra, e muy sosegado, e muy plazentero a todos los que lo oyen." "¿E commo?" dixo la ynfanta. "¿Asy vos pagastes del por lo que vos dixo?" "Señora," dixo la dueña, "mucho me plogo por quanto le oy dezir. E bien vos digo verdad, señora, que me plazerie muy mucho que vos vjnjese otra vegada a ver; por que yo pudiese con el fablar e saber sy es tal ombre commo paresçe. E prometo vos, señora, que sy el comjgo fabla, que lo yo prouare, razonando con el, e dezir le he algunas palabras de algund poco de enojo. E vere sy dira con sana alguna palabra errada." "Dueña," dixo la ynfante, "ruegovos

que non vos atreuades atanto en el vuestro buen dezir, njn querades prouar assy los ombres njn los querades afincar mas de quanto deuedes, ca por ventura cuydaredes prouar e prouar vos han; o por ventura [fol. 145r] querredes burlar e burlar vos han." "Señora," dixo la dueña, "salga a lo que sallir pudiere, ca yo fazer lo he e non por otra cosa sy non porque lo quiero muy grand bien e por auer razon de fablar algunas palabras con el." "De vos Dios buena ventura," dixo la ynfante, "a todos aquellos e aquellas que lo quieren bien." "Amen," dixieron todas las dueñas e donzellas que allj eran.

E la ynfante mando pensar del muy bien e mando que le diesen todas quantas cosas le fuesen menester a el e a todos los suyos que con el venjen. E ella podielo todo muy bien[26] fazer, ca era muy rica e muy abondada de todas las cosas del mundo, ca sy la grand renta que ella auje de cada año del rreyno, ouo ella despues que el rey su padre murio todo el tesoro que el tenje, el qual era muy grande a maraujlla. Otrosy ella era de muy buena proujsion en todas las cosas que auje de fazer, ca sabia muy bien guardar todo lo suyo que auje, ca por çierto mucho era de loar de quanto bien se mantouo despues de la muerte de su padre, e de commo fue muy bien guardada en todas las cosas, e otrosy de commo mantouo muy bien su reyno, si non por los malos vezinos que le corrien toda la tierra e le fazien muy grand mal en ella, e non por al sy non porque non se queria casar con aquellos que ellos querian, non seyendo njnguno dellos de tan grand logar commo ella, njn aujendo atanto poder commo ella.

De commo el conde Rruben dixo a la jnfa[n]ta Seringa delante del jnfante Rroboan de commo el rey de Grimalet le corria la tierra

Despues que el ynfante Roboan ouo comido e folgado, caualgo con toda su gente e fueron a andar por toda la çibdad, ca verdaderamente assy les plazie a todos los de la çibdad con el, commo sy fuese su señor e del reyno. E todos a vna boz dezien a Dios que le diese la su bendiçion, ca mucho lo meresçe. E de que ouo andado vn rrato por la çibdat, fuese al palaçio de la ynfante a la ver. E quando dixieron a la ynfante que venja, plogole de coraçon e mando que entrase el e toda su gente.

E la ynfante estaua en vn grand palaçio que el rey su padre mandara fazer, e muy bien aconpañada con muchas dueñas e donzellas mas de quantas fallo Roboan quando la vjno a ver en la mañana. E quando entro Roboan, asentose delante della e començo a fablar muchas cosas. E ellos estando fablando, entro el conde Ruben, tio de la ynfanta, e Roboan leuantose a el e reçibiolo muy bien, preguntando le sy queria fablar con la ynfanta en poridad, que los dexaria. "Çertas," dixo el conde, "sy he de fablar, mas non quiero, señor, que la fabla sea syn vos, ca ¡mal [fol. 145v] pecado! lo que yo he de dezir non es poridad." E dixo le assy:

"Señora, ha menester que paredes mjentes en estas nueuas que agora llegaron." "¿E que nueuas son estas?" dixo la ynfanta. "Señora," dixo el conde, "el rey de Grimalet ha entrado en la vuestra tierra e la corre e la quema, e vos ha tomado seys castillos e dos villas. E dize que non folgara fasta que el vuestro reyno conq[uiri]era, porque ha menester que tomedes consejo, e que enbiedes por toda vuestra gente e fabledes con ellos, e que gujssedes commo este mal e este daño non vaya adelante." "Conde," dixo la ynfanta, "mandad lo vos fazer, ca vos bien sabedes que en la vuestra encomjenda me dexo el mjo padre, ca yo muger soy e non he de fazer en ello nada njn de poner otrosy las manos en ello, ca commo vos tengades por bien de lo endereçar, que assy tengo yo por bien que se faga."

De commo el jnfante Rroboan enbio a desafiar al rrey de Grimalet con el Cauallero Amjgo su vasallo

El conde dixo asy estas palabras a la ynfanta, a sabiendas con muy grand sabiduria, ca era ombre de muy buen entendimjento e prouaua las cosas e moujose a esto, tenjendo que por ventura el ynfante Roboan se moverie para yr ayudar a la ynfanta con aquella buena gente que el se traya con el. E la ynfanta se quexo muy mucho dello, e dixo assy: "¡Ay el nuestro Señor Ihesu Xpisto! ¿Por que quisiste que yo naçiese pues que non me puedo defender de todos aquellos que mal me fazen? Ca por çierto mucho mejor fuera que yo nunca fuera naçida e que fuera este logar e todo este rreyno de otro, por que se pudiese parar e se parase a todos estos tales fechos e a lo defender e anparar." E el ynfante Roboan, quando la vido asi fuertemente quexar, fue luego moujdo con grand piedad que della ouo e pesole muy mucho del mal e de la grand soberuja que le fazian. E dixo le: "Sseñora, ¿enbiastes vos nunca a dezir a aquel rey que este mal tan grande vos faze que non vos lo faga?" Dixo la ynfanta: "Sy, enbie dezir por muchas de vegadas, mas del njnguna respuesta nunca pude auer." "Señora," dixo el ynfante Roboan, "non es ombre el que njnguna rrespuesta non da, ca ante piensso y creo que es diablo lleno de grand soberuja, ca el ombre soberujo nunca sabe bien responder. E yo non creo que atal rey commo este que vos dezides, mucho dure en la su honrra, ca Dios non sufre a los soberujos, antes los quebranta e los abate a la tierra assy commo fara a este rey." "Yo fio por la su merced, sy non se partiere njn se arrepintiere desta soberuja que me ha fecho e faze, ca mucho de mal me ha fecho en el mjo reyno muy grand tienpo ha de que murio mjo padre el rey." E el ynfante Rroboan se torno contra el conde e dixo le assy: "Conde, *[fol. 146r]* mandad me dar vn escudero que vaya con vn cauallero mjo que le yo dare, por que le demuestre la tierra. E yo enbiare rogar aquel rey que, por la su mesura, que demjentra que yo aqui estudiere en el vuestro rreyno, que so ombre estraño, que por mj honrra que non vos faga mal njnguno. E yo creo que el

querra ser mesurado e que lo querra fazer." "Muy de buenamente," dixo el conde, "ca luego vos dare el escudero que vaya con el vuestro cauallero e lo guje por todas las tierras de la ynfanta, e le faga dar todo lo que oujere menester fasta que llegue al rey."

Estonçe el ynfante Rroboan mando llamar al Cauallero Amjgo, e mandole que leuase vna su carta al rey de Grimalet e que le dixiese de su parte que le rogaua mucho asy commo a rrey en quien deuje auer mesura, que por amor e honrra del que era ombre estraño, que non quisiese fazer mal njnguno en el rreyno de Pandulfa demjentra que el allj estudiese, e que gelo gradesçerie el muy mucho. E que si por ventura non lo quisiese fazer, o dixiese contra el alguna palabra sobejana, que luego lo desafiase de su parte.

De commo la dueña Gallarda se arrepentio por las preguntas que fizo al jnfante Roboan

El Cauallero Amjgo tomo la carta del ynfante Roboan e caualgo e fuese con el escudero. E el conde salio con ellos a los castigar commo fiziesen, e la ynfanta gradesçio mucho al ynfante Roboan lo que fiziera por ella. E rrogo a todos los caualleros e a las dueñas e a las donzellas que allj estauan, que gelo ayudasen agradeçer. E todos gelo gradesçieron sy non la dueña Gallarda que le dixo asy: "¡Ay fi de rey! ¿E commo vos puedo yo gradesçer njnguna cossa, tenjendo me en tan poco commo me toujstes?" "Sseñora," *[fol. 146v]* dixo Roboan, "que bien entendistes lo que dixe, ca sy bien me entendierades e quales fueron mjs palabras e el entendimjento dellas, non me judgarades asi commo me judgastes. Pero si a la ynfanta vuestra señora pluguere, yo yre a fablar con vos e fazer vos lo he entender, ca aquel que vna vegada non aprende la leçion e lo que el ombre le dize, conujene que otra vegada gelo repitan." Estonçe dixo la ynfanta: "Mucho me plaze que vayades a fablar con qual vos quisierdes, ca çierta so yo de vos que non oyran sy non bien." E leuantose Roboan e fuese a sentar con aquella dueña e dixole asi: "Señora, mucho deuriedes gradesçer a Dios por quanta merçed e bien vos fizo, ca yo mucho gelo gradesco porque vos fizo vna de las mas fermossas dueñas, de todo el mundo, e la mas loçana, e de coraçon, e de mejor donayre, e de mejor palabra, e de mejor paresçer, e de mejor resçebir, e la mas apuesta en todos los fechos. Ca bien semeja que Dios, quando vos fizo, que de muy vagar estaua, ca tantas buenas condiçiones puso en vos de fermosura e de bondat, que bien creo que en muger deste mundo non las pudiese ombre fallar tales."

E la dueña quiso lo mouer a saña por ver si dirie alguna palabra errada, pero non por que ella entendiese e viese que podrie dezir muchas cosas buenas, asi commo en el las auje. "Çiertamente, fi de rey," dixo ella, "yo non se que diga de vos, ca ssy lo supiese, dezir lo ya muy de grado." E quando esto oyo el ynfante Roboan, pesole mucho de coraçon e touo que era alguna dueña torpe e dixole: "¡Ay señora! ¿e non sabedes que digades de mj? Yo vos enseñare *[fol. 147r]* pues non sabedes vos, ca el que nada non sabe conujene que aprenda." "Amjgo," dixo la dueña, "si de la primera escatima non nos guardamos mejor que desta primera, non podremos escapar bien de la fabla, ca ya la primera aca la tenemos." "Señora," dixo el, "non es mal al que quiere dezir que oyga e que le respondan segund dixiere." "Pues enseñad me," dixo ella, "e dire." "Plaze me," dixo el, "pues mentid commo yo menti, e fallaredes que dezir de mj quanto vos quisierdes." E la dueña, quando oyo esta palabra tan cargada de escatima, dio vn grito el mas fuerte del mundo, de gujssa que quantos ally estauan se maraujllaron. "Dueña," dixo la ynfanta, "¿e que fue esso?" "Señora," dixo la dueña, "en fuerte punto naçio quien con este onbre fabla sy non en cordura, ca tal respuesta me dio a vna ljujandad que auja pensado que me non fuera menester de la oyr por grand cosa." "¿E non vos dixe yo," dixo la ynfanta, "que por ventura vos querriades prouar e vos prouarian? Bendicho sea fi de rey que da respuesta qual meresçe la dueña."

E el ynfante torno a fablar con la dueña commo vn poco sañoso, e dixole asi: "Señora, mucho me plazeria que fuesedes mas pensada en las cosas que oujesedes a dezir e que non quisiesedes dezir tanto quanto dezides, njn quisiesedes reyr de njnguno; ca me semeja que auedes grand sabor de departir en las faziendas de los ombres lo que non cunple a njngund ombre, e mayormente a dueña. E non puede ser que los ombres non digan de la vuestra fazienda, pues sabor auedes de departir de las agenas. E por eso dizen que la picaça en la puente de todos se rrie, e todos de su fruente. E muy grand derecho es que quien de todos se rie, que todos se rrian del. E creo que vos viene de muy grand bjueza de coraçon, e del muy grand atreujmjento que tomades en la vuestra buena palabra. E verdad es que ssy njnguna dueña vi en algund tienpo que de buena palabra fuese, que sodes vos esta. E commoquier que en algunos omes quiere poner Dios este don que sea de buena palabra, a las vegadas mejor le es el oyr que el mucho dezir, ca en oyendo puede ombre aprender, e en diziendo puede errar. E señora, estas palabras vos digo, atreujendo me en la vuestra buena mesura e queriendo vos muy grand bien, ca a la primera [ora][27] que vos yo vi, ssyenpre me pague de los bienes que Dios en vos pusso en fermosura, e en sosiego, e en buena palabra.

"E por ende querria que fuesedes en todas cosas la mas guardada dueña que pudiese ser, pero señora, ssy yo erre en me atreuer a vos dezir estas cosas que agora vos dixe, ruego vos que me perdonedes, ca con buen talante que vos he, me esforçe a vos lo dezir e non vos encubri lo que entendia por vos aperçebir."

"Señor," dixo la dueña, "yo non podria agradesçer *[fol. 147v]* a Dios la merçed que me fizo oy en este dia, njn podria a vos la mesura que vos en mj quisistes mostrar en me querer castigar e dotrinar, ca nunca falle ombre que tanta

merçed me fiziese en esta razon commo vos. E bien creed que de aqui adelante que sere castigada, ca bien veo que non conujene a njngun ombre tomar grand atreujmjento en fablar e mayormente a dueña, ca el mucho fablar non puede ser syn yerro. E vos veredes que vos dare a entender que fezistes en mj buena diçipla, e que oue sabor de aprender todo lo que dexistes. E commoquier que otro serujçio non vos puedo fazer, sienpre rogare a Dios por la vuestra vida e salud."

"Dios vos lo gradesca," dixo Roboan, "ca non me semeja que gane poco en esta asentada, pues ayuda gane contra Dios por dar respuesta non mesurada." "Par Dios, señor," dixo la dueña, "non fue respuesta mas juyzio derecho, ca con aquella encubierta que yo cuyde engañar, con essa me engañaron. E segund dize el proberujo que tal arma la manganjlla que cae en ella de golilla." "Señora," dixo Roboan, "mucho me plaze de quanto oy e tengo que enplee bien mj conosçer, ca bien creo que si vos tal non fuesedes commo yo pense luego que vos vi, non me respondierades tan con razon commo me respondistes a todas estas cosas."

E con esto fue Roboan mucho alegre e muy pagado e non obraron poco las palabras de Roboan, njn fueron de poca virtud, ca esta fue despues la mas guardada dueña en su palabra e la mas sessuda e de mejor vida que ovo en aquel reyno. E bien creo que menester serie vn tal ynfante commo este en todo tienpo en las casas de las rreynas e de las dueñas de grand logar que casas tienen. E quando se asentase con dueñas o donzellas que las sus palabras obrasen, asi commo las deste ynfante, e fuesen de tan grand virtud por que sienpre fiziesen bien e guardasen su honrra, mas ¡mal pecado! en algunos logares conteçe que en logar de las castigar e dotrinar en bien que las meten en bolliçio en dezir mas de quanto deuen. E avn parientes ay que catando onrra del njn dellas que las ponen en estas cosas, e tales ay dellas que lo aprenden muy de grado e repiten bien la liçion que oyeron. Pero bien auenturada es la que entrellas se esmero para dezir e fazer sienpre lo mejor, e se guardar sienpre de malos dictadores, e non querer creer njn escuchar a todas quantas cosas les quisieren dezir. Ca quien mucho ha de escuchar, mucho quiere oyr. E por ventura sera a su daño e a su desonrra, ca pues que de grado lo quiere oyr por fuerça, lo ha de sofrir maguer entienda que contra sy sean dichas las palabras, ca conujene que lo sufra pues le plugo de fablar en ello. Pero deue quedar envergonçada si buen entendimjento le quiso Dios dar para lo entender, e deue ser bien castigada para adelante. E la que de buena ventura es, en lo que vee *[fol. 148r]* pasar por las otras se deue castigar. Onde dize el sabio que bien auenturado es el que se escarmjenta en los peligros agenos. Mas ¡mal pecado! Non creemos que es peligro nj daño el que pasa por los otros, mas el que nos auemos de sofrir e a pasar. E esto es mengua de entendimjento, ca deuemos entender que el peligro e el daño que passa por vno, que puede pasar por otro; ca las cosas deste mundo comunales son, e lo que oy es en el vno, cras es en el otro, si non sy fuere ombre de tan buen entendimjento que se pueda guardar de los peligros. Onde todo ombre deue tomar enxienplo en los otros ante que en ssy, e mayormente en las cosas peligrosas e dañosas. Quando las en sy toma, puede fjncar syn daño, e non lo tienen los omes por de buen entendimjento. E guarde nos Dios a todos, ca aquel es guardado al que el quiere guardar, pero con todo esto conujene al ombre que se trabaje en se guardar, e Dios lo guardara, pues que el bien se ayudare. E por ende, dizen que quien se guarda que Dios lo guarda.

De commo la dueña Gallarda loaua mucho a la ynfanta Seringa al jnfante Rroboan

De si leuantose Roboan de çerca la dueña e despidio se de la ynfanta e fuese a su possada. E la ynfanta e las dueñas e las donzellas fincaron departiendo en el, loando mucho las sus buenas costunbres. E la dueña Gallarda dixo a su señora: "Bien andante seria la dueña que a este ombre oujese por su señor, e commo serie bien auenturada e bjen nasçida del vientre de su madre." E la ynfanta touo que porque aquella dueña era dezidora, que dixiera estas palabras por ella. E enbermejeçio e dixole: "Dueña, dexemos agora esto estar, ca aquella avra la onrra la que de buena ventura fuere e Dios gela quisiere dar." E todas pararon mjentes a las palabras que dixo la ynfanta e de commo se le demudo la color, e bien toujeron por aquellas señales que non se despagaua del. E çiertamente en el catar del ombre se entiende muchas vezes lo que tienen ellos en el coraçon.

E el ynfante Roboan estudo en aquella çibdat fasta que torno el Cauallero Amigo con la respuesta que le dio el rey de Grimalet. E estando vn dia el ynfante Rroboan con la ynfanta, fablando en solaz, pero non palabras viles mas muy onestas e muy syn villanja e syn torpedad, llego el conde a la ynfanta e dixole: "Señora, venjdos son el cauallero e el escudero que enbio el ynfante Roboan al rey de Grimalet." "Vengan *[fol. 148v]* luego aca," dixo el ynfante Roboan, "e oyremos aqui la respuesta que nos enbia."

E luego vjno el Cauallero Amigo delante la ynfanta e delante Roboan e dixo asi: "Señor, si non que seria mal mandadero, callaria e non vos daria la respuesta que me dio el rey de Grimalet. Ca sy Dios me vala del dia que yo nazçi, nunca vi rey tan desmesurado njn de tan mala parte njn que tan mal oyese mandaderos de otro rey, njn que tan mala respuesta diese njn tan soberujamente." "Ay amjgo," dixo el ynfante Roboan, "si Dios te de la su graçia e la mja, que me digas verdad de todo quanto te dixo e que non me mengues ende njnguna cosa." "Par Dios," dixo el Cauallero Amjgo, "señor, sy dire, ca ante que del me partiese, me fizo fazer omenaje que vos dixiese todo el su mensaje cunplidamente. E porque le dubde vn poco de le fazer omenaje, mandaua me cortar la cabeça." "Cauallero Amigo," dixo Roboan, "bien estades, pues auedes passado

el su mjedo." "Pasado," dixo el Cauallero Amjgo, "non, ca bien creed, señor, que avn me pienso que delante del esto." "Perded el mjedo," dixo el ynfante Roboan, "ca perder lo soliedes en tales cosas commo estas." "Avn yo fio por Dios," dixo el Cauallero Amjgo, "que yo lo vere en tal logar que avra el tamaño mjedo de mj commo yo del." "Avn podra bien ser esso," dixo el ynfante Roboan, "pero dezid me la respuesta e vere sy es tal commo vos dezides e tan syn mesura."

"Señor," dixo el Cauallero Amjgo, "luego que llegue, finque *[fol. 149r]* los ynojos antel e dixele de commo lo enbiauades saludar, e dile luego vuestra carta. E non me respondio njnguna cosa mas tomo la carta e leyola. E quando la ouo leydo, dixo: 'Maraujllo me mucho de ti, de commo fueste osado de venjr ante mj con tal mandado. E tengo por muy loco e por muy atreujdo al que te aca enbio en me querer enbiar dezir por su carta, que por onrra del, que es ombre estraño, que yo que dexe de fazer mj pro e de ganar quanto yo pudiere.'

"E yo dixele que non era ganançia la que se gana con pecado. E por esta palabra que le dixe, quiso me mandar matar, pero torno se de aquel pensamjento malo que tomo, de que a mj plogo mucho, e dixo me asi: 'Sobre el omenaje que me feziste, te mando que digas aquel loco atreujdo que aca te enbio, que por su desonrra del, que destos seys dias quemare la çibdad do el esta e la entrare por fuerça e a el castigare con esta mj espada, por que nunca acometa otra tal cosa commo esta.' E yo pedile por merçed que, pues el me mandaua que dixiese esto a vos, que me segurase, e que le diria yo lo que vos me mandastes que le dixiese. E yo dixele que pues tan braua respuesta vos enbiaua, que vos que lo desafiauades. E el dixome asi: 'Vete tu carrera sandio e loco, e dile que el non ha por que amenazar a quien le quiere yr a cortar la cabeça.'"

"Cauallero Amjgo," dixo Roboan, "bien conplistes el mj mandado e gradesco vos lo yo mucho, pero paresçeme que es ombre de mala respuesta esse rey, e soberujo, asi commo la ynfanta me dixo el otro dia. E avn quiera Dios que desta soberuja se arrepienta e el repentir, que non le pueda tener pro." "Assy le plega a Dios," dixo luego la ynfanta. E todos dixieron: "Amen."

De commo el jnfante Rroboan e la jnfanta Seringa e sus caualleros oujeron su acuerdo de commo fuesen contra el rey de Grimalet

Dixo luego Roboan: "Señora, quando llegare la vuestra gente, acorda a quien tenedes por bien de nos dar por cabdillo, por quien catemos, ca yo yre muy de grado con ellos en el vuestro serujçio." "Muchas graçias," dixo la ynfanta, "ca çierta so yo que de tal logar e de tal sangre venjdes vos que en todo quanto pudiesedes, acorreriedes a toda dueña e a toda donzella que cuytada fuese, e mayormente a huerfana, asi commo yo finque syn padre e syn acorro del mundo saluo ende la merçed de Dios, e el buen esfuerço leal que me fazen los mjs vasallos e la vuestra ayuda que me sobrevjno agora por la vuestra mesura, lo que vos gradesco e vos lo gradesca Dios que yo non vos lo podria gradesçer tan cunplidamente commo lo vos meresçedes."

"Sseñora," dixole Roboan, "¿que caualleria puede ser en este vuestro rreyno?" "¿Quantos," dixo la ynfanta, "que pueden ser? Digo vos que entre caualleros fijos dalgo e çibdadanos de buena *[fol. 149v]* caualleria fasta diez mill." "Par Dios, señora," dixo Roboan, "buena caualleria tenedes para vos defender de todos aquellos que mal vos quisieren fazer. Señora," dixo Rroboan, "¿seran ayna aqui estos caualleros?" "De aqui a ocho dias," dixo la ynfanta, "o antes." "Señora," dixo Rroboan, "plazer me ya que fuesen ya aqui e que vos ljbrasen de estos vuestros contrarios e fincasedes en paz, e yo yria librar aquello por que vjne." "¿E commo?" dixo la ynfanta. "¿Non me dexistes que por vuestro talante erades venjdo a estas tierras e non por recabdar otra cosa?" "Sseñora," dixo el ynfante Rroboan, "verdad es e avn asy vos lo digo agora, que por mj talante vjne e non por librar otra cosa ssy non aquello que Dios quisiere. Ca yo, quando sali de la mj tierra, a El tome por gujador e por enderesçador de la mj fazienda, e yo non quiero al njn demando al ssy non aquello que El quisiere."

"Muy dubdosa cosa es esta vuestra demanda," dixo la ynfanta. "Señora," dixo Roboan, "non es dubdosa la que se faze a fiuza e esperança de Dios; antes es muy çierto e lo al que syn El faze non." "Par Dios," dixo la ynfanta, "pues que tan buen gujador tomastes en la vuestra fazienda, çierta so que acabaredes bien la vuestra demanda." E veyendo la ynfanta que non queria dezir njn declarar por lo que vjnjera, non le quiso mas afincar sobre ello, ca non deue njnguno saber mas de la poridad del ombre de quanto quisiere el señor della.

De commo el jnfante Rroboan e los vasallos de la jnfanta pelearon con el rrey de Grimalet e los bençieron

Ante de los ocho dias conpljdos, fue toda la caualleria de la ynfanta con ella, todos *[fol. 150r]* muy bien gujsados e de buen coraçon para serujçio de su señora e para acaloñar el mal e la desonrra que les fazien. E todos en vno acordaron con el ynfante, pues entrellos non auja ombre de tan alto lugar commo el ynfante Roboan, que era fijo de rey. E el, por la su mesura, tenje por agujsado de ser en serujçio de la ynfanta, que lo fiziesen cabdillo de la hueste e se gujasen todos por el.

E otro dia en la mañana fizieron todos alarde en vn gran canpo fuera de la çibdat, e fallaron que eran diez mjll e siete çientos caualleros muy bien gujsados e de buena caualleria. E con los trezientos caualleros del ynfante Roboan, fizieron se honze mill caualleros. E commo omes que aujen voluntad

de fazer el bien e de vengar la desonrra que la ynfanta rresçibie del rey de Grimalet, non se quisieron detener. E por consejo del ynfante Roboan, moujeron luego asi commo se estauan armados. E el rey de Grimalet era ya entrado en el rreyno de Pandulfa bien seys jornadas, con quinze mill caualleros. E andauan los vnos departidos por la vna parte e los otros por la otra, quemando e estragando la tierra, e desto ouo mandado el ynfante Roboan.

E quando el rey sopo que era çerca de la hueste de la ynfanta Seringa, vido que non podria tan ayna por su gente enbiar, que estaua derramada. Mando que se armasen todos aquellos que estauan con el, que eran fasta ocho mill caualleros, e moujeron luego contra los otros. E vieron los que non venjan mas lexos que media legua, e alli començaron los de la vna parte e de la otra a parar sus hazes. E tan quedos yuan los vnos contra los otros que semejaua que yuan en proçesion. E çierto, grande fue la dubda de la vna parte e de la otra, ca todos eran muy buenos caualleros e bien gujsados.

E al rey de Grimalet yuan se le llegando quando çiento, quando dozientos caualleros. E el ynfante Rroboan quando aquello vjdo, dixo a los suyos: "Amjgos, quanto mas nos detenemos, tanto mas de nuestro daño fazemos, ca a la otra parte creçe todavia gente, e nos non tenemos esperança que nos venga acorro de njnguna parte, saluo de Dios tan solamente e la verdad que tenemos. E vayamos los ferir, ca vençer los hemos." "Pues enderesçad en el nonbre de Dios," dixieron los otros, "ca nos vos segujremos." "Pues amjgos," dixo el ynfante Roboan, "assy auedes de fazer, que *[fol. 150v]* quando yo dixiere 'Pandulfa por la jnfanta Seringa,' que vayades ferir muy de rezio, ca yo sere el primero que terne ojo al rey señaladamente, ca aquella es la estaca que nos auemos de arrancar, sy Dios merçed nos quisiere fazer."

E moujeron luego contra ellos, e quando fueron tan çerca que semejaua que las puntas de las lanças de la vna parte e de la otra se querian juntar en vno, dio vna grand boz el ynfante Rroboan e dixo: "Pandulfa por la ynfanta Seringa," e fueron los fferir de rrezio, de gujssa que fizieron muy grand portillo en la hazes del rey, e la batalla fue muy ferida de la vna parte e de la otra, ca duro desde ora de terçia fasta ora de biesperas. E alli le mataron el cauallo al ynfante Roboan e estouo en el canpo grand rrato apeado, defendiendo se con vna espada, pero non se partieron del dozientos escuderos fijos dalgo a pie que con el leuara e los mas eran de los que troxo de su tierra. E punauan por defender a ssu señor muy de rezio, de gujssa que non llegaua cauallero allj que le non matauan el cauallo. E de que caye del cauallo, metienle las lanças so las faldas e matauan lo de gujssa que auje aderredor del jnfante bien quinjentos *[fol. 151r]* caualleros muertos, de manera que semejauan vn grand muro tras que se podien bien defender. E estando en esto asomo el Cauallero Amjgo que andaua feriendo en la gente del rey e faziendo estraños golpes con la espada, e llego alli do estaua el ynfante Rroboan, pero que non sabie que allj estaua el ynfante de pie. E assy commo lo vido el ynfante, llamolo e dixo: "Cauallero Amjgo, acorre me con ese tu cauallo." "Por çierto grand derecho es," dixo el, "ca vos me lo distes, e avnque non me lo oujesedes dado, tenjdo so de vos acorrer con el." E dexose caer del cauallo en tierra, e acorriole con el, ca era muy ligero e bien armado e caualgaron en el al ynfante. E luego vieron en el canpo que andauan muchos cauallos syn señores, e los escuderos fueron tomar vno e dieron lo al Cauallero Amjgo e ayudaronlo a caualgar en el. E el e el ynfante moujeron luego contra los otros, llamando a altas bozes: "Pandulfa por la ynfanta Seringa," conortando e esforçando a los suyos, ca porque non oyen la boz del ynfante, rrato auje andauan desmayados, ca cuydauan que era muerto o presso. E tan de rezio los ferie el ynfante, e tan fuertes golpes fazie con la espada, que todos fuyen del commo de mala cosa, ca cuydaua el que con el que se encontraua, que non auje al sy non morir. E encontrose con el fijo del rey de Grimalet que andaua en vn cauallo bien grande e bien armado, e conoçiolo en las sobreseñales por lo que le aujen dicho del, e dixo le assy: "¡Ay, fijo del rey desmesurado e soberujo! Aperçibete, ca yo so el ynfante al que amenazo tu padre para le cortar la cabeça. E bien creo si con el me encuentro, que tan locamente njn tan atreujdamente non querra fablar contra mj commo a vn cauallero fablo que le yo enbie." "Ve tu vja," dixo el fijo del rey, "ca non eres tu ombre para dezir al rey mj padre njnguna cosa, njn el para te rresponder, ca tu eres ombre estraño e non sabemos quien eres. Ca mala venjda feziste a esta tierra, ca mejor fizieras de folgar en la tuya."

Estonçe enderaçaron el vno contra el otro e dieron se grandes golpes con las espadas, e tan grand golpe le dio el fijo del rey al ynfante Roboan ençima del yelmo que le atrono la cabeça e fizo le fincar las manos sobre la çeruiz del cauallo. Pero que non perdio la espada, antes cobro luego esfuerço e fuese contra el fijo del rey e diole tan grand golpe sobre el braço[28] con la espada, que le corto las guarnjçiones maguer fuertes. E cortole del onbro vn grand pedaço, de gujsa que le oujera todo el onbro de cortar, e los escuderos del ynfante mataron le luego el cauallo e cayo en tierra e mando el ynfante que se apartasen con el çinquenta escuderos e que lo guardasen muy bien.

E el ynfante fue buscar al rey por ver sy se podria encontrar con el, e el Cauallero *[fol. 151v]* Amigo que yua con el dixole: "Señor, yo veo al rey." "¿E qual es?" dixo el ynfante. "Aquel es," dixo el Cauallero Amjgo. "El mas grande que esta en aquel tropel." "Bien paresçe rey," dixo el ynfante, "sobre los otros, pero que me conujene de llegar a el por lo conoçer, e el que me conosca." E el començo dezir a altas bozes: "Pandulfa por la ynfanta Seringa," e quando los suyos lo oyeron, fueron luego con el, ca assy lo fazian quando le oyen nonbrar a la ynfanta. E fallo vn cauallero de los suyos que tenie avn su lança e auje cortado della bien vn terçio e ferie con ella a sobremano e pidio gela

el ynfante e el diogela luego. E mando al Cauallero Amigo que le fuese dezir en commo el se yua para el e que lo saliese a reçebir sy quisiese.

E el rey, quando vido al Cauallero Amjgo e le dixo el mandado, apartose luego fuera de los suyos vn poco e dixole el rey: "¿Eres tu el cauallero que venjste a mj la otra vegada?" "Sy," dixo el Cauallero Amjgo, "mas ljeue el diablo el mjedo que agora vos he, assy commo vos auja estonçe quando me mandauades cortar la cabeça." "Venga esse ynfante que dizes aca," dixo el rey. "Sy non, yo yre a el." "Non auedes por que," dixo el Cauallero Amjgo, "ca este es que vos veedes aqui delante."

E tan ayna commo *[fol. 152r]* el Cauallero Amigo llego al rey, tan ayna fue el ynfante con el e dixole asi: "Rey soberujo e desmesurado, non oujste mesura njn verguença de me enbiar tan braua respuesta e tan loca commo me enbiaste. E bien creo que esta soberuja atan grande que tu traes, que te echara en mal logar, ca avn yo te perdonaria la soberuja que me enbiaste dezir sy te quisieses partir desta locura en que andas, e tornases a la ynfanta Seringa todo lo suyo." Dixo el rey: "Tengo te por neçio ynfante en dezir que tu perdonaras a mj la locura que tu feziste en me enbiar tu dezir que yo que dexaste por ti de fazer mj pro." "Ljbremos lo que auemos de librar," dixo la ynfante, "ca non es bueno de despender el dia en palabras e mayormente con ombre en que non ha mesura njn se quiere acoger a razon. Encubrete rey soberujo," dixo el ynfante, "ca yo contigo sso." E puso la lança sso el braço e fuelo ferir e dio le tan grand golpe que le paso el escudo, pero por las armas que tenje muy buenas non le enpeçio, mas dio con el rey en tierra. E los caualleros de la vna parte e de la otra estauan quedos por mandado de sus señores. E bolujeron se luego todos, los vnos por defender a su señor que tenjen en tierra, e los otros por lo matar o por lo prender. Feriense muy de rezio, de gujssa que de la vna parte e de la otra, cayen muchos muertos en tierra e feridos, ca bien semejaua que los vnos de los otros non aujen piedad njnguna atan fuertemente se ferien e matauan.

E vn cauallero de los del rey desçendio de su cauallo e diolo a su señor e acorriole con el, pero quel cauallero duro poco en el canpo que luego fue muerto. E el rey non touo mas ojo por aquella batalla, e desque subio en el cauallo e vio todos los mas de los suyos feridos e muertos en el canpo, finco las espuelas al cauallo e fuyo e aquellos suyos en pos del. Mas el ynfante Roboan, que era de grand coraçon, non los dexaua yr en saluo; antes yua en pos dellos, matando e firiendo e prendiendo, de gujssa que los del rey entre muertos e feridos fueron de seys mill ariba. E los del ynfante Rroboan fueron ocho caualleros, pero los caualleros que mas fazien en aquella batalla e los que mas derribaron fueron los del ynfante Roboan, ca eran muy buenos caualleros e muy prouados, ca se aujen açertado en muchos buenos fechos e en otras buenas batallas. E por eso gelos dio el rey de Menton su padre quando se partio del.

De commo el jnfante Roboan fizo cojer todo el canpo e se torno luego para la ynfanta Seringa

El ynfante Roboan con su gente se torno alli do tenjen sus tiendas el rey e ffallaron *[fol. 152v]* y muy grand tessoro e arrancaron las tiendas e tomaron al fijo del rey que estaua ferido e a todos los otros que estauan presos e feridos, e fueronse para la ynfante Seringa. E demjentra el ynfante Roboan e la su gente estauan en la fazienda, la ynfante Seringa estaua muy cuytada e con grand reçelo pero que todos estauan en la iglesia de Santa Maria faziendo oraçion e rogando a nuestro Señor Dios que ayudase a los suyos e los guardase de manos de sus enemigos.

E ellas estando en esto, llego vn escudero a la ynfante e dixole: "Señora, dad me alvriçias." "Ssy fare," dixo la ynfante, "ssy buenas nueuas me traedes." "Digo vos sseñora," dixo el escudero, "que el ynfante Roboan vuestro serujdor, vençio la batalla a gujssa de muy buen cauallero e muy esforçado, e trae vos preso al fijo del rey pero ferido en el onbro diestro. E trae vos mas entre muertos e feridos e presos que fincaron en el canpo que los non pueden traer muy muchos. E trae otrosy muy grand thesorero que fallaron en el real del rey, ca bien fueron seys mill caualleros e mas de los del rey entre muertos e pressos e feridos." "¡Ay escudero, por amor de Dios," dixo la ynfante, "que me digas verdat! ¿Ssy es ferido el ynfante Roboan?" "Digovos señora que non, commoquier que le mataron el cauallo e finco apeado en el canpo, defendiendose a gujssa de muy buen cauallero vn grand rato, con dozientos fijos dalgo que tenje consigo a pie, que lo syrujeron e *[fol. 153r]* lo guardaron muy lealmente." "Par Dios, escudero," dixo la ynfante, "¡vos seades bien venjdo! E prometo vos de dar luego cauallo e armas e de vos mandar fazer cauallero e de vos casar bien e de vos heredar bien." E luego en pos deste llegaron otros por ganar albriçias, mas fallaron a este que las auje ganado. Pero con todo esto la ynfante non dexaua de fazer merçed a todos aquellos que estas nueuas le trayan.

E quando el ynfante Roboan e la otra gente llegaron a la villa, la ynfanta salio con todas las dueñas e donzellas fuera de la çibdat a vna eglesia que estaua çerca de la villa e esperaron los allj fazjend[o] todos los de la cibdat muy grandes alegrias. E quando llegaron los de la hueste dixo el ynfante Roboan a vn escudero que le tirase las espuelas. "Sseñor," dixo el conde, "non es vso desta nuestra tierra de tirar las espuelas." "Conde," dixo el ynfante, "yo non se que vso es este desta vuestra tierra, mas njngund cauallero non deue entrar a ver dueñas con espuelas, segund el vso de la nuestra." E luego le tiraron las espuelas, e descaualgo, e fue a ver la ynfante.

"Bendito sea el nonbre de Dios," dixo la ynfante, "que vos veo bjuo e ssano e alegre." "Sseñora," dixo el ynfante, "non lo yerra el que a Dios se acomjenda. E porque yo me

encomende a Dios, falle me ende bien, ca El fue el mj anparador e mj defendedor en esta ljd en querer que el canpo fuese en nos por la nuestra ventura." "Yo non gelo podria gradesçer," dixo la ynfanta, "njn a vos quanto auedes fecho por mj."

Estonçe caualgo la ynfanta e tomo la el ynfante por la rrienda e leuola a su palaçio. *[fol. 153v]* E dessy fuese el ynfa[n]te e todos los otros a sus posadas a sse desarmar e a folgar, ca mucho lo aujen menester. E la ynfanta fizo penssar muy bien del ynfante Roboan, e mandaron le ffazer vaños, ca estaua muy quebrantado de los golpes que resçibio sobre las armas e del canssaçio. E el fizo lo assy, pero con buen coraçon mostraua que non daua nada por ello njn por el afan que auje pasado.

E a cabo de los tres dias fue a ver a la ynfanta e leuo conssigo al fijo del rey de Grimalet e dixole: "Señora, esta joya vos trayo, ca por este tengo que deuedes cobrar todo lo que vos tomo el rey de Grymaled, su padre. E vos deue dar grand partida de la su tierra e mandad lo muy bien guardar, e non gelo dedes fasta que vos cunpla todo esto que vos yo digo. E bien creo que lo fara, ca el non ha otro fijo sy non este, e sy el muriese syn este fijo, fincarie el reyno en contienda, porque so çierto e seguro que vos dara por el todo lo vuestro e muy buena partida de lo suyo. E aquellos otros caualleros que tenedes presos, que son mjll e dozientos, mandad los tomar e guardar, ca cada vno vos dara por sy muy grand auer por que los ssaquedes de la prision, ca assy me lo enbiaron dezir con sus mandaderos."

Estonçe dixo la ynfanta: "Yo non sse commo vos gradesca quanto bien auedes fecho e fazedes a mj e a todo el mj reyno porque vos ruego que escojades en este mj reyno villas e castillos e aldeas que les vos quisierdes, ca non sera tan cara la cosa en todo el mj reyno que vos queredes que vos non sea otorgada." "Sseñora," dixo el ynfante, "muchas graçias, ca non me cunplen agora villas njn castillos sy non tan solamente la vuestra graçia que me dedes ljçençia para que me vaya."

De commo el conde Ruben[29] moujo casamjento a la jnfante Seringa con el jnfante Rroboan

[fol. 154r] "Ay amjgo señor," dixo la ynfanta, "non sea tan ayna la vuestra yda por el amor de Dios, ca bien çiertamente creed que sy vos ydes de aqui, que luego me vernan a estragar el rey de Grimalet e el rey de Brez su suegro, ca es casado con su fija. E el ynfante Roboan paro mjentes en aquella palabra tan falaguera que le dixo la ynfanta, ca quando le llamo amjgo sseñor, ssemejole vna palabra atan pesada que assy ssele asento en el coraçon. E commo el estaua fuera de su seso, enbermejeçio todo muy fuertemente e non le pudo responder njguna cosa. E el conde Rruben, tjo e vassallo de la ynfante que estaua alli con ellos, paro mjentes a las palabras que la ynfante dixiera al ynfante

Rroboan e de commo se le demuda la color que le non pudo dar rrespuesta. E entendio que amor creçia entre ellos e llego se a la ynfanta e dixole a la oreja: "Ssenora, non podria estar que non vos dixiese aquello que pienso, ca sera vuestra onrra e es esto: tengo sy vos quisierdes e el ynfante quisiere buen casamjento, serie a honrra de vos e defendimjento del vuestro reyno que vos casassedes con el. Ca çiertamente vno es de los mejores caualleros deste mundo, e pues fijo es de rey, e assy lo semeja en todos los sus fechos, non le auedes que dezir." E la ynfanta se paro tan colorada commo la rosa e dixole: "¡Ay conde! ¡E commo me auedes muerto!" "¿E por que senora?" dixo el conde. "¿Por que fablo en vuestro pro e en vuestra honrra?" "Yo asy lo creo commo vos lo dezides," dixo ella, "mas non vos podria yo agora responder." "Pues pensad en ello," dixo el conde, "e despues yo rrecudire a vos." "Bien es," dixo la ynfanta.

E demjentra ellos estauan fablando en su poridad, el ynfante Roboan estaua commo traspuesto, pensando en aquella palabra, ca touo que gelo dixiera con grand amor o porque lo auje menester en aquel tienpo. Pero quando vjdo que se le moujo la color quando el conde fablaua con ella en poridat, touo que de todo en todo con grand amor le dixiera aquella palabra, e cuydo que el conde la reprehendia dello. E Roboan se torno contra la ynfanta e *[fol. 154v]* dixole: "Senora, a lo que me dexistes que non me vaya de aqui atan ayna por reçelo que auedes de aquellos reys, prometo vos que non parta de aqui fasta que yo vos dexe todo el vuestro reyno sosegado, ca pues començado lo he, conujene me de lo acabar, ca nunca començe con la merçed de Dios cosa que non acabase." "Dios vos dexe acabar," dixo la ynfanta, "todas aquellas cosas que començardes." "Amen," dixo Roboan. "E yo amen digo," dixo la jnfanta. "Pues por amen non lo perdamos," dixieron todos.

De commo el Cauallero Amjgo fue con el mensaje al rey de Brez

Dixo le Roboan: "Senora, mandad me dar vn escudero que guje a vn mj cauallero que quiero enbiar al rey de Brez. E segund nos respondiere, asi le rresponderemos." E el ynfante mando llamar al Cauallero Amjgo, e quando vjno dixole assy: "Cauallero Amjgo, vos soys de los primeros caualleros que yo oue por vasallos e serujstes al rey mjo padre e a mj muy lealmente, porque soy tenjdo de vos fazer merçed e quanto bien yo pudiere. E commoquier que grand afan ayades passado comigo, quiero que tomedes por la ynfanta que alli esta, vn poco de trabajo." E esto le dixo el ynfante, penssando que non querrie yr por el por lo que le conteçiera con el otro rey. "Ssenor," dixo el Cauallero Amjgo, "fazer lo he de grado e serujre a la ynfanta en quanto ella me mandare." "Pues yd agora," dixo el ynfante, "con esta mj mandaderia al rey de Brez, e dezid le assy de mj parte al rey que le ruego yo que non quiera fazer mal njn

danpno alguno en la tierra de la ynfanta Seringa, e que sy algund mal ay fecho, que lo quiera hemendar e que de tregua a ella e a toda su tierra por ssessenta años. E sy lo non quisiere fazer o vos diere mala respuesta assi commo vos dio el rrey de Grimalet su yerno, desafialdo por mj e venjd vos luego." "E verne," dixo el Cauallero Amjgo, "sy me dieren vagar, pero tanto vos digo que sy non lo oujese prometido a la ynfanta, que yo non fuese alla, ca me semeja que vos tenedes enbargado comjgo e vos querriedes desenbargar de mj, ca non vos cunplio el peligro que passe con el rey de Grimalet, e enbiades me a este otro que es tan malo e tan desmesurado commo el otro, e mas aujendo aqui tantos buenos caualleros e tan entendidos commo vos auedes para los enbiar, e que recabdaran el vuestro mandado mucho mejor que yo."

"Ay Cauallero Amjgo," dixo la ynfante, "por la fe que vos deuedes a Dios e al ynfante vuestro señor que aqui esta, e por el mj amor, que fagades este camjno do el ynfante vos enbia, ca yo fio por Dios que recabdaredes por lo que ydes muy bien, e vernedes muy bien andante, e ser vos ha pres e honrra entre todos los otros." "Grand merçed," dixo el Cauallero Amjgo, "ca pues prometido vos lo he, yre esta vegada, ca no puedo al fazer." "Cauallero Amjgo," dixo el ynfante Rroboan, "nunca vos vj couarde en njnguna cosa que oujessedes de fazer, sy non en esto." "Senor," dixo el Cauallero Amjgo, "vn falago vos deuo, pero ssabe Dios *[fol. 155r]* que este esfuerço que lo dexaria agora sy ser pudiese syn mal estança, pero a fazer es esta yda maguer agra, pues lo prometi." E tomo vna carta de creençia que le dio el ynfante para el rey de Brez e fuesse con el escudero que le dieron que lo gujasse.

E quando llego al rey, fallolo en vna çibdat muy apuesta e muy viciosa a la qual dizen Requisita. E estauan con el la reyna su muger e dos fijos suyos pequeños e muchos caualleros derredor dellos. E quando le dixieron que vn cauallero venja con mandado del ynfante Roboan, mando le entrar luego e el Cauallero Amjgo entro e finco los ynojos delante del rey e dixo le assy: "Senor, el ynfante Roboan, fijo del muy noble rey de Menton, que es agora con la ynfanta Seringa, te enbia mucho saludar e enbiate esta carta conmjgo." E el rey tomo la carta e diola a vn obispo su chançiller que era allj con el, que la leyese e le dixiese que se contenje en ella. E el obispo la leyo e dixole que era carta de creençia en que le enbiaua rrogar el ynfante Roboan que creyese aquel cauallero de lo que le dixiese de su parte. "Amigo," dixo le el rey, "dime lo que quisieres, ca yo te oyre de grado." "Ssenor," dixo el Cauallero Amjgo, "el ynfante Roboan te enbia rogar que por la tu mesura e por la honrra del que non quieras fazer *[fol. 155v]* mal en el reyno de Pandulfa, donde es señora la ynfante Seringa, e que ssy algund mal as fecho tu o tu gente, que lo quieras fazer hemendar e que le quieras dar tregua e segurança por sessenta años de non fazer mal njnguno a njngund logar de su reyno, por dicho njn por fecho njn por consejo. E que el te lo gradesçera muy mucho porque sera tenjdo en punar de creçer tu honrra en quanto el pudiere." "Cauallero," dixo el rey, "¿e que tierra es Menton donde es este ynfante tu señor?" "Sseñor," dixo el Cauallero Amjgo, "el reyno de Menton es muy grande e muy rico e muy viçioso." "E pues ¿commo salio de alla este jnfante," dixo el rey, "e dexo tan buena tierra e se vjno a esta tierra estraña?" "Sseñor," dixo el Cauallero Amjgo, "non saljo de su tierra por njnguna mengua que oujese, mas por prouar las cosas del mundo e por ganar prez de cauallería." "¿E con que se mantiene," dixo el rey, "en esta tierra?" Dixo el Cauallero Amjgo: "Sseñor, con el thesoro muy grande que le dio su padre, que fueron çiento azemjlas cargadas de oro e de plata, e trezientos caualleros de buena cauallería muy bien gujssados, que non le fallesçen dellos sy non ocho que murieron en aquella batalla que ouo con el rey de Grimalet." "¡Ay cauallero, sy Dios te de buena ventura! Djme sy te açertaste tu en aquella batalla." "Señor," dixo el Cauallero Amjgo, "si açerte." "¿E fue bien ferida?" dixo el rey. "Sseñor," dixo el Cauallero Amjgo, "bien puedes entender que fue bjen ferida, quando fueron de la parte del rey, entre presos e feridos e muertos bien seys mill caualleros." "¿E pues esto commo pudo ser," dixo el rey, "que de los del ynfante non muriesen mas de ocho?" "Pues señor, non murieron mas de los del ynfante de los trezientos caualleros, mas de la gente de la ynfante Seringa, entre los muertos e los feridos, bien fueron dos mill." "E este tu sseñor ¿de que hedad es?" dixo el rey. "Pequeño es de dias," dixo el Cauallero Amjgo, "que avn agora le vienen las baruas." "Grand fecho acometio," dixo el rey, "para ser de tan pocos dias en lidiar con tan poderoso rey commo es el rey de Grimaled, e lo vençer." "Sseñor, non te maraujlles," dixo el Cauallero Amjgo, "ca en otros grandes fechos se ha ya prouado e en los fechos paresçe que quiere semejar a su padre. "¿E commo," dixo el rey, "tan buen cauallero de armas es su padre?" "Sseñor," dixo el Cauallero Amjgo, "el mejor cauallero de armas es que sea en todo el mundo. E es rey de virtud, ca muchos mjraglos a demostrado nuestro Señor por el en fecho de armas." "¿E as de dezir mas," dixo el rey, "de parte de tu señor?" "Ssy la respuesta fuere buena," dixo el Cauallero Amjgo, "non he mas que dezir." "¿E ssy non fuere buena," dixo el rey, "que es lo [...] querra fazer?" "Lo que Dios quisiere," dixo el Cauallero Amjgo, "e non al." "Pues digo te que non te quiero dar respuesta," dixo el rey, "ca tu señor non es tal ombre para que yo le deua responder." "Rey señor," dixo el Cauallero Amjgo, "pues que assi es, pidote por merçed que me quieras asegurar e yo dezir te he el mandado de mj señor todo conplidamente." "Yo te aseguro," dixo el rey. "Señor," dixo el Cauallero [fol. 156r] Amigo, "porque non quieres conplir el su ruego que te enbia rrogar, lo que tu deujes fazer por ti mesmo, catando mesura, e porque lo tienes en tan poco, yo te desafio en su no[m]bre por el." "Cauallero," dixo el rey, "en poco tiene este tu señor a los reys, pues que

tan ligero los enbia desafiar. Pero apartate alla," dixo el rey, "e nos avremos nuestro acuerdo ssobrello."

De la rrespuesta que enbjo el rey de Bres al jnfante Roboan sobre lo que le enbio rogar en el Cauallero Amjgo

Dixo luego el rey a aquellos que estauan alli con el, que le dixiesen lo que les semejaua en este fecho. E el obispo, su chançeller, le respondio e dixo asy: "Sseñor, quien la baraja puede escusar, bien barata en fuyr della, ca a las vegadas el que mas y cuyda ganar ese ffinca con daño e con perdida. E por ende tengo que serie bien que vos partiesedes deste rruydo de aqueste ombre, ca non tiene cosa en esta tierra de que se duela, e non dubdara de se meter a todos los fechos en que piense ganar prez e honrra de cauallería. E pues que esta buena andança ouo con el rey de Grimaled, otras querra acometer e prouar syn dubda njnguna, ca el que vna vegada bien andante es, creçele el coraçon e esfuerça se para yr en pos de las otras buenas andanças." "Verdad es," dixo el rey, "esso que vos agora dezides, mas tanto va el cantaro a la fuente fasta que dexa alla el asa o la fruente. E este jnfante tantos fechos querra acometer fasta que en alguno avra de caer e de pereçer. Pero obispo," dixo el rey, "tengo me por bien aconsejado de vos, ca pues que en paz estamos, non deuemos buscar baraja con njnguno, e tengo por bien que cunplamos el su ruego, ca nos non fezimos mal njnguno en el reyno de Pandulfa, njn tenemos della nada por que le ayamos de fazer hemjenda njnguna. Mandad le fazer [fol. 156v] mjs cartas de commo le prometo el sseguro de non fazer mal njnguno en el reyno de Pandulfa, e que do tregua a la ynfanta e a su rreyno por sessenta años, e dad las cartas a ese cauallero e vayase luego a buena ventura."

E el obispo fizo luego las cartas e diolas al Cauallero Amjgo e dixole que sse despidiese luego del rrey, e el Cauallero Amjgo fizo lo assy. E ante que el cauallero llegase a la ynfanta, vjnjeron caualleros del rey de Grimalet con pleitesia a la ynfante Seringa, que le tornarie las villas e los castillos que le auje tomado e que le diese su fijo que le tenje preso. E la ynfanta respondio les que non farie cossa njnguna a menos de su consejo del ynfante Roboan, ca pues que por el oujera esta buena andança, que non tenje por bien que njnguna cosa sse ordenase njn se fiziese al ssy non commo lo el mandase. E los mandaderos del rey de Grimalet le pidieron por merçed que enbiase luego por el e ella fizolo luego llamar.

De commo se fizo la paz entre el rey de Grimalet e la jnfanta Seringa señora del reyno de Pandulfa

El jnfante Roboan caualgo luego e vjnose p[ar]a la ynfanta e dixo le: "Sseñora, ¿quien sson aquellos caualleros estraños?" E ella le dixo que eran mensajeros del rey de

Grimalet. "¿E que es lo que quieren?" dixo el ynfante Roboan. "Yo vos lo dire," dixo la ynfanta. "Ellos vienen con pleytesia de partes del rey de Grimalet que yo que le de su fijo e que me dara las villas e los castillos que me tiene tomados." "Sseñora," dixo el ynfante Roboan, "non se dara por tan poco de mj grado." "¿E pues que vos semeja?" dixo la ynfanta. "Sseñora," dixo Roboan, "yo vos lo dire. A mj me fizieron entender que el rey de Grimalet que tiene dos villas muy buenas e seys castillos que entran dentro en vuestro reyno, e que de alli resçebides sienpre mucho mal." "Verdad es," dixo la ynfanta, "mas aquellas dos villas son las mejores que el ha en su reyno, e non creo que me las querra dar." "¿Non?" dixo el jnfante. "Ssed segura sseñora, que el vos las dara o el vera mal gozo de su fijo." "Pues fablad *[fol. 157r]* lo bos con ellos," dixo la jnfanta. Dixo Roboan: "Muy de grado."

E llamo luego a los caualleros e apartose con ellos e dixo les: "Amjgos, ¿que es lo que demandades o queredes que faga la jnfanta?" "Sseñor," dixieron ellos, "bjen creemos que la ynfanta vos lo dixo, pero lo que nos le demandamos es esto: que nos de al fijo del rey que tiene aqui presso e que le faremos luego dar las vjllas e los castillos que el rey le auje tomado." "Amjgos," dixo Rroboan, "mal mercarie la ynfanta." "¿E commo mercarie mal?" dixieron los otros. "Yo vos lo dire," dixo el jnfante. "Vos sabedes bien que el rey de Grimalet tiene grand pecado de todo quanto tomo a la jnfanta contra Dios e contra su alma, e de buen derecho deuegelo todo tornar con todo lo que ende leuo, ca con ella non auje enamjstad njnguna porque le querie correr su tierra nj gela tomar. Mas seyendo ella segura e toda la su tierra, e non se reçelando del, entrole las villas e los castillos commo aquellos que non se guardauan de njnguno e querien beujr en paz." "Sseñor," dixo vn cauallero de los del rrey de Grimalet, "estas cosas que vos dezides non se guardan entre los reys, mas el que menos puede lazra, e el que mas lieua mas." A esso dixo el ynfante: "Entre los malos reys non se guardan estas cosas, ca entre los buenos todas se guardan muy bien. Ca non faria mal vno a otro por njnguna manera, a menos de mostrar sy auje alguna querella del que gela hemendase. E sy non gela quisiese emendar, enbiar lo a desafiar asy commo es costunbre de fijos dalgo." E sy de otra gujssa lo faze, puede lo reptar e dezir le mal por todas las cortes de los reys. E por ende, digo que non mercarie bien la jnfanta en querer pleytear por lo suyo, que de derecho le deue tornar; mas el ynfante fijo del rrey fue muy bien ganado e preso en buena guerra. Onde quien lo quisiere, sed ende bien çiertos que dara antes por el bjen lo que vale." "¿E que es lo que bjen vale?" dixieron los otros. "E yo vos lo dire," dixo el ynfante. "Que de por sy tanto commo vale o mas. E creo que para bjen pleytear el rey e la ynfanta, las dos villas e seys castillos que ha el rey que entran por el rreyno de la ynfante, e todo lo al que le ha tomado, que gelo diese. E demas que le asegurase e que le fiziese omenaje con çinquenta de los mejores de su rreyno,

que le non fiziese njngund danpno en ningund tienpo por sy njn por su consejo, e sy otro alguno le quisiese fazer mal, que el que fuese en su ayuda." "Sseñor," dixieron los otros, "fuertes cosas demandades e non ay cosa en el mundo por que el rey lo fiziesse." E en esto mjntien ellos, ca dize el cuento que el rey les mandara e les diera poder de pleytear syquier por la meytad de su reyno, en tal que el cobrase a su fijo, ca lo amaua mas que a sy mesmo. E el jnfante les dixo: "Quien non da lo que vale, non toma lo que desea. E sy el ama a su fijo e lo quiere ver bjuo, conujene le que faga todo esto, ca non ha cosa del mundo por que desto me sacasen, pues que dicho lo he. Ca mucho pense en ello ante que vos lo dixiese, e non falle otra carrera por do mejor se pudiese librar a honrra de la jnfanta sy non esta." "Sseñor," dixieron los otros, "tened por bjen que nos apartemos e fablaremos sobrello, e despues responder vos hemos lo que nos semejare que sy podra y fazer." "Bien es," dixo el ynfante. E ellos se apartaron e Roboan se fue para la ynfanta.

E *[fol. 157v]* los caualleros de que oujeron aujdo su acuerdo, vjnjeron se para el jnfante e dixieron le: "Señor, ¿queredes que fablemos conbusco aparte?" "¿E commo?" dixo Rroboan, "¿Es cosa que non deue saber la ynfanta?" Dixieron ellos: "Non, ca por ella ha todo de passar." "Pues bien es," dixo Rroboan, "que me lo digades delante della." "Sseñor," dixieron ellos, "ssy de aquello que nos demandades nos quisierdes dexar alguna cosa, bien creemos que se farie." "Amjgos," dixo el jnfante, "non nos querades prouar por palabra, ca non se puede dexar njnguna cosa de aquello que es fablado." "Pues que assy es," dixieron ellos. "Fagase en buen ora, ca nos traemos aqui poder de obligar al rey en todo quanto nos fizieremos."

E de sy dieronle luego la carta de obljgamjento e luego fizieron las otras cartas que eran menester para este fecho, las mas firmes e mejor notadas que pudieron. E luego fueron los caualleros con el conde Ruben a entregarle las villas e los castillos, tan bjen de los que tenje tomados el rey a la ynfanta commo de los otros del rrey. E fue a resçebjr el omenaje del rey e de los çinquenta ombres buenos, entre condes e rricos ombres, que lo aujen de fazer con el para guardar la tierra de la ynfanta e de non fazer y njngund mal, e para ser en su ayuda ssy menester fuese, en tal manera que si el rey lo fiziese o le falleçiese en qualquier destas cosas, que los condes e los ricos ombres que fuesen tenjdos de ayudar a la ynfante contra el rey e de le fazer guerra por ella.

E desque todas estas cosas fueron fechas e fue entregado el conde Ruben de las villas e de los castillos, vjno se luego para la ynfanta e el conde le dixo: "Sseñora, vos entregada sodes de las villas e de los castillos, e la vuestra gente tienen las fortalezas." E diole las cartas del omenaje que le fizieron el rey e los otros ricos ombres, e pidiole por merçed que entregase a los caualleros el fijo del rey, ca derecho era pues que ella tenje todo lo suyo. "Mucho me plaze," dixo la jnfanta, e mando traer al fijo del rey. E troxieron lo e sacaron los de las otras pressiones, que non lo tenjen en mal recabdo.

E vn cauallero del rey de Grimalet que allj estaua dixo al
ynfante Roban: "Sseñor, ¿conoçedes me?" "Non vos
conosco," dixo el ynfante, "pero semeja me que vos vj, mas
non se en que logar." "Sseñor," dixo el, "entre todos los
del mundo vos conosçeria, ca en todos los mjs dias non se
me olujdara la pescoçada que me distes." "¿E commo?"
dixo el ynfante. "¿Arme vos cauallero?" "Ssy," dixo el
otro, "con la vuestra espada muy tajante quando me distes
este golpe que tengo aqui en la fruente, ca non me valio la
capelljna njn otra armadura que truxiese, de tal gujsa que
andauades brauo e fuerte en aquella lid, ca non auje njnguno
de los de la parte del rrey que vos osase esperar; antes fuye
de vos assy commo de la muerte." "Par Dios, cauallero, sy
asy es," dixo el ynfante, "pesa me mucho, ca ante vos
quisiera dar algo de lo mjo que non que resçibiesedes mal de
mj, ca todo cauallero mas lo querria por amigo que non por
enemjgo." "¿E commo," dixo, "el vuestro enemjgo he yo
de ser por esto? Ncn lo quiera Dios, ca bien cred señor que
de mejormente vos serujria agora que ante que fuese ferido,
[fol. 158r] por las buenas cauallerias que vi en vos." "Par
Dios," dixo el fijo del rey de Grimaled, "el que mejor lo
conosçio en aquella lid e mas paro mjentes en aquellos
fechos, yo fuy, ca despues que el a mj firio e me preso e me
fizo apartar de la hueste a çinquenta escuderos que me
guardasen, veyan por ojo toda la hueste, e veye a cada vno
como fazie, mas no auja njnguno que tantas vezes pasase la
hueste del vn cabo al otro, derribando e firiendo e matando,
ca non auja y tropel por espesso que fuese, que el non le
fendiese. E quando el dezie: 'Pandulfa por la ynfante
Seringa,' todos los suyos recudien a el." E commo otro que
se llama a desonrra, dixo el fijo del rey: "Yo nunca salga
desta presion en que esto, pues vençido e preso auje de ser
sy non me tengo por onrrado por ser preso e vençido de tan
buen cauallero de armas commo es este." "Dexemos estar
estas nueuas," dixo el jnfante Roboan, ca sy yo tan buen
cauallero fuese commo vos dezides, mucho lo agradesçeria
yo a Dios.

E çierto con estas palabras que dezien, mucho plazie a
la ynfanta Seringa, e bien daua a entender que grand plazer
resçibie, ca nunca partie los ojos del, reyendo se
amorosamente e dezie: "Bjua el jnfante Roboan por todos
los mjs dias, ca mucha merçed me ha fecho Dios por el."
"Par Dios, señora," dixo el fijo del rey de Grimalet, "avn
non sabedes bien quanta merçed vos fizo Dios por la su
venjda, assi commo yo lo sse, ca çiertamente creed que el
rey mjo padre e el rey de Brez mj abuelo, vos aujan de entrar
por dos partes a correr el reyno e tomar vos las villas e los
castillos, fasta que non vos dexasen njnguna cosa." "E esto,
¿por que?" dixo la ynfanta. "Por voluntad e por sabor que
tenjen de vos fazer mal en el vuestro señorio," dixo el. "¿E
mereçia les yo por que," dixo *[fol. 158v]* la ynfanta, "o
aquellos donde yo vengo?" "No sseñora, que lo yo sepa."
"Grand pecado fazien," dixo la ynfanta, "e Dios me
defendera dellos por la su merçed." "Sseñora," dixo Roboan,

"çesen de aqui adelante estas palabras, ca Dios que vos
defendio del vno vos defendera del otro sy mal vos quisieren
fazer. E mandad tirar las presiones al fijo del rey, e enbiad
lo, ca tienpo es ya que vos desenbarguedes destas cosas e
pensemos en al."

E la ynfanta fizo tirar las presiones al fijo del rey e
enbiolo con aquellos caualleros que tenja presos, ca dieron
por sy dozientas vezes mill marcos de oro, e desto ouo el
jnfante çient vezes mill e el ynfante Roboan lo al,
commoquier que la ynfanta non queria dello njnguna cosa,
ca ante tenja por bien que fincase todo en Roboan, commo
aquel que lo ganara muy bien por su buen esfuerço e por la
su buena caualleria. E todo el otro tesoro, que fue muy
grande, que fallaron en el canpo quando el rey fue vençido,
fue partido a los condes e a los caualleros que se açertaron
en la lid, de lo qual fueron todos bien entregados e muy
pagados de quanto Roboan fizo e de commo lo partio muy
bien entrellos, catando a cada vno quanto valie, e commo lo
meresçie, de gujsa que non fue njnguno con querella. E allj
cobraron grand coraçon para serujr a su señora la ynfanta, e
fueron a ella e pidieronle por merçed que los non quisiese
escusar njn dexar, ca ellos aparejados eran para la serujr e la
defender de todos aquellos que mal le quisiesen fazer. E avn
sy ella quisiese, que yrian de buenamente a las tierras de los
otros a ganar algo o a lo que ella mandase, e que pornjan los
cuerpos para lo acabar. "Devos Dios mucha buena ventura,"
dixo la ynfanta, "ca çierta soy de la vuestra verdad e de la
vuestra lealtad que vos parariedes syenpre a todas las cosas
que al mj serujçio fuessen." E ellos despidieron se de ella e
fueronse cada vno para sus logares.

De commo el conde Rruben fablo con Rroboan sobre el casamjento de entre el e la jnfante por consejo della

El jnfante Roboan, quando sopo que se aujen despedido
los caualleros para se yr, fuese para la ynfanta e dixole:
"Señora, ¿e non sabedes commo auedes enbiado vuestro
mandado al rey de Brez? ¿E sy por ventura non quisiere
conplir lo que le enbiamos rrogar? ¿E non es mejor, pues
aqui tenedes esta caualleria que mouamos luego contra el?"
"Mejor sera," dixo la jnfanta, "ssy ellos quisieren, mas creo
que porque estan cansados e quebrantados desta ljd, que
querran yr a refrescar para se venjr luego, ssy menester
fuere." E el ynfante començo luego a reyr e dixo: "Mucho
mas quebrantados fueron los que quedaron en el canpo, ca
estos vuestros alegres e bien andantes fueron, ca non podrien
tan mejor en la su tierra, njn tan bien commo fizieron en esta
ljd, ca agora estan ellos frescos e abjuados en las armas para
bien fazer. E mandad les esperar, ca bjen creo que de aqui a
tres dias avremos respuesta del rey de Brez." "Bjen es,"
dixo la ynfanta, "e mandad *[fol. 159r]* gelo asy."

E ellos fincaron muy de grado e la ynfanta non quiso
olujdar las palabras que le dixo el conde Ruben della e del

ynfante. E enbio por el e dixole en su poridad: "Conde, ¿que es lo que me dixistes el otro dia que queriades fablar comjgo en razon del ynfante Roboan? Ca non se me vjene emjente por la grand priesa que tenjemos." "Ayna se vos olujdo," dixo el conde, "seyendo vuestra honrra, e bien creo que sy de la mja vos fablara, que mas ayna se vos olujdara." "Dezid me," dixo la jnfanta, "lo que queredes ayna, por amor de Dios, e non me enojedes, ca non so tan olvjdadiza commo vos dezjdes, commoquier que esto me acaesçio, o por ventura que non lo oy bien." "Sseñora," dixo el conde, "repetjr vos lo he otra vegada, e aprended lo mejor que non lo aprendistes el otro dia. Sseñora, lo que vos dixe estonçe, esso vos digo agora, que pues vos a casar auedes. El mejor casamjento que vos yo sabia agora e mas a vuestra honrra el ynfante Roboan era." "Conde," dixo la ynfanta, "yo en vos pongo todo el mj fecho e la mj fazienda, ca vno soys de los de mj reyno en quien yo mas fio e al que yo mas preçio. E pues lo començastes, leuad lo adelante, ca a mj non conujene nj pertenesçe de fablar en tal razon commo esta."

E el conde se fue luego para el ynfante Rroboan e dixole que querie fablar con el en poridad. E el ynfante se aparto con el a vna camara muy de grado e el conde le dixo: "Señor, commoquier que non me fablastes en ello njn me lo rogastes, mas queriendo vuestro bien e *[fol. 159v]* vuestra honrra, pense en vna cosa, qual agora vos […] quisiesedes casar con la ynfanta Seringa, trabajar me ya de fablar en ello de muy buen talante." "Conde," dixo el jnfante Roboan, "muchas graçias, ca çierto so que vos por la vuestra mesura que querriedes el mj bien e la mj honrra, ca para mejor ombre e de mayor estado que yo so, seria muy bueno este casamjento. Mas atal es la mj fazienda que yo non he de casar agora fasta que vaya mas adelante do he de yr, e ordene Dios de mj lo que el quisiere. E por amor de Dios conde, non vos trabajedes mas en este fecho, ca a mj seria grand uerguença en dezir de non, e ella non fincarie honrrada, lo que me pesarie muy de coraçon. Ca çiertamente yo la quiero muy grand bien, e preçio la e amola muy verdaderamente, queriendo guardar su pro e su honrra e non de otra gujssa." "¿Pues non fablare mas en ello?" dixo el conde. "Non mas," dixo el ynfante. "Yo vos lo ruego."

E el conde se fue luego para la ynfanta e dixole las palabras que el ynfante le dixiera. E quando la ynfanta lo oyo, pesole mucho a maraujlla e començo mucho de entristeçer, de gujsa que oujera de caer en tierra sy non por el conde que la touo del braço. "Sseñora," dixo el conde, "non tomedes pesar por ello, ca lo que vuestro oujer de ser, non vos lo puede njnguno tirar, ca por ventura abredes vos otro mejor casamjento si este non oujerdes." "Non desfiuzo," dixola ynfanta, "de la merçed de Djos, ca commo agora dixo de non, avn por ventura dira que le plaze. E conde, quiero que sepades vna cosa: ca yo muy pagada fuera con este casamjento, sy ser pudiese, e pienso, segund el coraçon me dize, que se fara. Onde por otra cosa non me pesa sy non que pensara que por mj consejo fue començado o por ventura

que me preçiara menos por ello." "Sseñora," dixo el conde, "yo muy bien vos guarde en este fecho. Ca lo que yo le dixe, non gelo dixe sy non dandole a entender que queria el su bien e consejando le que lo fiziese, e de que yo supiese bien su voluntad, que me trabajaria en ello." "Muy bien lo fezistes," dixo la ynfanta, "e non le fabledes ya mas en ello, e faga y Dios lo que toujere por bien."

De commo el Cauallero Amygo torno con la rrespuesta del rrey de Brez al jnfante Rroboan

Ellos estando en esto entro el escudero que auje enbiado con el Cauallero Amjgo al rey de Brez […] "¿E recabdo por lo que fue?" dixo la ynfanta. "Par Dios señora, muy bien, a gujsa de muy buen cauallero e muy bien razonado, segund veredes por las cartas e por los recabdos que vos trae." Estonçe entro Rroboan con el Cauallero Amjgo delante de la ynfanta. "Par Dios Cauallero Amjgo," dixo la ynfanta, "plaze me mucho que vos veo venjr bien andante." "¿E en que lo veedes vos eso?" dixo el Cauallero Amjgo. "¿En que?" dixo la jnfanta. "En que vos veo venjr muy alegre e con mejor contenente que non a la yda quando de aqui partistes." "Sseñora," dixo el Cauallero Amjgo, "pues que Dios tan buen entendimjento vos quiso dar de conosçer las cosas ascondidas, entended agora esto que agora vos dire. Yo creo que nunca fizo Dios tanto bien a vna señora commo a vos, por la conoçençia del *[fol. 160r]* ynfante mj señor, ca segund yo entendi en la corte del rey de Brez, no eran ta[n] pocos aquellos que mal vos cuydauan fazer, ca ya aujan partido todo el vuestro reyno entre ssy." "¿E quales eran esos?" dixo la ynfante. El Cauallero Amjgo le dixo: "El rey de Grimalet e el rey de Brez e el rey de Libia. Pero pues tenedes al rey de Brez, non auedes por que vos rreçelar del rey de Libia, ca el rey de Brez lo enponja a ello." "¿E commo libro," dixo ella, "el rey de Bres el ruego que le enbio a rogar el ynfante Roboan?" "Por las cartas que vos aqui traygo lo veredes," dixo el Cauallero Amjgo. E la ynfanta tomo las cartas e mando las leer, e fallaron que la segurança e la tregua del rey de Brez que era muy bien fecha, e que mejor non se pudiera fazer en njnguna manera njn mas a pro njn mas a honrra de la ynfanta.

De commo la jnfanta Seringa rrogo al jnfante Rroboan que estuviese alli fasta otro dia por algunas cosas que avia de librar con el

Aujendo grand sabor el ynfante Rroboan de se yr dixo a la ynfanta: "Sseñora, ssy la vuestra merçed fuese, tienpo era ya de me yr, pues en buen sosiego tenedes la vuestra tierra, e ya non auedes por que me detener aqui." "Amjgo sseñor," dixo la jnfanta, "sy buen sosiego ay, por vos e por vuestro buen esfuerço es, ca sabelo Dios que sy vos yo pudiese detener a vuestra honrra, que la farie muy de grado. Pero ante fablare con vos algunas cosas de las que tengo de fablar." "Sseñora," dixo Rroboan, "¿e queredes que sea luego la fabla?" "Non," dixo la jnfanta, "fasta cras en la mañana, que piense bien en lo que vos he a dezir, en manera que non diga palabra errada." "Sseñora," dixo el, "tan aperçebida e tan guardada sodes vos en todas las cosas que non podriedes errar en njnguna manera en lo que oujesedes de dezjr e de fazer."

E otro dia en la mañana, quando vjno el jnfante Roboan a se despedir della, dixo le la ynfanta: "Pasad vos agora aqui e tyrense todos los otros fuera, e yo fablare conbusco lo que vos dixe que tenja de fablar." E todos los otros se tiraron de fuera [fol. 160v] pero parauan bjen mjentes a los gestos que fazien, ca bien entendien que grand amor auje entrellos, commoquier que ellos se encubrien lo mas que podien e non se querien descobrir el vno al otro el grand amor que entrellos auje. Pero la jnfanta, veyendo que por el jnfante Roboan tenje su reyno bjen sosegado, e fincaua onrrada entre todos los sus vezinos, e sy Dios quisiese llegar el casamjento entrellos que serie la mas bjen andante e la mas rreçelada señora que en todo avrie, con el buen entendimjento e con el buen esfuerço e la buena ventura de aqueste ynfante, e non se pudo detener que non gelo dixiese, e non con maldad. Ca de buena vida era e de buen entendimjento e mas cuydaua lo vençer con buenas palabras por que el casamjento se fiziese. E dixole assi: "Ay amjgo señor, el vuestro buen donayre, e la vuestra buena apostura, e las vuestras buenas costunbres, e el vuestro buen esfuerço, e la vuestra buena ventura, e el vuestro buen entendimjento, e la vuestra bondad, e la honrra que me auedes fecho en me dexar muy rica e muy recelada de todos los mjs vezinos, e mucho honrrada, me faze dezir esto que agora vos dire con grand amor. E ruego vos que me perdonedes por lo que vos dire, e non tengades que por otra razon de otra maldad njn de otra encubierta, mas por ser mas anparada, e mas defendida e mas honrrada sy lo Dios quisiese llegar. E por que yo non se sy ay algunos del mj reyno a quien plazerie, o por ventura sy querrien que se llegase este pleyto, non me quise descobrir a njnguno, e quise me atreuer ante a la vuestra mesura a vos lo dezir; ca [fol. 161r] mejor era que nos amos ados solos lo supiesemos, en manera que sy non se fiziese que fuese callado entre nos. Ca çiertamente sy otros fuesen en el fecho, non podrie ser poridat, ca dizen que lo que saben tres que lo sabe toda res. E lo que vos he a dezir commoquier que vos lo dire con grand verguença es esto: que ssy el vuestro casamjento e el mjo [...] Dios llegar, que me plazerie. E non vos he mas que dezir, ca al ombre de buen entendimjento pocas palabras le cunplen."

E desi abaxo la ynfanta los ojos e pusolos en tierra e con grand verguença non lo pudo otear por lo que le auje dicho. "Sseñora," dixole el ynfante Roboan, "yo non vos podria agradeçer njn serujr quanto bien e quanta merçed me auedes fecho oy en este dia, e quanta mesura me mostrades en querer que yo sepa de vos el amor verdadero que me

auedes en querer me fazer saber toda la vuestra voluntad. E pues yo non vos puedo gradeçer njn serujr commo querria, pido por merced al mj Señor Dios que el vos lo gradezca e vos de buena çima a lo que deseades con vuestra honrra. Pero quiero que sepades de mj tanto que del dia que yo nasçi fasta el dia de oy, nunca supe amar muger a par de vos, ca vna soys de las señoras del mundo que yo mas amo e mas presçio. E quiero en el mj coraçon, por la grand bondad e el grand entendimjento e la grand mesura e el grand ssosiego que en vos es. E commoquier que me aya agora de yr, pido vos por merçed que me atendades e querades atender vn año, ssaluo ende ssy fallardes vuestra honrra muy grande con que el vuestro coraçon sea muy entregado. Ca non ay cossa en este mundo por que yo quisiese que por mj perdiesedes grande honrra sy Dios vos la quisiese dar."

"Amjgo señor," dixo la jnfanta, "yo non se commo Dios lo querra ordenar de mj, mas yo atender vos he a la mj ventura destos tres años, sy la vida oujere." "Sseñora," dixo el ynfante, "gradezca vos lo Dios." E quiso le tomar la mano para gela besar e ella non gela quiso dar, antes le dixo que avn vernje tienpo que ella la besarie a el.

De commo el jnfante Rroboan se dispidio de la jnfanta Seringa e de todos los de su casa

E leuantaron se luego amos ados e el jnfante se despidio della e de todas las otras dueñas e donzellas e de todos los ombres buenos que allj eran en el palaçio con la ynfanta. E dize el cuento que nunca tan grand pesar ombre vido commo el que oujeron todos aquellos que allj estauan con la ynfanta, ca quando el se partio de su padre, e de su madre, e de su hermano Garfin, e de todos los otros de su tierra, commoquier que grand pesar e grand tristeza oujeron, non pudo ser egual desta, ca non se mesauan, njn rascauan, njn dauan bozes, mas [a] todos semejaua que quebrauan por los coraçones, llorando muy fuertemente e ponjendo las manos delante los ojos. E esso mismo fazie el ynfante Roboan e toda su gente, ca tan vsados eran ya con todos los de aquella tierra, que non se podien dellos partir sy non con grand pesar.

E este reyno de Pandulfa [fol. 161v] es en Asia la Mayor, que es muy viçiosa tierra e muy rica. E por toda la mayor partida della pasa el rio de Tigris que es vno de los quatro rios que passan del parayso terrenal, assi commo adelante lo oyredes.

De commo el jnfante Rroboan llego al condado de Turbia

El jnfante, con toda su conpaña, fue andando e salieron del rreyno de Pandulfa tanto que llegaron al condado de Turbja. E fallaron en vna çibdad al conde que les salio a resçebir e fizo les mucha honrra e mucho plazer. E conbido al ynfante que fuese su huesped por ocho dias con toda su

gente. Pero que este conde nunca se aseguraua en la su gente
porque lo querien grand mal e non syn rrazon, ca el los auje
desaforado en muchas cosas e gujssas, a los vnos
despechando, e a los otros matando syn ser oydos, e a los
otros desterrando; de gujssa que non auje njnguno en todo su
señorio en quien non tanxiese este mal e estos desafueros
que el conde auje fecho.

E el conde, quando vjdo al ynfante en su logar con
grand gente e tan buena, plogole de coraçon e dixole:
"Sseñor muy grand merçed me fizo [fol. 162r] Dios por la
vuestra venjda a esta tierra, ca tengo que doljendo se de mj,
vos enbjo para me ayudar contra estos mjs vasallos deste mj
condado que me tienen grand tuerto. E puedo los castigar
por vos que vos aqui sodes, sy bien me quisierdes ayudar,"
"Conde," dixo el jnfante, "ayudar vos he yo muy de
buenamente contra todos aquellos que tuerto vos fizieron sy
non vos lo quisieren hemendar, pero quiero saber de vos que
tuerto vos tienen, ca non querria que de mj njn de otro
resçibiese mal el que non meresçe porque." "Sabed señor,"
dixo el conde, "que non auedes por que lo preguntar, ca los
mayores traydores son que nunca fueron vasallos a señor."
"Conujene," dixo el jnfante, "de saber este fecho, ca grand
pecado serie de fazer mal al que lo non meresçe, e conujene
que ssepamos quales son aquellos que meresçen. E asi los
podremos mejor matar e astragar, ca quantos dellos
apartaremos, atanto menguaran mas del su poder e creçera el
vuestro." "Sseñor," dixo el conde, "non vos trabajedes en
eso, que todos lo meresçen." "¿Todos?" dixo el ynfante.
"Esto non puede ser sy non por vna de dos razones: o que
vos fuestes cruel contra ellos, o todos ellos son falsos e
traydores por natura. E ssy vos queredes que yo vos ayude
en este fecho, dezid me la verdad e non me encubrades ende
njnguna cosa, ca sy tuerto toujesedes e me lo encubriesedes,
por ventura serie vuestro daño e mjo, e fincariemos con
grand desonrra, ca Dios non mantiene en el canpo sy non
aquel que sabe que tiene verdad e derecho."

E quando el conde vjdo que el ynfante con buen
entendimjento podrie ssaber la verdat, e no se le encubririe
ende njnguna cosa, touo por bien de le dezir por que auje
mal querençia con toda la gente de su tierra. "Señor," dixo
el conde, "la verdad deste fecho que passa entre mj e la mja
gente es desta gujssa que vos agora dire. Çiertamente yo fuy
cruel contra ellos en muchas cosas, desaforandolos, e
pechando los e matandolos syn ser oydos, e deseredandos
[sic] e desterrandolo[s] syn rrazon, de gujssa que non ay
njnguno, ¡mal pecado!, por de grande estado que sea njn de
pequeño, a que non tangan estos males e estos desafueros
que les he fecho, en manera que non ay njnguno en el mj
señorio de quien yo non me reçele. E por ende con la vuestra
ayuda, quisiera me desenbargar deste reçelo, ca do ellos
fuesen muertos e astragados, podria yo passar mj vida syn
reçelo e syn mjedo njnguno." "Par Dios," dixo el ynfante,
"conde, sy assy pasase [fol. 162v] esto commo vos dezides,
fuera muy grand yerro, ca non seria sy non fazer vn mal

sobre otro a quien non lo meresçe, e aujendo les vos fecho
tantos males e tantos desafueros commo vos dezides. E en
logar que vos repjntiesedes de los males que les fezistes, e
pedjr les perdon, ¿tenedes por gujsado de les fazer avn mas
mal? E sy en canpo oujeramos entrado con ellos, sobre tal
razon commo esta, ellos fincaran bien andantes e nos mal
andantes e con grand derecho." "Pues señor," dixo el conde,
"pido vos por merçed que me consejedes, ca esta mj vida
non es vida antes, es a par de muerte." "Yo vos lo dire,"
dixo el jnfante. "Conujene que vos fagades en este vuestro
fecho commo fizo vn rey por consejo de su muger la reyna
que cayo en otro tal caso commo este." "¿E commo fue
eso?" dixo el conde.

Del enxenplo quel jnfante Rroboan dio al conde de Turbia sobre el mal que tenia con sus vasallos

El jnfante le dixo asi: "Vn rey era contra sus pueblos
asy commo vos, en deseredandolos e matandolos e
desterrandolos cruelmente e syn piedad njnguna, de gujssa
que todos andauan catando manera commo lo pudiesen matar.
E por ende syenpre auje de andar armado de dia e de noche,
que nunca se desarmaua, que non auje njnguno njn avn en su
casa de quien se fiase. Asy que vna noche el fuese a folgar
al palaçio de la reyna, su muger, e echose en la cama bien
armado asy commo estaua. E a la reyna pesole mucho
commo aquella que se dolje mucho de la ujda muy fuerte e
muy lazrada que el rey fazia, e non gelo pudo durar el
coraçon. E dixole assy: 'Sseñor, pido vos por merçed e por
mesura que me digades que es la razon por que esta vida tan
fuerte pasades, sy lo tenedes en penjtençia o sy lo fazedes
por reçelo de algun peligro.' Dixo el rey: 'Bien vos lo diria,
si entendiese que algun consejo me podriedes y poner. Mas
¡mal pecado! Non creo que se pudiese y poner consejo
njnguno.' 'Sseñor, non sabedes vos bien,' dixo la rreyna,
'que non ay cosa del mundo por desanparada que sea a que
Dios non puede poner remedio.' 'Pues que assy es,' dixo el
rey. 'Quiero que lo sepades. Ante que yo conbusco casase,
njn despues, nunca quede de fazer muchos desafueros e
muchas crueldades a todos los de mj tierra, de guisa que por
los males que les he fecho, non me aseguro en njnguno
dellas; antes creo que me matarien muy de buenamente sy
pudiesen, e por ende ando asy armado por me guardar de su
mal.' 'Sseñor,' dixo la reyna, 'por mjo consejo vos faredes
commo fazen los buenos fisicos a los doljentes que tienen en
guarda, ca les mandan luego que tengan dieta e de sy mandan
les comer de buenas vjandas e sanas. E sy veen que la
dolençia es tan fuerte e tan desesperada a que non puede
tener consejo por njnguna sabiduria de fisica que ellos sepan,
mandanles que coman todas aquellas cosas que quisieren, tan
bien de las contrarias commo de las otras. E a las vegadas
con lo contrario guaresçen los enfermos de las dolençias que
han. E pues este vuestro mal es tan grande e tan desesperado

que non cuydades ser guarido del en njngund tienpo, que vos co[n]ujene de fazer el contrario de lo que fezistes fasta aqui. E por ventura *[fol. 163r]* seredes librado deste reçelo, queriendo vos Dios fazer merçed.' '¿E commo podrie ser eso?' dixo el rey. 'Señor,' dixo ella, 'yo vos lo dire que fagades llegar todos los de vuestra tierra para fablar con ellos e que les conoscades todos los males e todos los desafueros que les fezistes. E que les roguedes muy omjldosamente que vos perdonen, llorando de los ojos, e dandoles a entender que vos pesa muy de coraçon por quanto mal les fezistes, e por ventura que lo querran fazer, doljendo se de vos. E no veo otra carrera para vos saljr deste peligro en que vos sodes.' 'Bjen creo,' dixo el rey, 'que es buen consejo, e quiero fazer, ca mas querria la muerte que non esta vida que tengo.'

"E luego enbio por todos los de su tierra que fuesen con el en su logar muy vjçioso e muy abondado, e fueron con el todos ayuntados al dia que el les mando. Ca el rey mando poner su silla en medio del canpo e fuese alla e asento se en su sylla e dixoles asy: 'Amjgos, fasta aqui fue vuestro rey e vse del poder del reyno commo non deuja, e non catando mesura njn piedad contra vos, faziendo vos muchos desafueros a los vnos, matandolos syn ser oydos, e a los otros deseredandolos, e a los otros despechandolos, e a los otros desterrandolos syn razon e syn derecho, e non querer catar los serujçios buenos e grandes que me fezistes. E por ende tengo me por muy pecador e que fize a Dios e a vos grand yerro, e recelando me de vos otros por los grandes males que vos fize, ove syenpre de andar armado de dia e de noche. E conosçiendo mj pecado e mj yerro, dexo vos la corona del reyno.'

"E tirose luego la corona de la cabeça e echola en tierra ante sy, e tirose el baçinete de la cabeça, e desarmose de las armas que tenje, e fincose en jubon e dixoles asy: 'Amjgos, por mesura vos pido que me querades perdonar, e pongo me en la vuestra mesura para que fagades de mj lo que vos quisierdes.' E esto dezie llorando de los ojos muy fuertemente, e esso mismo la reyna su muger e sus fijos que eran allj con el.

"E quando los de la tierra vieron que tan bien se repentie del yerro en que cayera, e tan synplemente les demandaua perdon, dexaron *[fol. 163v]* se todos caer a sus pies, llorando con el, e pidieronle por merçed que non les quisiese dezir tan fuertes palabras commo les dezie, ca les quebrantaua los coraçones, mas que fincase en su reyno en paz, e que ellos le perdonauan quanto mal del aujen resçebido. E asy fue despues mucho amado de todos los de su reyno, ca fue muy buen rey, justiçiero e guardador de sus pueblos.

"Onde conujene a vos conde que fagades esto mismo que aquel rey fizo, e fio por la merçed de Dios quel vos endereçara para aver amor de la vuestra gente asy commo fizo a el.' 'Par Dios, señor,' dixo el conde, 'guarido me avedes e dado me auedes la vjda. E quiero fazer lo que me aconsejades, ca me semeja que esto es lo mejor, e avnque

me maten en pidiendoles perdon, tengo que Dios me abra merçed del alma.' 'Conde,' dixo el jnfante, 'non temades, ca sy vos murieredes faziendo esto, que vos yo consejo non morredes solo, ca sobre tal razon commo esta yo sere y conbusco muy de grado a vos defender quanto pudiere, ca pues vos les queredes fazer hemjenda e non la quieren resçebir, ellos ternan el tuerto e non vos, ca del su derecho faran tuerto e Dios ayudara a vos, e estoruara a ellos porque nos ternemos verdad e razon, e ellos por sy mentira e falsedad e soberuja.'

"Estonçe enbio el conde por todos los de su condado, diziendo que auje de fablar con ellos cosas que eran a pro dellos e de su tierra. E luego fueron con el en vna çibdat muy buena, e quando vieron la grand caualleria que tenja de gente estraña, preguntaron que gente era aquella. E dixeron les que eran allj, que era vn fijo de vn rey que la traye, e que era de luengas tierras, e que andaua a prouar todas las cosas del mundo e faziendo buenas cauallerias por ganar prez e honrra. E preguntaron si era amjgo del conde, e dixeronles que ssy. '¿E es ombre,' dixeron ellos, 'a quien plaze con el bjen e pesa con el mal?' 'Ssy,' dixeron los otros. 'Bien es,' dixeron ellos, 'pues el ynfante tan bueno es, bien creemos que el sacara al conde desta crueldad que faze contra nos.' E los otros le respondieron que fuesen bien seguros que asi lo farie. E asy fincaron los de la tierra ya conortados e bien semejaua que entre el conde e ellos que partido era el mjedo, ca tan grand mjedo aujen ellos al conde commo el conde a ellos.

"Desy el conde mando fazer su estrado en vn grand canpo que le dezien el Canpo de la Verdat, e ffueron y todos ayuntados. El conde se asento en el estrado, armado asy commo syenpre andaua, el ynfante de la vna parte e el conde de la otra, e luego la condesa e sus fijos delante. E leuantose el conde e dixoles de commo les auje errado en muchas maneras, e pidioles muy omjldosamente que lo quisiesen perdonar e que non querie beujr con ellos sy non commo buen señor con buenos vasallos. E desarmo se e finco los ynojos delante dellos, llorando de los ojos e rrogandoles que lo perdonasen."

E sobresto leuantose el ynfante Roboan, ca ellos estauan muy duros e non querien responder nada, e dixoles: "Amjgos, non querria que fuessedes tales commo los moços de poco entendjmjento, que les ruegan muchas vezes por su pro, e *[fol. 164r]* ellos con mal recabdo dizen que non quieren, e despues querrien que les rogasen otra vez e que lo farien de grado; e sy les non quieren rogar, fincanse con su daño porque es menester que non estedes mucho callado, ca ante lo deuedes mucho de agradesçer a Dios porque tan benjgnamente vos viene a esto que vos dize." "Sseñor," dixo vn ombre bueno dellos, "muy de buenamente lo fariemos sy non que pensamos que nos trae con engaño por nos fazer mas mal andantes." "Non lo creades vos eso" dixo el ynfante, "ca ante vos lo jurara en los Santos Euangellos, e vos fara omenaje e vos segurara ante mj. E sy

dello vos falleçiere yo vos prometo de ser conbusco contra
el." E ellos le pidieron por merçed que el resçibiese del
conde omenaje, e el fizolo asy. E perdonaronlo, e finco en
paz e en buena andança con sus vasallos, e mantouo lo
syenpre en buenos fueros e en justiçia.

De commo el jnfante llego a la tierra del enperador de Trygrida

Otro dia despidiose el jnfante del conde e de todos los
ombres buenos que allj eran, e endereço su camjno para do
Dios lo gujase, pero que preguntó al conde que tierra fallarie
primero adelante. E el le dixo que a treynta jornadas de alli
que entrarie en las tierras del enperador de Trigida, muy
poderoso e muy honrrado que auje çinquenta reys por
vasallos, e que era mançebo muy alegre e de buen solaz, e
que le plazie mucho con el ombre de tierra estraña sy era
ombre de buen logar.

E el jnfante se fue para aquel jnperio, e luego que llego
a la tierra de los reys, dixieronle que non le consentirien que
entrase mas adelante fasta que lo fiziesen saber al enperador,
ca asy lo aujen por costunbre. Pero que le darien todas las
cosas que oujese menester fasta que oujesen mandado del
enperador. E enbiaron luego los mandaderos, e quando el
enperador sopo que vn ynfante, fijo del rey de Menton,
llegara al ssu señorio e traye consigo buena caualleria e
apuesta, plogole mucho e mando que lo gujasen por toda su
tierra e le diesen todas las cosas que oujese menester, e le
fiziesen quanta honrra pudiesen. E sy el enperador bien lo
mando fazer, todos los reys e las gentes por do *[fol. 164v]*
pasaua gela fazien muy de grado, cunplidamente, ca mucho
lo meresçie; ca tan apuesto e de tan buen donayre lo fiziera
Dios, que todos quantos lo veyen tomauan plazer con la su
vista, ca fizieron por el muy grandes alegrias.

De commo el enperador de Trigrida armo cauallero al jnfante Rroboan

De que el ynfante Roboan llego al enperador, fallolo que
andaua por los canpos ribera de vn rrio muy grande que ha
nonbre Trigris, e descendio del cauallo. E dos reys que
estauan con el enperador, por fazer honrra al ynfante,
deçendieron a el e fueronse para el enperador; e finco los
ynojos e omjllose asi commo le consejaron aquellos dos reys
que yuan con el enperador. E el enperador mostro muy grand
plazer con el e mandole que caualgase. E de que caualgo
llamolo el enperador e preguntole sy era cauallero, e el
dixole que sy. E preguntole quien lo fiziera cauallero e el le
dixo que su padre, el rey de Menton. Entonçe dixo el
enperador que sy doble caualleria pudiese auer el cauallero,
que el lo farie cauallero otra vez. "Sseñor," dixo el jnfante
Roboan, "¿que es lo que pierde el cauallero sy de otro mayor

señor puede reçebir otra caualleria?" "Yo vos lo dire," dixo
el enperador, "ca non puede ser el vno contra el otro, que le
non estoujese mal pues caualleria auje resçibido del." "¿E
non veedes vos," dixo el ynfante, "señor, que nunca he yo
de ser contra el rey,[30] mjo padre, njn contra vos por el, ca el
non me lo mandarie njn me lo consejarie que yo falleçiese en
lo que fazer deujese?" "Yo bien lo creo," dixo el enperador,
"mas ay otra cosa graue aqui: ternan los ombres ojo que
pues dos cauallerias auje resçibjdo que deuje fazer por
[fol. 165r] dos caualleros." "Señor," dixo el ynfante, "bjen
se puede fazer eso con la merçed de Dios, ca queriendo
ombre tomar ayuda [...]." Dixo el enperador: "Pues
conujene que faga yo cauallero a este jnfante e non lo
erraremos, ca piensso que de vna gujsa lo fazen en la su
tierra e aqui de otra."

E pregunto le el enperador commo lo fizieran cauallero,
e el le dixo que toujera vegilla en la iglesia de Santa Maria
toda la noche en pie, que nunca se asentara. E otro dia en la
mañana, que fuera el rey alla a oyr mjsa, e la mjssa dicha,
que se llegara el rey al altar e que le diera vna pescoçada, e
que le çinjera el espada, e que gela desçinjera su hermano el
mayor." "Agora vos digo," dixo el enperador, "que puede
resçibjr otra caualleria de mj, ca grand departimjento ay de
su tierra a la nuestra en la costunbre." "Pues en el nonbre de
Dios," dixieron los reys, "pues fazed lo cauallero, ca fiamos
por Dios que por quanto en el vemos e entendemos, que
tomaredes del buen serujçio."

Estonçe mando el enperador que comjesen con el [los]
reys e el jnfante e todos los otros caualleros, e fueron se para
la villa. E el enperador comje a vna mesa e los reys en otra e
el ynfante con otros dos fijos de los reys en otra, e toda la
caualleria por todo el palaçio muy ordenadamente e muy
bien. E despues que oujeron comjdo, mando el enperador
que lo vistiesen al jnfante de vnos sus paños muy nobles que
le dio, e fuesen a fazer sus allegrias assy commo era
costunbre de aquella tierra. E fizieronlo asy, ca los dos reys
yuan con el, el vno de la vna parte e el otro de la otra por
toda la villa.

E todas las donzellas estauan a sus puertas e segund su
costunbre lo aujan de abraçar e de besar cada vna dellas. E
deziele asy: "Dios te de buena ventura en caualleria e faga
te atal commo el que te la dio o mejor." E quando estas
palabras oye el ynfante, menbrauase de quanto le dixiera su
padre quando se partio de alla, que el coraçon le daua que
serie enperador, e creçiele el coraçon para fazer bien.

E otro dia en la mañana fue el enperador a la iglesja de
Sant Juan do velaua el ynfante, e oyo mjssa e sacolo a la
puerta de la iglesia a vna grand pila de porfidio que estaua
llena de agua tibia. E fizieron lo desnudar de sus paños
nobles de oro e metieron lo en vna pila e daua le el agua
fasta los pechos. E andauan enderredor de la pila cantando
todas las donzellas, e dizien: "Bjua este cauallero nueuo a
serujçio de Dios e a honrra de su señor e de sy mesmo." E
trayen vna lança con vn pendon grande e vna espada syn

vayna, e vna camjssa muy bien obrada de seda e de aljofar, e vna gujrlanda de oro con muy buenas piedras preçiosas. E la camjsa vistio gela vna donzella muy fermosa e fija dalgo, ca le cayo por suerte que gela vistiese ella. E de que gela ouo vestida, besolo e dixole: "Dios te vista de la su graçia." E luego se partio delante del, ca assy *[fol. 165v]* lo aujen por costunbre.

E desy vjno a el vn rey e diole la lança con el pendon e dixole asy: "Ensalçete Dios con grand honrra todavia." E besole en la boca e partio se del. E vjno el otro rey e diole la espada e dixo asy: "Dios te defienda con el su grand poder e njnguno non te enpezca." E desi vjno el enperador e pusole la gujrlanda en la cabeça e dixo le assy: "Honrre te Dios con la su bendiçion, e mantengate syenpre acrecentando tu honrra todavia." E desi vino vn arçobispo e dixo le: "Bendigate el Padre e el Fijo e el Espiritu Santo, que sson tres personas e vn Dios verdadero."

Estonçe mando el enperador que le vistiesen otros paños muy mas nobles. E çiñole el espada, e caualgaron e fueronse al palaçio del enperador, e el jnfante leuaua la espada en la vna mano, e la lança con el pendon en la otra mano e la gujrlanda en la cabeça. E quando se asentaron a la mesa, tenjele vn cauallero delante la espada, e el otro la lança con el pendon fasta que oujeron comido. E despues que caualgaron, dieronle la espada e la lança con el pendon, e asi andudo por toda la villa aquel dia.

E otro dia començaron los caualleros del jnfante a lançar e a bofordar segun su costunbre, de lo qual fue el enperador muy pagado, e todos los otros, de manera que non finco dueña njn donzella que alla non fuese. E el enperador mando al jnfante que fiziese lo que sabia, ca costunbre era de aquella tierra que el cauallero nueuo, que al *[fol. 166r]* segundo dia que resçibiese caualleria, que troxiese armas. E el caualgo en vn cauallo que tenje muy bueno e lançó e bofordo e andudo por el canpo con los suyos, faziendo sus cauallerias, e bien semejaua fijo de rey entre los otros. Ca commoquier que muchos auje entrellos que lo fiziesen bie[n], non auje allj njnguno que le semejase en lo fazer tan bien commo el. E todos los que allj estauan con el enperador andauan faziendo sus trebejos segun el vso de su tierra en vn grand canpo ribera del rio de Trigris.

Aqui se cuenta de qual parte es este ynperio de Tigrida

Este inperio de Trigida tomo nonbre deste rrio Trigris, que es vno de los quatro rios que salen del parayso terrenal. El vno ha nonbre Ssyson, e el otro Gigo, e el otro Trigris e el otro Eufrates. Onde dize en el Genesy que en el parayso terrenal nace vn rrio para regar la huerta del parayso, e partese por quatro logares que son los quatro rios que sallen del parayso terrenal. E quando sallen del parayso van ascondidos so la tierra, e paresçe cada vno allj do naçe, asi commo agora oyredes. E este rio Ssyson corre por las tierras

de India, e a semejança que naçe de vn monte que ha nonbre Otubjer, e corre contra oriente, e cae en la mar. E Gigon es el rio que dizen Njrojanda, e va por tierra de oriente, e escondese so la tierra e naçe çerca del monte Oblaonte, al qual dizen en araujgo Reblalça Mar, e despues sume se so la tierra e desi salle. E çerca toda la tierra de Antiochia e corre por Egipto, e alli se parte por seys partes e cae en la mar que es çerca de Alexandria e de Etiopia. E los otros dos rios que han nonbre Trigris e Eufrates, pasa por vna grand montana e corre por la parte oriental de Siria, e pasan por medio de Armenja e bueluen se amos ados çerca de vna villa que a nonbre Altagra; e dizen les estonçe las Aguas Mjstas, ca corren mas fuerte que todas las aguas mistas del mundo. E despues que han andado mucho, caen en la mar ançiana. E dizen al parayso terrenal, *[fol. 166v]* onde estos rios naçen, [...] las Yslas Bienauenturadas, pero que njnguno non puede entrar al parayso terrenal, ca a la entrada del puso Dios vn muro de fuego que llega fasta el çielo.

E los sabios antiguos dizen que Ssyson es el rio a que llaman Arrlo, al que dizen en araujgo Alluno e en ebrayco Njlos. E dizen que en el tienpo antiguo se solje somjr e perder so la tierra, e fazia toda la tierra tremedal, de gujsa que non podie njnguno andar sobrella, e que Josep metiola a este rio en madre e guaresçio anullo. E a la tierra asi que segund dizen, esta es la mas plantiosa tierra del mundo, e este rio salle de madre dos vegadas en el año e rriega toda la tierra. E demjentra el rio esta fuera de madre, andan por barcas de vn logar a otro, e por esta razon son todas las villas alcarias puestas sobre las alturas de la tierra. E esta estoria de los quatro rios del parayso fue aqui puesta por que sepan que el jnperio de Trigida tomo nonbre deste rio Trigris, e es vna grand partida del jnperio por allj por do solia correr. E la otra partida do se buelue con el rrio de Eufrates llega fasta la mar. E de la vna parte de çierço, comarca este jnperio con las tierras de Çim, e de la otra parte con Asia la mayor, escuentra oriente, do se fallan los çafires finos, asy commo adelante oyredes en la estoria del ynfante Roboan, quando fue señor deste jnperio por las sus buenas costunbres e porque lo quiso Dios gujar por la su bondad.

Del consejo que dio el jnfante Rroboan al enperador de Tigrida sobre vn fisjco

Dize el cuento que este jnfante Roboan fue muy bien quisto del enperador de Trigrida, ca atan bien lo seruje en todas las cosas que el podie, e tan lealmente porque lo fizo vno de los del su consejo. E quando se llegauan todos con el enperador para lo consejar, non auje njnguno que tan bien açertase en tan buen consejo commo el. Asy que vn dia vjno vn fisico que era de tierra estraña al enperador, e preguntole el enperador sy era maestro ljçençiado en fisica. E el le dixo que ssy, e mostrole dello sus cartas de commo era ljçençiado e que de todas las enfermedades del mundo guaresçie a los ombres con tres yeruas que el conoçie: la vna era para beuer; e la otra para fazer vnguento con ella; e la otra para fazer vaños con ella. E mostraualo commo con razon, e puso nonbres estraños a las yeruas de gujsa que los fisicos del enperador non las conosçian, mas semejauales que fablaua en ello commo con razon. E el enperador le pregunto donde fallarie aquellas yeruas, e el le dixo que ribera de la mar escuentra do se ponje el sol. E [el] enperador pidio consejo a los fisicos e a todos los del su consejo sobrello, e todos le consejaron que enbiase por aquellas yeruas. E llamo luego al fisico estraño e dixole que lo querie enbiar por aquellas yeruas, e que le darie algunos ombres de su palaçio que fuesen con el. E el fisico le dixo que non querie que njnguno fuese con el, ca non querie que lo que el auje aprendido con grand trabajo en toda su vjda que aquellos que fuesen con el lo aprendiesen *[fol. 167r]* en vna ora, mas que le diese a el solo todo lo que oujese menester e treynta o quarenta camellos que los traeria cargados de aquellas yeruas, ca mucha auje menester della para fazer los vaños señaladamente. E quando contaron quanto auje menester en dos años para yda e benjda, fallauan que montauan diez mill marcos de plata.

Asy que los fisicos e los consejeros consejauan al enperador que lo fiziese, ca non podrie ser conprada esta fisica por auer del mundo. E el enperador querie lo fazer, mas llamo antes al ynfante Roboan e dixole que le dixiese lo que le semejaua sobre aquel fecho. E el dixole que non se atreuje a lo consejar sobre esta razon, ca non querie que por su consejo le conteçiese lo que conteçio a vn rey moro sobre tal cosa como esta. "¿E como fuera esso?" [...] dicho el enperador. "Sseñor," dixo el ynfante, "yo vos lo dire.

"Asy fue que vn rey moro tenje vn alfaje muy bueno e muy rrico. E este alfaje tenje vn fijo que nunca quiso vsar del ofiçio de su padre, mas sienpre vso de caualleria. E era muy buen cauallero de armas, e quando su padre murio, dixole el rey moro que sy quisiese vsar de alfaje commo su padre, que le farie mucha merçed. E el respondio le que bien sabja que nunca auje vsado de aquel ofiçio, ca syenpre vsara de caualleria, e que non lo sabrie fazer asi como le conueje, mas que le pidia por merçed que por que non andudiese enuergonçado entre los otros caualleros que lo conosçiesen, ca le dezien que era fijo de alfageme, que le mandase dar su carta de ruego para otro rey su amjgo, en que le enbiase rogar que le fiziese bien e merçed, e que el punarie por le serujr en quanto el pudiese. E el rey touole por bien e mando gela dar e mando al su chançiller que gela fiziese luego.

"E el cauallero tomo la carta e fuese para aquel otro rey, amjgo de su señor. E quando llego a el e le dixo las saludes de su señor el rey, e le dio la carta *[fol. 167v]* que le enbiaua. Ante que abriese la carta, diole a entender que le plazie con el, e preguntole sy era sano su señor. E dixole que ssy. E preguntole si estaua bien con sus vezinos e dixole que sy e que era muy reçelado dellos. E pregunto le sy era rico, e dixo le que todos los reys sus vezinos que non eran tan

ricos commo el solo. Estonçe abrio el rey la carta e leyola, e dizie en la carta que este cauallero, que era fijo de vn alfaje, e que lo enbiaua a el para que lo serujese e que le fiziese merçed, ca era ome que lo sabrie bien servjr en todo lo que el le mandase. E el rey le pregunto que ofiçio auje. E el cauallero, quando lo oyo fue muy espantado, ca entendio que venje en la carta de como era fijo de alfageme. E estando pensando que respuesta le darie, preguntole el rey otra vegada que ofiçio auje. 'Sseñor,' dixo el cauallero, 'pues que tanto me afincas e porque eres amjgo de mj señor, dezir te he mj poridat. Sseñor, sepas que el mj ofiçio es fazer oro fermoso.' 'Ofiçio as,' dixo el rey, 'ca mucho cunple a la caualleria e plaze me mucho con la tu venjda, e Dios de buena ventura al rey mj amjgo por que te aca enbio. E quiero que metamos mano a lo obrar luego.' 'En el nonbre de Dios,' dixo el cauallero, 'quando tu quisieres.'

"E el rey mando dar luego buena posada al cauallero e mando muy bien penssar del. E el cauallero, en toda aquella noche no pudo dormjr pensando en como podrie escapar deste fecho. E de las doblas que el se traye, moljo veynte dellas e fizolas poluos, e fuese a vn espeçiero que estaua en el cabo de la villa, e dixo le asy: 'Amjgo, quiero te fazer ganar e ganare yo contigo.' 'Plazeme,' dixo el espeçiero. 'Pues toma estos poluos,' dixo el cauallero, 'e sy alguno te vjnjere a preguntar sy tienes poluos de landique, dile que tienpo ha que toujste tres quintales dellos mas que mercadores vjnjeron a ti e te los conpraron e selos leuaron, pero que no sabes ssy te quedaron algunos dellos. E quando los catares, di que non te fincaron sy no estos pocos, e non los des menos de diez doblas; e las çinco doblas daras a mj e las otras çinco seran para ti.'

"E el espeçiero tomo los poluos e guardo los muy bien, e el cauallero fuese al palaçio del rey, ca ya auje enbiado por el. E el rey, quando lo vido, mando a todos que se fuesen de la camara e finco solo con aquel cauallero *[fol. 168r]* e dixole asi: 'Cauallero, en tan grand cubdiçia me has puesto, que non puedo folgar fasta que pongamos mano en esta obra.' 'Sseñor,' dixo el cauallero, 'derecho fazes, ca quando rico fueres, todo quanto tu quisieres abras, e reçelar se han de ti todos tus vezinos asy commo fazen a mj señor el rey por el grand auer que tiene, ca yo gelo fize desta guisa.' 'Pues, ¿que es lo que auemos menester para lo fazer?' dixo el rey. 'Sseñor,' dixo el cauallero, 'manda a algunos de tus ombres en poridat que vayan a buscar por los mercadores e por los espeçieros poluos de landique, e conprenlos todos quantos fallaren, ca por lo que costare vna dobla, yo fare dos, e sy para todo el año oujeres de los poluos abondo, yo te fare con grand tesoro, e que non ayas do lo poner.' 'Par Dios cauallero, buena fue la tu venjda sy tu esto me fizieres.'

"E enbio luego al su mayordomo e a otro ombre en poridat con el que fuesen a buscar estos poluos. E andudieron por toda la villa a buscar estos poluos que nunca fallaron ombre que los supiese conosçer, njn sabien que eran. E tornaron se al rey e dixieran le que nunca pudieran fallar

recabdo njnguno destos poluos, ca dezien los mercadores e
los espeçieros que nunca oyeron dezir njn sabjen de tales
poluos commo agora les demandauan. '¿E commo non?'
dixo el cauallero. 'Ca tantos traen a la tierra del rey mj
señor, que dozientas azemjlas podrien cargar dellos, mas
creo que por que non los conosçiedes, non los sabiedes
demandar pero yo yre alla conbusco e por ventura fallarlos
hemos.' 'Bjen dize el cauallero,' dixo el rey. 'Yd vos luego
alla.' E ellos fueron por todas las tiendas de los espeçieros e
preguntaron por estos poluos, e non fallaron recabdo
njnguno. E el cauallero pregunto al mayordomo del rey sy
auje otros espeçieros en la villa o allj çerca que fuessen alla,
e que non podrie ser que los non fallasen. E dixo le el
mayordomo que non auje otras tiendas en toda la villa saluo
tres que estauan fuera en el arrabal. E fueron se alla, e en los
primeros non fallaron recabdo njnguno. E vno, que estaua
mas cabero de todos, dixoles que poco auje que aujen leuado
del vnos mercadores, vnos tres quintales de tales poluos
commo ellos dezien. E preguntaron le sy le fincaran algunos
pocos dellos, e el dixo que non sabie. E fizo commo que
buscaua sus arcas e sus sacos e mostroles aquellos pocos
poluos que le auje dado aquel cauallero. E dixieronle que
por quanto gelos darie, e el dixoles que non vn dinero menos
de diez doblas. E el cauallero dixo que gelas diesen por ellos
syquier para fazer la proeua. E dieronle las diez doblas e
tomo los poluos el mayordomo e leuolos al rey e dixieronle
de commo non pudieran fallar mas de aquellos pocos, pero
que aquel espeçiero les dixiera que poco tienpo auje que
vendiera tres quintales dellos. E el cauallero dixo al rey:
'Sseñor, guarda tu estos poluos, e manda echar y plomo
pesso de veynte doblas, e faz traer carbon para lo fundjr, e
fagalo el tu mayordomo asy commo yo gelo dixiere. E so
bien çierto que me fallaras verdadero en lo que te yo dixe.'
'Quiera lo Dios,' dixo el rey, 'que asi sea.'

"E otro dia en la mañana vjno el cauallero *[fol. 168v]* e
mando que pusiesen en vn vaso los poluos e el plomo e que
lo fundiesen. E mandoles lançar otros poluos de los huesos
que fazen gastar el plomo e lo tornan en fumo de susso de la
ljmadura. E asy fincaron los poluos de las veynte doblas todo
fundido. E quando lo sacaron, fallaron pesso de veynte
doblas de muy fino oro e el mas puro que podrie ser. E el
rey quando lo vjdo, fue muy alegre e touo que le auje fecho
Dios mucha merçed por la venjda de aquel cauallero. E
preguntole como podrie auer mas de aquellos poluos para
fazer mayor obra. 'Sseñor,' dixo el cauallero, 'manda enbiar
a la tierra de mj señor el rey, ca allj podran fallar sy quisieren
çient azemjlas cargadas.' E dixole el rey: 'Non quiero que
otro vaya alla sy non tu, ca pues el rey mj amjgo fio de ty,
yo quiero fiar otrosi de ty.' E mando le dar diez camellos
cargados de plata, de que conprase aquellos poluos. E el
cauallero tomo su auer e fuese, pero con condiçion de nunca
jamas tornar mas de se poner en logar do el rey non lo
pudiese enpeçer, ca non era cosa que lo que el rey querie que
se fiziese, aquel pudiese poner recabdo en njnguna manera.

"E este rey moro era tan justiçiero en su tierra que
todas las mas noches andaua con diez o con veynte ombres
por la villa a oyr lo que dezie e fazie cada vno. Asy que
estando vna noche muchos moros ma[n]çebos en vna casa
comjendo e beujendo al su buen solaz, e el rey estando a la
puerta de fuera, escuchando lo que dezien, començo vn moro
mançebo *[fol. 169r]* a dezir a los otros moros: 'Diga agora
cada vno qual es el mas neçio desta villa.' E cada vno nonbro
el suyo. E dixo luego aquel moro mançebo: 'Pues el mas
nesçio de aquesta villa que yo se es el rey.' E quando el rey
oyo esto fue muy ayrado, e mando a sus ombres que los
prendiesen e los guardasen. E ellos començaron de quebrantar
las puertas, e los de dentro preguntauan quien eran, e ellos
dixieron que eran ombres del rey. E por esto dizen que quien
mucho escuchan, que de su danpno oye, e aquel moro
mançebo dixo a los otros: 'Amjgos, descubiertos somos, ca
çiertamente el rrey ha oydo todo lo que nos deximos, ca el
suele andar por la villa a escuchar lo que dizen del, e sy el
rey vos fiziere algunas preguntas, non le responda njnguno,
mas dexad me a mj, ca yo le respondere.' E otro dia de
mañana leuaron los delante del rey presos, e el rey con grand
saña començoles a dezir: 'Perros, fijos de perros, ¿que oujstes
comjgo en dezir que yo era el mas nesçio desta villa? Quiero
saber de vos qual fue aquel que lo dixo.' 'Señor,' dixo aquel
moro mançebo, 'yo lo dixe.' 'Tu,' dixo el rrey, 'pues djme,
¿por que so yo el mas neçio?' 'Yo te lo dire,' dixo el moro.
'Señor, si alguno pierde o le furtan alguna cosa de lo suyo
por mala guarda, o dize alguna palabra errada, neçio es
porque non guarda lo suyo njn se guarda en su dezir; mas
non es tan nesçio commo el que da lo suyo do non deue, o
lo quiere perder a sabiendas, asy commo tu feziste.' '¿E yo
commo?' dixo el rey. 'Señor, tu sabes que vn cauallero
estraño que vjno a ti, e porque te dixo que el te farie del
plomo oro, lo que non podrie ser en njnguna manera, diste
le diez camellos cargados de plata con que conprase los
poluos para fazer el oro. E crey çiertamente que nunca jamas
el verna delante ti, e asy as perdido todo quanto le diste, e
asy fue grand mengua de entendimjento.' 'E sy vjnjere,' dixo
el rey, '¿que sera?' 'Çierto so señor, que nunca mas verna
en njnguna manera.' 'Pero sy vjnjere,' dixo el rey, '¿que
sera?' 'Señor, sy vjnjere,' dixo el moro, 'rraeremos el tu
nonbre del libro de la nesçedat e pornemos en tu logar el
suyo; ca sy vjnjere, el verna a sabiendas e a grand danpno
suyo, por ventura a tomar la muerte, ca el non podra fazer
aquello que te prometio njn sabra. Ca sy vjnjere, lo que non
creo, luego sera el mas nesçio e mas loco que tu.'

"E por ende señor," dixo el ynfante Roboan al
enperador, "commoquier que vos seades muy rico e
podiesedes enplear grande auer en tan noble cosa commo
esta que vos dize este fisico, sy verdad pudiese ser, non me
atreuo a vos consejar que auenturedes en el tan grande auer,
ca sy vos fallesçiese, dezir vos yan que non lo aujedes fecho
con buen consejo njn con buen entendjmjento, ca grand
mengua es de entendjmjento, aventurar ombre tan grand auer

en cosa dubdosa, ca finca auergonçado e con perdida sy non lo acaba." "Amjgo," dixo el enperador, "tengo me por bien aconsejado de vos."

De commo el jnfante Roboan pregunto al enperador por que non se rreya

En tantas cosas se fallaua el enperador por bjen aconsejado del jnfante Rroboan que los consejos de los otros non los preçiaua nada, e todavja se gujaua por los consejos del e non por consejo de otro njnguno. Asy *[fol. 169v]* que los otros consejeros del enperador oujeron grand enbjdia e fablaron en vno e dixieron: "Sy este ombre dura aqui con el enperador, mucho nos destruydos somos e desonrrados, ca el enperador non nos preçia nada e asy non abremos el pro e la honrra que soliemos auer, por que es menester que ayamos nuestro consejo sobre esto." E leuantose el conde de la Ysla que era vno de los consejeros e dixo: "Amjgos, non me semeja que otra carrera podamos tomar sy non esta que agora vos dire para confonder e destruyr este jnfante que a esta tierra vjno por mal e por desonrra de todos nosotros. Vos ssabedes bjen que el enperador nunca se rrie e al que le pregunta por que non rrie, luego le manda cortar la cabeça. E este jnfante avn no es sabidor desto e njn lo entiende, e sy en alguna manera gelo preguntase, tengo que lo mandarie matar por ello o a lo menos que se perderie con el. E por ende, dezir vos he commo lo podremos fazer. Yo conbidare a el e a vos otros que comades todos en vno en la mj possada, e quando fueredes en solaz diredes en commo vos maraujllades mucho del enperador por que non rrie, e preguntaremos a el sy lo vjdo nunca rreyr. E çierto so que dira que non. E rrogar le hemos que pues tan priuado es del enperador que se aparta con el a fablar muy a menudo, que en solaz le faga esta pregunta, el le diga qual es la razon por que non rie. E por ventura el su atreujmjento de la su priuança lo matara o lo echara desta tierra."

E fizieronlo assy e el jnfante creyolos, non se guardando dellos. E vn dia andando por el canpo fablando con el enperador muchas cosas de solaz, vjnosele emjente de lo que le dixo el conde de la Ysla e los otros consejeros del enperador, por que vjdo que non reye, aujendo muchas cosas de solaz fablado por que deujera reyr. E dixo le assy: "Señor, atreujendo me a la vuestra merçed e a la vuestra nobleza, quiero vos fazer vna pregunta, sy la vuestra merçed fuere." "Plazeme," dixo el enperador, "e dezid lo que quisierdes, ca yo vos lo oyre muy de grado." "Señor," dixo el jnfante, "que vos pagades mucho de auer ssolaz e ssabedes dezir muchas cosas e muchos retrayres en que ombre lo puede tomar. E veo que mengua en vos vna cosa, lo que han todos aquellos que de solaz se pagan." "¿E que cosa es esa?" dixo el enperador. "Señor," dixo el jnfante, "que nunca vos vj reyr por grand solaz en que estoujesedes. E querria saber sy la vuestra merçed fuese que me dixiesedes ¿qual es la razon por que non reydes?"

E el enperador, quando esta palabra oyo, pesole muy de coraçon e demudo sele la color, e estouo grand rato que lo non pudo fablar. E de sy torno se a el muy ayrado e dixole assy: "Amjgo, mal aconsejado fuestes, e Dios confonda el cuerpo del que en esto vos pusso, porque tal pregunta me fuestes fazer, ca a vos qujso matar e a mj quiso fazer perder vn amjgo muy bueno en quien yo mucho fiaua, e me tenja por muy bien serujdo e bien guardado en todas cossas." "¿E commo, señor," dixo el jnfante. "¿Tan grand pessar tomastes por esta pregunta que vos yo fize?" "Atan grande," dixo el enperador, *[fol. 170r]* "que mayor non puede ser, ca nunca ombre me fizo esta pregunta que la cabeça non perdiese; pero, tan bjen vos quise fasta aquj, que non me sufre el coraçon de vos dar aquella pena que dy a los otros por esta rrazon. E non qujero que aquellos que allj estan sepan desto njnguna cosa, mas quiero que vayades comjgo commo ymos fablando, e llegaremos a la rribera de la mar e poner vos he en tal logar que por ventura sera mejor la muerte que la vjda, o por ventura sera grand vuestra pro e grand honrra vuestra sy fuerdes ombre de buen recabdo. E lo supierdes muy bien guardar, mas ¡mal pecado! pocos son aquellos que saben sofrir la buena andança e caen en mala andança e sufren la maguer non quieren." [D]ixo le luego el ynfante: "Ssenor, agora creo que es verdadero el proberbio que dizen que alguno se cuyda santiguar e se quiebra los ojos. E assy conteçio agora a mj, ca cuyde dezir algo e dixe nada, e cuydando ganar, perdi, ca asaz pudiera fablar con vos en otras cossas con que tomarades plazer, e non ffazer vos pregunta tan loca en que non yazie prouecho njnguno. Onde, señor, gradezca vos Dios porque non me queredes dar aquj la pena que meresçia, segund que fue dada a *[fol. 170v]* los otros que cayeron en tal yerro como yo."

E en esto ffueron andando commo en fabla amos ados, e llegaron ribera de la mar a vna çerca alta que auja mandado fazer el enperador. E llegaron a la puerta de aquel logar, e metio la mano el enperador a su bolsa e saco de allj vna llaue e abrio la puerta, e entraron dentro e cerraron la puerta en pos de sy. E estaua vn batel syn remos en el agua e non fazia sy non llegar a la orilla de la mar e llegar se luego al agua. E tanto estaua a la orilla quanto podia ombre entrar e non mas. E el enperador mando al ynfante que entrase en aquel batel, pero doliese del e llorando de los ojos muy fuertemente. E quando llego el batel a la orilla, entro el jnfante en el, e tan ayna commo fue entrado, tan ayna fue aredrado del batel e metido en altamar, de gujssa que non pudo dezir al enperador: "Señor, con vuestra graçia." Pero que era ya muy arepentido el enperador porque non lo auje perdonado, e despues que perdio el batel de vista çerro la puerta del cortijo e fuese para su conpaña. E quando los caualleros del jnfante vieron al enperador solo e non a su señor, fueron muy espantados e dixieron al enperador: "Señor, ¿que es del jnfante que andaua agora por aqui por este canpo conbusco?"

"Bjen lo sabredes," dixo el enperador. "¿Cred señor," dixieron ellos, "que si vos non nos dezides do es, que nos conujene de andar en su demando e non nos partir dello fasta que lo fallemos o muramos en su demanda?" "Non vos quexedes," dixo el enperador, "ca yo lo enbie con mj mandado a vn logar *[fol. 171r]* do el podra auer mayor honrra que non esta en que yo esto, sy el ombre fuere de buen entendimjento, o sera aqui conbusco ante del año conplido. E estad muy bien sosegados, ca yo vos mandare dar todo quanto oujerdes menester fasta que el sea aqui conbusco." "Sseñor," dixieron los caualleros, "nos atenderemos aqui fasta aquel plazo que vos nos mandades, e sy algund mal o daño el oujere, Dios lo demande a vos e non a nos pero que nos tenemos por desauenturados e por muy solos e desconortados syn el." E el enperador los començo a conortar e de asegurar, diziendo les que el jnfante su señor non resçibirie daño njn enojo njnguno, e con esto fueron ya sseguros.

Roboan en las Islas Dotadas

Titulo del jnfante Roboan de commo entro en las Ynsolas Dotadas e commo caso con Nobleza, señora de ally

De que el ynfante se fue ydo en su batel en que el enperador lo metio, non sabie por do se yua njn pudo entender quien lo gujaua, e asy yua rezio aquel batel commo vjento. E otro dia en la mañana quando el sol salie, llego a la costera de la mar a la otra parte, a vnas peñas tan altas que ssemejauan que con el çielo llegauan. E non auja salljda njn entrada sy non por vn postigo solo que tenje las puertas de fierro. E asy como fue llegado en derecho del postigo, tan ayna fueron las puertas abiertas, e non paresçio njnguno que las abriese njn las çerrase. E el jnfante salio del batel e entro por el postigo e luego fueron las puertas çerradas. E en la peña auje vn caño fecho a mano por do pudiese entrar vn cauallero armado en su cauallo, e estauan lanparas colgadas de la peña, que ardien e alunbrauan todo el caño. E el jnfante, muy espantado porque non vjdo njnguno con quien fablase, njn a quien preguntase que logar era aquel, e quisiera se tornar de grado sy pudiera, mas las puertas estauan tan bjen cerradas e tan juntas con la peña que non las podia mouer a njnguna parte. E fuese por el caño adelante lo mas que pudo, asy que bjen fue ora de terçia ante que al otro cabo llegase, ca bien auje seys mjgeros en aquel caño de la vna parte fasta la otra.

E quando llego al postigo de la otra parte, abrieron se luego las puertas de fierro e fallo allj dos donzellas muy bien vestidas e muy apuestas en sendos palafrenes, e tenjen vn palafren de las riendas muy bien ensellado e muy bien enfrenado. E descendieron a el e besaronle las manos e fizieronle caualgar en aquel palafren, e fueron se con el diziendole que su señora la enperadriz lo enbjaua mucho saludar, e que lo saljen a resçebjr dos reys sus vasallos, con muy grand cauallleria. E le besarien las manos e lo resçibirien por señor, e le farien luego omenaje todos los del jnperio a la ora que llegase *[fol. 171v]* a la enperadriz. E que supiese bjen por çierto que esta enperadriz auje sesenta reys al su mandar en el su señorio, e que todos serien al su serujçio e al su mandamjento.

"Sseñoras," dixo el jnfante, "¿esto commo puede ser, ca yo nunca en esta tierra fuj, njn saben quien me ssoy, njn enbiaron por mj sy non que soy aqui llegado, e non se sy por la mj buena ventura o por mj desauentura?" "Sseñor," dixeron las donzellas, "la vuestra buena ventura fue que anda conbusco, guardando vos e enderesçando, gujando la vuestra fazienda de bien en mejor. E nuestro Señor Dios al que vos tomastes por gujador quando vos despedistes del rey vuestro padre e de la reyna vuestra madre, vos quiso enderesçar e gujar a este logar donde auedes de ser señor e dar vos por conpañera a la enperadriz, que es muy rica, e muy poderosa, e la mas fermosa e la mas acostunbrada dueña que en el mundo naçio. E commoquier que su madre fue vna de las mas fermosas del mundo, mucho mas es esta su fija." "Sseñoras," dixo el jnfante, "¿e quien fue su madre desta enperadriz?" "Sseñor," dixieron ellas, "la Señora del Paresçer, que fue a saluar e a guardar del peligro muy grande a don Yuan, fijo del rey Orian, ssegund se cuenta en la su estoria. Quando don Yuan dixo a la reyna Ginebra que el auje por señora vna dueña mas fermosa que ella, e ouo se de parar a la pena que el fuero de la nuestra tierra manda sy non lo prouase segund que era costunbre del reyno." "¿E quien fue su padre?" dixo el ynfante. "Señor," dixieron ellas, "don Yuan fue casado con ella segund podredes saber por el libro de la su estoria sy quisierdes leer por el." "¿E es en esta tierra?" dixo el jnfante. "Sseñor," dixieron ellas, "sy." "Sseñoras," dixo el jnfante, "¿esta vuestra señora fue nunca casada?" "Sy fue," dixieron ellas, "con vn enperador que la perdio por su desauentura e por su mal recabdo de lo que vos auedes de guardar, que la no perdades por mal consejo que *[fol. 172r]* njnguno vos de, e asy podredes ser el mas poderoso e el mas bien andante señor de todo el mundo." "Señoras," dixo el jnfante, "¿donde ha la vuestra señora este tal poder para saber e conosçer las cosas que non vee? E esto vos digo por lo que de ante me dixistes, que quando me [...] del rey mj padre e de la reyna mj madre, que tome por conpañero a nuestro Señor Dios, e çierto verdad es que asy fue." "Sseñor," dixeron las donzellas, "la enperadriz su madre la dexo encantada e a todo el su señorio, de gujsa que njnguno non puede entrar aca syn su mandado. E el su señorio es todo çerrado enderredor, de muy altas peñas asy commo vistes quando entrastes por el postigo ado vos traxo el batel. E non ay mas de quatro postigos para salljr a entrar asy commo aquel por do vos entrastes, ca sabed que tan ayna commo entrastes en el batel, tan ayna sopo ella la vuestra ffazienda toda, e quien erades, e todas las cosas que pasastes de que nasçistes aca, pero non puede saber lo que ha de venjr."

E el jnfante fue maraujllado destas cosas atan estrañas que aquellas donzellas le dezien. E pensso en las palabras que el enperador le dixo quando se partio de el, que el lo enbiarie a logar que por ventura querrie mas la muerte que la vida, o por ventura que serie grand su pro e su honrra sy lo supiese bjen guardar. E touo que este era el logar do le podrie acaesçer vna de estas dos cosas commo dicho es. E el

jnfante les pregunto: ¿Commo ha nonbre esta vuestra
sseñora?" "Sseñor," dixieron ellas, "Nobleza." "¿E por
que le dizen asy?" dixo el. "Porque su padre le puso nonbre
assy e con grand derecho, ca esta es la mejor acostunbrada
dueña de todo el mundo, ca Nobleza non puede ser syn
buenas costunbres."

E la donzella lleuaua el libro de la estoria de don Yuan
e començo a leer en el. E la donzella leye muy bien e muy
apuestamente e muy ordenadamente, de gujssa que entendie
el jnfante muy bien todo lo que ella leye, e tomaua en ello
muy grand plazer e grand solaz, ca çiertamente non ha ombre
que oya la estoria de don Yuan que non resçiba ende muy
grand plazer por las palabras muy buenas que en el dizie. E
todo ombre que quisiere auer solaz e plazer e auer buenas
costunbres deue leer el libro de la estoria de don Yuan. E el
ynfante, yendo con las donzellas en este solaz, la vna a la
vna parte diestra e la otra a la parte synjestra, vieron venjr
muy grand caualleria e muy bien guarnjda con aquellos dos
reys que las donzellas aujen dicho al jnfante. E de que
llegaron a el, los reys descaualgaron e fueron le besar los
pies que asy era costunbre de la tierra. E el jnfante non gelos
queria dar fasta que le dixieron las donzellas que non los
estrañase, ca a fazer lo auje de todo en todo. E de sy
caualgaron e tomaron al jnfante en medio e fueron se a la
çibdad donde estaua la enperadriz. E estauan allj treynta reys
de sus vassallos e estaua la enperadriz en vn grand palaçio
en vn estrado que era muy noble. E quando el jnfante entro
por el palaçio do estaua la enperadriz, fueron a el los reyes e
fincaron los ynojos antel e besaron le los pies. E quando
llego el ynfante a la enperadriz, quiso le bessar las manos e
ella non gelas quiso dar, ante lo fue tomar por la mano e
fuelo a posar cabe ella, ca asy lo aujen [fol. 172v] por
costunbre. E allj resçibjo ella a el por suyo e el a ella por
ssuya, e santiguolos vn arçobispo que allj era e dioles la
bendiçion.

E luego los reys e los condes e los vizcondes e todos los
grandes ombres e los procuradores de las çibdades e de las
villas le fizieron omenaje, e lo resçibieron por señor e por
enperador, e pusole ella vna corona muy noble de grand
preçio en la cabeça con las sus manos e diole paz e dixole
asy: "Bjua este mjo señor, e acresçiente Dios en la su honrra
e en los sus dias, e dure en el ynperio, guardando a cada vno
en justiçia e non menguando en el serujçio de Dios." E luego
dixieron todos: "Amen."

E luego fueron puestas las tablas por el palaçio muy
ordenadamente e las tablas de los reys fueron puestas a
diestro e a synjestro de la tabla del enperador e de la
enperadriz, e las tablas de los condes e de los grandes ombres
apartadas vn poco de las tablas de los reys. E en otro palaçio
pusyeron las tablas para los caualleros. E sabed que la tabla
que fue puesta antel enperador e la enperadriz era la mas
noble del mundo que ombre nunca viese, que de oro non
fuesse, con muchas piedras preçiosas. E auje vn rrubi a cada
vno de los quatro cantones de la tabla, que cada vno dellos

era tan grande commo vna [fol. 173r] pelota, asy que el
menor dellos valje vn grand reyno. E en medio del palaçio
fue puesta una grand tabla redonda con la baxilla toda de
oro, ca non auje copa njn vaso njn pichel que todos non
fuesen de oro fino con muchas piedras preçiosas.

E dos reys trayan de comer al enperador e a la
enperadriz, e otros dos cortauan delante dellos, e las dos
donzellas que leuaron el parafren al enperador a la ribera de
la mar, dauanles del vjno en sendas copas de berillo muy
noblemente obradas, ca bien valje esta baxilla tanto o mas
que la que fue puesta delante del Cauallero Atreujdo quando
entro en el lago con la señora de la Trayçion, saluo ende que
aquella era de ynfinta e de mentira, e esta de verdat.

E de que oujeron comjdo, vjnjeron delante ellos muchas
donzellas muy fermosas e bien vestidas con ramos floridos
en las manos, catando muy apuesto e dulçemente que non ay
ombre en el mundo que non oujese grand sabor de estar allj
por las oyr cantar. E de que oujeron cantado las donzellas,
fueron folgar, e de que oujeron dormjdo, caualgo el
enperador e todos los reys con el, e fueron a andar por la
çibdad, que estaua toda encortinada de paños de oro e de
seda muy nobles. E por todas las ruas fallauan a las gentes
que fazian muy grandes alegrias e de muchas gujsas, e dezien
con grandes bozes: "Bjua el enperador con la enperatriz por
luengo tienpo en paz e en alegria." E desta gujsa bjujo el
enperador en aquel ynperio doze meses menos tres dias, que
non le menguauan njnguna cosa de quantas demandaua, e
cubdiçiaua que luego non le fuesen puestas delante. Mas el
diablo, que non finca de engañar al ombre en quanto puede,
e le sacar de carrera por le fazer perder el bjen e la honrra en
que esta, e de le fazer perder el alma, que es la mayor
perdida que el ombre puede fazer, faziendo cubdiçiar vanjdad
e nada, e mostrando se en figura de onrra e de plazer, non
quiso que cunpliese allj el año el enperador. Ca sy lo
cunpliera, non perdiera el ynperio asy commo lo perdio e
conteçiole desta gujsa.

De commo el jnfante Roboan pedio el alano a la enperatriz

Acaesçio que vn dia andando el enperador a monte, que
lo vido el diablo apartado de su gente yendo tras vn venado
e parosele delante en figura de muger, la mas fermosa del
mundo. E el enperador, quando la vjdo, retouo la rrienda al
cauallo e parose e dixole: "Amjga, ¿quien vos troxo aqui tan
fermosa e tan bien andante? Ca bien me semeja que nunca
tan fermosa dueña viese commo vos." "Señor," dixo ella,
"oy dezir de vos de commo erades venjdo a esta tierra e que
erades ombre de gran logar e muy apuesto en todas cosas e
que casarades con la enperadriz. E por sabor que auja de vos
ver, soy aqui [fol. 173v] venjda. E pues la mj buena ventura
fue de vos fallar aqui apartado, sy por mj quisierdes fazer,
fare yo por vos. E pues de caça vos pagades, mostrar vos he
vn alano que podedes auer de ligero, que non ay venado en

el mundo que vea que lo non alcançe e lo non tome." E el, por cubdiçia del alano, ayuntose con ella e desy preguntole commo podrie auer aquel alano. E ella le dixo que pidiese a la enperatris el alano que tenje guardado en vna camareta dentro en la camara do ella durmje, e mostrole por señales çiertas en qual camara lo tenje.

E el enperador se torno para la çibdat, e en la noche, estando con la enperatriz, dixole: "Señora, vos sabedes bien que yo vuestro sso, e por la vuestra mesura so en esta tierra, pero faziendo me vos tanta merçed commo fazedes, non me atreuo a vos demandar algunas cosas que a mj cunplen e a vos non fagan mengua njnguna." "¿E commo?" dixo la enperatriz. "E dubdades en mj que vos non daria lo que me deman[da]sedes, tuerto grande me fariedes, ca deuedes entender que quien vos da lo mas, que non dubdaria de vos dar lo menos. E pues a mj vos do, non deuedes dubdar que vos non diese qualquier cosa que yo toujese, por preçiada que fuese. E el dia que vos yo resçibi a vos por señor, me desapodere de mj e de quanto auja, e fize a vos señor dello." "Señora," dixo el enperador, "pues que asy es, mandad me dar el alano que tenedes en aquella camareta." "Por Dios, señor," dixo ella, "mucho me plaze e tomad esta llauezilla e en la mañana abrid la e commoquier que lo non veades njn recuda, llamad lo [fol. 174r] por nonbre e venjr se ha para vos." "Señora, ¿commo le dizen?" dixo el enperador. "Plazer," dixo la enperatriz. "Plazer ayades," dixo el enperador, "en todos los dias que bjuades." "Amen," dixo la enperatriz, "pero todavja conbusco e non sin vos."

E quando fue de dia, leuantose el enperador e abrio la camareta, e entro, e mjro a todas partes e non lo vjdo. E quando lo llamo por su nonbre, recudio a el falagandosele e echo se. E era mas blanco quel cristal, e tenje vn collar de trena de oro labrada de aljofar muy granado, e vna tragujlla de oro fecha commo cordon. E tomolo por la tragujlla, e caualgo e fuese a monte. E nunca vjo puerco njn çieruo njn otro venado alguno, por grande que fuese, que paresçiese quel non fuese alcançar e tomar. E tenje lo muy quedo fasta que el enperador llegase e lo matase, de gujsa que muchos de los caualleros e de los escuderos que fueran con el enperador venjan de pie, e en los sus parafrenes trayan los venados muertos. Plazer e alegria muy grande tomo el enperador con aquel alano.

E quando llego a la enperatris, fuele a rebatar las manos e beso gelas, e ella fue por besar las suyas e non pudo. "Sseñor," dixo ella, "¿que oujstes agora comjgo en me fazer tan grand pesar en me fazer nesçia delante esta gente?" "Señora," dixo el enperador, "plazer me distes muy grande, e non me semeja que vos lo pudiese gradesçer de otra gujsa. Ca par Dios, señora, yo creo que seria el nesçio sy esto non oujese fecho por quanta merçed me fazedes, ca non se ombre en el mundo, por grande e poderoso que fuese, que se non toujese por el mas rico e mas bien andante del mundo que tal joya toujese para tomar plazer, commo esta que vos a mj distes. Gradezca vos lo Dios, ca yo non vos lo podria njn

vos lo sabria gradesçer." Muy alegre fue la enperatriz porque vjdo al enperador muy loçano e muy alegre con el alano. E estouo el enperador con ella, departiendo muy grand rato en la bondad de aquel alano, e de commo non dubdaua njnguna cosa por grande que fuese. E a cabo de çinco dias fue el enperador a monte e leuo aquel alano consigo, e puso a los caualleros e a los escuderos en sus armadas.

De commo el jnfante se fue a caça con su alano e de commo le aparesçio el diablo

El enperador con su alano metiose en el monte, e entrando en vna selua que era muy espesa, parosele el diablo delante en figura de aquella dueña que la otra vegada vjnjera, saluo que ssemejaua al enperador que era mucho mas fermosa que la otra vegada. "Sseñor," dixo la dueña, "¿es este el alano que vos yo dixe?" "Sy," dixo el enperador. "¿E es bueno?" dixo ella. "Par Dios, amjga," dixo el enperador, "yo non cuydo que en todo el mundo aya tan buen can commo aqueste, e bien creed que para auer ombre plazer vn regno vale." "Çertas señor," dixo ella, "sy me toujesedes el amor que pusistes comjgo, yo vos amostraria en commo oujesedes otra joya mucho mas mejor que esta, e con la qual tomasedes mayor [fol. 174v] plazer." "E que cosa podrie ser esa?" dixo el enperador, "ca yo non se cosa en el mundo que vençiese la bondat de aqueste alano." "Yo la se," dixo ella. "Yo vos prometo," dixo el, "que vos guarde el amor que conbusco puse, e que faga lo que quisierdes." E ella le dixo que demandase a la enperatriz vn açor que tenja en la otra camareta, çerca de aquella ado estaua el alano, que era el mejor de todo el mundo.

E las sus gentes se maraujllauan porque lo non veyen salljr a njnguna parte, njn tocaua el cuerno asi commo solie. E el enperador estouo con aquella dueña departiendo, e traueso vn venado muy grande. E solto el alano e fuelo luego a tomar, e llego el enperador e matolo. E la dueña fuese, e de sy traueso vn puerco que era muy grande, e fue el alano e tomolo. E el enperador fuelo ferir, mas el cauallo entrando en el, firiolo el puerco en la mano derecha, de gujsa que lo fizo caer con el enperador. Pero que le non fizo mal njnguno, e leuantose apriesa e começo a tocar el cuerno. E recudieron luego su gente e mataron el puerco.

E el enperador, por cobdiçia del açor, non quiso mas allj tardar e fuese para la çibdat. E asy commo llego a la enperatriz, començola de falagar e fazer le plazer por que pudiese ganar della el açor. E rebatole las manos e fue gelas besar muchas vezes, e por que el non consintio que gelas besase ella, fue muy sañosa e dixole que sy non gelas daua a besar, que nunca cosa le demandarie que ella le diese. E el, por la sacar de saña, dixo que non gelas darie, ca ternje que le estarie mal. Pero fizo commo que non paraua mjentes njn estaua aperçebido para se guardar que gelas non besase. E rebatole la mano derecha e fue gela besar mas de çient vezes,

de gujssa que el enperador non la podia sacar de su poder, e
commoquier que el mostraua que fazia grand fuerça por ello.

E ssy entrellos grand plazer ouo por estos furtos que el
vno fizo al otro, sy alguno o alguna guardo *[fol. 175r]* amor
verdadero, aquel que lo ouo de guardar, o le contesçio otro
tal o semejante desto, judgelo el su coraçon quanto plazer ay
entre aquellos que se bien quieren quando les acaesçiesen
tales cosas commo estas.

E quando fue en la noche, dixo el enperador estando en
su solaz: "Sseñora, el que sus dones de buenamjente da,
nunca se enoja de dar, ca plazer mucho ha quando da, pero
que muy poco tienpo ha que me distes vna joya la mejor del
mundo, e non me atreuo a vos demandar otra tan ayna."
"Par Dios, señor," dixo la enperatriz, "mucho lo errades en
penssar tal cosa commo esta, en cuydar que non podredes
acabar comjgo aquello que quisierdes demandar. E non
sabedes que la nobleza establesçio en sy esta ley, que sy en
sus dones todavja acresçentase, que non tiene que ha dado
njnguna cosa. E por ende non dexedes de demandar, ca
nunca vos sera negado njnguna cosa de lo que quisierdes
pedjr." "Señora," dixo el enperador, "grand soltura me
dades para vos todabja enojar." "Sseñor," dixo ella, "non
me sera enojo mas plazer." "Pues señora," dixo el
enperador, "dad me aquel açor que tenedes en aquella vuestra
camareta." E ella saco vna llaue de su ljmosnera e dixole
que abriese en la mañana la camareta e que lo tomase. "Mas
señor," dixo ella, "non querria que fincasedes engañado en
estas pleytesias, ca a las vegadas aquel que cuyda engañar a
otro, finca engañado. Pero non dexedes de pedir lo que
quisierdes, ca sed bjen çierto que nunca vos sera dicho de
non, ca el primer dia que vos yo resçibj por mjo, puse en mj
coraçon de vos nunca negar cosa que me demandasedes.
Mas sabe Dios que querria que fuesedes bien guardado en
todo, e que en vos njn en el vuestro entendimjento non
cayese mengua njnguna. E pues que en vuestro poder me
tenedes en las manos, guardad me bien e non tiredes la mano
de mj, e non me querades perder, ca yo guardar vos he bjen,
e tener vos he verdad e lealtad. Ca sy vna vegada me
perdedes e me salgo de vuestras manos, bjen creades que
nunca me auedes a cobrar, asy commo dixo la verdad al agua
e al vjento." "E commo fue eso," dixo el enperador. "Yo
vos lo dire," dixo la enperatriz.

Del enxenplo que dio la enperatriz al enperador del agua e de la verdat e del vjento sobre lo que le pedia el jnfante Roboan

Dixo le la enperatriz: "Oy dezir que el agua e el biento
e la verdat que fizieran hermandad, e la verdad e el agua
preguntaron al vjento e dixieron le asy: 'Amjgo, tu eres muy
sotil e vas muy ayna por todas las partes del mundo. E por
ende nos conujene saber de ty ado te fallaremos quando te
oujeremos menester.' 'Fallarme hedes,' dixo el vjento, 'en

las alturas de la tierra, e sy allj non me fallardes, fallar me
hedes en los valles que estan entre las syerras, e sy allj non
me fallardes, yredes a vn arbol que le dizen el tienblo, ca allj
me fallaredes que nunca de allj me parto.' E la verdad e el
vjento dixieron al agua que do la fallarian quando la oujesen
menester. 'Fallarme hedes,' dixo el agua, 'en los rios, e sy
allj non me fallardes, fallarme hedes en las fuentes, e si allj
non me fallardes, yd ado los juncos verdes estan e cauad allj,
que allj me fallaredes de todo en todo.'

"E el agua e el viento dixieron a la verdad: 'Pues a ti
amjga, ¿ado te fallaremos quando te oujeremos menester?' E
la verdad les dixo asy: 'Amjgos, demjentra que me tenedes
entre las manos, guardad me bien que non me *[fol. 175v]*
salga de entre vos, ca sy de vuestras manos me salgo vna
vegada, nunca jamas me podredes auer. Ca de tal natura so
que aborrezco a quien vna vegada me parte de sy, ca tengo
que el que vna vegada me menospreçia, non es digno para
mas me auer.'"

"Onde, mjo señor," dixo la enperatriz, "parad mjentes
en estas palabras e non las olujdedes sy me queredes bien
guardar, e asy guardaredes a vos e a mj."

Ca çiertamente estas palabras todo ombre las deue
aprender para se saber guardar para non perder lo que tiene
ganado o lo que ha en poder, ca njnguno non se syente del
pesar o del enojo que le vjene commo el amjgo quando vee e
syente en el su amjgo tales cosas por que se aya de partir
del. Ca asy commo era grand amor entre ellos, asy finca
grand desamor e grand aborresçimjento, ca mayor llaga faze
en el coraçon del ombre el pequeño golpe del amjgo que el
grand golpe del enemjgo. E mas se syente dello commo de
aquel de quien entiende resçibjr plazer, gelo torna en pesar.
E esto le dezie porque bjen sabie ella quien le consejaua mal
e la follja que le metie en cubdiçia de aquellas cosas que le
descubrie.

E el enperador, non queriendo pensar en estas palabras
que la enperatriz le dezie, leuantose otro dia en la mañana e
abrio la camareta e vjdo estar en vna alcandara vn açor
mudado de muchas mudas, mas blanco que la njeue, e los
ojos tan luzientes e tan bermejos commo brasas. E tenje vnas
pjuelas muy bjen obradas de oro e de aljofar, la lonja era de
filos de oro tirado e de los cabellos de la enperatriz, que non
semejauan sy non oro, de gujssa que non auje departimjento
njnguno entrellos e el oro, saluo que eran mas primos e mas
sotiles que los filos del oro.

E tomo el açor el enperador e sacolo[31] fuera de la
camareta, e tan grande e tan bello era el açor que non ay
ombre en el mundo que lo tomase que non oujese grand
plazer de lo catar, ca bjen creed que non era pequeño el
plazer que el enperador tomaua con el, ca non le sufrie el
coraçon partir lo de sy. E andaua con el por el palaçio,
trayendo lo en la mano, remjrando se en el. E venje a la
enperatriz muchas vegadas gradesçiendole mucho aquel don
que le auja dado.

E otro dia fue a caça con el açor en la mano e con el
alano que traya en la traylla que tenje atada en la su çinta. E
quando llego a la ribera, nunca vegada lanço *[fol. 176r]* el
açor que errase, lançe tan bjen a las anades commo a las
garças e a las otras aues, ca non se le escapaua njnguna
presion por grande que fuese. E avn non dexaua la presyon
maguer viese las agujlas, ca ante fuyen del commo sy el
fuese señor de todas las aues. E avn el falcon oriol que
paresçio y en ese tienpo, non le oso atender e fuese a
desterrar.

"Ay, Señor Dios," dixo el enperador, "que bjen andante
so entre todos los bjen andantes sseñores del mundo, ca non
se ombre por rico njn por poderoso que fuese, que vna destas
dos joyas que yo he toujese, que la non preçiase mas que
todas las riquezas del mundo. Ca bjen es verdad que con la
riqueza toma ombre grand sabor e grand plazer, mas este es
plazer sobre todos los plazeres, e demas ser señor de tan
grand tierra e tan rica commo yo so, e sseñor de tantos reys,
e auer sobre todo esto la mas fermosa e de mejor donayre, e
la mas enseñada e de mejor palabra, e la mas sosegada dueña
de entendimjento, e la mas mesurada e de mejor resçibjr, e
la mas alegre e de mejor solaz muger que en el mundo fuese
nasçida. Señor Dios yo non te lo podria conosçer njn
gradesçer quanto bien e quanta merced me fazes, njn te lo
podria serujr."

E tornose a la çibdad con tan grand alegria e con tan
grand plazer, que semejaua commo ombre salido de
entendimjento. E fuese a la enperatriz con su açor en la
mano e con su alano en la traylla. E luego que a ella llego,
besole las manos con grand alegria. "Avn señor," dixo la
enperatriz, "¿avn non soys castigado de la otra vegada que
me fezistes ensañar? Grand sabor auedes de me perder."
"¿E commo perder?" dixo el enperador. "Perder," dixo la
enperatriz, "sy las vuestras no me dades a besar." E abaxo
los ojos el enperador commo que estauan pensando, e la
enperatris tomo le las manos e beso gelas muchas vezes.

E de sy puso el enperador el açor en su vara e el alano
en su camara e tornose a la enperatriz. E estoujeron en muy
grand solaz, departiendo el mucho de las bondades del alano
e del açor, e ella del bjen que le fiziera Dios por la su
conoçençia e por la su venjda, diziendo ella que Dios, por la
su merçed, lo quisiese guardar de yerro. E en este solaz
estoujeron bien quinze dias, que nunca se pudo el partir della
njn caualgar njn yr a caça, ca le semejaua que de todos los
bjenes e de los plazeres del mundo, non le menguaua ende
njnguna cosa.

E çiertamente asy era verdad, ca njngun cuydado non
tenje que tomar por njnguna razon. Asy estaua su señorio en
paz e en sosiego e syn bolliçio malo, ca todos se querien
bjen, e aujen vjda folgada, e muy ssosegada, e non tenje que
njnguno por fuerça les entrase en aquella tierra, asy era
çercada de todas partes. E bjen creo que este fue el mayor
amor que nunca se sopo en dos que tan grand bjen se
quisiesen, pero por mala guarda del enperador, la su grand

alegria tornosele en grand pesar. E assy se cunplio la palabra
del sabjo que dixo que despues de grand alegria se sigue
grand tristeza a las mas de vegadas. E commo ombre de
fuerte ventura, non parando mjentes a la grand merçed que
Dios le auje fecho njn sabjendo guardar njn sofrir la buena
andança en que era, fue caer en mala andança que ovo de
ssofrir *[fol. 176v]* maguer non quiso, asy commo agora
oyredes.

De commo el jnfante Roboan pedio a la enperatriz el cauallo por consejo del diablo

Acabo de muchos dias despues que estouo en su cabo
con la enperatriz, caualgo e fue a caça con el açor e con el
alano. E el andando a monte, encontrose con el maldito que
le engañara las otras dos vezes. E parose le delante en figura
de muger muy mas fermosa que las otras dos vezes. E dixo
al enperador: "Señor, non as que me dezir de aqui adelante
de me non querer bjen e de fazer por mj quanto yo quisiere.
Ca yo te fize señor de las dos cosas mas nobles que en el
mundo ay." "Verdad es," dixo el enperador, "e mucho me
as adebdado para yo fazer syenpre lo que tu quisieres, e non
lo dudes que asy lo fare." "Sseñor," dixo ella, "pues de tan
buen conosçer eres e assy te mjenbras del bjen fecho que
resçibes, quiero te mostrar otra joya que puedes ganar de la
enperatriz, muy mas noble que non estas otras dos que tienes,
la qual cunple mucho a cauallero." "¿E que joya serie esa,"
dixo el enperador, "que tanto valiese?" "Sseñor," dixo la
dueña, "es vn cauallo mas blanco que la njeue, e el mas
corredor del mundo, ca non ay vjento por rezio que sea que
tanto corra commo el." "Mucho te lo agredesco," dixo el
enperador, "e sey bjen çierta e ssegura que me as ganado
para syenpre."

E ssalio del monte e fuese para la enperatriz con muy
grand caça que leuaua. E desque fue de noche e se fueron a
su camara, començo la de falagar e de le fazer todos los
plazeres que podie, commoquier que bjen sabie ella lo que le
querie demandar, mas non gelo podia negar, ca quando lo
resçibio primeramente le auje prometido de nunca le negar
cosa que le demandase. E çiertamente la enperatriz guardaua
quanto ponje, tenjendo bien syenpre lo que prometie, e nunca
fallesçiese a ombre del mundo en lo que prometie, ca tenje
que la mayor mengua que en el ombre podie ser sy es quando
non esta en la palabra o en la cosa que promete.

E estando en su solaz, durmjose la enperatriz, e el
enperador non podie dormjr njn folgar, e estauase
rebolujendo mucho en la cama, non se atreujendo a la
despertar e le demandar el cauallo. E la enperatris lo syntio,
e paro mjentes, e syntio de commo estaua pensando e
sospirando, *[fol. 177r]* e non podia dormjr e dixole: "Señor,
¿en que estades pensando? Dormjd e folgad, ca non ay cosa
que vos querades que la non ayades. E por Dios, non vos
querades matar por mal cuydado e sy deste cuydado vos

dexades, guaresçeredes a vos e a mj, e sy non, bien cred que
non vos quitando deste cuydado que se tornara a vos en gran
daño e a mj en grand pesar." "Sseñora," dixo el enperador,
"pues que asy me segurades, dormjre e folgare, ca çierto so
de la vuestra mesura que querredes lo que yo quisier." "Assy
quisiesedes vos," dixo la enperatriz, "lo que yo quisiese
commo yo quiero lo que vos queredes, e luego los
entendimjentos e las voluntades serian vnos. Mas Dios fizo
los entendimjentos e los coraçones de los ombres departidos,
e asy non se pueden acordar en todo." "Sseñora," dixo el
enperador, "Dios nunca quiera que los nuestros coraçones
sean partidos e quien nos quiere partir, partido sea de los
bienes de Dios." "Amen," dixo la enperatris. E durmjose el
enperador e diole Dios tan buen sueño que se durmjo bien
fasta la ora de terçia, e la enperatriz non se osaua reboluer en
la cama por mjedo que sy despertase, que luego le querrie la
demanda en que estaua pensando.

E de que desperto, semejole que era pasado gran rato
del dia, e asentose en la cama e dixole: "Señora, ¿dormjdes?
Ca grand dia es pasado." "Ende bjen," dixo la enperatriz,
"que dormjstes e folgastes, e non me guje Dios sy mayor
plazer non tome en la vuestra folgura, ca vos sodes muy
quexoso de coraçon, e non vos sabedes sofrir en lo que
queredes. E çiertamente non es buena manera, ca en todas
las cosas vos veo muy mesurado sy non en esta, e sy non vos
guardades desta manera que traedes, esta razon vos puede
traer a grand daño. E por Dios de aqui adelante non lo
fagades."

E el enperador, quando estas palabras oyo, detouose e
non le quiso demandar lo que tenje en coraçon. E leuantose,
e dieron les de comer, e folgaron todo aquel dia. Pero quando
andaua el enperador por el palaçio e se llegaua a la camareta
do le dixiera la dueña que estaua el cauallo, parauase allj e
escuchaua sy oyrie alguna cosa, e non oye nada, njn veye a
njnguno que le metiese njnguna cossa de comer njn de beuer,
e maraujllauase dello. Pero de tal natura era aquel cauallo
que non comje njn beuje, ca este era el cauallo que gano
Belmonte, fijo del rey Trequinaldus Avedora quando se partio
de su padre, segund se cuenta en la estoria de Belmonte. E
tenje lo esta enperatris en su poder e a su mandar por
encantamento.[32]

E quando la noche vjno e se fueron a echar el enperador
e la enperatriz, commoquier que la enperatriz non se echo
tan ayna, ante estouo grand partida de la noche que non se
quiso echar, cuydando que se dormjrie el enperador e non se
acordarie a le pedjr la demanda. Mas el enperador, pensando
en aquel cauallo maldito, non durmje njn podie dormjr, e
quando la enperatriz se fue a echar, fallo lo despierto. El
enperador le dixo: "Sseñora, ¿en que tardastes tanto?" Dixo
ella: "Sseñor, fize partir a las donzellas oro e aljofar para
fazer vn pendon muy noble, e sera acabado de aqui a terçero
dia, e bjen creo que nunca ombre tan noble lo vjdo commo
este sera." E yualo detenjendo de palabra en palabra fasta
que se cansase e se durmjese.

E contesçio assy, ca durmjo bjen e non se desperto fasta
otro dia saljdo el sol, e leuantose de la cama adesora commo
ombre muy espantado. E la enperatriz fue [fol. 177v] muy
espantada e dixole: "Señor, ¿que fue eso? Ca vos leuantastes
asy adesora. O, ¿que es lo que oujstes?" "Sseñora," dixo el
enperador, "yo ensoñaua agora que yua en aquel vuestro
cauallo que vos queria demandar, e alcançaua muy ayna vn
grand venado, e que le daua grand lançada. E el alano
dexaualo e venjase el venado contra mj, e yo reboluja el
cauallo en manera que me non fazia mal, pero que entraua
en vn grand lago e pasaua el cauallo comjgo a nado; e con
mjedo del agua desperte espantado. E la enperatriz ouo grand
pesar en su coraçon porque nonbro el cauallo, ca tenja que
pues asy lo que non podrie ser que non gelo demandase. E
fue asy, ca luego le pidio por merçed que gelo diese. E ella
puso mano a su bolssa e saco vna llaue e dio gela, e fizo le
prometer que non abriese la puerta fasta el terçero dia que
fuese acabado el pendon. E fizolo asy.

E al terçero dia en la mañana abrio la puerta de la
camareta do el cauallo estaua, e vjdolo blanco e fermoso,
muy mucho ensillado e enfrenado. E tomolo por la rienda e
sacolo fuera e dixo que queria yr a caça. E la enperatriz,
quando esto oyo, ouo muy grand pesar, ca le fue a par de
muerte. E entro do estauan las donzellas, e tenjen ya el
pendon acabado, e pusieron lo en vna asta de lança muy
buena. E saljo la enperatriz con el pendon en la mano e dixo
al enperador: "Señor, vos ydes a caça, e yo non puedo al
fazer sy non la vuestra voluntad que se cunpla en todo. E
ruego vos que leuedes este pendon por el mj amor, ca nunca
en lugar entraredes en este mundo que non acabedes quanto
començardes. E leuad el cauallo de la rienda fasta que seades
salido fuera de la puerta." Estonçe el enperador caualgo e
fizo lo assy.

De commo la enperatriz rogaua muy afincadamente al jnfante Roboan que non se fuese de allj

La enperatriz, quando entendio que de todo en todo se
querie yr despues que le dio el pendon e le dixo que leuase
el cauallo de la rienda, caualgo de fuera e pesole de coraçon,
e quisieralo detener sy pudiera, mas el poder non era ya en
ella sy non en el cauallo en cuyo poder estaua. Pero estouo
con el a la puerta del alcaçar e dixole estas palabras,
cuydando lo fazer estar: "Señor, non se vos vjene emjente
de las juras e del omenaje que me fezistes el dia que comjgo
casastes, de nunca partir vos de mj e de ser me leal e
verdadero. E veo que vos queredes yr, non aujendo piedad
de mj, mezquina cuytada e desanparada de las cosas que yo
mas amo, cuyo amor del mjo coraçon non se puede partir
njn se partira en njngund tienpo fasta el dia de la mj muerte.
E pues el mj coraçon non es de vos fazer fincar, e señor, esta
en el vuestro syquier por el tienpo fuerte que faze, ca ya
veedes commo los vjentos se mueuen fuertemente e non vos

dexaran fazer la vuestra voluntad. Mas bjen creo que vos queredes yr para nunca jamas me ver njn yo a vos, e quisiese Dios que nunca vos oujese visto njn vos a mj, ca çierta so que vos en algund tienpo me deseredes e yo a vos fasta *[fol. 178r]* que muera. Pero pues que ya non vos puedo detener e njn vos non queredes estar, rrogare a los vjentos que vos enbarguen la yda, e rogare al Dios de la mar que non vos resçiba en el, e rogare a Venus, la deesa del amor, que vos faga menbrar del amor que en vno posymos e de las verdades que nos prometimos que non vos consientan falleçer en el amor, njn en las promesas que me fezistes. Pero non creo que todo esto quel vuestro coraçon lo pudiese sofrir en njnguna manera en me querer desanparar syn yo vos lo meresçer, parando mjentes en el grand amor e verdadero que vos he sobre todas las cosas del mundo. Ca muy verdaderamente vos ame e vos guarde a toda vuestra voluntad.

"E commoquier que yo sabja el yerro que vos tenjades, non vos lo queria dezir por non vos fazer pesar njn vos poner en verguença, mas vos non catastes por mj, mesquina, e non me guardastes commo deujedes, njn a vos cuytado maguer vos aperçebj. E vos dixe que me guardasedes demjentra que en vuestro poder me tenjedes, ca sy vna vegada vos saliese de manos, nunca jamas me cobrariedes. E çierta soy que sy non fincades, que perderedes quanta onrra e quanto vjçio e quanto bien aujedes, segund vos sabedes. E perderedes a mj, que vos era muy verdadera amjga en vos amar e en vos fazer plazer e en cubdiçiar la vuestra vjda e salud mas que la mja. Mas tanto vos digo que nunca en peligro vos veredes que non vos parezca la mj semejança delante e que non creades que aquellos peligros en que fueredes, que por razon *[fol. 178v]* de lo que me otorgastes vos vjenen, e querredes vos tornar e non podredes. Ca nunca tomaredes plazer njn alegria njn reyredes asy commo soliedes, e desear me hedes, e non me podredes auer. E ¡ay, el mjo sseñor! atan grande es la crueldad del vuestro coraçon contra mj, que non dudbedes de vos meter a peligro de muerte, aujendo sabor de me desanparar, de me dexar triste e cuytada, ca çiertamente cruel es asy mesmo el que desama a quien lo ama. E pues que por mj non queredes fincar, fyncad, porque creo que soy ençinta de vos e asy veredes plazer de lo que fezistes, ca yo non le sabre escoger nonbre quando naçiere syn vos." E fynco los ynojos delante del en tierra, ca estaua ya cauallero en su cauallo e dixole: "Sseñor, que me dezides a esto?" E el dixole: "Diganle Afortunado."

E asy le dixieron despues que nasçido fue, del qual ay vn libro de la su estoria en caldeo de quantas buenas estorias de cauallerias e de quantos buenos fechos fizo despues que fue de hedad e fue en demanda de su padre. E allj estando los ynojos fincados antel e llorando de los ojos dixole: "Señor, por merçed vos pido que finquedes e dexad vos caer del cauallo, ca yo vos resçibire en los braços, ca de otra gujsa non vos lo consentirie el cauallo, ca muy abjuado esta para se yr. E non querades dexar lo ganado por lo que es por ganar, e lo fecho por lo por fazer, e vjçio por lazerio, ca çierta so que despues que vos fuerdes, cubdiçiaredes auer lo que aujedes e non lo podredes auer. E maldito sea quien asy vos engaño e vos fizo demandar lo que pudierades escusar. E bjen semeja que vos fue enemjgo e non amjgo, sy lo bien queredes entender, ca el amjgo en semejança de bien e de amor pone al ombre en perdida e en desonrra. E por ende, dizen que el que te ama pagado, te desama." E el enperador, cuydando se rebolver para desçender, toco vn poco con el espuela al cauallo e luego se fue commo sy fuera vjento, de gujssa que el enperador non pudo dezir: "Señora, con vuestra graçia."

De commo el jnfante Roboan se fue en el cauallo e del duelo que la enperatriz fizo

Por esto dizen razon que en fuerte dia fue naçido el que tan grand onrra e tan grand bien e poder ouo e non lo sopo guardar. Ca este jnperio es de los mas vjçiosos e mas abondados del mundo, e dizen le las Ynsolas Dotadas. E comarca de la vna parte con las jnsolas de Çim, e de la otra parte con la mar del jnperio de Trigida, e las otras dos partes escuentra oriente. E la enperatriz con sus dueñas e con sus donzellas fyncaron muy tristes e muy desconortadas, e faziendo el mayor duelo del mundo commo aquella que fincaua desfiuzada de lo nunca mas ver, en cuyo poder cubdiçiaua acabar sus dias. E lo amaua sobre todas las cosas del mundo, e andaua por el palaçio asy commo sandia, dando bozes e diziendo: "¡Ay catiua! En *[fol. 179r]* fuerte punto fuy naçida e en fuerte ora vj a este ombre que asy me fue desanparar e matar. ¡Ay, ventura fuerte! ¿Por que me diste con el plazer por me llegar a tan grand pesar? Ca tu eres asi commo la culebra que faze la carrera con la cabeça e desfazela con la cola. E tu nunca sabes estar en vn estado asy commo el mar que creçe e mengua e nunca esta en vn estado, ca tu nunca sabes estar con el ombre en aquello que comjenças, ca sy en alto lugar lo fazes subjr, de alto lo fazes caer porque nunca ombre de ti deuje fiar. Ca en el mejor logar sueles fallesçer asy commo feziste a mj, ca allj do yo cuydaua estar con la tu fiuza en el mayor plazer e en la mayor alegria en que podrie ser, de allj me fueste a derribar e ssacar syn piedad njnguna, non te doljendo de mj, aujendo yo en ti grande esperança que me non desanpararies. Mas con derecho te dizen fortuna, porque nunca eres vna e pues asy me desanparaste.

"De aqui adelante non quiero catar por ty njn auer en ty esperança, e asy fjncare commo muger sin ventura e syn plazer e syn alegria, ca non he por que te lo gradesçer. Ca sy me lo diste, tiraste me lo e tornaste me lo en pesar e en tristeza, non te lo meresçiendo. E de aqui adelante fare çerrar los postigos de los muros del mjo señorio en manera que non salga vno nj entre otro en njngund tienpo. E asy beujre sola e syn plazer commo la tortola quando enbjuda que non sabe

catar otro marido njn posar en ramo verde mas en el seco
que falla. E asy vestire yo paños tristes e pornc tocas de
pesar para en todos los mjs dias, e sera el mj cantar de cada
dia este:

'¡Ay catiua, mezquina e desenparada
Syn njngund conorte!
¡Ay forçada e deseredada
De todo bien!
Ven por mj, muerte bjen auenturada,
Ca ya non puedo sofrir este dolor tan fuerte.'''

E asy finco que nunca jamas quiso cassar. E el enperador
luego que llego al postigo por do entro, fallose en el batel e
luego fue pasado a la otra parte de la mar a aquel logar
mesmo do entrara en el batel. E llegaua a la tierra e non
querie saljr del, cuydando que lo tornarie al postigo por do
auja entrado quando de allj se partio. E el cuytado non sopo
guardar el bjen e la honrra en que estaua, *[fol. 179v]* por
cubdiçia de cosas que le eran a el bjen escusaderas ssy el
quisiera. E por ende, dizen que quien adelante non cata, que
atras se ffalla, e commoquier que este ynfante era muy
entendido e bjen aperçebjdo en todas sus cosas, e de grand
coraçon, non se sopo guardar de los engaños e de las
maestrias del diablo que se trauaja syenpre de engañar a los
omes por fazer les perder las almas e las honrras deste
mundo.

Últimas Aventuras de Roboan

De commo el jnfante Roboan llego en el batel al jnperio de Trigida e le fallo el enperador muy triste e llorando

Estando allj con grand pesar por lo que auje perdido, començo de dezir:

"¡Guay de mj, mezquino!
¡E guay de mj, catiuo!
¡E guay de mj, sin entendimjento!
¡Guay de mj, syn consolamjento!
¿Do es el mj grand bolliçio?
Ca oue muy gran riqueza,
E agora so en grand pobreza;
E ante era aconpañado,
E agora fjnco solo.
E ya el mj grand poder,
Non me puede pro tener,
Ca perdido he todo quanto auja
Por la mj follja.
E perdido soy aqui do yago
Asy commo Eneas en Cartago,
Quando dixo a la reyna,
De quien non fue despedido."

E el estando en aquel batel muy triste e muy cuytado, el enperador de Trigida que lo fizo entrar allj llego aquel postigo e abriolo asy commo lo solje fazer cada terçer dia quando metio al ynfante allj. E vjdo lo estar en el batel, vna lança con vn pendon muy noble en la mano, e llego se a el e dixole: "Amjgo, ¿e commo vos va?" E el non le pudo responder njnguna cosa. "Amjgo," dixo el enperador, "saljd aca, ca a lo pasado no ay consejo njnguno. E conortad vos e catad por lo de adelante, e sy non oujstes seso en lo primero para vos guardar, aued lo en lo segundo, sy vos acaesçiere."

E salieron fuera del cortijo e el enperador demando vn palafren, e troxierongelo e caualgo el ynfante en el con su pendon en la mano. E para se cunpljr el año del dia que entro en el batel, non menguaua sy non dos dias, e el enperador se aparto con el ynfante e pregunto le commo le fuera, e el ynfante le dixo: "Señor, bjen e mal." "Yo lo se bien," dixo el enperador, "ca bjen vos fue luego e mal despues, pero non dexedes de tomar plazer e conorte, e reyd agora comjgo sy ayades plazer." "Sseñor," dixo el ynfante, "non podria reyr en njnguna manera, e sy otro me lo dixiera, yo me matara con el muy de grado." "Pues ¿por que," dixo el enperador, "me faziades vos tal pregunta, por que non me reya? Ca por y pase yo por do vos pasastes, ca yo fuy el

primero que oue aquel plazer, e perdilo por mj mal recabdo asy commo vos fezistes."

Pero que lo yua el enperador conortando lo mejor que podie, e las nueuas yuan llegando a la çibdad, e quando la conpaña del enperador e ynfante lo sopo, fueron muy alegres. E salieron le a resçebir e fueron le a besar las manos, gradesçiendo lo mucho a Dios porque lo veyen vjuo e sano, ca ya çerca eran de perder fiuza de lo nunca jamas ver e de andar en su demanda. Ca grande fue el alegria que fue en toda la tierra del enperador quando lo sopieron, saluo ende aquellos que le consejaron que *[fol. 180r]* fiziese la pregunta al enperador, a quien non plazie con la venjda del jnfante. Ca antes les pesaua muy de coraçon, ca tenjen que gelo querrie acaloñar. E quando el enperador entro por la çibdat, fueron fechas muy grandes alegrias, ca non fjnco cauallero njn dueña njn donzella que alla non saliese, diziendo a grandes bozes: "¡Bjen sea venjdo el amjgo leal del enperador!"

E bien dio a entender el enperador que auje muy grand plazer con el, ca le traye el braço desuso, diziendole muchas buenas palabras por lo traer a plazer. E con grande alegria dixo le: "Amjgo, yo a vos tengo por fijo, pues Dios non quiso que otro oujese. E quiero fazer por vos lo que nunca pense fazer por njngund ombre del mundo, e vos que fagades por mj lo que yo vos dixiere." "Señor," dixo el ynfante, "yo syenpre vos sere mandado en lo que vos q[ui]sierdes." "Pues quiero," dixo el enperador, "que rriades e que tomedes plazer. E yo reyre e tomare conbusco plazer." "Señor," dixo el ynfante, "fare yo todo el mj poderio pues a vos plaze."

De commo aparesçio el diablo al enperador e al ynfante Roboan en vn vergel en figura de donzella

El enperador e el ynfante Roboan entraron se luego al palaçio e fueron se a vn vergel muy noble que estaua allj çerca de la camara do durmje el enperador. E vieron vna dueña muy fermosa que se vañaua en vna fuente muy clara e muy buena que estaua en medio de aquel vergel. E esta era la dueña que los engañara, consejando les que pidiesen a la enperatriz los tres dones suso dichos por que la perdieron. E el enperador dixo luego al ynfante: "Amjgo, ¿conosçedes allj alguna cosa?" "Conosco," dixo el jnfante Roboan, "por la mj desauentura, ca aquella es la dueña que con muy grande engaño me saco de seso e de entendimjento e me fizo perder todo quanto bjen e quanto plazer e quanta honrra *[fol. 180v]* auja. E confondala Dios por ello." "Amen," dixo el enperador.

E ella començo luego a reyr e a fazer grand escarnjo dellos, e finco la cabeça en medio del suelo de la fuente, e començo de tunbar por el agua de gujsa que non pudieron estar que non reyesen, pero que el ynfante Roboan non podia reyr de coraçon. Mas de allj adelante reyeron e tomaron grand plazer e grand solaz en vno. "Bien aya mal," dixo el enperador, "que trae tan grand virtud consigo que de los tristes faze alegres e da entendimjento a los ombres para se saber mejor guardar en las cosas que le acaesçieren, ca este diablo maldito nos fizo sabidores para nos saber guardar de yerro e de non creer por todas cosas que nos acometan, njn por palabras falagueras njn engañosas, asy commo este fizo a mj e a vos. Pero sy a mj non oujera engañado primeramente, non pudiera a vos enganar en este logar, e asy yo non oujera conpañero con quien departir el pesar sy en mj cabo fuese. Mas pues conpañeros fuemos en la desauentura, seamos conpañeros en el conorte, e conortemonos lo mejor que podamos, ca el buen conorte vençe a la mala ventura. Ca non ay ombre por de mala ventura que sea que pueda sofrir la fortaleza de la desauentura, sy solo es en ella, que sy conpañero ha, espera e sufre mejor la su fortaleza. E por ende dizen que el mal de muchos alegria es."

De commo el enperador fino e finco el jnfante Roboan por señor de todo el jnperio de Trigida

Este enperador, despues que perdio a la enperatriz encantada, el fue casado e nunca pudo auer fijo njnguno, e murio se le la muger. E estando el jnfante Roboan con el, penso que sy el muriese, que fincarie el jnperio desenparado e que podrie venjr a perdiçion e a destruymjento. E conosçiendo al ynfante Roboan que tal era en caualleria e en todas las otras buenas costunbres, quiso que despues de sus dias, que quedase por enperador e por señor del jnperio. E asy lo resçibieron por enperador, e el auje grand sabor de los mantener en justiçia e en paz, ca los defendia e los anparaua muy bien.

E era toda la tierra reçelada de todos los sus vezinos, ca era bien serujdo e bien guardado de todos los sus vasallos, saluo ende de los siete condes consejeros del otro enperador que le consejaron que fiziese la pregunta por que non reye. E con reçelo que aujen del, trabajaron se de poner bolljçio en el jnperio quanto ellos pudieron, con parientes e con amjgos, rreçelandose de lo que aujen fecho contra el. Commoquier que el enperador non se querie [...] menbraua dello, ante lo dexaua olujdar. E non queria fablar en ello njn consentien a njnguno que fablase en ello, mas ante los resçebie muy bien sienpre e les fazie quanta honrra podie, e trauajauase en los asosegar, faziendoles bien e merçed e graçias señaladas entre los otros del su señorio, de lo qual se maraujllauan todos los

ombres buenos de su casa en fazer tantas honrras a aquellos que le traerian a la muerte sy pudiesen.

[fol. 181r] Pero el enperador, commo aquel que syenpre fizo bjen e merçed a todos en quanto el pudo, tomo la palabra del Euangelio que dize que non deue ombre rendir mal por mal. E esto es a los que se arrepienten del yerro que fizieron contra el enperador njn se queriendo dello arrepentjr quando le procuraron la muerte, mas estos, commo omes desauenturados, non queriendo conosçer el yerro en que cayeron, njn queriendose dello arrepentir njn entender quanta merçed les fazie el enperador, e non se queriendo acordar del mal pensamjento que pensaron contra el, njn queriendo el enperador ser vandero mas de los vnos que de los otros, e commoquier que conosçie bien los serujçios que cada vno dellos le fazie e lo el galardonaua a cada vno dellos, e ellos fablaron con dos reys sus vasallos del enperador, el vno el rey de Sasira e el otro el rey de Afira, muy ricos e muy poderosos, e fizieron les creyente que el enperador que los queria mal e que querie enbiar por ellos para los matar, ca commo era ombre estraño que non se pagaua de los naturales del ynperio, e mayormente de los poderosos, de gujsa que los pusieron en sospecha contra el enperador.

¡E mal pecado! De tan flaca conçiençia es el ombre que, mas ayna cae en el grand yerro que en grand esfuerço e con reçelo han de caer en yerro, e mueuen se los coraçones a fazer lo que non deuen. Onde dize el proberujo antiguo que qual palabra te dizen que tal coraçon te fazen. E mas que el ombre de flaco coraçon sienpre esta sospechoso e se mueue a tuerto. Onde estos dos reyes, estando en este mjedo en que los pusieran aquellos condes, e el enperador, queriendo yr a ver a su padre e a su madre e a su hermano, e yr en romeria a aquel monesterio que su padre el rey fiziera, do el nuestro Señor Dios faze muchos mjraglos, e queriendo dexar encomendada la tierra a aquellos dos reys con *[fol. 181v]* otros dos que eran de la otra parte del su señorio, enbjo mandar por sus cartas a estos dos reyes que se vjnjesen para el cada vno con poca gente, ca los querie guardar de costa.

E el rey de Garba e el rey de Safira, quando vieron las cartas del enperador en que les mandauan que se fuesen luego para el con poca gente, vjno se les hemjente de la dubda en que les pusieran los condes, e vjnjeron amos ados a se veer a vna tierra que es entre los dos reynos que era por partir entrellos, e tenje la en fieldad vn conde de aquellos que los aujen puesto en este reçelo. E enbiaron por los otros condes, e mostraron les las cartas, e ellos, despues que las cartas vieron, leuantose el vno dellos e dixo asy: "Señores, la mala voluntad quien la ha non la puede olujdar. E quien mal quiere fazer manera cata commo lo pueda conpljr a su saluo. ¿E non veedes que por conpljr su voluntad el enperador e poder acabar el mal pensamjento que tiene contra vos, que vos enbia mandar que vayades luego alla con poca gente? Digo vos, que por mj consejo que non yredes agora alla, mas que vos aperçibades e que vos agujsedes muy bjen con toda la mas gente que pudierdes auer, e mucho bjen armada. E vos veredes que vos quiere acometer sy non fuydes e por que vos defendades." E ellos creyeron lo e ffizieron lo assy.

De commo el enperador enbio al Cauallero Amjgo con el su mandado a aquellos dos reys que sse alçaron contra el

El enperador sopo de commo aquellos dos reys se alboroçauan, e demas que aquellos malos condes dieron ombres que fuesen a fazer entender al enperador que aquellos dos reys que non le querien obedesçer e que le querien correr la tierra. E demas, que fizieron prendas a los de la tierra del enperador en manera que se corrien los vnos a los otros. E los de la tierra fizieron lo saber al enperador de commo el rey de Garba e el rey de Safira e los condes le corrien la tierra. E el enperador, parando mjentes a la palabra del sabio que dize asy: "A los comjenços del mal te da acuyta a poner consejo, ca sy tarde vjene, non aprouechan la melezjna quando el mal por la grand tardança e luenga creçio e tomo grand poder." E non se quiso detener e apellido toda su tierra e fuese contra aquellos dos reys.

E los otros estauan muy bien aperçebjdos para se defender, pero que enbiaran dezir al enperador con vn cauallero que se maraujllan mucho, por qual razon se moujera contra ellos, ca ellos bjen creyen que njnguna cosa aujan fecho contra el por que los mal deujese querer njn fazer. E quando lo resçibieron por señor, que ellos fueron los primeros que el fueron besar el pie. E ellos amos ados le pusieron la corona en la cabeça despues que lo bendixo el arçobispo de Freçida, su chançeller, quando canto mjsa nueua en el altar de Santi Spiritus do el touo vegilla esa noche. Dixo el enperador al que troxo el mandado: "Cauallero, verdat es que asy passo todo commo lo ellos enbjan *[fol. 182r]* dezir. E yo syenpre los ame e los onrre entre todos los reys del mj jnperio, e fie dellos asy commo de leales vasallos deue fiar su señor que ellos bien quieren. Mas yo non se qual fue la razon por que se non quisieron venjr para mj quando yo gelo enbie mandar por mjs cartas. E queriendo los guardar de costa, enbieles mandar que se vjnjesen para mj con poca gente. E atan desmesurados fueron ellos que non me quisieron enbiar respuesta njn saber que era lo que los queria; e demas corrieron me la tierra e mataronme muy gran gente. Porque tengo que me erraron, yo non gelo meresçiendo, mas con todo esto, sy ellos se quisyeren venjr para la mj merçed asy commo deuen con poca gente, e me pidiesen merçed que los perdonase, creo que non fallarian al en mj sy non merçed e piedad, ca non es ombre en el que piedad non ay contra aquellos que conosçen su yerro e demandan perdon." "Sseñor," dixo el cauallero, "yo yre con este vuestro mandado a aquellos reys vuestros vasallos. E fio por la merçed de Dios que luego seran aqui conbusco a la vuestra merçed, e non quiero de plazo mas de vn mes." E el enperador lo touo por bjen e mandole que luego se fuese e que non se detoujese.

E el cauallero se fue a los rreys e dixoles lo que el enperador respondio a lo que ellos le enbiaron dezir. "Ca señores," dixo vn conde, "sy se siguen estas palabras con las que diximos luego en estas nueuas, podedes entender la voluntad que el enperador vos tiene. Bjen semeja que non ha mudado el talante malo, ca avn vos enbia dezir que vos vayades a el con poca gente, e quando el vos viere con poca gente, fara de vos lo que quisiere. E de aqui adelante, parad mje[n]tes en vuestras faziendas, ca sy non vos quisierdes guardar, vuestro sera el daño." E los reys, quando estas palabras oyeron, fueron muy espantados e commo omes syn buen consejo, non quisieron enbiar respuesta al enperador; ante enbiaron por todos sus amjgos para que los vjnjesen a ayudar.

De commo el enperador enbio al Cauallero Amjgo con el su mandado a aquellos dos reys que se alçaron contra el

El enperador atendio al plazo, e syn todo esto mando al Cauallero Amjgo que fuese *[fol. 182v]* con su mandado al rey de Garba e al rey de Safira, a saber dellos por que se alboroçauan e que lo non quisiesen fazer. E el Cauallero Amjgo, veyendo que esta mandaderia era muy peligrosa, dixole: "Señor, sy la vuestra merçed fuese, escusar me deujedes de tales mandamjentos e mandaderias commo estas, ca todo ombre para ser bjen razonado delante de grandes señores deue auer en sy seys cosas: la primera, deue ser de buen seso natural para entender las cosas que ha de dezir; la segunda, que deue ser de buena palabra e desenbargada para dezir las bjen; la terçera, que deue ser letrado para saber las bien ordenar en manera que acuerde la fjn con el comjenço, non diziendo razon desuariada; la quarta, que deue ser de alta sangre, que non aya mjedo de dezir lo que le fuere encomendado; la quinta, que deue ser rrico, ca todos los ombres oyen e aconpañan de buenamente; la sesta, que deue ser amado de los ombres, ca el ombre que non es bien quisto non le quieren oyr avnque todas las otras condiçiones buenas ayan en sy. E demas, para ser conplidas todas estas cosas en el ombre bien razonado, deue ser de buena fe e de buena verdad, en manera que en lo que dixiere non le sea fallada mentira njn le ayan de que reprehender. E commoquier, señor, que yo sea tenjdo de vos serujr e me vos amedes verdaderamente, non tengo que en mj aya njnguna destas buenas condiçiones saluo ende fe e verdad, que es la cosa deste mundo de que mas me preçio. Porque me semeja que serie mejor que escogiesedes a alguno de los vuestros vasallos en quien podades fablar todas estas cosas o las mas dellas conplidamente, e que vos podran mejor serujr en esta mandaderia que yo."

"Par Dios, Cauallero Amjgo," dixo el enperador, "parando mjentes al buen seso que Dios puso en vos e al vuestro buen razonar, e a la vuestra fe, e a la verdad, que non dexaredes de dezir verdad por mjedo njn por verguença, e de commo sodes amado, preçiado de todos comunalmente por estos bjenes que en vos ay, vos pongo en todos *[fol. 183r]* los mjs fechos de que me yo tengo por bien serujdo. E avn yo fio por Dios que las otras dos cosas que vos menguan de ser rico e señor, que las abredes muy ayna, e yo punare por vos llegar quanto pudiere."

E el Cauallero Amjgo fue con el mandado del enperador, e fallo a los dos reys ayuntados en vn grand canpo cerca de la çibdad de Palides, e los condes con ellos. E esta çibdad ha nonbre Palides porque esta çercada de lagunas que sallen de las Aguas Mjstas. E dioles sendas cartas que les enbiaua el enperador que eran de creençia, e el conde Faran se començo a reyr quando vido al Cauallero Amjgo e dixo a los reys: "Señores, agora veredes la soberuja e el engaño del enperador, ca este es todo el fecho del enperador, ca este es su consejero. E el por este se guja e non vos fablara si non con maestria e con engaño e con soberuja." E el Cauallero Amjgo oyolo e dixo le: "Por çierto conde, buen callar perdistes, e bjen vos pudierades escusar destas palabras sy quisierades, e a malas maestrias muera quien con malas maestrias anda." "Amen," dixo el conde. "E yo amen," dixo el Cauallero Amjgo. "Cauallero Amjgo," dixieron los reys, "dezid lo que quisierdes, e oyr vos hemos, e çesen estas palabras." "Sseñores," dixo el Cauallero Amjgo, commoquier que yo non sea atan conplido de razon njn de entendimjento asy commo era menester para dezir el mandado de mj señor, el enperador, delante de tan grandes señores njn tan conplidos de entendimjento commo vos sodes, e atreujendo me a la vuestra bondad e a la vuestra mesura, que sy yo en alguna cosa menguare, que el vuestro buen entendimjento que lo quiera entender e emendar mejor que yo, lo sabre dezir e dezir lo he lo mejor que supiere." E dixo asy: "Señores, el enperador, mjo señor, vos enbja saludar e vos enbja dezir que en el comjenço de la su onrra vos fuestes los mas acuçiosos e los que mas y fezistes para lo leuar adelante, e vos fuestes los que le pusiestes la corona primeramente en la cabeça, e el syenpre vos amo e vos onrro entre todos los otros del su ynperio. E por ende, que se maraujlla mucho porque le corredes la tierra e gela estruydes. Onde vos enbia rogar commo a aquellos que el ama verdaderamente que lo non querades fazer e que vos vayades luego para el. E sy en alguna cosa fallardes que vos menguo, que vos lo emendara commo vos quisierdes, pero que tiene que non vos erro en njnguna cosa. E puesto que vos oujese errado, tjene que vos cunple yr pues que emjenda vos quiere fazer, e sy la non quisierdes resçibjr, que del vuestro derecho faredes tuerto, ca mas de culpar es el que non quiere resçibir emjenda, sy a su onrra gela fazen, que el que fizo el tuerto."

De commo el Cauallero Amjgo fue presso e lo conpro vn mercador

[E]n antes que los reys rrespondiesen, leuantose el conde Faran e dixo: "Señores, sy bien parades mjentes a las palabras que este cauallero vos dixo, algo ay de la soberuja segund de antes vos lo dixe, ca vos enbja falagar con el pan e con el palo. E por Dios señores, dezid a este cauallero que avredes vuestro acuerdo, e que vos *[fol. 183v]* enbiaredes vuestra respuesta al enperador, e non rebatedes tan ayna a responder." E ellos fizieronlo asy e enbiaron con esta respuesta al Cauallero Amjgo al enperador.

E el Cauallero Amjgo tornando con su respuesta por su camjno al enperador, encontrose con la conpaña del conde Faran que andauan corriendo la tierra del enperador. E catiuaron a el e a todos los que con el yuan, e lleuaron los a vna çibdad que ha nonbre Alta Clara e dizenle asy por que esta en alto logar, ca paresçe de muy grand tierra. E tenjendolos allj presos, sacaron los a vender, e vn rico mercador fuelos a ver para los conprar. E quando vjdo al Cauallero Amjgo, pago se del e del su buen razonar, e dixo le: "Amjgo, djme ¿para que series tu bueno?" "¡Ay! ombre bueno," dixo el, "¿e quien vos dixo el mj nonbre?" "¿E commo?" dixo el mercador. "¿Amjgo te dizen?" "Amjgo," dixo el, "me dizen." "Plaze me," dixo el mercador, "pero djme, ¿para que seras tu bueno?" "Para ser libre," dixo el Cauallero Amjgo. "Bjen se yo eso," dixo el mercador, "mas djme sy quieres que te conpre." "¿E por que me pides consejo en el tu aver?" dixo el Cauallero Amjgo, "ca en la tu mano es de me conprar o non, pues que aqui esto presto para vender." "Amjgo," dixo el mercador, "atan entendido te veo que me conujene de te conprar." E luego lo conpro. "¡Ay! señor," dixo el Cauallero Amjgo, "pues que a mj conpraste, ruego te que conpres a aquellos que fueron catjuos comjgo, e sey tu bien çierto que seras de nos otros muy bjen serujdo e que avras por nos otros muy grand [...]. E el mercador fizo lo asy e vendieron gelos con tal condiçion que luego los pasase allende la mar a se los tener.

De commo el Cauallero Amjgo desbarato al conde Faran e lo mal ferio en la cara

[E]l mercador leuando los conprados, encontraron se con el conde Faran, e non sabja de commo la su conpaña los catjuaran e los vendieran. E el mercador, quando vjdo venjr al conde Faran pero con poca gente, mando al Cauallero Amjgo que subiese en su cauallo e a los otros dos en sendos cauallos, ca el se lleuaua asas cauallos para vender. E desque llego el conde a ellos, conosçio al Cauallero Amjgo, e dixole: "Bjen creo cauallero, que non me responderedes agora *[fol. 184r]* tan brauamente commo me respondistes delante de los señores reys oy a diez dias." "Conde," dixo el Cauallero Amjgo, "sy algo quisierdes dezir, respuesta avredes, la que non pudiera dar oy ha dies djas demjentra estaua en poder de la vuestra gente que me tenjen catiuo. Mas loado sea Dios, en poder esto deste ombre bueno que me conpro." "Non conprara," dixo el conde, e quiso se mouer para trauar del. E el Cauallero Amjgo puso mano a su espada, e todos los otros con el esso mjsmo, e firieron al conde de dos golpes e mataronle diez ombres. "Ea, ea don conde," dixo el Cauallero Amjgo, "que mas ouo aqui de respuesta. E esto pudierades vos muy bien escusar sy quisierades, pero folgad agora aqui vn poco demjentra que vos ymos a gujssar de comer." "Cauallero[33] Amjgo," dixo el mercador, "¿commo faremos agora? Ca çierto soy que la gente del conde se alboroçaran quando lo sepan, e vernan en pos de nos." "Yo vos lo dire," dixo el Cauallero Amjgo. "Aqui çerca esta vn castillo del enperador, e vayamos nos alla; ca yo trayo cartas de guja, e soy bien çierto que nos acogeran allj e nos faran mucho plazer." "Vayamos," dixo el mercador, "pero catad que non pierda yo lo que dj por vos otros." "Yo vos fago pleito e omenaje," dixo el Cauallero Amjgo, "que de vos non me parta ffasta que cobredes todo lo vuestro e mas, ca yo fio por Dios que yo vos dare muy buenos peños dello."

De commo el Cauallero Amjgo prendio a la muger a la fija del conde Faran

[fol. 184v] [E]llos yendo se por su camjno, encontraron se con la fija del conde Faran, que era pequeña, e con su muger e quatro ombres de cauallo con ellos. E quando el Cauallero Amjgo los vido, conosçio los e plogo le mucho, e dixo al mercador: "Señor, ya tengo peños buenos que vos de por mj e por mjs conpañeros." E tomaron a la condesa e a su fija, e prendieron las e a los q[ua]tro ombres que yuan con ellas. E la condesa cuydo que auja caydo en malas manos, pero el Cauallero Amjgo era cortes e muy mesurado en todas cosas, e mayormente contra dueñas, e dixole: "Condesa, non temades, ca non ay aqui njngund ombre que vos faga enojo sy non toda honrra e todo plazer. Mas esto rescibides vos por la soberuja de vuestro marido, el conde, pero tanto vos quiero fazer: la vuestra fija leuare muy guardada de toda desonrra e de mal. E yd vos al vuestro marido el conde que yaze ferido en el canpo de Tebres do el mostro la su soberuja quanto el pudo, syn Dios e syn rrazon, e vos gujsadle mejor de comer, ca quanto nos ya le gujsamos, e pensad de quitar vuestra fija, ca quitando a ella quitaredes a mj e a estos mjs conpañeros que fuemos vendidos de la vuestra gente a este ombre bueno que nos conpro. Ca sabed que el pago por nos otros quinjentos [fol. 185r] pesantes de oro, e ha menester que aya por ellos mill pesantes por el trabajo que ha pasado, e por el gualardon del bien que a nos fizo en nos sacar de poder del conde."

De commo la condessa fallo al conde Faran su marido mal ferido e de las cosas que le dixo que le contesçiera con el Cauallero Amjgo

[L]a condesa se fue e fallo al conde mal ferido en aquel canpo que le dixo el Cauallero Amjgo, e contole la desauentura que le conteçiera a ella e a su fija, e de commo el Cauallero Amjgo le fuera muy cortes, e lo que le dixiera. "Ea, conde," dixo ella, "mjedo he que estos bolljçios en que andades, que vos han de traer a grand peligro sy non vos partides dellos e vos non tornades a Djos, ca njn queredes oy[r] mjssa njn ver el cuerpo de Dios, que todo xristiano deue cada dja veer e acomendar se a el, njn le queredes fazer reuerençia quando lo veedes e asy commo deujedes, e sabjendo que las bestias mudas en quien non ay entendimjento le fazen reuere[n]çia; asy commo conteçio a Joran vuestro sobrino ayer en Alta Clara." "¿E commo fue eso?" dixo el conde. "Yo vos lo dire," dixo la condesa.

"Vos sabedes que Joran era cauallero mançebo e muy bullicioso, e muy abjuado en los deleytes deste mundo, e de muy suelta vida, e non preçiaua nada las cosas deste mundo njn las de Dios. Asy que quatro dias ha oy, estando en Alta Clara en su cauallo en la rua, pasaua vn clerigo con el cuerpo de Dios que leuaua en las manos, e yuan a comulgar a vn doljente. E oyendo la canpanjlla e veyendo la conpaña que yuan con el por onrrar el [fol. 185v] cuerpo de Dios, e dezienle todos que se tirase a vna parte; non quiso, e el cauallo, queriendo se apartar de allj, el dauale sofrenadas. E quando el cauallo vjo que venja çerca el clerigo con el cuerpo de Dios, finco los ynojos en tierra, e Joran firiolo con el freno e leuantolo. E esto fizo el cauallo muchas vezes fasta que fue pasado el clerigo con el cuerpo de Dios. E Joran començo de fazer mal al cauallo, diziendole todos que non lo fiziese, ca muy buen enxienplo auje dado a todos los del mundo para que fiziesen reuerençia al cuerpo de Dios. E el faziendo mal al cauallo, lanço las coçes e sacudiolo en tierra, en manera que luego fue muerto syn confession e syn comunjon. E luego se fue el cauallo aquella iglesia do era el clerigo que yua a comulgar al doljente, e non lo podian mouer a njnguna parte, non faziendo el mal njnguno. E porque entendieron que era mjraglo de Dios, mandaron lo allj dexar, e allj esta que se non mueue.

"E bien paresçe que nuestro Sseñor Dios demuestra los sus mjraglos en aquellos que non fazen reuerençia a nuestro Señor Ihesu Xpisto. Ca oy dezir que vn rico ombre enbjaua vn su ombre con su mandaderia a grand prisa; aquel[34] ombre encontrose con vn clerigo que yua a comulgar a vn doljente. E el ombre aconpañolo a la yda e a la venjda, e despues fuese a su mandado. E porque tardo, mando su señor que lo lançasen en vn forno que estaua allj en su casa ardiente. El mançebo, quando se vjdo en aquel peligro, finco los ynojos en tierra e rrogo a Dios que le oujese merçed. E el forno estando ardiente, lançaronlo dentro e resçibiolo nuestro Señor Ihesu Xpisto en sus manos, e quantos allj estauan lo vieron estar en medio del forno, e de commo lo tenja vna criatura en las manos que non se fizo mal njnguno. E quando fue el forno frio, mando su señor que lo sacasen e sacaron lo syn njnguna ljsion. E sy a los señores terrenales fazemos reuerençia, quanto mas la deuemos fazer a nuestro Señor Ihesu Xpisto, que tanta merçed nos fizo en sacar nos del poderio del diablo, conprando nos por la su preçiosa sangre, e queriendo sufrir muerte e pasyon por nos. Onde vos pido por merçed, señor," dixo la condesa, "que vos querades guardar e parar mjentes en estas palabras e cosas, e Dios guardara a vos e a nos." "Condesa," dixo el conde, "vayamos nos e quitemos nuestra fija, e desy pensemos en lo que auemos de fazer en estas cosas."

E fueron se e enbiaron a quitar su fija, e non pensaron en al. E desque pagaron los mill pesantes de oro, el mercadero fue con el Cauallero Amjgo al enperador, ca ya lo sabia de commo fuera catjuo el Cauallero Amjgo. E plogole mucho con el, e dio de su algo al mercadero e tornose.

De commo el enperador peleo con los reys e los vençio

[L]os reyes non enbiaron respuesta njnguna al enperador, e despues que el enperador vjdo que non le enbiauan respuesta njnguna, fuese contra ellos. E fallo los do estauan en vna tierra que era muy llana e muy grande, çerca de la ribera del rrio de las Aguas Mjstas, con muy grand gente e muy bien gujsados. E veyelos el enperador a todos muy bien, ca desçendie de vn puerto muy alto, e tenje los commo a so pie. E luego que llego el mandado a los reys de commo el enperador *[fol. 186r]* pasaua el puerto con su gente e con su hueste e los vieron, armaron se e pararon sus hazes commo aquellos que aujen grand sabor de se defender o de morir. E el enperador ouo asaz que fazer con toda su gente en desçender todo ese dia al llano, de gujsa que esa noche folgaron, e otro dia en la mañana fueron todos armados, e endereçaron sus hazes, e fueronse los vnos contra los otros. E de que se bolujeron, fuela fazienda muy ferida, de gujsa que todo el canpo estaua lleno de muertos e feridos. E tan grande era el ruydo de las bozes que dauan los feridos, quexandose de las feridas e de las llagas, que non se podian oyr los vnos a los otros, entre los quales andaua el enperador muy cruel, faziendo golpes muy estraños, de gujsa que el que con el se encontraua non escapaua de sus manos, ca muerto o mal ferido luego auja de caer del cauallo. E desy encontrose con el rey de Garba, e fuelo ferir con la espada de gujsa que le corto el braço derecho. E de sy torno otra vegada e diole otro golpe porençima del yelmo que le fendio fasta los ojos, de manera que cayo muerto en tierra.

E quando estas nueuas oyo el rey de Safira, pesole de coraçon, pero que començo de conortar su gente e de la esforçar, e començaron a ferir muy de rezio en la gente del enperador. E sobrevjno al rey de Safira muy grand ayuda de muy buena caualleria, de manera que arrancaron al enperador del canpo, de manera que non salieron *[fol. 186v]* con el sy non fasta tres mill caualleros o pocos mas, ca todos los otros fincaron en el canpo muertos e feridos. E quando el enperador se vido desenparado e la su gente toda muerta, e fincaua solo sy non con tres mill caualleros de treynta mill que el a[u]je leuado, touose por desanparado. E apartose al pie de la sierra de aquel puerto por do auje entrado, e començo de conortar aquellos caualleros lo mejor que podia. E desarmaron se, ca estauan muy cansados. E los otros fincaron se esa noche desarmando los caualleros muertos, e los que fallauan feridos matauan los, que non dexauan vno a bjda, e desarmauan los e tomanles todo quanto les fallauan.

De commo el enperador torno otro dia a la batalla e la bençio e arrinco todo el canpo

[L]euantose el enperador a la medianoche e apartose de su gente, e començo de fazer su oraçion a Dios, pidjendo le merçed que sy en alguna cosa le auje errado, que lo perdonase, e sy entendie que non era para aquel logar, que leuase a el do el toujese por bjen, e que pusiese allj otro que lo meresçiese mejor. "Pero Sseñor Dios," dixo el enperador, "por muy pecador me tengo en se perder tan buena gente commo oy murio oy aqui por mj; porque te pido por merçed señor que te plega de me perdonar." E el enperador, estando en esta oraçion e en este pensamjento, oyo vna boz del çielo que le dixo asy: "Roboan, amjgo de Dios, non te desesperes, que Dios es contigo, ca bien sabes que el rey de Menton, tu padre, nunca desespero de la merçed de Dios por njngund enbargo que le vjnjese, e Dios le ayudo en todos los sus fechos. Por ende, esfuerçate en la merçed de Dios, e el sera contigo e te ayudara. E vengate emjente del pendon que te dio la enperatriz, fija de la Señora del Paresçer, que fizieron las siete donzellas santas, e sacalo e ponlo en vna asta muy luenga. E çierto sey que luego que lo vean tus enemjgos, se te dexaran vençer e los prenderas a todos."

E quando estas palabras oyo el enperador, membrosele de lo que le dixo la enperatriz quando le dio el pendon, que doquier que entrase con el, que vençerie. E plogo a Dios que el arca do estaua el pendon, que finco con todo el repuesto del enperador ençima del puerto, e vjno se luego para su gente. E enbio por aquella arca do estaua el pendon muy bien guardada entre muchas reliquias. E luego que gelo truxieron, abrio el arca do estaua el pendon, e finco los ynojos, e saco el pendon con grand deuoçion, llorando de los ojos, ca tenja que pues aquella voz del çielo desçendia, e le fizo emjente del pendon que grand virtud auja en el, e asy era. E aquellas syete donzellas que el pendon fizieron, bjen auja cada vna dellas setenta años, ca en tienpo de su abuelo de la enperatriz naçieron, e todas de vn vjentre. E ella las crio, e las donzellas fueron syenpre de tan buena vjda que non quisieron casar, mas prometieron castidad, e mantoujeron la syenpre muy bjen e muy santamente, de gujsa que Dios *[fol. 187r]* fazia por ellas en aquel ynperio muchos mjraglos. E nunca labrauan cosa por sus manos en que Dios non pusiese señaladamente su virtud.

E quando amanesçio, saco el pendon el enperador con su asta muy grande e mucho buena, e dixo a los caualleros: "Amjgos, ayer fuemos en el comjenço e en el medio de la batalla muy bien andantes, mas la fin non nos fue buena commo vistes, e esto tengo que fue por mjs pecados. Pero nuestro Sseñor Dios, aujendo de nos piedad commo sseñor poderoso, non tenja por bjen que fincasemos asy desconortados, e mando que vayamos a ellos, ca non nos esperaran que todos los prenderemos, ca çierto so que ha de ser asy de todo en todo." "Sseñor," dixieron los caualleros, "mucho nos plaze, ca mejor nos es la muerte que asy escapar vos, e nos con esta desonrra tan grande e con tan grand perdida commo aqui fezimos de amjgos e parientes."

E moujeron todos de buena voluntad para morir o para vençer. E fueron los fe[rir], e asy commo vieron los del rey de Safira el pendon, asy moujeron e bolujeron las espaldas e començaron a fuyr. El enperador e los suyos yuan en poz ellos matando e firiendo, de gujsa que non finco njnguno dellos que non fuese muerto o preso. E el rey de Safira fue preso. E el conde que mas bolujo aquella discordia que fue entre el enperador e aquellos dos reys. E el enperador e los suyos, gradesçieron mucho a Dios quanta merçed *[fol. 187v]* les fiziera en querer que ellos vençiesen atan syn daño dellos, ca njnguno non fue alli ferido njn llagado de la otra parte. E toujeron que esto fuera mjraglo de Dios, ca los otros eran diez tantos que ellos, e segund razon ellos deujeran vençer a los otros, e [m]ayormente aujendo tan buenos caualleros de la vna parte commo de la otra. Mas nuestro Señor, parando mjentes a la bondad del enperador e a las grandes merçedes que le auje fecho en muchas cosas, e non queriendo menguar en njnguna cosa de lo que auje fecho, en el touo por bjen de lo guardar en su honrra e que los otros fuesen vençidos e el vençedor.

Onde bjen auenturado es el que a Dios ha por sy, ca este tal non ha por que temer njnguna cosa. E por ende dize en la Santa Escriptura: "Sy Dios es con nos, ¿quien es aquel poderoso que sera contra nos?" Asy commo sy dixiese: "Non njnguno." Ca grand locura e mengua de entendimjento serie en querer njnguno, por poderoso que fuese en este mundo, parar se contra el poder de Dios que es sobre todos los poderosos.

De commo el enperador mando cortar la cabeça al conde Faran e lo dio por traydor

Desque el enperador vjdo que todo el canpo auje fincado en el, mando a su gente que se desarmasen e que folgasen, commoquier que poco afan tomaron en aquella batalla, ca Dios ljdiaua por ellos, e mando que troxiesen antel al rey de

Safira e al conde Faran que tenje presos. E el enperador pregunto al rey de Safira qual fuera la razon por que se moujeran el e el rey de Garba contra el. E el rey de Safira le dixo: "Sseñor, yo non se otra razon sy non por nuestra grand desauentura, e porque non nos sopimos guardar del mal consejo, e señaladamente del conde Faran que aqui esta, ca el fue comjenço deste mal, ca el e los otros condes que aqui murieron, nos metieron en muy grand mjedo e en grand sospecha de vos que nos queriedes matar. E señaladamente nos dezien que era asy porque nos enbiauades mandar que fuesemos con poca gente, por que mas de ligero nos pudiesedes matar. E demas porque erades ombre estraño que non amauades a los naturales del jnperio. E non vos dira el conde al, ca sy lo quisiere dezir, yo me fare su par, e le porne a ello las manos, e le fare dezir que es asy."

El conde non oso negar la verdad, e dixo que asy pasara todo commo el rey de Safira dezie. "Conde," dixo el enperador, "tuerto grande me faziedes, ca nunca vos meresçi por que, e por ende non aujedes por que poner este bolljçio contra mj en el mj señorio; mas agora tengo que es verdad que dize el enxienplo antiguo, que los pies que vsados son de andar, que non pueden quedos estar. E el que en malas obras suele andar, non se puede dellas quitar. E vos conde, bjen sabedes que vos fuestes el que me consejastes con el conde de Lan quando yo al enperador primeramente que le preguntase por que non reye. E esto me consejastes, por que el enperador me mandase matar, ca asy lo auje por costunbre de lo fazer a quien aquella pregunta le fazie. E pensando que por aquello non se cunplio la vuestra voluntad, quisistes poner *[fol. 188r]* bolliçio en el mj señorio por me lo fazer perder. E non quiero que la terçera vegada lo prouedes, ca dize vn sabio: 'Sy tu amjgo te errare vna vez, confondalo Dios; e sy dos, confonda Dios a ty e a el; e sy tres, confonda Dios a ty solo porque tanto lo sofriste.' E por ende, quiero que seades vos confondido la segunda vegada ante que yo sea la terçera."

E luego le mando cortar la cabeça commo aquel que lo meresçie, queriendo deseredar a su señor, consejando a los de su señorio que se le alçasen e le fiziesen guerra, ca esa mesma pena mereçe el que mal consejo da commo aquel que faze el mal por consejo de otro. "Ea, ea, don conde," dixo el Cauallero Amigo, "ca derecho es que por la sentençia que tomastes sobre vos el dia que me dixistes, que yo andaua con maestrias. E yo dixe vos que ama las maestrias muriese quien con malas maestrias andaua, e respondistes: 'Amen.' E bien deujerades vos entender que estos bolljçios a mal vos aujan a traer, ca este casamjento malo entre vos e los reys vos lo ayuntastes, onde conujene que ayades las calças que meresçedes." "Pa[r] Dios," dixo el conde, "en saluo parlades, ca sy a vos toujese en tal logar commo vos tenedes a mj, yo vos daria la rebidada." "Comed agora," dixo el cauallero, "esta rosca destas bodas." E luego le cortaron la cabeça. E por ende dizen que de tales bodas tales rroscas.

Desy el enperador mando al rey de Safira quel fiziese entregar luego de todas villas e castillos del reyno. E el rey le dixo que fuese el andar por el reyno e que le resçibrian en las villas e en los castillos del reyno syn dubda njnguna; ca tal fuero era en aquella tierra, que sy el enperador cuyo vasallo el era, e en cuyo señorio *[fol. 188v]* era poblado, vjnjese a la tierra, que lo aujan de resçibir, yrado o pagado, con pocos o con muchos, maguer era su heredamjento del rey e lo heredara de su padre, ca guerra e pas deue fazer al enperador su señor. E dixo que fuese a la mayor çibdad que era en su reyno, a [l]a qual dizen Montezillo. E este nonbre tomo porque era la tierra de color de çielo, e toda es a manera de çafires, ca todos los çafires orientales que son finos, en aquella tierra son. E aquella es la mas postrimera tierra poblada que sea escuentra oriente. E allj se acaba Assia la Mayor escuentra la parte de çierço. Onde conujene que se diga aqui algo de las tres partes del mundo que fizo Noe, e ado comjença cada vna e ado se acaba, e por que es dicha Asia Mayor.

Fallase por las estorias antiguas que despues que se partieron los lenguajes en setenta lenguajes como oystes dezir, començaron los gentiles a derramar, e començo Noe de los ayuntar e de los consejar. E partio el mundo por tres terçios, e puso termjnos conosçidos a cada terçio, e partio los a sus tres fijos; e llamo al vno Europa e al otro Asia e al otro Africa. E [E]uropa es a la parte de çierço, catando ombre a oriente de cara, e comjença ençima del mundo çerca de oriente sobre el jnperio de las Jnsolas Dotadas. E vjene por las tierras de los turcos e por las syerras de God e Magod, e por las tierras de Alamaña e de Esclamouja, e de Greçia e de Rroma, e por las tierras de los galesos, e de los picardos, e de los bregones, e por la tierra de Bretaña, e por las tierras a que dizen Arquibia, que quiere dezir la grand tierra, e por la tierra de Gascueña, e por los Alpes de Burdel, e por las tierras de España. E ençima se en la ysla de Caljz que poblo Ercules, en vna iglesia que es ay ribera de la mar, quanto a dos leguas del castillo de Caljz. E fue y librada por Mojon, e pusieronle nonbre los que vjnjeron despues, San Pedro. E nunca este nonbre perdio, e dizenle agora Sante Petre, ca asy gelo mandaron los otros.

El terçio de Asya es partido en dos partes: la vna es a la parte de oriente, e comjença del rio de Eufrates fasta fondon de España, e dizenle Asya la Menor. E a la mano derecha desta Asia es la mar que dizen la Mar Yndia. E en esta Asia la Mayor son las tierras de Yrges,³⁵ e ally llaman Alfares e Aljd e Aljndia. E a la parte de çierço della son las tierras de Çim, e a la parte de medio della son las de Alçinde e de Àlegag, e a la partida de los etiopes a que dizen canjculos porque comen a los omes blancos do los pueden auer. E el rio de Eufrates parte entre Asya la Mayor e Asia la Menor, e al otro cabo desta Asia la Menor es el Oljmjo e el desierto. E ay entre la tierra de Africa e el desierto vnas sierras a que dizen Guiberdaran, e tienense con aquellas sierras vnos arenales que son de arena menuda commo el poluo. E con la

aueliga del desierto mueuense los bjentos e lança aquel poluo de vn logar a otro, e a las vezes faze se muy grand mota que semeja que allj fue syenpre echada. E cabo este desierto andudieron los fijos de Yrrael quarenta años fasta que llego el plazo a que Dios quiso que entrasen en la tierra de Cananea e poblase la tierra del fijo de Noe que es en Asia la Menor contra la parte de los fijos de Yrrael. E pobla se la tierra de Arabia que es en la proujnçia de Meca, e los otros morauan en tierra de Cananea, que es en la proujnçia de Jherusalem.

E el otro terçio *[fol. 189r]* de Africa comjença de Alexandria con vna partida de la proujnçia de Egipto, e tiene desde la çibdad de Barca que [...] en la parte de oriente fasta Tangad Aladja, que es en la parte de po[n]iente. E dizenle en ladjno Mauritana, e tiene en ancho desde la mar fasta los arenales que se tienen con las tierras de los etiopes. E son grandes arenales e grandes sierras, e van desde ponjente fasta en oriente.

E esto destas tres partes del mundo fue aqui puesto por que lo sepan aquellos que quieren andar por el mundo, e mayormente aquellos que quieren valer mas e prouar las tierras do se podran mejor fallar e mejor beujr, asy commo contesçio a este enperador que andudo por las tierras, faziendo bjen fasta que Dios lo puso en el logar que oystes.

E commo el enperador perdono al rey de Safira, e el enperador se fue aquella çibdad que dezien Montezillo, e fue alli resçibjdo muy onrradamente, e commoquier que veyen a su señor en la presion del enperador. E la gente de aquel logar era muy rica e muy apuesta e bjen acostunbrada, e bjujen en paz e en justiçia todos comunalmente, e en alegria grandes e pequeños. E otro dia despues que allj entro el enperador, el obispo del logar, que era chançeller del rey, e los de la tierra, pidieron por merçed al enperador por el rey. E el enperador, por grand piedad que ouo del, perdonolo por que vjdo que era muy buen rey, e de buen entendjmjento, e que le non quiso negar los fueros de la tierra. E mando a los de la tierra que lo resçibiesen por señor, asy commo de nueuo, ca los de la tierra non lo aujen de resçibjr syn mandado del enperador, pues errado le auje e le falleçiera en la verdad que le deujera guardar. E ellos lo resçibjeron muy de grado commo aquel que era amado de todos. E fizieron muy grandes alegrias con el, tenjendo en grand merçed al enperador la graçia que les fiziera.

E otro dia en la mañana, leuaron al enperador a vn vergel que tenja çercado de alto muro dentro en la villa en que estaua labrada vna al[cob]a muy alta a bobeda, e la boueda era toda labrada de obra morisca de vnas piedras çafires muy finos. E en medio del alcoba vn çafir fecho commo pelota ochauado, tan grande que dos gamellos non podian leuar atan pesado es, e de tan grand virtud que todos los ombres e las bestias que alguna ynchadura han, e los ljeuan allj e los ponen delante aquella piedra, que luego son sanos. E eso mismo faze en la sangre, que aquel a quien sale sangre e lo ponen delante, luego queda que non salle. E el enperador mismo lo fizo prouar que fizo dellogar muchas reses delante aquella piedra safir, e nunca salia la sangre dellos, e rresollaua la[36] degolladura e non morian fasta aquel tienpo que podrien morir, non comjendo njn beujendo segund que pueden morir todas las reses bjuas deste mundo que se non pueden mantener syn comer e syn beuer. E njnguno non crea que en el çafjr otras virtudes ha sy non estas dos: la vna contra ynchadura, e la otra contra el fluxo de sangre. E çiertamente esta es la tierra onde los çafires finos e virtuosos vienen señaladamente de aquella tierra del reyno de Çafira. E por ende le dizen aquella tierra Safira que tomo el nonbre de Çafjr. E desque el enperador ouo andado por aquella tierra e la sosego, e fue por el re[g]no de Garba, que es mucho abondado de todas cosas e muy plentioso, e todo *[fol. 189v]* lo mas se riega de las aguas de Trigujs e de Eufrates. E este regno dexolo a Garbel, vn cauallero su vasallo ançiano e de muy bjen entendimjento, e muy buen cauallero de armas por quel semejo que concordaua[37] el su nonbre con el nonbre del regno; fue muy buen rey e muy quisto de los de su reyno. E este cauallero fue el que dio el rey de Menton, su padre, por consejero quando se del partio. E otrosy dio el condado del conde Faran al Cauallero Amjgo; e los otros seys condes de los otros seys condados que fueron muertos en aquella batalla dio a los otros sus caualleros, aquellos que entendio que gelo mas aujan serujdo e lo meresçian; ca muy poca gente le auja fincado de los trezientos caualleros que leuo consigo, pero a todos los que escaparon, fizo mucha merçed en los heredar e los honrrar en todo quanto pudo, de gujsa que non ouo y njnguno dellos a quien non pusiese en buen estado e onrrado por el buen serujçio que aujan fecho. Onde todos los de la tierra loauan al enperador porque tan bien galardonaua aquellos caualleros del serujçio que le aujan fecho. E todos aujan por ende muy grand sabor de le serujr, tenjendo que asy gelo galardonaria a ellos el serujçio quel fizieron. E por çierto muy grand derecho es que quien bien fiziere que buen galardon aya.

E el enperador andudo por la tierra con estos condes e con todos los otros a quien heredo, e los metio en posesyones, e los dexo asosegados cada vno en sus logares, e con amor de los de la tierra, faziendo a todos merçedes señaladas en lo quel demandauan. E todos los del jnperio eran muy ledos e muy pagados por quel aujan por señor, ca los amaua muy verdaderamente, e los guardaua en sus buenos vsos e en sus buenas costunbres, e era muy catoljco en oyr sus oras con deuoçion e syn burla njnguna, e en fazer muchas graçias a las iglesias, dotandolas, e villas e castillos guarneçiendolas de nobles ordenamjentos, segund que menester era a las iglesias. E entre todos los bienes que el enperador auja, señaladamente era este que fazia grand justiçia comunalmente a todos. E la graçia que fazia nunca yua contra ella njn contra las otras que los enpera[re]s aujan fecho, ante gelos confirmaua por sus cartas e por sus preujllejos, buldados con buldas de otro. E nunca sabia ombre que contra ellas pasase, a quien non fiziese enemjgo en la persona, ca tenja por derecho que njngunos pasasen contra las graçias quel fizo,

njn contra las otras que los enperadores fizieron, pues el tenja por derecho de las guardar. Ca grand atreujmjento e grand locura es en atreuer se njnguno a yr contra las cosas que faze, por fazer graçia e merçed aquellos que lo han menester. Ca el que faze la graçia e la merçed, non tan solamente faze honrra aquel que resçibe la graçia, mas a sy mesmo que es honrrado e loado de Dios e de los ombres por el bjen que faze. E por ende, dizen que la honrra que non es en aquel que la resçibe mas en aquel que la faze, e *[fol. 190r]* asy el que quiere las graçias e las merçedes de los señores desfazer e yr contra ellas en dicho njn en fecho njn en consejo deue ser desamado de Dios e de los ombres, e deue sofrir las penas de los crueles, e syn piedad que non se syenten del mal e del daño de sus xristianos, ca todos somos asy commo hermanos, e nos deuemos amar segund la fe de Ihesu Xpisto que tomamos.

De commo el enperador enbio al conde Amjgo a la ynfanta Seringa

El enperador, estando en el mayor ssosiego que podrie ser con los de la tierra, pidieron le por merçed que tomase muger en manera que oujese ljnaje despues de sus dias, e que mantoujese el jnperio. E los vnos le no[m]brauan fijas de enperadores e los otros fijas de reys. E el, estando en este penssamjento, vjno se le emjente de las palabras que oujera con la ynfante Seringa, e enbio luego alla al conde Amigo, al qual dezien Cauallero Amjgo, a saber sy era bjua o sy era casada, e sy la fallase bjua e non casada, que le diese vna su carta de creençia que le enbiaua, e que le dixiese de su parte que queria conpljr lo que le prometiera de casar con ella sy a ella pluguese. E el conde Amjgo se fue luego e fallo a la jnfante Seringa en aquella çibdad do la aujen dexado, e pregunto sy era casada. E el huesped le dixo que non.

E otro dia en la mañana fue la a ver, e el, entrando por la puerta, conosçiolo ella, pero que non se acordaua de su nonbre. E dixo le ella: "Cauallero, ¿commo auedes nonbre?" "Sseñora," dixo el, "Amjgo." "¡Ay, Cauallero Amjgo!" dixo ella, "vos seades mucho bjen venjdo. Dezid me por la fe que deuedes a Dios, ¿commo le va a mj amjgo el jnfante?" "Sseñora," dixo el Cauallero Amjgo, "muy bien." "¡Bendito el *[fol. 190v]* nonbre de Dios!" dixo ella, "ca vna de las cosas que yo mas cubdiçiaua oyr es esta. ¿E sy se le vjno emjentes nunca de quanto bjen fizo a mj e a la mj tierra?" "Sseñora," dixo el conde Amjgo, "sy algund bjen fizo, olujdado lo a, ca nunca se le vjene emjente del bjen que faze, mas de lo que ha de fazer. E enbiauos esta carta que escriujo con la su mano." E la jnfante abrio la carta e leyola e fallo dentro vna sortija con vn rubj pequeño muy fino que ella le auja dado al jnfante muy encubjertamente quando della se partio. E quando la vido, demudose le la color, ca resçibjo con la sortija plazer e pesar. Resçibio plazer cuydando que gela enbiaua con aquel cauallero por que lo creyese de lo que le dixiese, e resçibjo pesar cuydando que era finado e que mandara que gela diesen. "Sseñora," dixo el Cauallero Amjgo, "sy me queredes oyr la mandaderia por que vjne, sacar vos he de esse pesar tan triste en que estades." "Cauallero Amjgo," dixo la jnfante, "Dios vos lo dexe bjen dezir." "Amen," dixo el. "E asy sera." Dixo el conde Amjgo, "Mjo señor el enperador vos enbja mucho saludar." "¿E qual enperador?" dixo la jnfanta. "Roboan vuestro amjgo," dixo el conde. "¿E donde es enperador?" dixo la jnfante. "Del jnperio de Trigida," dixo el. "¿E commo olujdara," dixo la ynfante, "la cosa deste mundo que mas amaua, por le fazer Dios bjen e ser enperador?" "Sseñora," dixo el conde Amjgo, "non olujdo, ca por eso me enbio aca a saber de vos sy erades casada, e sy lo non fuesedes, que vos plugujese de casar con el." "¿Traes cartas," dixo la jnfante, "para el conde Ruben, mj tio?" "Sy, señora," dixo el. "Pues ruego vos," dixo la jnfante, "que lo fabledes con el e le digades lo que aues de dezir. E non le digades que fablastes comigo en esta razon." E el fizo lo asy.

Quando el conde oyo estas nueuas, plogole de coraçon, e fuese para la ynfante e dixole: "Sseñora, ¿non me dades albriçias?" "Dare," dixo la jnfante, "sy buenas nueuas me dixierdes." "Çiertamente, sseñora," dixo el conde, "tan buenas son que so çierto que vos plazera con ellas." "Yo las oyre de grado," dixo la jnfante, "sy vos quisierdes." "Sseñora," dixo el conde, "el jnfante Roboan vuestro lidiador e defendedor es enperador de Trigida e enbja por vos para se casar conbusco." "¡Ay, conde!" dixo la jnfante. "¿E consejar me lo yades vos?" "Par Dios, señora," dixo el conde, "sy." "E conde," dixo la jnfante, "¿ternjedes por bjen que yo dexase desmanparado el reyno?" "Sseñora," dixo el conde, "non puede fincar desmanparado quando oujere por defendedor atan poderoso enperador commo aquel es." "Conde," dixo la jnfante, "yo por vuestro consejo me guje fasta aqui, e me gujare de aqui adelante, e fazed y commo entendierdes que sera mas mj honrra e vuestra."

El conde mando fazer cartas de la jnfante para todos los del regno para fablar con ellos cosas que eran a grand *[fol. 191r]* honrra della e grand pro de la tierra. E ellos fueron luego ayuntados asy commo ella lo enbio mandar. E despues de las ochauas de[38] resurreçion, el conde, tio de la jnfante, fablo de parte de ella a todos los ombres buenos que eran y llegados. E dixo les de commo el ynfante Roboan, fijo del rey de Menton, el que ljdiara por la ynfante e le fizo cobrar las villas e los castillos que auje perdido, e la fizo asegurar a todos sus vezinos los reys que la querian deseheredar, e es enperador de Trigida, que enbia a demandar la ynfante por muger, e que dixiesen lo que y entendiesen, ca ella non queria fazer njnguna cosa syn consejo de los de la tierra.

E ellos gelo toujeron en grand merçed, pero los vnos dezian que sy ella los desmanparase, que por auentura los enemjgos que ante auja, que se leuantarian de nueuo a les fazer mal e astragar el regno. Pero a la fin, acordaronse todos

de le consejar que lo fiziese, ca la honrra della era onrra dellos mesmos. E enbiaron rogar al rey de Bran, hermano de la rreyna madre de la jnfante, que quisiese yr con ella e la aconpañar e la onrrar en ese dia. El rey gelo otorgo e fue con ella muy grand cauelleria e muy bien gujsada. E la ynfante leuo consigo muchas dueñas e muchas donzellas, las mas fijas dalgo, e mas acostunbradas que en todo el regno auje. E fueron por todas çiento, vestidas de paño de oro e de seda, ssegund la costunbre de aquella tierra. E començaron ssu camjno de gujssa que entraron en el señorio del enperador la fiesta de Pentecoste, e oujeron de asperar mandado del enperador, de commo la jnfante Seringa era salida de su tierra e se venja para el, e de commo venja con ella el rey de Bran con muy grand cauelleria, e ella que traya çient dueñas, [d]onzellas muy fijas dalgo e muy bjen vestidas. E el enperador, quando lo oyo, fue muy ledo commo aquel que non puede auer folgura en su coraçon desque enbio a la ynfante al Conde Amjgo, pensando sy la podria auer e cuydando que seria casada porque era ya el plazo de los tres años quel diera a quel atendiese pasado. E çiertamente dio a entender a todos que resçibiera grand plazer. E luego enbio por todos los reyes, sus vasallos, e mandoles que saliesen a la acoger, e que les diesen todas las cosas que les menester fuesen. E les fiziesen muchas onrras e muy grandes, commo aquellos que cubdiçiauan ver casado al enperador, su señor, muy bien. E quando sopo çierto el enperador que venja, ssaliola a resçibjr a dos jornadas del rio de Trigris, a vna çibdad que dizen Ledica. E fuela tomar por la rrienda, e fuese derechamente a vn monesterio de dueñas que era fuera de la çibdad e era y con el enperador el arçobispo, su chançeller. E entraron en la iglesia e velolos, e salieron dende. E fueron se para la çibdat do fuera resçibjda por enperatris muy honrradamente, asy commo conuenja. E este casamjento *[fol. 191v]* fue fecho el dia de Sant Juan.

[Dize el] cuento que esta fue la mas fermosa muger que en aquellas partidas fuese criada, e Dios quisiera ayuntar su fermosura con apostura e bondad, de gujsa que quantos la veyan ser amos ados en su estrado, non se fartauan de los catar njn aujan sabor de comer njn de beuer njn de dormjr. Ante estauan commo ombres olujdados que de sy mesmos non se acordauan sy non q[ua]ndo ellos se leuantauan del estrado para se yr folgar. Mucho se toujeron por bjen auenturados los de la tierra, por aquel casamjento tan egual en onrra e en postura e en amor verdadero que entrellos auja. E verdaderamente asy era, ca todo lo que al vno plazia, plazia al otro, e de lo que el vno se pagaua, se pagaua el otro. E non se despagauan por cosa que viesen, e de tal gujssa los ayunto Dios e los bendixo que entre ellos non aujan menester medianero en njnguna cosa que por qualquier dellos se oujese de fazer.

E a cabo de vn año oujeron vn fijo que podredes entender que podria naçer de tan buen ayuntamjento commo del enperador e de la enperatriz. E este fue llamado por nonbre Fijo de Bendiçion. E çiertamente bendicho fue entre

todos los ombres deste mundo, ca este fue onrrador de su
padre e de su madre e muy mandado a todos los ombres
deste mundo. Ca este fue onrrador de su padre e de su madre
e muy mandado a todas las cosas que ellos querian, e amador
de justiçia con grand piedad, e muy granado en sus dones al
que entendia que lo auja menester, de gujsa que njnguno en
el su reyno non era pobre njn auja njnguna mengua, sy por
su grand maldad non fuese.

En quanto este njño ovo syete años, dexaron lo en el
jnperio e el enperador e la enperatriz se buscar el regno de la
enperatriz Seringa. E de sy fueron en romeria al monesterio
de Santi Espiritus que el rey de Menton mando fazer do
conosçio al conde Amjgo primeramente. E fueron ver al rey
su padre e a su madre e al jnfante Garfyn su hermano. E
çiertamente non deue njnguno dubdar sy ouo grand alegria e
grand plazer entre ellos, que dize el cuento que en siete dias
que estudieron allj con el rey de Menton, non fue noche
njnguna que escuro paresçiese, ca tan clara era la noche
commo el dia. E nunca les venja sueños a los ojos, mas
estauan catando los vnos a los otros commo sy fuesen
ymagines de piedra en vn tenor e non se moujesen. E
çiertamente esto non venja si non de la merçed de Dios que
los queria por la su bondad dellos. E desy tornaron se para
su ynperio do mostro Dios por ellos muchos mjraglos, de
gujsa que a toda aquella tierra que estos oujeron a mandar le
dizen oy dia la Tierra de Bendiçion. E tomo este nonbre del
el fijo del enperador e de la enperatriz, *[fol. 192r]* que ouo
nonbre Fijo de Bendiçion, assy commo ya oystes, de que
dizen que ay fecho vn libro en caldeo en que cuenta la su
vjda e muchos buenos fechos que fizo.

Onde dize el tresladador que bjen auenturado es el que
se da a bjen e se trabaja syenpre de fazer lo mejor, ca por
bien fazer puede ombre ganar a Dios e ad *[sic]* los ombres e
pro e onrra para este mundo e para el otro, non se enojando
njn desesperando de la merçed de Dios. E non se deue cuytar
njn presurar. E quien quiere andar luengo camjno, e quiere
llegar con el a cabo, conujene que ande por peso e non se
acuyte, ca sy se acuytare, cansara, e sy cansare, menos
andara, e por ventura que non podra conpljr su camjno. Onde
dize el filosofo que el moujmjento forçado mas estuerçe en
el comjenço que en el acabamjento. E el moujmjento natural
ha lo contrario de aquel que es fecho por fuerça, ca el natural
comjenço de vagar vase esforçando todavja mas fasta el
acabamjento, e asy acaba su fecho conplidamente. E por
ende, deuemos rogar a Dios que el, por la su santa piedad,
quiera que començemos nuestros fechos con moujmjento
natural. E acabemos tales obras que sean a serujçio de Dios
e a pro e onrra de nuestros cuerpos e a saluamjento de
nuestras almas. Amen.

Notes to the Text

[1]MS reads *llamanuan*.

[2][...] probably *villa*.

[3]*non es preso mas es muerto* should read *es preso mas non es muerto*.

[4]*Dios le salud* should read *Dios le saluda* or *Dios le de salud*.

[5]*p[ub]lico* the MS has *plico*, with *co* written above the word. At least two interpretations of the word are possible. *Plico* may be an abbreviated form of *publico* which is Wagner's reading based on MS *M* (p. 77, line 9); or it may be an error for *conplido*.

[6]MS reads *gelo contodo todo*.

[7]*buenos* inserted in MS above the line before *ombres*.

[8]*muy* inserted in MS above the line before *alongado*.

[9]*mucho* inserted in MS above the line before *bien*.

[10]MS reads *caualgo en su caualgo*.

[11]MS reads *fijo*.

[12]*mas* inserted in MS above the line before *tan*.

[13]*la* inserted in MS above the line before *tierra*.

[14]*emjenda* written above *onrra*, which the scribe crossed out.

[15]*me* inserted in MS above the line after *falagando*.

[16]*sy* inserted above the line.

[17]MS reads *quanto*.

[18]*la* inserted in MS above the line before *señora*.

[19]MS reads *fijo*.

[20][...] probably *que*.

[21]MS reads *auer*.

[22]*es* inserted in MS above the line after *asy*.

[23]*ca* inserted in MS above the line before *ayudar*.

[24]*non* inserted in MS above the line before *son*.

[25]*yo* inserted in MS above the line before *mjentes*.

[26]MS reads *faen*.

[27]*ora* inserted above the line.

[28]*derecho* inserted in MS above the line after *braço*.

[29]MS reads *Rroboan*.

[30]MS reads *rio*.

[31]MS reads *casolo*.

[32]MS reads *entantamento*.

[33]MS had *e el* before *Cauallero*, but it appears to be deleted.

[34]*e* inserted in MS above the line before *aquel*.

[35]*Yrges*. There is a suppression mark over the entire word, but its solution is not apparent.

[36]*por* inserted in MS above the line before *la*.
[37]MS reads *concordoua*.
[38]*de pascua* inserted in MS above the line before *de*.

Bibliography

Editions

Michelant, Heinrich, ed. *Historia del cavallero Cifar*. (Bibliothek des litterarischen Vereins in Stuttgart, 112.) Tübingen: Univ. of Tübingen, 1872; rpt. Amsterdam: Rodopi, 1969.

Wagner, Charles Philip, ed. *El Libro del Cauallero Zifar (El Libro del Cauallero de Dios)*. Part I, Text [no more published]. (Univ. of Michigan Publications in Language and Literature, 5.) Ann Arbor: Univ. of Michigan, 1929; rpt. Millwood, N.Y.: Kraus, 1971.

Reviewed by:

B[ohigas], P[ere]. *RFE*, 17 (1930), 425-26.

Cirot, Georges. *BH*, 33 (1931), 58-59.

Juliá Martínez, Eduardo. *Erudición Ibero-Ultramarina*, 1 (1930), 163-65.

Le Gentil, Georges. *Revue Critique d'histoire et de littérature*, 97 (1930), 67-68.

Moldenhauer, Gerhard. *Literaturblatt für germanische und romanische Philologie*, 7-8 (1931), 298-302.

Place, Edwin B. *PQ*, 9 (1930), 412-13.

Riquer, Martín de, ed. *El cavallero Zifar*. 2 vols. (Selecciones Bibliófilas, 9-10.) Barcelona: Sel. Bibliófilas, 1951.

Buendía, Felicidad, ed. *Libros de caballerías españoles: "El caballero Cifar," "Amadís de Gaula," "Tirante el Blanco."* Madrid: Aguilar, 1954.

González-Muela, Joaquín, ed. *Libro del Caballero Zifar*. Madrid: Castalia, 1982.

Nelson, Charles L., trans. *The Book of the Knight Zifar*. Lexington: University Press of Kentucky, 1983.

Studies

Alfonso, Martha. "Comparación entre el *Félix* de Ramón Llull y *El caballero Cifar*, novela caballeresca a lo divino." *ELul*, 12 (1968), 77-81.

Alonso, Amado. "Maestría antigua en la prosa." *Sur*, 14 (1945), 40-43.

Amezcua, José. *Libros de caballerías hispánicos: Castilla, Cataluña y Portugal*. Madrid: Alcalá, 1973, pp. 109-50.

Arias y Arias, Ricardo. *El concepto del destino en la literatura medieval española*. Madrid: Ínsula, 1970, pp. 222-48.

Beneyto Pérez, Juan, ed. *Glosa castellana al "Regimiento de Príncipes."* Madrid: Instituto de Estudios Políticos, 1947.

Blüher, Karl A. "Zur Tradition der politischen Ethik im *Libro del Caballero Zifar*." *ZRP*, 87 (1971), 249-57.

Reviewed by:

Llorente Maldonado de Guevara, Antonio. *RFE*, 58 (1976), 278-80.

Briquet, C. M. *Les Filigranes: Dictionnaire historique des marques du papier dès leur apparition vers 1282 jusqu'en 1600*. 2nd ed., 4 vols. Leipzig: Verlag von Karl W. Hiersemann, 1923.

Brunet, Jacques-Charles. *Manuel du libraire et de l'amateur de livres*. 5th ed. Paris: Librairie de Firmin Didot, 1861, II, 68-69.

Buceta, Erasmo. "Algunas notas históricas al prólogo del *Cauallero Zifar*." *RFE*, 17 (1930), 18-36.

—————. "Nuevas notas históricas al prólogo del *Cauallero Zifar*." *RFE*, 17 (1930), 419-22.

Burke, James F. "A Critical and Artistic Study of the *Libro del cauallero Cifar*." Diss. North Carolina-Chapel Hill 1966; *DA*, 27 (1967), 2525A.

—————. "Names and the Significance of Etymology in the *Libro del cavallero Cifar*." *RR*, 59 (1968), 161-73.

—————. "Symbolic Allegory in the Portus Salutaris Episode in the *Libro del cavallero Cifar*." *KRQ*, 15 (1968), 69-84.

—————. "The *Libro del cavallero Zifar* and the Medieval Sermon." *Viator*, 1 (1970), 207-21.

—————. "The Meaning of the Islas Dotadas Episode in the *Libro del cavallero Cifar*." *HR*, 38 (1970), 56-68.

—————. *History and Vision: The Figural Structure of the "Libro del cavallero Zifar."* London: Tamesis, 1972.
Reviewed by:
Dutton, Brian. *Speculum*, 50 (1975), 480-81.
Eisenberg, Daniel, and James Ray Green. *MLN*, 89 (1974), 320-21.
Hernández, Francisco J. *RCEH*, 2 (1977-78), 317-19.
Keightley, Ronald G. *RJ*, 26 (1975), 372-75.
Lentzen, Manfred. *RF*, 88 (1976), 478-79.
Llorente Maldonado de Guevara, Antonio. *RFE*, 58 (1976), 479-80.
Masson de Gómez, Valerie. *RPh*, 30 (1976-77), 414-22.
Pattison, David. *MAE*, 46 (1977), 329-32.

—————. "A New Critical Approach to the Interpretation of Medieval Spanish Literature." *La corónica*, 2 (1983), 273-279.

Chevalier, Maxime. *Lectura y lectores en la España de los siglos XVI y XVII*. Madrid: Turner, 1976, p. 75.

Crónicas de los reyes de Castilla. Ed. Cayetano Rosell y López. Biblioteca de Autores Españoles, Vol. 68. Madrid: Ediciones Atlas, 1953, 149.

Daniels, Marie Cort. "The Function of Humor in the Spanish Romance of Chivalry (1300-1551)." Diss. Harvard 1977; *American Doctoral Dissertations* (1976-77), 290.

De Ley, Margo Ynés Corona. "The Prologue in Castilian Literature between 1200 and 1400." Diss. Illinois 1976; *DAI*, 37 (1976-77), 6534A.

Destrez, Jean. *La Pecia dans les manuscrits universitaires du XIIIe et du XIVe Siècle*. Paris: Éditions Jacques Vautrain, 1935.

Deyermond, A. D. *A Literary History of Spain: The Middle Ages*. London: Benn; New York: Barnes & Noble, 1971, pp. 157-58; rev. Sp. trans. *Historia de la literatura española*, vol. I, *Edad Media*. Barcelona: Ariel, 1973, pp. 281-83.

—————. "The Lost Genre of Medieval Spanish Literature." *HR*, 43 (1975), 231-59.

—————. *Edad Media*. Vol. I of *Historia y crítica de la literatura española*. Ed. Francisco Rico. Barcelona: Crítica, 1980, pp. 351-55.

Deyermond, A. D., and Roger M. Walker. "A Further Vernacular Source for the *Libro de Buen Amor.*" *BHS*, 46 (1969), 193-200.

Diz, Marta Ana. "Estructura, género y lección moral del *Caballero Cifar.*" Diss. Maryland 1976; *DAI*, 38 (1977-78), 3539A.

—————. "La construcción del *Cifar.*" *NRFH*, 28 (1979), 105-17.

—————. "El mundo de las armas en el *Libro del Caballero Cifar.*" *BHS*, 56 (1979), 189-99.

—————. "El discurso de nobleza en el *Cifar* y la carta de Dido." *Thesaurus*, 35 (1980), 98-109.

—————. "El motivo de la partida del caballero en el *Cifar.*" *KRQ*, 28 (1981), 3-11.

Durán, Armando. "La 'amplificatio' en la literatura caballeresca española." *MLN*, 86 (1971), 123-35.

—————. *Estructura y técnicas de la novela sentimental y caballeresca.* Madrid: Gredos, 1973.

Dutton, Brian, and Roger M. Walker. "El *Libro del cauallero Zifar* y la lírica castellana." *Filología*, 9 (1963), 53-67.

Egidio Romano. *Glosa castellana al "Regimiento de Príncipes."* Ed. Juan Beneyto Pérez. Madrid: Instituto de Estudios Políticos, 1947, III, 361.

Eisenberg, Daniel. *Romances of Chivalry in the Spanish Golden Age.* Newark, Delaware: Juan de la Cuesta, 1982.

Eisenstein, Elizabeth L. *The Printing Press as an Agent of Change.* 2 vols. Cambridge: Cambridge University Press, 1979; first combined paperback edition, 1980.

Escalera-Ortiz, Juan. "Aproximación al estilo del *Libro del Cauallero Zifar.*" Diss. State University of New York-Stony Brook 1979; *American Doctoral Dissertations* (1979-80), 303.

Escudero y Perosso, D. Francisco. *Tipografía hispalense: Anales bibliográficos de la ciudad de Sevilla desde el establecimiento de la imprenta hasta fines del siglo XVIII.* Madrid: Sucs. de Rivadeneyra, 1894, p. 136.

Foulché-Delbosc, R. "La plus ancienne mention d'*Amadís.*" *Revue Hispanique*, 15 (1906), 815.

Gallardo, Bartolomé José. *Ensayo de una biblioteca española de libros raros y curiosos.* Madrid: Rivadeneyra, 1865, I, p. 659.

Gella Iturriaga, José. "Los proverbios del *Caballero Zifar.*" In *Homenaje a Julio Caro Baroja.* Madrid: Centro de Investigaciones Sociológicas, 1978, pp. 449-69.

Giménez, Helio. *Artificios y motivos en los libros de caballerías.* Montevideo: Geminis, 1973.

Goldberg, Harriet. "The Several Faces of Ugliness in Medieval Castilian Literature." *La corónica*, 7 (1978-79), 80-92, at p. 86.

—————. "Two Parallel Medieval Commonplaces: Antifeminism and Antisemitism in the Hispanic Literary Tradition." In *Aspects of Jewish Culture in the Middle Ages* (Paper of the Eighth Annual Conference of the Center for Medieval and Early Renaissance Studies, State University of New York at Binghamton, 3-5 May 1974). Ed. Paul E. Szarmach. Albany: State Univ. of New York Press, 1979, pp. 85-119, at p. 99.

—————. "The Literary Portrait of the Child in Castilian Medieval Literature." *KRQ*, 27 (1980), 11-27, at pp. 19-20 and n. 16.

158

LIBRO DEL CAUALLERO ÇIFAR

—————. "The Dream Report as a Literary Device in Medieval Hispanic Literature." *Hispania*, 66 (1983), 21-31.

Gómez Redondo, Fernando. "El prólogo de *Cifar*: Realidad, ficción y poética." *RFE*, 61 (1981), 85-112.

González, Cristina. "Estructura y significación del *Libro del Cavallero Zifar*." Diss. Indiana 1981; *DAI*, 43 (1982-83), 165A.

González-Muela, Joaquín. "¿Ferrand Martínez, mallorquín, autor del *Zifar*?" *RFE*, 59 (1977), 285-88.

González Ollé, Fernando. "Noticias literarias y bibliográficas de la corte de los Reyes Católicos." *RABM*, 69 (1961), 652.

Green, Otis H. *Spain and the Western Tradition: The Castilian Mind in Literature from "El Cid" to Calderón*. Madison: Univ. of Wisconsin Press, 1963, I, 12 and 98-99; 1964, II, 217-22.

Harney, Michael. "The Geography of the *Caballero Zifar*." *La corónica*, 2 (1983), 208-219.

Hatzfeld, Helmut. *El "Quijote" como obra de arte del lenguaje*. Madrid: Patronato del IV Centenario de Cervantes, 1949, pp. 9-13.

Hendrix, W.S. "Sancho Panza and the Comic Types of the Sixteenth Century." In *Homenaje ofrecido a Menéndez Pidal*. Madrid: Hernando, 1925, II, 485-94.

Hernández, Francisco J. "Sobre el *Cifar* y una versión latina de la *Poridat*." In *Homenaje universitario a Dámaso Alonso*. Madrid: Gredos, 1970, pp. 101-17.

—————. "Alegoría y figura en *El libro del cauallero Zifar*." *Reflexión*[2], 2 (1973), 7-20.

—————. "A Study of *El libro del cavallero Zifar*: The Didactic Section and Its Relevance to the Narrative." Diss. Toronto 1976; *DAI*, 39 (1978-79), 4231A. [Listed under "Hernández- Sánchez, Francisco J."]

—————. "*El libro del cavallero Zifar*: Meaning and Structure." *RCEH*, 2 (1977-78), 89-121.

—————. Rev. of *Brunetto Latini: Llibre del Tresor*. Versión catalana de Guillem de Copons, I, II. *RCEH*, 2 (1977-78), 315-21, at pp. 317-19.

—————. "Ferrán Martínez, 'Escrivano del rey,' Canónigo de Toledo, y autor del *Libro del Cavallero Zifar*." *RABM*, 81 (1978), 289-325.

—————. "Un punto de vista (ca. 1304) sobre la discriminación de los judíos." In *Homenaje a Julio Caro Baroja*. Madrid: Centro de Investigaciones Sociológicas, 1978, pp. 587-93.

—————. "Noticias sobre Jofré de Loaisa y Ferrán Martínez." *RCEH*, 4 (1979-80), 281-309.

Jordan, Leo. "Die Eustachiuslegende, Christians Wilhelmsleben, Boeve de Hanstone und ihre orientalischen Verwandten." *Archiv*, 121 (1908), 341-367.

Keightley, Ronald G. "The Story of Zifar and the Structure of the *Libro del Caballero Zifar*." *MLR*, 73 (1978), 308-27.

—————. "Models and Meanings for the *Libro del Cavallero Zifar*." *Mosaic*, 12, 2 (1979), 55-73.

Keller, John Esten, and Richard P. Kinkade. *Iconography and Narrative Art in Medieval Spanish Fiction*. Lexington: Univ. Press of Kentucky, in press.

Köhler, Erich. "Ritterliche Welt und *villano*: Bemerkungen zum *Cuento del enperador Carlos Maynes e de la enperatris Seuilla*." *RJ*, 12 (1961), 229-41.

Krappe, Alexander H. "Le Mirage celtique et les sources du *Chevalier Cifar*." *BH*, 33 (1931), 97-103.

—————. "Le Lac enchanté dans le *Chevalier Cifar*." *BH*, 35 (1933), 107-25.

Levi, E. "Il giubileo del MCCC nel più antico romanzo spagnuolo." *Archivio della Reale Società Romana di Storia Patria*, 56-57 (1933-34), 133-56.

Lida de Malkiel, María Rosa. *La idea de la fama en la edad media castellana*. Mexico: Fondo de Cultura Económica, 1952, pp. 259-61.

—————. "La visión de trasmundo en las literaturas hispánicas [Appendix]." In *El otro mundo en la literatura medieval*. By Howard Rollin Patch. Mexico: Fondo de Cultura Económica, 1956, pp. 409-12.

—————. "Arthurian Literature in Spain and Portugal." In *Arthurian Literature in the Middle Ages: A Collaborative History*. Ed. Roger S. Loomis. Oxford: Clarendon, 1959.

Loud, Mary Beth. "A Study of the Syntax of *El Libro del Cauallero Zifar*." MA thesis. North Carolina-Chapel Hill 1967.

Lugones, Nestor. "Algo más sobre la viuda tortolica." *RABM*, 80 (1977), 99-111, at pp. 108-11.

Lynch, Susan Anne. "An Etymological Glossary for *El Libro del cauallero Zifar*." Diss. New Mexico 1980; *DAI*, 42 (1981-82), 2114A.

Márquez Villanueva, Francisco. "Sobre la génesis literaria de Sancho Panza." *Anales Cervantinos*, 7 (1958), 123-55.

Marsan, Rameline E. *Itinéraire espagnol du conte médiéval (VIIIe-XVe siècles)*. (Témoins de l'Espagne, Série Historique, 4.) Paris: Klincksieck, 1974, pp. 171, 213, 367, 391-94, 416-17, 421-23, 442-43, 470-76, and 484-92.

Menéndez y Pelayo, Marcelino. *Orígenes de la novela*. Madrid: Bailly-Baillière, 1905, I, clxxxvi-cxcix.

Moldenhauer, Gerhard. "Die Legende von Barlaam und Josaphat auf der iberischen Halbinsel: Untersuchungen und Texte." *Romanistische Arbeiten*, 13 (1929), 101-04.

—————. "La fecha del origen de la *Historia del caballero Zifar* y su importancia para la historia de la literatura española." *Investigación y Progreso*, 5 (1931), 175-76.

Morel-Fatio, Alfred. *Catalogue des manuscrits espagnols et des manuscrits portugais*. Paris: Imprimerie Nationale, 1892, p. 236.

Mullen, Edward J. "The Role of the Supernatural in *El libro del cavallero Zifar*." *REH*, 5 (1971), 257-68.

Olsen, Marilyn A. "The Manuscripts, the Wagner Edition and the Prologue of the *Cauallero Zifar*." Diss. Wisconsin-Madison 1975; *DAI*, 36 (1975-76), 5269A.

—————. "Three Observations on the *Zifar*." *La Corónica*, 8 (1979-80), 146-48.

—————. "A Reappraisal of Methodology in Medieval Editions: The Extant Material of the *Libro del Cauallero Zifar*." *RPh*, 35 (1981-82), 508-15.

—————. "Tentative Bibliography of the *Libro del cauallero Zifar*." La corónica, 11 (1983), 327-335.

Piccus, Jules. "Consejos y consejeros en el *Libro del cauallero Zifar*." *NRFH*, 16 (1962), 16-30.

—————. "Refranes y frases proverbiales en el *Libro del cavallero Zifar*." *NRFH*, 18 (1956-66), 1-24.

Pino Saavedra, Yolando. "Exemplum de dimidio amico: De la *Disciplina Clericalis* a la tradición oral chileno-argentina." In *Lengua-literatura-folklore: Estudios dedicados a Rodolfo Oroz*. Santiago, Chile: Facultad de Filosofía y Educación, Univ. de Chile, 1967, pp. 407-18, at pp. 411-12.

Pollard, Graham. "The *pecia* system in the Medieval Universities." In *Medieval Scribes, Manuscripts and Libraries: Essays Presented to N. R. Ker*. Ed. M. B. Parkes and Andrew G. Watson. London: Scholar Press, 1978.

Polt, J. H. R. "Moral Phraseology in Early Spanish Literature." *RPh*, 15 (1961-62), 254-68.

Richthofen, Erich von. *Estudios épicos medievales*. Madrid: Gredos, 1954, pp. 49-68 and 84-85.

—————. "The Problem of Fiction Alternating with Historical Documentation in the Cid Epics and the Castilian Chronicles." *RCEH*, 6 (1982), 359-376.

—————. "'Tradicionalismo,' 'individualismo,' y positivismo en el estudio de la épica y la novela primitivas." *Prohemio*, 1 (1970), 397-435, at pp. 432-35; reproduced as "Novela: *Cifar/Quijote*." In his *Tradicionalismo épico-novelesco*. (Ensayos Planeta, 19.) Barcelona: Planeta, 1972, pp. 235-40.

—————. *Sincretismo literario: Algunos ejemplos medievales y renacentistas*. Madrid: Alhambra, 1981, pp. 3-7 and 58-85.

Riquer, Martín de. "Caballeros andantes españoles." *RO*, 9 (1965), 20-32.

Rubió y Lluch, Antoni. *Documents per l'història de la cultura catalana migeval*. Barcelona: Institut d'Estudis Catalans, 1908, I, 196.

Ruiz de Conde, Justina. *El amor y el matrimonio secreto en los libros de caballerías*. Madrid: Aguilar, 1948, pp. 35-98.

Sampson, Margaret. "Africa in Medieval Spanish Literature: Its Appearance in *El Caballero Cifar*." *The Negro History Bulletin*, 32 (1969), 14-18.

Schiff, Mario. *La Bibliothèque du Marquis de Santillane*: (Bibliothèque de l'Ecole des Hautes Etudes, 153.) Paris: Librairie Emile Bouillon, 1905, pp. 388-89; rpt. Amsterdam: Van Heusden, 1970.

Scholberg, Kenneth R. "A Half-Friend and a Friend and a Half." *BHS*, 35 (1958), 187-98.

—————. "The Structure of the *Caballero Zifar*." *MLN*, 79 (1964), 113-24.

—————. "La comicidad del *Caballero Zifar*." In *Homenaje a Rodríguez-Moñino*. Madrid: Castalia, 1966, II, 157-63.

Scudieri Ruggieri, Jole. "Due note di letteratura spagnola del sec. XIV: 1) La cultura francese nel *Caballero Zifar* e nell'*Amadís*; versioni spagnole del *Tristano* in prosa. 2) *De ribaldo*." *CN*, 26 (1966), 233-52.

Singleton, Mack Hendricks. "Technique and Idea in Early Spanish Fiction." Diss. Wisconsin-Madison 1936.

Stéfano de Taucer, Luciana de. *El "Caballero Zifar": Novela didáctico-moral*. Bogotá: Instituto Caro y Cuervo, 1972; pub. also in *Thesaurus*, 27 (1972), 173-260.
  Reviewed by:
  Masson de Gómez, Valerie. *RPh*, 32 (1978-79), 217-18.

Thomas, Henry. "The Romance of *Amadis of Gaul*." *Transactions of the Bibliographical Society*, 11 (1909-1911 [1912]), 252-97, at p. 285.

Wagner, Charles Philip. "The Sources of *El cavallero Cifar*." Diss. Yale 1902.

—————. "The Sources of *El cavallero Cifar*." *Revue Hispanique*, 10 (1903), 5-104.

Reviewed by:

M[artinenche], E. *Revue des Langues Romanes*, 47 (1904), 383.

—————. "The *Caballero Zifar* and the *Moralium Dogma Philosophorum*." *RPh*, 6 (1952-53), 309-12.

Walker, Roger M. "The Unity of *El libro del cavallero Zifar*." *BHS*, 42 (1965), 149-59.

—————. "The Genesis of *El libro del cavallero Zifar*." *MLR*, 62 (1967), 61-69.

—————. "Juan Ruiz's Defense of Love." *MLN*, 84 (1969), 292-97.

—————. "A Literary Study of the *Libro del Cavalerro* [sic] *Zifar*." Diss. London, Birkbeck College 1969-70; *Index to Theses Accepted for Higher Degrees by the Universities of Great Britain and Ireland*, 20 (1969-70), 27.

—————. "Oral Delivery or Private Reading? A Contribution to the Debate on the Dissemination of Medieval Literature." *FMLS*, 7 (1971), 36-42.

—————. "Did Cervantes Know the *Cavallero Zifar*?" *BHS*, 49 (1972), 120-27.

—————. *Tradition and Technique in "El libro del cavallero Zifar."* London: Tamesis, 1974.

Reviewed by:

Burke, James F. *BHS*, 53 (1976), 238-40.

Eisenberg, Daniel. *Hispania*, 59 (1976), 543-44.

Fainberg, Louise V. *NRFH*, 28 (1979), 168-75.

Gybbon-Monypenny, G.B. *MLR*, 72 (1977), 972-74.

Keightley, Ronald G. *RJ*, 26 (1975), 372-75.

Lentzen, Manfred. *RF*, 88 (1976), 479-80.

Masson de Gómez, Valerie. *RPh*, 32 (1978-79), 212-17.

Pattison, David. *MAE*, 46 (1977), 329-32.

—————. "'Tere major' in the *Chanson de Roland*." *Olifant*, 7 (1979-80), 123-30.

Walsh, John K. "The Chivalric Dragon: Hagiographic Parallels in Early Spanish Romances." *BHS*, 54 (1977), 189-98.

Webber, Edwin J. "A Lexical Note on *afortunado* 'Unfortunate.'" *HR*, 33 (1965), 347-59.

Ysopete-Zaragoza, 1489

hic liber confectus es Madisoni .mcmlxxxiiii.